本书出版得到厦门大学中国农村林业改革

发展研究基地部分资助，谨致以诚挚谢意

集体林地承包权研究

程 玥 ◎著

厦门大学出版社
国家一级出版社
全国百佳图书出版单位

图书在版编目（CIP）数据

集体林地承包权研究 / 程玥著. -- 厦门：厦门大学出版社，2023.12

　　ISBN 978-7-5615-9180-2

　　Ⅰ．①集… Ⅱ．①程… Ⅲ．①集体林-林地-土地承包制-研究-中国 Ⅳ．①F326.22

　　中国版本图书馆CIP数据核字(2023)第221457号

责任编辑　高　健

美术编辑　蒋卓群

技术编辑　朱　楷

出版发行　厦门大学出版社

社　　　址　厦门市软件园二期望海路 39 号

邮政编码　361008

总　　　机　0592-2181111　0592-2181406(传真)

营销中心　0592-2184458　0592-2181365

网　　　址　http://www.xmupress.com

邮　　　箱　xmup@xmupress.com

印　　　刷　厦门市明亮彩印有限公司

开本　720 mm×1 000 mm　1/16

印张　17.75

插页　2

字数　336 千字

版次　2023 年 12 月第 1 版

印次　2023 年 12 月第 1 次印刷

定价　80.00 元

本书如有印装质量问题请直接寄承印厂调换

厦门大学出版社
微信二维码

厦门大学出版社
微博二维码

目　录

导　论

一、研究意义与价值

　　农村土地制度构成农村基本经营制度的核心内容。[①] 持续深化农村土地制度改革,与时俱进完善与我国市场化改革进程和社会主义制度相适应的农村土地制度,是促进农业农村现代化建设的核心要义。党的十九大提出实施乡村振兴战略,2018年至今发布的中央一号文件及党的十九届五中全会都不断加大农村利农惠农政策供给力度,全面部署推进乡村振兴战略实施。[②] 不过,正如党的二十大报告所指出的,"全面建设社会主义现代化国家,最艰巨最繁重的任务仍然在农村",如何进一步深化农村土地制度改革,是全面推进乡村振兴战略实施、推进农业农村现代化和建设宜居宜业和美乡村的基础性工作。党的二十大报告指出:"坚持农业农村优先发展,坚持城乡融合发展,畅通城乡要素流动。"同时强调,要"深化农村土地制度改革,赋予农民更加充分的财产权益。保障进城落户农民合法土地权益,鼓励依法自愿有偿转让"。这些表述实际上为本书专题研讨的农村集体林权制度改革及林地承包权变革实践研究指明了方向,本书的研究内容也因此具有重要的理论实践意义。

　　我国属于农民集体所有的上地资源共有 66.9 亿亩[③],除了耕地[④],还包括 27.45 亿亩的集体林地[⑤]及其他属于农民集体所有的土地资源。和已有研究主要探讨耕地

---

　　① 《中华人民共和国农村土地承包法》第二条规定:"本法所称农村土地,是指农民集体所有和国家所有依法由农民集体使用的耕地、林地、草地,以及其他依法用于农业的土地。"

　　② 2018—2023 年中央发布的 6 个一号文件,其中 4 个和乡村振兴直接相关,包括 2018 年中央一号文件《关于实施乡村振兴战略的意见》、2021 年中央一号文件《关于全面推进乡村振兴加快农业农村现代化的意见》、2022 年中央一号文件《关于做好 2022 年全面推进乡村振兴重点工作的意见》、2023 年中央一号文件《关于做好 2023 年全面推进乡村振兴重点工作的意见》。2021 年 6 月 1 日,正式实施《中华人民共和国乡村振兴促进法》。

　　③ 《农业农村部:农村集体产权制度改革深入推进》,http://www.xinhuanet.com/politics/2019-03/29/c_1124302450.htm,访问日期:2023 年 10 月 1 日。

　　④ 全国共有耕地面积 191792.79 万亩(《第三次全国国土调查主要数据公报》,https://www.gov.cn/xinwen/2021-08/26/content_5633490.htm,访问日期:2023 年 10 月 1 日),其中绝大部分属于村集体所有。

　　⑤ 截至 2016 年年底,全国已确权的集体林地面积 27.45 亿亩(张建龙:《中国集体林权制度改革》,中国林业出版社 2017 年版,第 26 页)。如果没有特别说明,本书所讨论的林地均指农村集体林地。

制度改革实践不同,本书关注的主要研究议题是,在当前城乡社会大变迁及大力实施乡村振兴战略乃至推进农业农村现代化的新形势下,集体林地制度如何在 2003 年试点、2008 年推向全国的新集体林权制度改革确权到户的基础上①,进一步通过实施林地"三权分置"制度改革,明晰林地的农户承包权权能,以增加林地的经济、社会和生态效益产出,这也是党的二十大报告提出"深化集体林权制度改革"所追求的主要目标。事实上,考虑到我国约有 60% 的脱贫人口生活在山区、林区②,研究探讨深化集体林权制度改革及"三权分置"下的林地承包权变革实践问题,对于促进农村脱贫攻坚成果巩固和乡村振兴有效衔接也有多方面的重要理论价值与实践意义。

为贯彻落实党的二十大精神,针对当前集体林地经营中出现的新情况、新问题及面临的新形势,2023 年 9 月 25 日,中共中央办公厅、国务院办公厅印发《深化集体林权制度改革方案》,从而更好地发挥森林资源的"水库""钱库""粮库""碳库"等"四库"功能,从更高站位就深化集体林权制度改革提出了一系列新的政策指导要求,强调"到 2025 年,基本形成权属清晰、责权利统一、保护严格、流转有序、监管有效的集体林权制度"。《深化集体林权制度改革方案》提出加快推进"三权分置"、发展林业适度规模经营、切实加强森林经营、保障林木所有权权能、积极支持产业发展、探索完善生态产品价值实现机制、加大金融支持力度、妥善解决历史遗留问题等八个方面的重点改革任务,为今后一段时期深化集体林权制度改革明确了目标方向。同时提出支持福建、江西、重庆等三个省(直辖市)建设深化集体林权制度改革先行区,以充分发挥先行区的引领作用,为全国深化集体林权制度改革提供可复制可推广的试点经验和模式。③

集体林地制度变革始终与林地产权制度变革密切相关。周其仁指出,农村土地制度改革其实是土地产权重构系统的改革。④ 研究林地"三权分置"制度实践中的林地承包权变革实践问题,必须放眼于新中国成立至今甚至更早阶段的农村社会经济变迁场域中,尤其是置之于改革开放至今整个城乡社会发展变迁的大背景中进行考察,才能更加客观全面准确地分析林地承包权变革实践历程,解释其内在特征和规

---

① 为了与 80 年代初实施的稳定"自留山"、划定"自留山"、确定林业生产责任制等林业"三定"改革区分开来,笔者把 2003 年之后实施的林改称为新集体林权制度改革。

② 张永利:《强化"四精准、三巩固"大力推进林业精准扶贫精准脱贫》,http://www.forestry.gov.cn/main/2672/content-879568.html,访问日期:2022 年 10 月 20 日。

③ 《中共中央办公厅 国务院办公厅印发〈深化集体林权制度改革方案〉》,https://www.gov.cn/zhengce/202309/content_6906251.htm,访问日期:2023 年 10 月 1 日。

④ 周其仁:《产权与制度变迁:中国改革的经验研究》,社会科学文献出版社 2002 年版,第 1~9 页。

律。经济人类学"实体论"认为,人类的社会经济活动是"嵌入"(embed)在社会结构中,并强调从特定的地方性社会文化——制度解释特定区域的经济行为的重要性。[①]集体林地制度设计和安排反映了农村生产力和生产关系变化的基本特征,也决定了农村人地关系和林地利用方式的差异,不同时期的林地制度变革设置体现了国家与农民关系的变化特征和趋势。事实上,土地制度变迁是国家、(村)集体和农民三个主体之间利益博弈的结果,权衡好国家与各利益主体的博弈是土地制度改革成败的关键。[②] 和耕地制度变革相似,新中国成立后的历次集体林地制度改革都是应对不同阶段的社会发展形势而进行的制度变革安排,其"本质都是为了通过制度改革来缓解或消除人地矛盾"[③],调节林业生产力和生产关系之间的张力,而维护和保障农户的林地承包权权益,始终是不同阶段集体林地制度改革的主要目标。

新中国成立至今,集体林地制度和耕地制度经历了几乎完全相似的制度变革历程。20 世纪 50 年代前后,国家在农村地区逐步推进土地改革(简称"土改")的同时也推进了林地改革(简称"林改"),实行林地农民所有制,之后再实行林地经营合作化改制,林地经营被纳入人民公社集体经营范畴。到了 80 年代前后,耕地通过实行家庭联产承包责任制改革,实现了集体所有权和农户承包经营权的"两权分离",而稍晚推进的集体林权制度也推进了以稳定"自留山"林权、划定"自留山"、确定林业生产责任制为主要内容的林业"三定"——林地承包到户改革。只不过,由于林地经营方式不同于耕地,加上全国各地贯彻落实林业"三定"改革政策差异等,这次改革在一些省份没有完全得到贯彻落实,这也是 2003 年国家试点推进新集体林权制度改革、2016 年完善集体林权制度改革乃至党的二十大深化集体林权制度改革的重要原因。

改革开放以来,在现代化、城镇化和工业化快速推进的百年未有之社会变迁过程中,由于从事传统农业和现代非农产业的比较收益持续拉大,农村青壮年劳动力大量长期地流入城镇从事非农产业,本就需要强壮劳动力投入的林业经营处境更为严峻,迫切需要对林地经营的生产关系做出相应的调整,这样才能进一步激活林地生产经营要素。由于林地流转规模化、组织化、集约化经营程度不断提升,传统的小农经济生产逐步趋于解体,农户家庭作为林业生产单位也将逐步被市场规模经营主

[①]　参见栗本慎一郎:《经济人类学》,王名等译,商务印书馆 1997 年版,第 5～10 页。

[②]　李先东、李录堂、米巧:《中国土地制度的历史追溯与反思》,《农业经济问题》2018 年第 4 期。

[③]　胥鉴霖、王泗通:《人地关系视角下的农村土地制度改革》,《山西农业科学》2014 年第 11 期。

体取代。城乡人口大量流动导致农村的人地关系结构出现了根本性的变化,这说明"刘易斯拐点"①日益临近。为此,党的十八大以来,国家顺应经济发展新常态,进一步为推进农村市场化综合改革,于是提出了实行土地所有权、承包权、经营权"三权分置"制度变革安排。实际上,"三权分置"制度作为促进农村土地适度规模化、集约化、市场化流转经营的最新改革实践,充分体现了当前工业化和城镇化快速发展中农村人地关系调整的新形势变化。

林地"三权分置"制度改革的实质是强调把林地的经营权单独从"两权分离"中的林地承包经营权中分置出来,形成林地集体所有权、农户承包权和经营主体的经营权三权并行设置的情形。和此前阶段的改革相比,林地"三权分置"制度改革突显了城乡改革发展的统一性、系统性和全面性,强调农村综合改革要立足于城镇化、工业化、城乡一体化发展及乡村振兴的战略高度,改革的目标是促进城乡生产要素从单向度流动向双向流动转变,强调改革响应农民进城城镇化的新发展趋势,同时顺应农村市场化改革不断深化的新形势,引导工商资本进入农村发展现代林业产业,激励林地经营者增加对林地经营的投入,使其更好地获取市场主体的地位和职能,进而建立现代林业经营制度。因此,研究"三权分置"制度下的林地承包权改革实践问题,必须跳出集体林权制度改革来看其变革趋向,从农村整体发展乃至城乡社会大变迁角度研究农户的林地承包权实践议题。

党的十九届五中全会通过的《中共中央关于制定国民经济和社会发展第十四个五年规划和二〇三五年远景目标的建议》明确指出,当前推进农村综合改革的总目标是健全城乡融合发展机制,推动城乡要素平等交换、双向流动,增强农业农村发展活力。同时列出深化农村综合改革的主要方向,其中包括落实第二轮土地承包到期后再延长 30 年政策,加快培育农民合作社、家庭农场等新型农业经营主体,发展多种形式适度规模经营,实现小农户和现代农业有机衔接等。而农村集体林地经营和林业发展属于"大农业"的范畴,因此党的十九届五中全会确定的改革目标精神同样适用于指导集体林地产权制度改革的推进工作。

从本质上看,林地"三权分置"制度改革设计是现代化和市场化改革进程中多种产权权能主体相互协调又相互博弈的产物。包括国家产权、集体产权、村庄社区产

---

① 刘易斯认为,发展中国家的传统农业和现代工业两个部门在经济结构与产出效率上存在明显差异,导致工业化过程中农业部门劳动力向工业部门转移,传统小农生产结构因劳动力外流而调整。到了一个特定阶段,农业劳动力不足就会促使传统农业向现代农业转型,出现所谓的"刘易斯拐点"(威廉·A.刘易斯:《劳动无限供给条件下的经济发展》,外国经济学说研究会编:《现代国外经济学论文选》第 8 辑,商务印书馆 1984 年版,第 54～60 页)。

权以及以集体成员权为主要表现形式的农民个体产权各自以不同的形式参与林地产权权能及经营权益的分割,并作用于林业综合改革发展实践。如果我们把集体林权制度改革实践置于城乡历史变迁的时空中,可以发现其有独特的制度变迁路径依赖,这本身与我国整体的社会、经济和文化发展以及变迁历程直接相关。因此,研究当下新集体林权制度改革的林地"三权分置"中的林地承包权实践,能够更准确地把握当前集体林地制度实践的整体形态,也能更好地彰显其对农村综合改革发展的重大理论和现实意义。

二、研究文献回顾

讨论集体林地经营的"三权分置"制度改革实践,必然涉及中国特色社会主义制度背景下的集体产权制度变革及实践议题。和耕地承包权相似,集体林地的承包权作为一种特定的独立的土地权能,也是产生于 80 年代初的林业"三定"改革,其最初是从人民公社时期的集体经营制度中分离出来。尽管集体林地和耕地的利用方式差异很大,但是在大多数场景中,由于集体林权制度设置与耕地产权制度基本相同,集体林地制度同样适用于耕地制度的相关法律政策。有研究者认为,林地产权权利总体上可归到农村土地产权权利规定底下,林地承包经营权等实际上是"土地承包经营权的下位概念"①。尤其是与林权制度的相关法律规定,更是和耕地产权制度基本相似,因此本书在涉及法律政策等实践文本的行文表述时遵从原意,会在"农村土地"和"农村集体林地"之间进行切换表述,除非有必要刻意区分。

从已有研究来看,土地产权、集体土地产权、集体林权及林地承包权实践是一个跨学科讨论的热点议题。经济学、社会学、法学、政治学、公共管理、史学等学科都可以从各自学科角度进行讨论,并形成各自的研究路径依赖,不同学科间还展开了富有理论和实践启示意义的学理对话。特别需要指出的是,作为自 20 世纪 80 年代家庭承包制变革之后的又一次重大制度创新,2014 年土地"三权分置"制度一经正式确立,相关学科的学者都能从中找到新的学术研究的"增长点",一时间围绕相关议题的研究成为"显学"。② 虽然已有的关于土地"三权分置"制度的研究大部分是针对耕地制度而展开,但这些研究对于探讨林地"三权分置"下的林地承包权实践和农村发展问题一样有很大的参考借鉴价值,因此本书一并把这些文献纳入分析范畴。

1. 产权、集体林权、集体林权制度改革及实践

产权及实践是制度经济学等学科的重要分析概念,意指建构起一种排他性的产

---

① 展洪德:《农村林地承包经营权初探》,《北京林业大学学报(社会科学版)》2009 年第 3 期。

② 朱冬亮:《农民与土地渐行渐远——土地流转与"三权分置"制度实践》,《中国社会科学》2020 年第 7 期。

权权利,以形成市场激励机制,增加社会经济产出。在早期,如何建构产权明晰的制度设置体系一直是不同学科的产权学者展开讨论的共同基石。自 1968 年哈丁(G. Hardin)抛出"公地悲剧"①这个著名的命题之后,明晰产权便成为产权研究者探讨的核心话题。其中经济学的产权研究普遍强调产权的清晰界定是市场化交易的前提,强调有效率的产权应是竞争性和排他性的②。而黄宗智③、费孝通④、陈翰笙⑤等学者都注意到,从古至今,不同社会阶层互相博弈,结果把一个完整的土地产权制度分割为所有权、租佃权、使用权等不同的权能,不同的利益群体则通过控制其中的某个权利或权能来获取土地经营收益,导致土地产权权能分裂,进而引发社会分层和对立,产权实践也因此具有复杂的经济、社会、政治多重属性特征。"三权分置"下的林地承包权实践也与产权的历史实践遗存有很大关联。

和耕地制度一样,产权改革及明晰问题也是我国历次集体林权制度改革实践的核心议题。实际上,林权权属植根于复杂的社会经济与政策、法律以及森林资源状况等背景中⑥,产权成为影响森林资源经营管理收益的主要因素之一。集体林权制度设计不仅决定了林地所有权的权属和权能利益的配置,还决定了社会制度和社会意识形态属性,其背后包含了国家与农民关系建构的基本原则,而且林地所有权制度则是区分不同社会制度的最重要衡量标准。作为社会主义国家,社会制度属性是我国集体林权制度改革设计安排中首先必须考虑的因素,这也是林地"三权分置"改革设计中必须始终坚持土地集体所有权不变的主要原因。

集体林权界定不清晰、产权价值混乱,始终是集体林权制度改革实践面临的核心难题。尤其是在林地承包制—林业"三定"实施早期,林地所有权、承包权和经营权的主体模糊性是学界讨论最多的问题。有学者指出,林权指林地的财产权利,不同的产权制度安排体现了不同的社会结构建构方式,并对农村发展产生重大影响。有研究者基于集体林地利用的多属性特征,从广义的角度对集体林权进行界定,认为集体林权指国家、集体、自然人、法人或者其他经营主体对森林、林木和林地依法

---

① G. Hardin, The Tragedy of the Commons, *Science*, 1968, Vol. 162, No. 3859, pp. 1243-1248.

② 道格拉斯·C.诺思:《经济史中的结构与变迁》,陈郁、罗华平等译,上海人民出版社 1994 年版,第 45 页。

③ 黄宗智:《华北的小农经济与社会变迁》,中华书局 2000 年版;黄宗智:《长江三角洲的小农家庭与乡村发展》,中华书局 2000 年版。

④ 费孝通:《江村经济——中国农民的生活》,商务印书馆 2002 年版。

⑤ 陈翰笙:《解放前的地主与农民》,冯峰译,中国社会科学出版社 1984 年版。

⑥ R. Abrahams, The Postsocialist Agrarian Question: Property Relations and the Rural Condition, *Journal of The Royal Anthropological Institute*, 2004, Vol. 10, No. 4, pp. 919-920.

享有的占有、使用、收益或处分的权利,是森林、林木和林地的所有权、经营权、收益权和处分权的集合①。目前,学界一般认为,现代意义上的集体林权是 20 世纪 80 年代初林业"三定"改革,实行"包山到户"之后形成的一种产权制度安排,具体涉及林地所有权、林木所有权的配置等多方面的内容。对应到集体林权制度改革实践场域,其集体林权制度安排包括林地所有权和使用权、林木所有权和使用权、林产品权、采伐权、生态权和继承权等多种权能集合。②

关于影响林地"产权明晰"包括影响农户林地承包权实践的主要因素,学界往往从两大视角展开讨论:一是经济学、法学等学科的研究者基于宏观层面的逻辑演绎推理,强调家庭承包制改革前林地集体所有集体统一经营制的外生性制度缺陷;二是社会学、人类学等学科的学者基于农村田野调查,注重分析村庄内生性的地方伦理与社会结构对集体林权制度改革实践的嵌入性影响。外生性制度视角一般是以西方产权理论为基础展开讨论,普遍强调土地产权的经济属性,注重土地产权制度内在结构对土地利用的市场效率与社会公平的影响③,并重点围绕土地产权界定与土地分配均等化④、土地产权稳定性与农民投资行为的积极性⑤、土地流转和农村劳动力流动⑥等议题进行探讨。

具体到集体林权制度改革实践领域,和耕地一样,虽然《宪法》《农村土地承包法》《民法典》等法律都规定林地的集体所有权归村集体所有,农民则享有林地的承包经营权,而市场经营主体则通过林权流转获得林地经营权,但在实践逻辑上,由于国家力量实际控制了部分集体所有权,林地"集体所有"在实践中往往呈现出"所有权残缺"形态,残缺的所有权事实上集中在国家力量手里(有时候掌握在国家力量的

---

①　雷加富:《集体林权制度改革是建设社会主义新农村的重要举措——福建、江西集体林权制度改革透视与深化》,《东北林业大学学报》2006 年第 3 期。

②　朱冬亮、贺东航:《新集体林权制度改革与农民利益表达——福建将乐县调查》,上海人民出版社 2010 年版,第 36～39 页。

③　B.G. Carruthers, L. L. Ariovich, The Sociology of Property Rights, *Annual Review of Sociology*, 2004, Vol.30, No.1, pp.23-46.

④　P. Bardhan, M. Luca, D. Mookherjee, et al., Evolution of Land Distribution in West Bengal 1967—2004: Role of Land Reform and Demographic Changes, *Development Economics*, 2014, Vol.110, No.2, pp.171-190.

⑤　参见 C.C. Krusekopf, Diversity in Land-Tenure Arrangements Under the Household Responsibility System in China, *China Economic Review*, 2002, Vol.13, No.2-3, pp.297-312.

⑥　E. Chernina, P. C., Dower, A. Markevich, Property Rights, Land Liquidity, and Internal Migration, *Journal of Development Economics*, 2014, Vol.110, No.S1, pp.191-215.

地方执行机构基层政府),成为国家获取农业剩余的来源。① 也有研究者试图抛开所有权层面上的"残缺"现状讨论土地资源分配问题,把土地产权结构分为"所有权"与"产权"两个部分,其中"所有权"是财产归属的法律形式,而"产权"则是所有权在实际运行中的制度安排。② 还有的学者认为,中国土地"产权模糊"的制度安排是国家为了寻求更好的经济发展而制造的"有意的制度模糊",目的是更好地对农村土地施加国家控制力,同时也有利于促成适合不同地方特点的实践制度,而这点正是中国农村改革创新之所以能取得成功的关键所在。③

不过,正如有学者指出的,现代产权的建构逻辑是以市场化为前提的,经济学的经典产权诠释范式是否真的适用于分析当前中国农村集体土地产权的建构实践形态?④ 经济人类学者卡尔·波拉尼曾经指出,在工业社会之前,市场—经济行为更多是嵌入社会关系中⑤。不少人类学家对土地产权实践的跨文化研究表明,基于西方市场制度的产权形态只不过是现代产权实践的一种特有形式⑥。如果发展中国家贸然地按照西方的产权变革思维对自己的产权设计进行改革,可能会出现所谓的"产权失灵"情形⑦。实际上,有一些研究者甚至认为,传统村落社区中的宗教、禁忌、乡土道德以及地方权威等都对社区林地管理经营发挥了重要的积极作用,其中包含了社区社会治理层面的非经济价值的关怀,如追求林地经营的社区公平道义及朴素的生态观的均衡,但过度追求经济理性的市场化等现代经济关系因素使得这些传统的社区林地实践价值因素遭受破坏⑧,因此,真正的"公地悲剧"根源在于现代化。⑨

---

① 周其仁:《中国农村改革:国家和所有权关系的变化(上)——一个经济制度变迁史的回顾》,《管理世界》1995 年第 3 期。

② 罗必良等:《产权强度、土地流转与农民权益保护》,经济科学出版社 2013 年版,第 43 页。

③ 何·皮特:《谁是中国土地的拥有者?——制度变迁、产权和社会冲突》,林韵然译,社会科学文献出版社 2008 年版,第 5 页。

④ 张小军:《复合产权:一个实质论和资本体系的视角——山西介休洪山泉的历史水权个案研究》,《社会学研究》2007 年第 4 期。

⑤ K. Polanyi, *The Great Transformation*:*The Political and Economic Origins of Our Time*, Beacon Press,1944, pp.10-11.

⑥ J. Umbeck, Might Makes Rights:A Theory of the Formation and Initial Distribution of Property-Rights,*Economic Inquiry*, 1981, Vol.19,No.1,pp.38-59.

⑦ P. Seabright, Managing Local Commons:Theoretical Issues in Incentive Design, *Journal of Economic Perspectives*, 1993, Vol.7, No. 4, pp.113-134.

⑧ J. Carney, Converting the Wetlands, Engendering the Environment:The Intersection of Gender with Agrarian Change in the Gambia, *Economic Geography*, 1993,Vol.69, No.4,pp.329-348.

⑨ D. Klooster, Institutional Choice, Community, and Struggle:A Case Study of Forest Co-management in Mexico, *World Development*, 2000, Vol.28, No.1, pp.1-20.

正是考虑到中国集体产权制度实践的特殊性,从 20 世纪 90 年代末至今,国内学术界对集体土地产权实践的研究出现了一个新的转向,就是强调从本土实践来探讨集体土地产权制度实践的特殊性。其中社会学者关注集体产权的社会建构过程,认为这是一个不确定的社会秩序解构和建构过程①。不同学者基于不同的地方性个案案例文本分析经验,提出了集体成员权②、复合产权③、关系产权④、非正式产权⑤、习俗性产权、村庄社区产权⑥等诸多分析性的概念。而包括耕地和林地在内的农村土地产权实践的界定是特定场景中不同社会力量强力博弈的结果。⑦

在新集体林权制度改革实践过程中,正是由于国家正式的林权制度改革设计和村庄社区沿袭至今的非正式林权制度并不完全吻合,在一定程度上引发了诸多的林权博弈和林权纠纷。⑧ 当前的林地承包权实践关键在于如何把村庄社区中传统的社区产权价值和规范整合起来,而这点恰恰是集体林权制度改革实践过程和已有研究中普遍忽视的。

2.“三权分置”制度改革与林地承包权实践绩效评估

前文提到,集体林地的农户承包权最早是从人民公社时期的集体所有权中分置出来的。20 世纪 80 年代初实行林业“三定”改革——“分山到户”,农民因此而获得了林地的承包经营权。农民获得林地承包经营权的唯一条件是必须拥有集体成员权。因此,林地承包权是属于集体经济权利的一种特有实现形式。不过,由于林业“三定”改革在一些省份或者地区并没有顺利完成执行,有不少地方的很大部分集体林地仍然由村集体统一经营管护。为了改变这种局面,2003 年福建省率先试点实施

---

①　申静、王汉生:《集体产权在中国乡村生活中的实践逻辑——社会学视角下的产权建构过程》,《社会学研究》2005 年第 1 期。

②　张佩国:《公产与私产之间——公社解体之际的村队成员权及其制度逻辑》,《社会学研究》2006 年第 5 期。

③　张小军:《复合产权:一个实质论和资本体系的视角——山西介休洪山泉的历史水权个案研究》,《社会学研究》2007 年第 4 期。

④　周雪光:《“关系产权”:产权制度的一个社会学解释》,《社会学研究》2005 年第 2 期。

⑤　折晓叶、陈婴婴:《产权怎样界定——一份集体产权私化的社会文本》,《社会学研究》2005 年第 4 期。

⑥　朱冬亮:《村庄社区产权实践与重构:关于集体林权纠纷的一个分析框架》,《中国社会科学》2013 年第 11 期。

⑦　张静:《土地使用规则的不确定:一个解释框架》,《中国社会科学》2003 年第 1 期;熊万胜:《小农地权的不稳定性:从地权规则确定性的视角——关于 1867—2008 年间栗村的地权纠纷史的素描》,《社会学研究》2009 年第 1 期。

⑧　朱冬亮:《村庄社区产权实践与重构:关于集体林权纠纷的一个分析框架》,《中国社会科学》2013 年第 11 期。

新集体林权制度改革,并于 2008 年推向全国。此次改革的目标是进一步确权到户,实现林地承包权在农村社区内公平分配,在此基础上通过市场化改革设法提升林地的经营绩效,并改变林区农村社会治理结构①。2003—2016 年,新集体林权制度改革包括主体阶段改革和配套(完善)改革两个阶段,具体包括:明晰集体林地的所有权、放活经营权;开展林权登记、换发林权证;建立规范有序的林木所有权、林地使用权流转机制;深化林业配套改革、落实林木经营者对林木的处置权和收益权。考虑到改革开放以来的集体林地产权配置的复杂多样,新集体林权制度改革实施过程中形成了"均山、均权、均利"乃至"预期均山"等多种林地承包权落实形式。② 党的二十大召开以后,新集体林权制度进入"深化"改革阶段,林地承包权实践进入了一个新的发展时期。

自 2003 年新集体林权制度改革实施后,学术界曾围绕新集体林权制度改革实践形成一波研究高潮,尤其是对新集体林权制度改革的实施绩效展开了多学科研究角度的评估。这些研究大致有两种不同的见解:一种观点认为从短时期内看,新集体林权制度改革取得了很大的改革效应。通过明晰林地承包权,林业经营绩效明显提升,包括造林面积、林农经营林地积极性提升,林农收入增加、"村财"收入增加及促进社会主义新农村建设等。③ 不过,正如另有一些研究者在研究耕地承包经营制度实践绩效时所指出的,家庭承包制存在的最大缺陷是土地的高度分散和细碎,不利于形成规模效益。④ 林地家庭承包制在这方面的问题更为凸显。这也就是为什么在新集体林权制度改革过程中把集体林地确权到户工作完成之后,各地又普遍把促进林地经营权流转、提升林业规模集约化经营水平作为深化集体林权制度改革阶段的主要任务。⑤

学界对于林地承包权实施绩效的另一种评价观点则相对更加谨慎。其中有少部分研究者注意到新集体林权制度改革的社会效用不足问题,特别是林地承包权配置不公平、农民承包权权益受损,甚至一些地方出现了村级"群体性决策失误"现

---

① 贾治邦:《中国农村经营制度的又一重大变革——对集体林权制度改革的几点认识》,《求是》2007 年第 17 期。

② 朱冬亮、贺东航:《新集体林权制度改革与农民利益表达——福建将乐县调查》,上海人民出版社 2010 年版,第 70 页。

③ 王新清:《集体林权制度改革绩效与配套改革问题》,《林业经济》2006 年第 6 期。

④ 林毅夫:《制度、技术与中国农业发展》,三联书店上海分店 1992 年版,第 76~85 页。

⑤ 贺东航、朱冬亮等:《集体林权制度改革 2013 年监测观察报告》,《林业经济》2014 年第 4 期。

象①,导致农民不合理地失去林地承包权而出现"失山失地"问题②,进而在一些地方引发了大量的林地承包权纠纷,影响农村社会稳定③。还有的学者在研究耕地时发现影响耕地承包权实践的因素包括村民的性别、村籍等④,而土地承包权的频繁调整则与农村社会保障缺失有密切关系,另外村干部也借此对农村实施社会控制⑤。这种情况在林地承包权实践中同样存在。

有研究者通过对福建、江西两省的新集体林权制度改革绩效比较分析发现,由于福建省明确规定,村集体组织可以在实施新集体林权制度改革时向获得承包权的农户收取"林地使用费",对"村财"增收有明显促进作用,这种做法就体现出村集体作为集体林地所有权人的主体地位⑥,也是集体林地所有权和农户承包权在产权经济权利相互博弈的实践呈现。集体林权流转过程中,出现了流转面积过大、价格过低和合约期过长的现象,导致农民的承包权权益受损。新集体林权制度改革后确权到户以及惠林政策支持力度不断加大,在很大程度上改变了农户和村集体组织对林地经营的预期,各地也出现了部分农户和村集体组织要求索回已实行国户联营林地使用权的现象。⑦

还有的研究者关注到新集体林权制度改革配套及完善阶段的改革绩效分析,如对林业金融支持制度进行全面的分析和评估,认为这一制度框架下的林权抵押登记评估、贷款等林业资产化改革有助于实现林业资源向林业资产(股份制)转变,进而向林业资金转变,在某种程度上实现"不砍树也能致富"的目标,体现了林地承包权的多样化实践机制⑧。

---

① 朱冬亮、程玥:《村级群体性决策失误:"新集体林改"的一个解释框架》,《探索与争鸣》2009 年第 1 期。

② 朱冬亮:《集体林权制度改革中的社会排斥机制分析》,《厦门大学学报(哲学社会科学版)》2007 年第 3 期。

③ 朱冬亮、程玥:《集体林权纠纷现状及纠纷调处中的地方政府角色扮演——以闽西北将乐县为例》,《东南学术》2009 年第 5 期。

④ S. H. Potter, J. M. Potter, *China's Peasants: The Anthropology of A Revolution*, Cambridge University Press, 1990; E. Judd, *Gender and Power in Rural North China*, Stanford University Press, 1994.

⑤ 朱冬亮:《土地调整:农村社会保障与农村社会控制》,《中国农村观察》2002 年第 3 期。

⑥ 程玥:《新集体林权制度改革对村财收入影响分析——以福建省 L 县为例》,《林业经济》2010 年第 2 期。

⑦ 刘璨:《集体林权流转制度改革:历程回顾、核心议题与路径选择》,《改革》2020 年第 4 期。

⑧ 程玥、朱冬亮、蔡惠花:《集体林权制度改革中的金融支持制度实施及绩效评估》,中国社会科学出版社 2016 年版。

近年来,随着林权市场化流转进程加快,其产权改革和实践形式也发生了很大的变化。中国特色社会主义制度的林地集体产权实践形态,造就了不同于西方林地市场化交易性质的土地流转现状。2014 年发布的中央一号文件《关于全面深化农村改革加快推进农业现代化的若干意见》正式确立土地"三权分置"制度,作为中国特色社会主义制度下应对土地林地流转市场化新形势而施行的制度创新,其主要核心内容包括坚持土地集体所有权、保障农户土地承包权和搞活土地经营权三个层面。"三权分置"制度实践首先必须始终体现和坚持中国特色社会主义制度所强调的生产资料公有制实践的本质。在此基础上,农户的林地承包权实践则突显了村庄社区内部对集体林权的相对公平的配置诉求。

实际上,2014 年土地"三权分置"制度变革确立之初,国家有关的政策制度并没有立即对土地集体所有权、承包权和经营权等"三权"的权利边界进行明确的规定。而在学术界,自"三权分置"制度确立之后,不少学者对土地"三权"的实践权利和权能进行剖析与讨论,以自上而下的视角探讨"三权分置"实践中可能面临的制度实施困境。"三权分置"制度变革创新本是为了完善"两权分离"土地制度,而明确把土地承包经营权界定为相对独立的承包权与经营权,构建以"三权分置"为核心的新型农村土地制度,并以此来应对工商资本进入农业、土地抵押继承和进城农民的土地处理等问题①,强化市场化力量对土地经营的激励作用。"三权分置"正式确立后,经济学者围绕"三权分置"制度安排下的土地集体所有权实践路径②、土地承包权与承包关系"长久不变"的内在关联③、土地经营权与市场经营主体培育④等单个产权主体的权利和权能实现进行了多角度讨论。而法学研究者则注重从土地权利实现体系角度探讨"三权分置"的法律实践表达,包括对"三权分置"入法层面的制度建构⑤、法理阐释⑥和入法解读⑦以及"三权分置"下土地所有权的法律表达⑧等议题进行讨论

---

① 张红宇:《农村土地制度需要大的改革和创新》,《农村工作通讯》2013 年第 18 期。

② 戴炜:《"三权分置"视阈下集体土地所有权的二元构造》,《南京农业大学学报(社会科学版)》2016 年第 6 期。

③ 杨璐璐:《"三权分置"与"长久不变"政策协同的保障机制:自稳定承包权观察》,《改革》2017 年第 10 期。

④ 张广辉、方达:《农村土地"三权分置"与新型农业经营主体培育》,《经济学家》2018 年第 2 期。

⑤ 孙宪忠:《推进农地三权分置经营模式的立法研究》,《中国社会科学》2016 年第 7 期。

⑥ 高飞:《农村土地"三权分置"的法理阐释与制度意蕴》,《法学研究》2016 年第 3 期。

⑦ 陈小君:《土地改革之"三权分置"入法及其实现障碍的解除——评〈农村土地承包法修正案〉》,《学术月刊》2019 年第 1 期。

⑧ 姜红利:《农地三权分置之下土地所有权的法律表达》,《法学家》2017 年第 5 期。

和分析。还有的学者认为,实践中的土地经营呈现出"集体土地所有权、承包经营权、承包权、经营权"的所谓"四权分置"的观点。①

有研究者认为,土地"三权分置"制度的不同层面的法律实践表达存在重叠和冲突之处。如《宪法》层面的法律实践主要关注土地制度实施的宏观以及抽象意义上的意识形态和政治功能,而《土地管理法》则较为关注现实中的产权明晰和市场效率问题,其实践重点放在对国家及地方政府、村集体与农民之间利益的权衡上。至于《农村土地承包法》则更集中在对承包户与经营户之间的利益权衡。② 不同层面的立法实践彼此之间容易形成错综复杂的关系而在法律实践上形成相互内耗的态势。此外,不同学者对土地承包经营权的权能和实践的解读也有分歧。"三权分置"改革使得集体成员权的承包权从用益物权性质的经营权分离出来。作为一种过渡性的产权制度安排,一旦承包经营权物权化过程完成,土地承包经营权这个概念就将退出历史舞台。③

就林地"三权分置"制度变革实践而言,有的学者关注林地承包权的特殊法律实践形式及存在问题。如周伯煌解读了"三权分置"背景下林权流转过程中农户的生态价值缺位,由此引申出农户的环境权益受损和保障机制实现缺失的问题。④ 裴丽萍等则认为,现代林权实践系以森林和林地为客体,包含森林使用权、林地使用权和林地承包权、经营权的用益物权权利束,虽然 2019 年 12 月 28 日修订的《森林法》首次明确"林权"内容及其流转机制,确立了集体林权制度改革的成果——林地承包经营权,并把生态特色经济林、林下经济、森林旅游等新兴林业经营业态所涉法益纳入林权束,仍回避了林权与森林资源公有产权的关系问题,未澄清森林资源公有产权所有权、使用权的"两权分离"是林权产生的制度逻辑。⑤ 此外,还有的学者从国内外法律实践角度,建议以"林、地"分离为原则,把林木所有权和林地所有权彻底分离开来,把林木所有权单独设置,完善相关林业产权制度设置。⑥

特别值得一提的是,学界有一些研究者结合城乡社会变迁和农村社会治理发展

---

① 参见周伯煌:《我国"三权分置"改革中林农环境权益保障探究》,《世界林业研究》2021年第 2 期。

② 米运生、罗必良、徐俊丽:《坚持、落实、完善:中国农地集体所有权的变革逻辑——演变、现状与展望》,《经济学家》2020 年第 1 期。

③ 靳相木:《土地承包经营权的法律性质及其发展趋势》,《中国农村经济》2001 年第 2 期。

④ 周伯煌:《我国"三权分置"改革中林农环境权益保障探究》,《世界林业研究》2021 年第 2 期。

⑤ 裴丽萍、张启彬:《林权的法律结构——以〈森林法〉的修改为中心》,《武汉大学学报(哲学社会科学版)》2017 年第 6 期。

⑥ 巩固:《林木所有权的"虚化"与"落实"》,《浙江社会科学》2016 年第 11 期。

趋势等其他重要关联因素,对未来的包括林地在内的农村土地的承包权变革路径设计进行了讨论。在对土地流转场域的"三权分置"制度实践研究中,有学者发现土地承包权实践主体地位呈现弱化的趋势,与此相对应的则是土地所有权实践地位和林地经营权实践主体地位不断强化,这种发展趋势将对未来农村土地产权制度变革趋势产生重大影响。① 总体而言,目前学界对于未来林地承包权变革路径围绕五个方面进行了探讨,并形成了不同的改革设想:一是农户林地承包权退出的问题。有研究者发现,农户林地承包权退出与农村的社会保障程度、对从事农业的经济依赖程度等相关,必须有相关配套改革政策的推进,才能推动林地承包权退出改革议程②。二是土地产权设计"法治化论"。目前还很有必要结合国家《民法典》《农村土地承包法》及相关政策文本③,对土地承包经营权制度涉及的处分权、继承权、抵押权进行明朗化。④ 三是产权设计"村庄社区化论"⑤或者持"再集体化"见解,或者主张重置落实土地集体所有制实践主体地位⑥。持这种观点的学者建议,现行的集体产权实践已经虚化,必须对集体产权进行社区化"增权"改造。⑦ 如有研究者立足于经济相对发达地区的土地制度实践经验,分别提出重新建构"新集体主义"经济体制⑧和"再集体化"⑨的制度变革设想。四是"产业化组织论"。持这种见解的学者主要是从建立现代经营体系角度出发,认为必须对原有的"统分结合"的农村双层经营体制进行改制,实现集体产权的"产业化组织"。⑩ 五是产权设计"资本化论"。持这种看法的学

---

① 朱冬亮:《农民与土地渐行渐远——土地流转与"三权分置"制度实践》,《中国社会科学》2020 年第 7 期。

② 陈井林、徐秀英:《保障依赖对农户林地承包权退出意愿的影响研究》,《宁夏大学学报(人文社会科学版)》2020 年第 3 期。

③ 2021 年 1 月 1 日《民法典》正式施行后,《物权法》《民法通则》《合同法》等法律即废止。

④ 郭熠、李富忠、张云华:《对我国土地承包经营权"永佃权化"的几点思考》,《生产力研究》2009 年第 4 期。

⑤ 朱冬亮:《村庄社区产权实践与重构:关于集体林权纠纷的一个分析框架》,《中国社会科学》2013 年第 11 期。

⑥ 陈小君:《论民法典编纂背景下农地私法体系的逻辑自洽性》,耿卓主编:《土地法制科学》第 1 卷,法律出版社 2017 年版。

⑦ 申静、王汉生:《集体产权在中国乡村生活中的实践逻辑——社会学视角下的产权建构过程》,《社会学研究》2005 年第 1 期。

⑧ 王颖:《新集体主义:乡村社会的再组织》,经济管理出版社 1996 年版,第 81~89 页。

⑨ 夏柱智:《再集体化:发达地区农村地权变革的逻辑》,《南京农业大学学报(社会科学版)》2020 年第 1 期。

⑩ 张晓山:《创新农业基本经营制度 发展现代农业》,《经济纵横》2007 年第 2 期。

者提出实行土地承包经营权证券化、资本化、股份化。① 事实上,这些制度变革设想在新集体林权制度改革中已多有地方探索和实践。各地积极围绕林权资产化改革展开广泛尝试,包括推进林权抵押贷款和林业金融支持制度建设,且取得很大成效②。对于这些问题,本书会给予进一步的回应。

3. 林地承包权实践与农村发展

国内外学术界很多学者注意到土地经营利用制度设计安排与农村发展的内在关联问题。在国外学术界看来,经济学是按照经济—市场理性逻辑来解释人类的经济行为和经济现象,而社会学、人类学等学科试图按照"社会逻辑思维"来解释人类的经济行为现象。由此形成的新经济社会学被西方学术界认为是研究经济与社会关系的主要视角之一。③

土地研究的外生性制度视角主要以经济学产权理论范式作为参照系,注重正式制度对农村土地产权实践的影响,并最终在如何实现"产权明晰"节点上与经济学接轨,同时往往容易忽略非正式制度与农村土地制度实践行动者对土地产权建构和实践的影响。而这点恰恰是内生性的地方嵌入性视角更加关注的,这种研究认为经济因素只是社会建构的一种形式,强调土地产权实践是嵌入到村庄的政治—经济—社会—文化结构中,是社会关系建构的重要组成部分。持这种观点的学者大都结合农村田野调查实践,"试图跳出传统的产权思路,思考本土的产权事实,以及相应的产权界定和意义"④,并从土地产权的社会建构着手,对上述以"产权明晰"假设为基础的农村"集体产权"实践研究进行反思。如有研究者提出"村庄社区产权"的分析框架,认为在当前的乡土社会生态格局中,维护社区某些"共享的经济道义"是集体林权制度实践的首要前提。⑤ 也有研究者认为,"物权化"的土地产权改革要考虑受乡

————————

①　张跃进:《快速推进农村土地使用权资本化——南京市率先基本实现现代化的根本途径》,《南京社会科学》2004年第S1期。

②　程玥、朱冬亮、蔡惠花:《集体林权制度改革中的金融支持制度实施及绩效评估》,中国社会科学出版社2016年版。

③　R. J. Holton, *Economy and Society*, Routledge, 1992. J. Humphrey, H. Schmitz, Governance in Global Value Chains, *IDS Bulletin*, 2010, Vol.32, No.3. pp.19-29. G.Gereffi, R. Kaplinsky, *The Value of Value Chains: Spreading the Gains from Globalisation*, Institute of Development Studies, 2001.

④　张小军:《复合产权:一个实质论和资本体系的视角——山西介休洪山泉的历史水权个案研究》,《社会学研究》2007年第4期。

⑤　朱冬亮:《村庄社区产权实践与重构:关于集体林权纠纷的一个分析框架》,《中国社会科学》2013年第11期。

土逻辑制约的地方社会结构和规范的影响。①

归纳而言,内生性研究视角试图突破经济学专注理性"个体主义"窠臼,转而结合土地产权实践行动者所依附的社会组织结构与社会关系网络,从产权的嵌入性视角分析村庄社区伦理对林地产权制度实践的影响。② 自新中国成立以来,乡村管理和治理体制总体上经历了"政社合一""政社分设""乡政村治"到如今自治、法治、德治"三治融合"的变迁轨迹③,而这种变迁过程与农村土地林地制度实践密切相关。就农村土地制度变革实践历程来看,国家始终在发挥农民和村集体保障功能及土地的市场经济功能之间进行权衡。如新中国成立到改革开放前的人民公社制度时期,国家对乡村社会实行直接的严密控制,因此就通过"政社"合一的集体统一经营制来达成这个目标,农村所有的人、地生产要素都被整合到公有制在农村的独特实践形式——集体经济产权制度架构中,农户个体和村庄社区则在很大程度上成为被国家力量掌控的一个个的微观生产和管理单位,其生产功能难以获得有效激励。

人民公社时期的土地集体经营制虽然兼顾到社会公平,却使得土地的经济价值属性被压制,因此,20 世纪 80 年代初期实行的林业"三定"试图对此进行变革,结果是国家力量放松了对集体林地的直接控制,并把林地的承包经营权部分让渡给农户。在这个阶段,国家实行"政社分设"制度改革,村集体除了保留林地的所有权,其具体的经营权则通过"承包"的形式转让给农户,村集体也因此失去了汲取收入的资源依托。一时间出现了"分田(分山)到户,集体空肚"的现象,不少村庄的"村财"收入大受影响。加上土地承包制改革后,农民获得了人身流动自由,大量农村青壮年离开家乡到城镇从事非农产业,由此导致农村基层组织弱化、虚化甚至边缘化的现象,农村治理的经济社会基础和治理机制都发生了重大改变,其治理效能也因此大为降低。④

2014 年至今,国家推行土地"三权分置"制度改革。在实践中,这一制度变革必须通过土地流转实践场域才能落地并发挥其制度实施效力。有研究者指出,土地流转仅指拥有土地承包经营权的农户保留承包权而将经营权转让给其他农户或经济

---

① 陈锋:《从"祖业观"到"物权观":土地观念的演变与冲突——基于广东省 Y 村地权之争的社会学分析》,《中国农村观察》2014 年第 6 期。

② 胡亮、汪漪:《回归"嵌入性"——三重视角看农地流转困境》,《山西农业科学》2017 年第 2 期。

③ 刘丰华:《新中国成立 70 年来的乡村治理:历程、困境与展望》,《甘肃理论学刊》2019 年第 5 期。

④ 胡小君:《从维持型运作到振兴型建设:乡村振兴战略下农村党组织转型提升研究》,《河南社会科学》2020 年第 1 期。

组织①,这种理解与"三权分置"制度设计相吻合。当前的林地"三权分置"制度实践也主要是通过林地流转这个场域体现出来,其目的是试图在林地经营中达成政治效益(维护社会主义制度属性)、经济效益(激励林地经营产出)、社会效益(社区公平配置林地资源)乃至生态效益(增加绿色公共物品供给)的平衡。不过,在具体实践中,由于"三权"产权主体权利和权能界定依旧不清晰,林地流转交易中的各产权主体的行为能力受到很大约束。如果处置不当,"三权分置"可能引发"三权分离"乃至"三权分立"的新的"产权失灵"现象。②

如果说"两权分离"改革更多是为了实现集体林地经营利用的社会和社区保障价值,强化林地承包权实践主体的地位,维护农民的土地权益并激发其生产经营积极性,那么"三权分置"制度变革则更多是为了给林地经营权及实践主体松绑,强化林地经营权实践主体地位,目的是激励林权规模集约流转,实现优化经营③,但实践中,林地经营的社会社区保障价值和市场理性价值追求在价值实现上存在明显冲突。市场理性的过度扩张会导致国家的上层法律制度弱化对农民和村集体的林地权益的保护,危及林地社会保障功能的实现④。有研究者甚至认为,"三权分置"并没有真正破解土地所有权主体"虚置"的问题⑤,反而形成土地交易主体更加多元、交易链条更长、权利更多的局面,土地的流转权利将因之重构,还增加了制度的交易成本,降低了土地流转效率⑥。近年来各地土地承包权纠纷案例的上升态势反映了农民土地承包权利益受损的实际情况⑦,而现行的《农村土地承包法》对土地流转纠纷中农民的承包权利益保障力度不足,使得农民在此类纠纷的谈判和博弈处于弱势地位。

另外,改革开放至今,由于国家权力对农村的直接控制力相对弱化,加上市场化改革进程不断加快,各地出现了大量的农民专业合作社、农业企业、产业协会等新型经济

---

① 董国礼、李里、任纪萍:《产权代理分析下的土地流转模式及经济绩效》,《社会学研究》2009 年第 1 期。

② 朱冬亮:《农民与土地渐行渐远——土地流转与"三权分置"制度实践》,《中国社会科学》2020 年第 7 期。

③ 刘守英、高圣平、王瑞民:《农地三权分置下的土地权利体系重构》,《北京大学学报(哲学社会科学版)》2017 年第 5 期。

④ 马池春、马华:《农村集体产权制度改革的三重维度与秩序均衡——一个政治经济学的分析框架》,《农业经济问题》2018 年第 2 期。

⑤ L. Zhao, P. Develtere, New Co-operatives in China: Why They Break away from Orthodox Co-operatives? *Social Enterprise Journal*, 2010, Vol.6, No.1, pp.35-48.

⑥ 申始占:《农地三权"分置"的困境辨析与理论建构》,《农业经济问题》2018 年第 7 期。

⑦ 李广德:《农地流转纠纷的类型构造与司法治理——基于承包经营权纠纷案件的实证展开》,《山东社会科学》2017 年第 4 期。

组织,同时村民自治制度的实施也催生了老人会、宗亲会、慈善会、基金会、乡贤理事会等民间自组织。农村社区"自治、法治、德治"融合的治理基础发生了很大变化。而"三权分置"中的林地承包权实践与农村发展的关系也必然会产生新的变化,尤其是以返乡精英为主导的新型林地流转经营组织形式不断涌现,对林地的"三权分置"制度下的林地承包权实践产生了很大影响。这点是本书研究时试图突破和探讨的主要议题。

党的十八大至今,在乡村振兴战略全面实施的新背景下,迫切需要强化各类农村基层组织在农村"多元共治"的参与度,提升乡村治理的效能。鉴于此,2017 年之后,我国开始全面推进农村集体产权制度改革。和此前的"分权"式改革实践不同,集体产权制度改革的总体导向是通过集体产权的改革重组,在进一步确立农村集体产权实践权能的同时,重新明晰和确立村集体的所有权主体地位,乃至强调在市场化改革进程中逐步确立集体经济组织的市场主体地位,目的是发展壮大村集体经济。这种改革取向的主导思想是以股份制的形式重新确立农户的集体成员权,并将农户的集体成员权——林地承包权进行股份化和资产化,但在具体实践中则可能对农户的承包权实践形成"挤压"态势,弱化林农的林地承包权实践主体地位。当然,换一个角度来看,村集体的土地所有权实践主体地位强化会壮大村集体经济,增加"村财"收入,乡村治理的经济基础和公共服务基础也可能因此趋于强化。对于这个问题,本书将在后文进行详细展开讨论。

从已有研究中可以看出,对于现代化、工业化、城镇化、市场化大变迁下的林地"三权分置"制度背景下的承包权实践机制研究,不同学科不同学者基于各自的学科研究思维定式,有明显的观点分歧和争议。归纳而言,已有研究虽然不乏真知灼见,但也存在多方面的不足:

一是现有研究大都笼统地聚焦于集体林权制度变革实践,而从"三权分置"制度变革实践视角深入研究林地承包权变革实践议题的研究却并不多见。同时,已有大多数研究是聚焦于对特定时期的集体林权制度和林权流转实践的"进行时"进行横截面式的研究,鲜有人从历时性角度对林权改革及流转的实践机制进行纵向的分析,由此得出的观点和评价不可避免地带有片面性。实际上,讨论林地"三权分置"制度变革实践,不能忽视以往制度变革遗产所形成的路径依赖对当前林权制度变革设计影响。当前集体林权制度变革实践体制之所以呈现出纷繁复杂的局面,主要是传统小农经济时代形成的非正式的林权制度实践遗产与现代市场经济变革取向对正式制度建构诉求形成了激烈的相互交织和相互博弈关系。[1]

---

[1] 朱冬亮:《村庄社区产权实践与重构:关于集体林权纠纷的一个分析框架》,《中国社会科学》2013 年第 11 期。

　　二是已有研究大都是只见制度不见"人",要不就是把"三权分置"中的林地产权的实践主体—农户、村集体委托代理人、市场经营主体割裂开来,后者的产权实践行动主体位置未能得到充分体现。事实上,林地"三权分置"制度场域中,只有鲜活的农民—农户、村集体—村干部和市场经营者才是真正的实践者和"主角"。单纯地对林地"三权分置"制度变革设计实践进行演绎推理式的探讨,会限制我们对问题的全面客观认知。另外,已有的林地"三权分置"制度实践研究,大都是以成熟的市场经济产权制度作为分析参照系而进行对比参照,却忽视了当下中国的外部制度环境(如坚持中国特色社会主义制度、维护土地集体所有制等)和制度目标对其林地承包权实践所构成的复杂影响。①

三、研究视角、研究方法和资料获取

1. 研究视角

　　在林地"三权分置"制度变革中探讨林地承包权实践是一个非常复杂的问题。实际上,国家宏观层面的正式制度变革往往滞后于村级微观层面的非正式制度实践。单纯地从宏观层面并不能完全厘清林地"三权分置"制度的实践机制,也不能客观准确地判断未来集体林权制度变革的总体趋势。考虑到我国目前正处于非常关键的现代化市场化发展转型时期,因此,本书以产权理论为主要分析架构②,对林地"三权分置"制度实践下的林地承包权实践路径进行讨论。考虑到前文对产权治理相关研究已经作了较详细的分析,因此也有必要对嵌入性和市场转型理论视角进行简要的说明。

　　嵌入性和市场转型理论重点关注经济与社会的关系,其奠基者波拉尼(K. Polanyi)质疑古典经济学提出的经济理性价值的普适性,认为在资本主义经济制度产生之前,市场并非自律的(autonomous),"(人类)经济作为一个制度过程,是嵌入于经济和非经济制度之中的"。换言之,经济行为是嵌入于社会文化和习俗等非经济行为中。不过,波拉尼认为,这种嵌入性并非一成不变的,在人类社会发展的早期,经济活动经过了互惠、再分配两个阶段,只有到了工业革命之后才进入第三个阶段,这时候市场才脱嵌于社会文化结构,成为一种相对独立的自律力量。③ 波拉尼的

---

　　① 米运生、罗必良、徐俊丽:《坚持、落实、完善:中国农地集体所有权的变革逻辑——演变、现状与展望》,《经济学家》2020年第1期。

　　② 张康之:《论参与治理、社会自治与合作治理》,《行政论坛》2008年第6期。

　　③ K. Polanyi, *The Great Transformation*:*The Political and Economic Origins of Our Time*, Beacon Press,1944. pp.10-11.

观点后来被解读为"市场悖论"观点①并延伸出市场化转型理论。和波拉尼不同的是,被誉为新经济社会学的重要代表人物的格兰诺维特(M. Granovetter)则断言"一切经济行为都是嵌入于社会关系之中的",强调人类所有的经济行为都是嵌入于社会关系和社会结构网络中的,而不是如波拉尼所宣称的只有在工业革命之前人类的经济行为才是嵌入于非经济制度中的,市场经济行为也是属于社会行为的建构形式之一②。格兰诺维特的另一个重要贡献是他试图通过社会网络(social network)和社会资本(social capital)等概念,对"社会"嵌入性等抽象概念进行操作化,使之具备与制度经济学进行对话的基础,同时反过来弥补制度经济学"只见制度不见人"的不足。他还特别强调非正式社会规范、关系结构及其蕴含的资源对经济制度生成及实施效率的影响,以此挑战新制度经济学基于效率的经济制度内生的观点。③

在前人研究基础上,关于嵌入性和市场转型的研究进一步拓展。如弗雷格斯坦(N. Fligstein)提出了政治—文化嵌入视角下的市场建构观④,泽利泽(V.A. Zelizer)则提出"多元市场"(multiple markets)等嵌入性分析概念,强调市场经济活动与政治、文化、社会因素是相互嵌入的⑤。诺贝尔经济学奖获得者阿克洛夫(G. A. Akerlof)极为推崇社会学、人类学的经验实证主义研究路径,认为其对经济学理论和模型建构有重要的补充作用。⑥ 嵌入性和市场转型理论的贡献在于让经济学等学科意识到,现实社会中的市场交易行为并非一成不变的,也并非完全按照古典经济学设想的市场经济的理性自律独立发生作用,而是依赖并嵌入于社会的政治、文化情境中,并始终在一个更复杂多样的社会大环境中进行。⑦ 由于我国目前处于前所未有的市场化转型过程中,研究林地"三权分置"制度下的林地承包权实践与农村治理的问题,需要一个多样化多元化的研究视角作为参照系。

---

①　参见符平:《"嵌入性":两种取向及其分歧》,《社会学研究》2009 年第 5 期。

②　M. Granovetter, Economic-Action and Social Structure:The Problem of Embeddedness, *American Journal of Sociology*, 1985, Vol.91, No.3, pp.481-510.

③　吴义爽、汪玲:《论经济行为和社会结构的互嵌性——兼评格兰诺维特的嵌入性理论》,《社会科学战线》2010 年第 12 期。

④　N. Fligstein, Market as Politics:A Political-Cultural Approach to Market Institutions, *American Sociological Review*,1996,Vol.61, No.4, pp.656-673.

⑤　V. A. Zelizer, Beyond the Polemics on the Market:Establishing a Theoretical and Empirical Agenda, *Sociological Forum*,1988,Vol.3, No.4,pp.614-634.

⑥　G. A. Akerlof, The Missing Motivation in Macroeconomics, *American Economic Review*,2007, Vol. 97, No.1, pp.5-36.

⑦　M. T. Dacin, M. J. Ventresca, B. D. Beal, The Embeddedness of Organizations:Dialogue&Directions, *Journal of Management*, 1999, Vol.25, No.3,pp.317-356.

虽然到目前为止,国内学界鲜有人直接从嵌入性理论视角对土地"三权分置"制度实践进行分析,但其实不少研究者都注意到社会因素对土地制度实践的影响。费孝通在引述其导师英国人类学者马林诺夫斯基的观点时曾谈道:"任何仅从法律的观点来研究土地占有的企图,必然导致不能令人满意的结果。如果对于当地人的经济生活不具备完备的知识,就不能对土地的占有进行定义和描述。"①陈翰笙也强调:"在我们考察土地所有权的分配方式的时候,我们不可把农民视为一个整体,我们倒是应该竭力从土地所有权对不同的农民阶层有何影响这个角度去分析。"②发展经济学家托达罗(Todaro)也认为:要改造传统农业部门,必须变革各种农村社会、政治方面等影响因素。③ 正如报告前文所提到的,"三权分置"制度本是顺应当前工业化和城乡一体化发展形势而做出的制度创新,而已有研究却很少有人立足于城乡社会变迁这个大背景对其进行讨论。事实上,只有立足于全面评估现代化、城镇化过程中的农村人地关系要素变动和重组场域,才能更好地探讨"三权分置"下的林地承包权实践和农村治理之间的关系问题。

事实上,目前学术界对土地"三权分置"的具象研究大多是立足于"三权分置"制度实施背景,单纯从宏观层面演绎推理其中的一种权利实践而有意或无意忽视另外"两权"的权利实践,原因在于他们很少从土地流转这个关键场域切入讨论"三权分置"的制度实施大环境。这种视角在研究方法和逻辑上是有问题的,因为"三权分置"中的"三权"本身是互为一体、互为存在的。只讨论其中"一权"而没有关注其他"两权",难以全面把握"三权分置"制度实施的全部价值和意义。因此,本书在探讨林地承包权实践时,也将把"三权分置"下的林地所有权和经营权实践作为参照系而纳入分析框架中。

对于"三权分置"制度实施的林地承包权实践研究,基于制度实施价值和理论层面的讨论似乎更为容易,但是这种设计究竟能在多大程度上落地实施并达成制度设计的目标,恐怕还要通过微观的实践来予以检验和验证。这就要求我们必须在宏观的学理性讨论和微观的实证研究之间建构一种新的沟通机制,以融合宏观讨论和微观研究之间的裂痕。而要实现这个目标,寻找一个研究的切入点至关重要。实际上,林地"三权分置"制度本身就是应对当前市场化转型过程中的土地制度实施而设计的一种制度安排,而且是针对当前我国林地流转面积不断扩大、流转的组织化规

---

① 转引自费孝通:《江村经济》,商务印书馆 2000 年版,第 154 页。

② 陈翰笙:《解放前的地主与农民》,冯峰译,中国社会科学出版社 1984 年版,第 7 页。

③ M. P. Todaro, *Economic development in the Third World*, Longman,1981,pp.414-416.

模化集约化不断提高的新形势而采取的应对之策,其本质上是传统小农经济向现代林业经济制度转型的最集中体现。因此,本书采用嵌入性理论和市场转型理论视角,从历时性、整体观角度出发,探讨林地产权制度变迁下尤其是"三权分置"制度背景下的林地承包权的实践路径,并分析未来林地承包权和集体林权制度变革路径。

2. 研究方法与资料获取

本书立足于社会学、人类学学科意义的实地田野调查获取的一手资料而展开研究。笔者2016—2019年在福建、江西、浙江、四川、湖北等5个南方重点集体林区省份的10县(市)30个村进行实地调查。田野调查中,笔者对普通农民、村干部、地方林业管理职能部门负责人、林地流转大户、林业合作社、林业企业等研究对象进行深度访谈和实地考察,全面获取相关研究资料。

与此同时,笔者2013—2016年作为骨干成员连续参与国家林业局农村林业改革发展司委托的集体林权制度改革百村跟踪观察监测项目调查,到福建、江西、湖北、浙江、四川、重庆、广西等10多个省(自治区、直辖市)从事有关集体林权制度改革实践相关议题的田野调查,搜集了大量一手研究材料。尤其是2016年3—11月,在国家林业局及相关省、市、县(区)林业部门的支持下,在全国21个省(自治区、直辖市)的33个示范区中抽取了13个省的22个集体林业综合改革示范区样本进行实地调查。因此,本书也会结合以往的田野调查资料进行探讨,并重点选取2016年和2018年调查中获取的资料信息进行研究分析。

在实地调查过程中,主要采取政策文本解读、座谈访谈、现场观察、统计归纳分析等多种方法获取研究信息资料[1],累计调查了17个省(自治区、直辖市)、34个县(市、区),调查村庄近100个,访谈和实地考察调研的林业产业化龙头企业32家(其中上市公司1家),民营林场10家、林业专业合作社及村级股份制林场48个、家庭林场14个,林地经营大户28户(其中造林大户14户),访谈的各类新型林业经营主体达300多人次,访谈的普通农户达500多人次。[2] 其中重点调查了14个省(自治区、直辖市)的29个县(市、区),调查样本基本统计数据信息见表0-1。

---

① 笔者在实地调研发现,因为日常生活中大部分村庄的青壮年外出,留守在村多为老人,他们不仅文化程度相对较低,对家庭林地经营情况也不甚了解,无法填写问卷,所以在村庄很难发放调查问卷,量化分析手段并不适用,本书主要采用定性研究方法展开实地调研。

② 实地调查显示,有不少新型林业经营主体是采取"公司＋合作社＋基地＋农户""合作社＋林场＋农户""合作社＋农户"等组织形式,因此在计算新型林业经营主体总数时一并计算。

表 0-1 主要调查的样本情况

序号	省（自治区、直辖市）	县（市、区）	村庄	新型林业经营主体
1	福建	将乐县	安仁乡余坑村、泽坊村，万全乡良地村	福建将乐县"金森"公司（上市公司）、1个林下经济产业基地、2户造林大户
		三明市沙县区	凤岗街道栖霞村、高砂镇龙慈村	栖霞村林场、龙慈村林场
		永春县	下洋镇大荣村、桂洋镇桂洋村、东关镇南美村	新希望花卉苗木基地（协会）、杜仲苗木基地、金蕾食品有限公司、耀华园林工程有限公司、牛姆林旅游开发公司、桂洋村茶叶种植专业合作社
2	浙江	龙泉市	龙泉市下洋镇花桥村	匡山红茶叶专业合作社、南天木业公司
		浦江县	虞宅乡桥头村、花桥乡马宅村	浙江红石生态林业有限公司（家庭林场）、浙江马岭生态农业有限公司
3	江西	崇义县、全南县、大余县、信丰县	崇义县石田镇2个村，全南县、大余、信丰县各1个村	会昌远云集团等5个林业企业和民营林场，全南县厚朴公司（同时也成立合作社）、崇义县石田镇4个民营林场、赣州市南康家具城、大余县2个民营林场、2个造林大户
4	四川	大邑县、崇州市、都江堰市、邛崃市	大邑县斜源镇江源村、崇州市文井江镇太坪村、都江堰市向峨乡龙竹村、邛崃市平乐镇关帝庙村	成都农村产权交易所、大邑县斜源镇新思源家庭农场、太坪村妙峰林地股份专业合作社、太坪村牛尾笋专业合作社、太坪村互助合作社、向峨乡四川千力原生态农业有限公司、邛崃市关帝庙村竹海旅游开发公司
5	重庆	永川区	茶山竹海街道大桥村、茶山竹海街道茶竹村	1个周姓造林大户、监狱茶场
		北碚区	金刀峡镇小塘村、三圣镇茅庵村、静观镇大坪村	金刀峡旅游开发公司、金刀岭农业发展有限公司、碚圣医药下属红豆杉种植基地、茅庵村休闲农庄

续表

序号	省（自治区、直辖市）	县（市、区）	村庄	新型林业经营主体
6	湖北	襄阳市	茨河镇金牛寺村	金山油茶公司、鄂西北林权交易中心、中华紫薇园、华中绿谷林业金融创新产业园
7	广西	百色市右江区	大楞乡温矿村、汪甸瑶族乡汪甸村	牛大力药材种植公司、娃娃鱼养殖基地、温矿村村支书伦姓造林大户
8	安徽	宣城市宣州区、宁国市、旌德县、泾县	宣州区溪口镇吕辉村村部、宁国市南极乡南极村、旌德县云乐乡刘村、泾县1个村	泾县群惠早元竹笋专业合作社、宁国市南极村核桃种植专业合作社、旌德县香榧合作社
9	贵州	毕节市七星关区	七星关区野角乡邓家湾村、放珠镇邵家村	朱昌镇发启兄弟家庭林场、野角乡邓家湾村泓丰家庭林场、撒拉溪镇天下蜂业发展有限公司、放珠镇惠泽生态农庄
10	云南	禄劝县、宜良县	禄劝县1个村、宜良县大狗黑地村	禄劝县忠义核桃专业合作社、宜良县干巴菌种植基地、大鹏坚果产销专业合作社
11	河南	新县、光山县	新县香山湖、光山县文殊乡猪山圈村、文殊乡杜槐村	光山县文殊乡猪山圈村诚信实业开发有限公司（含3个合作社）
12	山东	莱阳市	姜疃镇濯村	姜疃镇濯村北方植物园、龙潭谷林场、福琪果蔬有限公司、青山胜景农业合作社
13	陕西	宁陕县	城关镇瓦子沟村、四亩地镇严家坪村	1个扶贫合作社、1个造林大户、3个中草药种植大户
14	内蒙古	达拉特旗	白泥井镇大纳林村马三庙社、大纳木村村部、中和西镇官井村	东达林沙产业有限公司、大纳木村养兔合作社基地、达拉特旗绿森源专业合作社、刘姓、乔姓等8个造林大户
合计		29	45	84

　　需要特别说明的是，本书在阐述过程中，选择了一些比较典型的田野调查样本作为重点研究案例，以"理想类型"方式呈现研究的主题和目标。

第一章
传统小农林地经营制度与"林改"实践

前文提到,研究当前农村集体林地制度变革实践议题,必须置于整个城乡社会发展变迁的大背景中进行考察。不同时期的集体林地制度设计和安排体现了国家与农民关系变化,也必须与特定时期的生产力和生产关系发展水平相适应。因此,研究"三权分置"制度实践中的林地承包权变革问题,必须放眼于新中国成立至今甚至更早阶段的农村社会经济变迁历程。如果不对农村社会变迁背景进行必要的分析和说明,就很难客观准确地分析当前集体林地承包权变革实践历程,难以把握其客观规律。

和耕地制度变革相似,从新中国成立至今的 70 多年中,集体林地制度的演变轨迹大体上经历了农民私有制—家庭所有经营制、人民公社时期的集体所有集体统一经营制、改革开放后的家庭承包经营和集体统一经营的统分结合的双层经营制等三个主要阶段,经历了一个"分—统—统分结合"的过程。① 具体而言,集体林地制度变革大致经历了新中国成立初期的"林改"—林地农民所有制、50 年代到 80 年代前的林地合作化—人民公社集体经营制以及 80 年代前后至今的林地家庭承包制等三个阶段。② 时至今日,这三个阶段的集体林地制度实践形成的制度变革遗产仍会对当前的林地"三权分置"制度、集体林地承包权实践有直接的影响。

第一节　传统小农经济制度与林地经营

一、传统小农经济与社区林业

传统小农经济制度实践中,每个农民家庭大都是一个独立的生产、组织、分配和消费功能单位,承载了社会最基本的经济生产和社会人口繁衍的再生产功能,是社会最微观的"细胞"。一个传统的农家在参加农业生产时,其家庭成员会按照性别、

---

① 赵光元、张文兵、张德元:《中国农村基本经营制度的历史与逻辑——从家庭经营制、合作制、人民公社制到统分结合双层经营制的变迁轨迹与转换关联》,《学术界》2011 年第 4 期。

② 唐忠:《改革开放以来我国农村基本经营制度的变迁》,《中国人民大学学报》2018 年第3 期。

年龄进行十分和谐的自然分工，"男耕女织"，人尽其力。在此过程中，家长们会把传统的小农耕作知识和技能以耳濡目染的方式传承给自己的子女，后者通过前辈的言传身教把传统的农业生产知识及相关文化传承下去。传统中国农村社会实行"家庭财产诸子继承制"，包括耕地和山林也必须在诸子间均衡分配。这样通过家庭调节制度保障每个家庭尽可能从父辈获得一份土地，以维持基本的生存。在很多农村地区，由单个农民家庭经过多代甚至十几代乃至数十代的繁衍传承，形成特定的血缘、地缘性的聚居地——宗族性的村落，由此建构起来一整套血缘、地缘性的社会经济结构，乡土文化也因之而形成并延续。因此，考察我国传统的小农经济制度，必须意识到农户与村庄实际上是一个整体，两者不可分割。特定村庄的土地必须在农户个体和村庄家族宗族整体之间进行分配，而作为单个的农民个体的位置显得并不是特别重要。

常言道，土地是农民的"命根子"。不过，在传统小农经济社会中，除了特定的山区村庄，和能够直接带来"养家糊口"的耕地利用效益相比，一般村庄的农民从事林地利用更多是扮演获取"副业"收入的角色。在南方山区农村地带，林地经营可以为农民家庭提供薪柴、木料、水果、中草药以及猎物等收益。传统的手工业中，经营林地提供的资源也是重要原料来源，如传统的手工造纸主要是以毛竹为原料。和耕地相比，林地在农民家庭中的生计经济总体上作用较低，加之林地面积相对较多，因此长期以来林地的开发利用比较落后，大多处于自然利用状态。

如果从国际比较的视野来看，新中国成立之前的很多农村的林地经营制度和"社区林业"制度有诸多相似之处，这种林地的产权属于特定地区的社区共有，类似于社区"公地"。不同于传统林业，社区林业最主要的特征是群众和社区的参与。社区林业概念最早由印度林学家杰克·威士托比在 1968 年英联邦第九届林业大会上首次提出。1978 年雅加达世界林业大会把社区林业定义为"由农户进行营林、林产品加工、手工艺品生产以及居住在森林中的部落社区的一切有关活动"。联合国粮农组织出版的《世界森林资源状况》一书对社区林业也作了解释，社区林业计划是根据当地人民和技术人员的知识所制订的，并且采用参与式方法帮助当地人民及其组织机构，使其能够通过提高对林木和林业资源的利用与管理而达到其目标并解决所关注的问题。[①] 由此可以看出，社区林业主要强调根据地方性传统知识，以传统的社

---

① 社区林业管理有利益分享和权力分享两种模式，实际的操作（法律条款）会由利益分享模式向权力分享模式转变。关于国外社区林业的最新研究进展，有研究者认为社区林业机制有利于促进林业部门改革，是改革传统森林经营管理模式的极有价值的首选创新性模式。实施林业社区管理甚至被认为是解决森林经营管理危机的有效方式（李维长：《社区林业在国际林业界和扶贫领域的地位日益提升——第十二届世界林业大会综述》，《林业与社会》2004 年第 1 期）。

区共享方式来对林地加以利用。

以连续多年跟踪调查的闽西北将乐县为例,据该县 1940 年开展的地政实验调查资料,当时全县有耕地面积 27.78 万亩,大约占全县总土地面积的 7.12%,林地面积有 146 万亩,占全县总土地面积的 37.41%,而未开发利用的"荒地"则有 214 万亩,占全县总土地面积的 54.83%。这些荒地其实大部分是属于未开发利用的林地(见表 1-1)。这说明当时该县大约有超过一半的林地资源尚处于未开发利用状况,被列为"荒地",而耕地资源则大都开垦殆尽。实际上,当时统计的林地面积是有产权业主且基本得到开发利用的林地,包括毛竹林、人工种植杉木、果树等有经济价值的林地,而"荒地"大部分是偏远的无主山林,被列为"荒山",没有纳入政府统计范畴。这些"荒山"有相当部分是人迹罕至的原始森林或者未经人工开垦的灌木林,并非通常理解上的所谓"不毛之地"。当时将乐县的 214 万亩"荒地"中,其中可开垦为耕地的大约占 1.43%,可造林的占 97.39%,不可开垦利用的仅占 1.18%。[①] 这说明该县相对地广人稀(全县 1949 年仅有 62640 人[②]),加上交通不便,全县超过一半的林地的属于无主产权的"荒地",这部分林地属于当地居民都可私自利用的无主林地,其产权具有某些类似社区林地制度的属性。

表 1-1　1940 年将乐县土地利用分类面积之比较

土地类别	面积(市亩)	占全县土地总面积之百分率(%)
耕作地(耕地)	277826.05	7.12
住宅地	8141.10	0.21
林地	1460194.01	37.41
荒地	2140254.70	54.83
道路	5337.18	0.14
河流	11045.21	0.28
其他	468.75	0.01
合计	3903267.00	100.00

资料来源:林诗旦、屠剑臣编:《土地经济调查》,《将乐地政实验丛书》第二种,风行印刷社 1941 年版,第 4 页。

事实上,在南方山区,林地利用的最重要方式就是开垦为耕地。很多山垅田的

---

① 林诗旦、屠剑臣编:《土地经济调查》,《将乐地政实验丛书》第二种,风行印刷社 1941 年版,第 4 页。

② 《将乐县志》,方志出版社 1998 年版,第 126 页。

前身即天然林地。特别值得一提的是,近年来,由于一方面国家对生态建设越来越重视,大力实施退耕还林工作,另一方面有不少偏远山区的山坡田被弃耕甚至抛荒,这些耕地的利用方式转化为果林地甚至种植林木而向林地转变,这类林地"非规划林地"①的产权配置和利用机制变得更为复杂,和一般林地的承包权实践有很大差异。

有研究者指出,我国传统农村社会结构的主要特征是"农业与家庭手工业、家庭副业密切结合",形成"一家一户、自给自足的、自然经济的生产和生活形态",其中"土地所有制是农业社会经济制度的核心和政治制度的依据"。②传统自给自足的小农经济制度中一般的农民家庭维持"种地+搞副业"的生计模式,并以此来布局家庭的农业生产要素投入,其最大特点是依赖人力和畜力投入,以手工耕作生产方式生产出满足家庭所需的大部分生活用度。传统小农家庭中,耕作田地主要解决家庭的粮食需求——"吃饭"的问题,而"搞副业"包括饲养家畜和家禽,同时也发展一些林果产业或者种植一些经济作物,如种植油茶、果树等。农户从事这类副业除了满足家庭所需,还要赚取一些日常开支的花费。

再以闽西北将乐县为例,由于地处山区地带,该县现在的森林覆盖率超过80%。一直以来,所谓"靠山吃山",林地的经营产出是将乐县小农经济的重要依托,尤其是很多副业性质的农村产业发展是以林地和山林资源的利用为资源载体的。1949年该县农业产值中,种植业占62.8%,林业占16.91%。其他产业中,牧业和副业各占10%,渔业占0.29%。③ 在将乐县一些偏远山村,耕地多为山坡田,且耕作条件差,其所得收入甚至不能满足这些村庄村民的口粮之需,因此经营林业也是一般小农家庭的主要收入来源之一。

1940年调查显示,当时将乐全县森林面积共有146万余亩,其中毛竹林面积达数十万亩,"从生竹林者占其强数,故造纸工业极其发达"。严格来说,传统造纸业属于手工业范畴。长期以来,传统造纸业一直是将乐县的最大产业,且大多数的造纸作坊主要分布在山区地带。1940年将乐县共有造纸作坊(纸槽)339个,涉及从业人员众多,对当地经济发展影响很大。据记载,将乐县从事造纸的工人有6000人左右,是该县最大的非农产业。1940年的调查还显示,将乐县造纸年总产约3.2万担,

---

① "非规划林地"一般指县级以上政府规划的林业用地以外用于造林和发展林业经营的土地,主要指农田、抛荒地、旱地和坡耕地。以福建永春县为例,随着城镇化快速推进,该县不少偏远山区的坡耕地面临被抛荒的处境。该县近年来不少农林企业及新型林业经营主体大面积流转承包这类耕地,用于种植花卉及名贵苗木。截至2016年,全县出现了2.5万亩的非规划林地。

② 张厚安、徐勇等:《中国农村政治稳定与发展》,武汉出版社1995年版,第24、26、30页。

③ 《将乐县志》,方志出版社1998年版,第159页。

每担以 50 元计,价值约 160 万元,其产品出售给纸行,或交给纸业合作社出售,行销到本省、江西或津邑一带。每年所产纸品除该县自用,还可输出 2 万余担。[①]

直到 20 世纪 50 年代,造纸业都是将乐县的主导非农产业,提供了大量的就业机会。到 1957 年,全县开厂生产的毛边纸生产商共有 216 个,计有工人 2252 人,组成纸业生产社 8 个,纸农结合的生产社 44 个。全年毛边纸生产总任务数是 32 万刀(一刀含 100 张特定规格大小的纸张),较 1956 年增加 20%。1957 年造纸生产季节,全县造纸中涵括的修山、修塘、挑石灰、削料等生产环节需用工 23.7162 万个,以全县造 35 万刀纸计算,仅直接造纸环节就需 44.3 万个工,大约占全县全面生产季用工的 14%。除区、乡之间进行调配,该县劳动力供给不足,需从本省长汀、宁化、连城等县甚至从江西于都县等地调入 2000 个工人。这批外援劳动力当年立夏前 10 天到达该县,支援 6 万个工并在转料开场时,需外来 1000 个劳动力支援 25 万个工。为此,将乐县有关部门不得不由县手工业联社派人分赴各县雇砍料工人来弥补该县造纸劳动力缺口,并期待省里有关部门支援调配。可见,当时的传统手工造纸业曾盛极一时。

作为将乐县传统小农产业的重要组成部分,造纸业一直到 20 世纪 80 年代之前还存在,其中尤其以"栖山纸"最负盛名。在此之后,由于现代造纸业的兴起,传统手工造纸业才逐渐退出了历史舞台,完全被取代。1990 年之后,将乐县的手工造纸业几近消失。[②]

除了造纸业,将乐县还有很多其他农村副业和林地经营有关。其中最主要的是竹笋加工及毛竹生产业。将乐毛竹林分布广泛,早在明清时期,将乐县就大量加工毛竹笋,最有名的是"闽笋""乌烟笋"等。据《将乐县志》(1998 年版)记载:1912—1937 年,全县常年笋农有 190 户,从业人员达 400 多人,不少山区村庄的笋农来此为生。中华人民共和国成立后,竹笋产地扩张到全县偏远山村。全县有 25 个(行政)村主要依靠发展与毛竹相关的产业为生,而造纸和加工竹笋是这些村庄村民的维持生计的主要来源。据统计,1950—1979 年,全县生产笋干产量最高是每年 225 吨,最低年份只有 21.1 吨,30 年累计生产笋干 2879.25 吨、鲜笋 1171.45 吨。[③] 这些山里村庄的毛竹林人均达 10 亩以上,而人均耕地可能仅有 1~2 亩,且多是山垅田。如果

---

① 林诗旦、屠剑臣编:《土地经济调查》,《将乐地政实验丛书》第二种,风行印刷社 1941 年版,第 100 页。

② 将乐县目前仅有龙栖山国家自然保护区有一家手工毛边纸作坊作为国家非物质文化遗产保存下来,但当地掌握传统手工造纸工艺的只有几个 60 多岁的老年人,年轻人不愿意学,是否能够传承下去是个未知数。

③ 《将乐县志》,方志出版社 1998 年版,第 227 页。

以 1979 年将乐县全县 740 个行政村计算,依赖毛竹加工为主要生计来源的村庄约占全县村庄总数的 3.38%。实际上,很多偏远乡镇的企业也是以加工毛竹为主。如浙江省庆元县的隆宫乡毛竹业加工业到现在都很发达。①

实际上,笔者在浙江庆元县、龙泉市,福建顺昌县,江西崇义县,四川邛崃市,重庆永川区、北碚区等南方山区县(市)调研时发现,这些地方均有不少村庄依赖毛竹林为小农经济的主要生计来源。而且,这些毛竹林的经营制度和耕地制度几乎是一致的,也是实行家庭联产承包责任制。如将乐县 1980 年实行竹林承包到户后,全县的竹农经营积极性大为提高。1982 年,全县笋干产量达 298.95 吨。1985 年,笋干产量进一步上升到 618.5 吨。1987 年增长到 941 吨。1990 年达到最高值,达 1461 吨。

不过,进入 90 年代,由于这些偏远山区的村民逐步搬迁到交通更为便利的地方安家落户,不少村庄甚至整村搬迁,自然原先以毛竹林为主要生计来源的生活模式也发生了根本性的变化。各地的笋干的产量开始迅速下降。目前在将乐县安仁乡,原先主要依赖毛竹林为主要生计来源的蜈蚣鼻、上际 2 个行政村的所有村民几乎搬迁殆尽,传统的竹笋笋干加工业由于需要耗费大量的人力投入而退出了历史的舞台,竹林的经营方式转而主要以砍伐销售毛竹为主。很多村庄的村民成片地把毛竹林流转给其他业主经营,自己外出打工经商。例如,2017 年,将乐县安仁乡蜈蚣鼻村很多农户把家里承包的毛竹林转包给重庆人砍伐,2019 年,上际村的毛竹林转给贵州人砍伐。这两个村的大部分人则到上海开食杂店。实际上,在过去的 10 年中,曾经是山区农村农民赖以为生的毛竹林的经济价值快速下降,由于砍毛竹非常辛苦,非精壮男子不能为,人工成本快速上涨,而毛竹的销售价格却相对低迷,很多毛竹山也被逐渐放弃管护,自然毛竹山的经济价值大为下降,对林地承包权实践产生了直接影响。毛竹山经济价值下降,地处竹区区域的村落涵养人口的功能自然也快速随之下降,村庄发展乃至村民生存的经济社会基础也就不复存在。很多村庄的村民迁移出去,村庄就随之消失或即将消失。这种情形反过来又进一步促进毛竹山林的产权重组,竹山的利用方式也随之改变。

传统小农经济发展与林地经营相关的副业还包括采松脂、油茶种植、食用菌种植等。例如,浙江庆元县、龙泉市都是全国有名的"香菇之乡",至今从事香菇、木耳

---

① 2011 年庆元县隆宫乡全乡家庭手工作坊多达 260 家,主要集中在乡政府所在地的隆宫村及附近的几个村,平均每家从业人员在 2~10 人,总从业人员达 1400 人,主要加工筷坯、竹砧板、竹垫等坯料,产品销往县城或本乡的半成品、成品加工企业。这些家庭作坊式的加工企业基本上没有到工商局正式注册,也不缴纳税金。每家作坊购置几台加工机械,平均总投资数万元不等,但每年给户主带来 5 万~10 万元的纯收入(朱冬亮:《扎根理论视角下的农村家庭加工业契约治理》,《华中师范大学学报(人文社会科学版)》2012 年第 5 期)。

的人仍然达到数万人。而福建古田县则是全国有名的食用菌种植之乡,号称"菌都",已形成完整的食用菌种植、加工、销售的产业链,从业者也达数万人,年产值数十亿元。在福建将乐县,民国初年,县内即已有采松脂,但产量较少,产品主要销往福州市和江西省,每 100 斤松脂售价 6 块银圆,折合稻谷价 120 公斤。1956—1958 年,全县共采松脂 405 吨。后来断断续续采,到 1977 年,全县共采松脂 1.09 万吨。1978—1985 年累计采松脂 1.34 万吨。1990 年,全县松脂生产基地增加到 5 万亩,采松脂 2050 吨。① 不过,为了保护生态环境,该县的松脂采收量也开始快速下降,这项传统产业也逐步式微。

另外,将乐县明清时期,县内已经广泛种植油茶,主要分布在安仁乡、万安镇、大源乡等地。到了 1949 年,全县油茶种植面积达 1.25 万亩,年产茶油籽 75 吨。1956 年,全县油茶籽产量上升到 150 吨。1958 年,油茶林"平调入社"后经营不善,全县油茶林抛荒近万亩。② 到了人民公社时期,将乐县山区村普遍成立了专门的耕山队,大力发展油茶林种植和油茶加工产业。1972 年,将乐县提出大面积发展木本油料,实现"一人一亩油茶"。到 1978 年,全县油茶种植面积增加到 6.66 万亩。80 年代之后,各生产队的油茶种植林也是按照人口平均分到户。1983 年,全县油茶种植面积达 7.26 万亩,年产油茶籽 580.65 吨。1985 年以后,因油茶种植效益较低,部分油茶林改种果树和杉木,油茶种植面积减少。③ 到了 90 年代后,将乐县传统的油茶种植业也逐渐衰弱。

近年来,由于国家鼓励发展木本油料种植,很多地方政府开始大力鼓励种植(新型)油茶。如笔者调查的广西罗城县,江西兴国县、铜鼓县等地都在大力发展现代油茶种植,国家和地方对油茶种植均给予大力补贴。这些产业是小农经济中的重要补充。但是,由于各地在盲目大面积发展油茶种植,如仅广西河池市规划油茶种植面积就超过 100 万亩,很多山区县规划种植面积达 10 多万亩,是否有这么大的市场需求,其中的风险却没有充分评估。

食用菌种植也是将乐县传统小农经济的一项主导副业产业。明清时期,县内已经有人工栽培香菇。民国时期,浙江庆元县、龙泉市等地的菇农到将乐县开办香菇种植场。到了 1941 年,全县养菇场达 460 个,菇农达 1000 多人,产菇量达 17.5 吨。中华人民共和国成立后,将乐县香菇产地主要集中在全县的各乡镇的地势较高的山区村落,其中有 20 个村形成较大规模。1949—1958 年,全县累计生产香菇 244.4

---

① 《将乐县志》,方志出版社 1998 年版,第 226~227 页。
② 《将乐县志》,方志出版社 1998 年版,第 227~228 页。
③ 《将乐县志》,方志出版社 1998 年版,第 227~228 页。

吨。1959 年以后,由于浙江菇农回家务农,全县香菇产量锐减。之后香菇产量处于低迷状态。[①] 80 年代后,由于推广新型种植技术,全县香菇产量有所回升,但一般的小农家庭不再种植香菇,传统的小农经济式的香菇种植业逐渐消失。

二、人地关系变化与现代小农经济演变

在传统小农经济的经营模式中,土地是农民最重要的生产资源。因此类似将乐县这样的传统闽西北山区村落建设规划一般会按照朴素的生态学观点,把其选址在靠山的地带。这样一方面便于依托地形汲取生活用水,另一方面尽量不占用宝贵的耕地资源。同时村民会按照传统的生活习惯和经验,把村落后面靠山的山林认定为"风水林",其林地产权属于村落社区的公共用地。村民往往把"风水林"赋予某种超自然力量信仰,像神灵一样保护和供养,严厉禁止砍伐,这样做的目的是庇护村庄免遭暴雨和泥石流侵害。只有到了现代社会,由于现代化的公路开通之后,政府和农民自己为了生产生活的方便,才会把村庄规划建设在靠近公路的两边,交通便利也便于各类人员物质输送。这样一来,一些偏远的村庄的村民就不断搬迁,很多村落因此而逐渐废弃了。

以将乐县安仁乡为例,据 1981 年出版的《将乐县地名录》记载,当时全乡面积 120 平方公里,共有 57 个自然村。90 年代,福建省开始实施"造福工程",即政府通过政策性手段把本乡偏远的山村或者容易遭受地质灾害的村落整体性迁移到地势较低、交通和生活条件也较为便利的地方。一些偏远村落的村民更是自觉地迁移到乡镇、县城落户,更多的村庄因此而消失在历史的长河中。到 2000 年前后,全乡还有 37 个自然村,对比 1981 年,该乡的自然村数量减少了 1/3。到了 2020 年,全乡自然村数量进一步下降,不到 25 个。目前,全乡的自然村主要集中在该乡一条通往县城的主干道上,其他偏远的村庄几乎已经搬迁完毕。其中不少村民已经全家迁移到县城甚至更大的城市居住,成为人户分离的流动人口。

传统小农家庭经济模式中即使是儿童也可以在家庭经济生产过程中从事一些辅助性劳动,并从中习得土地耕作技能和农耕文化。从农耕技术和农耕文化传承的角度来看,家长需要把土地的耕作经验知识技能传给年幼的子女,后者自然从七八岁就开始跟着父辈下田,在耳濡目染中学会祖祖辈辈传承下来的种田技术,同时学习家庭成员间的合作互助精神。特别是在农忙"双抢"(抢收第一季稻、抢种第二季稻)时节劳力缺乏时,已经放了暑假的儿童们普遍参加家庭劳动,甚至到人民公社时期也参加生产队的辅助性田间劳动。这样能锻炼自己,融入村集体,同时学习耕作

---

① 《将乐县志》,方志出版社 1998 年版,第 228 页。

技术。如今,这些经历成了生长于那个时代的农民"乡愁"寄托的情怀来源。

不过,这种情形在 20 世纪 80 年代实行土地家庭联产承包责任制后尤其是到了 2000 年之后逐步发生了变化。如今很多"80 后"特别是"90 后"的农村年轻人已经不再按照他们父辈的方式接受农耕文化的传承。他们中的大部分从小跟随自己的父母在城里出生长大,对家乡的生产和生活都非常陌生。他们不仅没有从小学习农耕技术,也没有感受到家庭成员互助的田间劳作精神。对农村生活没有真实感受的他们接受了城市生活的熏陶,却失去了对家乡的认同感和归属感,自然也谈不上有什么乡愁。因此,新一代的"农民"普遍不愿意回归家乡更不愿意从事农业,这点和他们的父辈有很大的不同。所谓"'70 后'的不愿种地""'80 后'的不会种地""'90 后'的不理土地""'00 后'的不知道土地",确实反映了改革开放 40 多年来不同时代农民土地观念的巨大变化。这种变化给农村林地经营和林地"三权分置"制度实践带来了深刻而重大的影响。

近几年在一些农村地区进行田野跟踪调查发现,绝大部分 40 岁以下的农村人都到城市从事非农产业。他们在职业上已经脱离农业产业多年了,不属于"农民"而被赋予"农民工"的身份。其中 35 岁以下的青年有不少是从小生长于留守儿童家庭,他们的父辈因为外出打工经商也没有传承给他们农耕文化,他们自身基本上是初中高中毕业后即到外面去打工或者从事别的非农产业,因此对农村家乡只有上中小学留下的模糊记忆。由于他们自身都没有从事农业的经验,自然也不可能传给子女土地耕作的经验,甚至根本不会鼓励子女将来到农村从事传统农业。他们最多只是让自己的子女尽量留在城里接受学前和小学等初级阶段教育。到了初中阶段,如果不能继续在城里接受教育,就会想方设法把小孩送到自己老家县城接受初中高中阶段教育,而 60 岁左右的父母则必须在县城照顾留守的孙子孙女上学。和 80—90 年代留守青少年群体主要集中在村庄和乡镇相比,2000 年至今,大量农村小学撤并①,即使是保留下来的农村小学,其办学规模和生源质量、教学质量也在不断下降,因此,稍微条件好的农村家庭都想方设法把子女送到县城上学,由此出现了值得重视的教育移民和教育城镇化现象。这种现象同样给传统小农经济制度变迁和林地"三权分置"制度实践造成了重大影响。

村庄和人口的迁移必然改变原有的耕地和林地利用方式,也改变了农村的整体社会结构。当农村的人口因素发生变化时,相应的农村林地制度安排也势必进行相

---

① 和 20 世纪 80 年代初期相比,笔者调查的样本地区农村大约有超过 80% 的小学学校已被撤并。2023 年,安仁乡唯一的初中学校初一年段停止招生,这意味着这个户籍人口约 1.4 万人的乡镇的初中学校即将停办。

应的改革和调整。正如前文提到的,将乐县安仁乡蜈蚣鼻村的几个偏远自然村已经基本迁移完毕,村民原来耕作的山垅田也因此基本抛荒,以致 2018 年安仁乡政府不得不引入外来投资商,在这些即将抛荒的数百亩耕地上发展有机茶种植等生态产业,实际上相当于是退耕还林了。而该乡的上际村村民搬迁殆尽,不得不引入一家生态茶公司,把全村 1000 多亩山垅田统一流转种植有机茶。这种人地关系变化使得耕地的利用方式向林地转变了。

不过,原本居住在偏远山区的村民整体性易地搬迁之后,因为原有的人地关系调整,容易引发村落间集体性的林地纠纷。如本章接下来将要分析的将乐县安仁乡泽坊行政村所辖的新洋村和泽坊自然村的林权以及耕地承包纠纷案例,双方矛盾激化的原因就是新洋村在 20 世纪 90 年代初期已经整村从偏远山区迁移到平地上安置,但两个村庄的林地分配方式并没有随之进行调整,两村之间发生了一场持续多年的林地承包权纠纷,其中也包括耕地的纠纷,对两村的发展和社会秩序维护造成了很大的影响。

第二节 农村传统社会结构与土地制度

一、村庄社区与地方自治

传统农村社会中土地总是独具影响力。费孝通曾经指出,"土头土脑的乡下人""粘在土地上"而缺乏流动性,他们的命运与土地休戚与共。大多数农民一辈子生活在集血缘、地缘和业缘于一体的村落中[①],很少有超越施坚雅(G. Skinner)所指的基层市场共同体(standard market community)范围。[②] 在农村的地方性权力结构中,土地就是权力,而权力则决定土地拥有者的地位。[③] 黄宗智认为,村庄的权力治理结构与土地的占有形态有直接的关联。例如,新中国成立前,"华北的土地占有权的频繁变换可归因于这个地区结构性的贫困和生态上的不稳定"[④]。有研究者指出,中国古代实行的土地所有制实际上是一种"多层级土地所有制",即"国家、私人都有所有

---

① 费孝通:《乡土中国 生育制度》,北京大学出版社 1998 年版,第 6~11 页。

② 施坚雅通过对川西的农村集市结构的研究,认为中国"小农的实际活动范围,并不是一个狭隘的村落,而是一个基层集市所及的整个地区(大致相当于现在的乡镇)。"(G.W. Skinner, Marketing and Social Structure in Rural China, *The Journal of Asian Studies*, Vol. XXIV, 1964—1965, Part Ⅰ, p.32.)。

③ E. R. 沃尔夫:《乡民社会》,张恭启译,台北巨流图书公司 1983 年版,第 179 页。

④ 黄宗智:《长江三角洲的小农家庭与乡村发展》,中华书局 2000 年版,第 162 页。

权,并有不同层级的权力区别,除了第一级对官田,都没有完整的所有权"①。其中,第一个层级是"国家所有权,或说皇帝所有权";第二层级是贵族官僚所有权,实质是对官田的占有权;第三层级是私人业主所有权;第四层级是典当业主的部分所有权;第五层级是"一田二主"的押租制下的佃农的永佃权和转让权,一定程度地分割土地所有权。② 封建社会的土地所有制在很多地方一直延续至民国时期,甚至直到新中国成立前后实行"土改"时才发生根本性的变革。从客观的角度看,封建社会的"多层级土地所有制"在实践中是把一个完整的土地产权分割为不同的权能,且不同阶层都因占有某个土地权能而获得相应的收益和回报,并以此来对农村社会治理施加某种影响力。

以往研究中,许多学者都论及了我国传统农村社会文化生活的基本结构和特征。不过,到底应从哪个角度研究农村社会结构,学术界却有很大争议。其中最有影响的是"村庄社区论"。村庄社区一直是我国社会的最小也是最基层的组织单位。在德国社会学家滕尼斯(Ferdinand Tönnies)看来,传统的农村村庄就是"社区"(gemeinschaft,通常译为共同体、集体、公社、社区等)③,它是通过血缘、邻里和朋友关系建立起的人群组合,被认为是与"社会"(gesellschaft,通常译作社会、社团、联合体等)相对应的传统因素。在国内学术界,费孝通最早对"社区"(community)进行了界定。费孝通在出版于1939年的代表作《江村经济》中指出,村庄社区是包括人口、地域及社会关系的社会实体,是一个相对独立的"村庄共同体",在社会经济文化等方面都属于功能完整的社会单位。他还进一步指出:中国的"乡土社区的单位是村落"④,"它是一个由各种形式的社会活动组成的群体,具有其特定的名称,而且是一个为人们所公认的事实上的社会单位"⑤。黄宗智也认为,自然村"在经济上、社会上和政治上,是较为闭塞内向的社团"⑥。他把自然村视作只包含庶民的"闭塞而又有内生政治结构的单位"⑦。

另一些学者则关注不同的村落社区之间更为广泛的经济和社会文化网络互动关系,这种视角注意到的不是一个个孤立的村庄,而是地域上更为广泛的村落群。如施坚雅就通过对川西的农村集市结构的研究,对西方汉学人类学的村庄研究范式

①　冯尔康、常建华:《中国历史上的农民》,台北馨园文教基金会1998年版,第8～9页。
②　冯尔康、常建华:《中国历史上的农民》,台北馨园文教基金会1998年版,第9～14页。
③　"社区"也被翻译为"共同体",而"社会"是靠人理性利益的权衡(选择意志)建立起的人群组合,是通过权力、法律、制度的观念组织起来的一种机械合成体。
④　费孝通:《乡土中国》,生活·读书·新知三联书店1985年版,第4页。
⑤　费孝通:《江村经济》,商务印书馆2002年版,第25页。
⑥　黄宗智:《华北的小农经济与社会变迁》,中华书局2000年版,第254页。
⑦　黄宗智:《华北的小农经济与社会变迁》,中华书局2000年版,第229页。

提出了严厉的批判。他认为以往学术界把"注意力几乎全部集中在村庄上,大多歪曲了乡村社会结构的实况"①。为此,他进一步指出,"要说中国的小农生活在一个自给自足的世界中,那个世界不是村庄,而是基层市场共同体","小农的实际活动范围,并不是一个狭隘的村落,而是一个基层集市所及的整个地区"。② 施坚雅甚至建构了一个蜂窝状的基层市场共同体理想结构。他的研究使人注意到虽然基层市场共同体不是土地社区产权的实践主体,但是在某种特定的情况下,基层市场共同体可能成为某些抗争性行为动员的区域。施坚雅的研究走出了村庄视域,注意到乡村经济和农民社会生活开放的一面,颇有独到之处。

二、土地制度与村庄社区传统自治

在南方的很多村落,一个较为完整的村落的社会治理结构往往包括宗族祠堂、村庙宗教两个基本组成部分。村庄通过家族祠堂及宗族祭祖等仪式把宗族文化传承下来,以凝聚村庄内部的人际关系,由此形成一种特定的地方性"族权"治理力量。而村庙及仪式则代表村民与自然或者超自然的宗教或者神灵力量进行沟通,为村民提供宗教精神力量的支持,形成地方性的"神权"治理力量。这两类地方性的文化权力都或多或少占有部分土地资源(村民的捐赠或者宗族、寺庙自身的购入),其收益用于维持宗族祠堂和村庙的运行,体现了村庄的地权与地方性的族权、神权的紧密关联,村庄也因此构成一个相对封闭微观却有全能型特征的基层社区治理单位。

历史学家傅衣凌曾经从宗族关系而非村落共同体的观点出发来研究华南的农村基层社区社会结构。他认为,宗族关系在某种程度上跨越了阶级界限,或者与之相互交叉。这就使农民组织和行动的问题变得更加复杂。③ 而郑振满也注意到,在闽西北地区,不少世家大族受到生态环境的制约,被迫不断地向外迁徙,以缓解本地的人、地生存压力,形成诸多的散居宗族。④ 这些散居宗族共同拥有一些包括田地和山林在内的族产,由此形成跨越单个村落社区产权的宗族产权。实际上,2003 年以后福建、江西等省在推进新集体林权制度改革时暴露出的不少林权纠纷案例显示,这种族权思想遗产作为习惯产权的组成部分,至今仍在村落社区的集体林地产权制

---

① G. W. Skinner,Marketing and Social Structure in Rural China,*The Journal of Asian Studies*,Vol. ⅩⅩⅣ,1964—1965,Part Ⅰ,p.32.

② G. W. Skinner,Marketing and Social Structure in Rural China,*The Journal of Asian Studies*,Vol. ⅩⅩⅣ,1964—1965,Part Ⅰ,p.32.

③ 傅衣凌:《明清时代阶级关系的新探索》,《中国史研究》1979 年第 4 期。

④ 郑振满:《明清福建家族组织与社会变迁》,湖南教育出版社 1992 年版,第 121 页。

度实践中发挥着不可忽视的影响力。[①]

从福建将乐县的情况看,1940 年的地政试验调查显示,当时将乐县有为数不少的属于"公产"属性的土地。[②] 在"皇权不下县"的旧时代,村庄保持相对自治的前提是必须有一定的社区共享的土地资源作为收入来源,村庄社区的公益事业均有赖于这些"公产"性质的耕地和林地的收益。据当地老人讲述,"土改"之前,当时相当部分耕地和林地属于私人或者宗族、寺庙所有。[③] 其中属于私人的土地林地就以业主命名,属于宗族所有的族田则称"醮祭田"或者"祭田",还有一些田属于寺庙,俗称"菩萨田"。在将乐县,绝大多数村庄都有属于本村居民信仰祭拜的寺庙,规模稍大的村庙可能就置有田产或者山林。[④] 这说明新中国成立之前,将乐县的土地用途复杂多样,而不同用途的土地的产权性质也有很大差别。

此外,在以往的乡村自治中形成一种"乡绅治理"的体制机制。[⑤] "乡绅自治"的主要经济基础来源于村庄社区的公共地产收益。美国学者弗里德曼(M. Freedman)通过研究发现,在福建省和广东省,一般的村落基本上是单姓村或者主姓村,同族之间毗邻聚族而居,传统的乡村治理中宗族的作用非常大。乡村中与个人的私产相对应的是祖产,包括宗族祠堂和族田等,其收益用来支持宗族的团体性活动,如祭祀祖先、支持本宗族的福利事业等。其中祖产是共有且不可分割的。弗里德曼认为,中国的宗族之所以能够存在,其根本的原因是祖先认同,而祖产则为其提供了一种关键性的经济上的保证。[⑥] 弗里德曼还进一步指出,由于村庄社区实行自治,国家的意志事实上要经过地方乡绅把持的宗族组织的"过滤"之后才能最终贯彻落实到民间。也有一些人类学者把宗族组织当作一种具有更多正面意义的文化现象,认为它有利

[①] 朱冬亮:《村庄社区产权实践与重构:关于集体林权纠纷的一个分析框架》,《中国社会科学》2013 年第 11 期。

[②] 林诗旦、王守经、陈文培编:《公产调查》,《将乐地政试验丛书》第五种,风行印刷社 1941 年版,第 16 页。

[③] 学术界把同时具有共有地产、地方宗祠、族谱等特点的宗族称为"庶民化的宗族"(郑振满:《明清福建家族组织与社会变迁》,湖南教育出版社 1992 年版,第 85 页)。

[④] 笔者 2017 年到顺昌县元坑镇陈布村调查时发现,当地寺庙至今还保留了数十亩属于"庙产"的山林。

[⑤] 有人认为,乡绅是隋文帝后通过科举考试的现任、退任或正在休闲等官僚隐于乡里时的称呼。他们在乡里并不属于行政系统,而是地方政府外的一股庶民势力,对地方政府是种抗衡的力量。宋以后的乡官即此类乡绅。到了明清时期,乡绅势力盛极一时。乡绅制度随着科举制度的取消而逐渐式微,到了民国时期被保甲制度所取代(郑钦仁主编:《中国文化新论:制度篇》,台湾联经出版事业公司 1982 年版,第 377、407 页)。

[⑥] 参见郑振满:《明清福建家族组织与社会变迁》,湖南教育出版社 1992 年版,第 12～17 页。

于族人的社会化,可以加强族内成员之间的经济互助和社会自我防护等功能。① 如王沪宁就强调宗族在乡村治理中所发挥的正面性作用,视宗族为村民利益的代言人,能够在很大程度上保护族人的利益免受外来专制权力的侵害。②

另有一部分研究者则突出强调传统农村社会中宗族—乡绅所发挥的负面性作用。他们认为,地方乡绅操纵宗族组织,乘机谋取个人的经济利益。包括获取经济利益、获取声望及乡人的尊重等,掌握地方政治、社会和文化权力。如毛泽东在《湖南农民运动考察报告》中曾经指出:"由宗祠、支祠以及家长的家族系统",构成了一种以"祠堂族长"为代表的"族权",成为束缚我国乡村农民的"四大绳索"之一。③ 1949 年以后,国内史学界对宋以后宗族组织的研究,历来注重对其进行政治属性的分析,强调宗族内部的阶级矛盾,强调宗族组织属于政治性的社会组织。特别是自唐宋以来,阶级矛盾的激化,推动了宗族组织的形成与发展,并使之演变为农村基层政权组织。有研究者甚至认为,作为封建政权的有机组成部分,宗族组织阻碍了阶级斗争和阶级分化,在一定程度上延续了封建社会的解体过程。这种视角被认为"明显表现了政治社会史的偏好"。④

由于农村的包括族山在内的族田一向被认为"是近代家族制度赖以存在的物质基础"⑤,新中国成立之后,由族田(族山)—宗族祠堂—族谱所构成的社区"族权"就被定性为现代性的对立面,遭到打击。"土改"和"林改"中大量的族田、族山被征收或者没收,包括"文革"时期采取的一系列举措被认为"彻底消灭了家族制度的经济基础"。⑥ "土改"和"林改""切断了旧宗族与封建土地所有制的联系"。⑦

实际上,20 世纪 80 年代尤其是 90 年代以来,很多农村地区的宗族文化又逐步"复苏"了。这种"复苏"态势特别以华南的福建、广东、江西等省份更为突出。⑧ 究竟这种复苏是旧宗族文化的"回光返照",还是中国农村社会固有的特征再现? 对于这

---

① 郑振满:《明清福建家族组织与社会变迁》,湖南教育出版社 1992 年版,第 16 页。

② 王沪宁:《当代中国村落家族文化——对中国社会现代化的一项探索》,上海人民出版社 1991 年版,第 12 页。

③ 毛泽东:《湖南农民运动考察报告》,华北大学印,1948 年,第 26 页。

④ 参见郑振满:《明清福建家族组织与社会变迁》,湖南教育出版社 1992 年版,第 8、9 页。

⑤ 徐扬杰:《中国家族制度史》,人民出版社 1992 年版,第 329 页。

⑥ 徐扬杰:《中国家族制度史》,人民出版社 1992 年版,第 465 页。

⑦ 钱杭、谢维扬:《传统与转型:江西泰和农村宗族形态——一项社会人类学的研究》,上海社会科学院出版社 1995 年版,第 24 页。

⑧ 参见王铭铭和钱杭、谢维扬等学者的研究(王铭铭:《村落视野中的文化与权力——闽台三村五论》,生活·读书·新知三联书店 1997 年版;钱杭、谢维扬:《传统与转型:江西泰和农村宗族形态——一项社会人类学的研究》,上海社会科学院出版社 1995 年版)。

点,学界有两个明显的带有对立的分歧观点。以人类学和社会学为代表的一派的意见倾向于给予正面的评价。如钱杭、谢维扬认为,80 年代我国农村"重新恢复的宗族组织,无论是结构还是功能,严格地说都已经不是(1949 年之前)旧宗族形态的简单重复和翻版,而应看成是传统宗族转型中一个阶段的产物"。他们认为宗族思想可以满足人们对自己祖先的"历史感和归属感的需求",因而有其深厚的群众基础。① 现在的宗族组织基本退化了,但是它又继承了某些合理的功能,成了一种既合于传统又能适应现代生活的组织结构形式。② 由于家庭承包制实施之后,单个的家庭重新成为一个生产单位,乡民之间为了互助、举办公益事业不得不借助宗族的力量,这样就在仪式上表现出来。与此相对立的另一种观点则认为,80 年代我国农村复苏的宗族文化现象是过去宗族制度的"沉渣泛起",是旧有的封建宗法思想和"迷信"思想的重新"显灵"。持这种观点的学者大部分是历史学者,他们对宗族复苏采取否定和抨击的态度。如徐扬杰就预言未来我国的家族制度必然灭亡,并强调必须严加抑制宗族的复兴现象。③

不过,或许很少人注意到,进入新世纪尤其是近 10 年来,由于国家逐步实施城乡一体化的政策制度,原有的城乡二元社会结构出现了逐步解体的趋势。如前文提到的,其最明显的表现是很多农民家庭到县城购房甚至举家迁移到县城或者更大的城市居住,原本在农村上学的小学和初级中学的学生有相当部分迁移到县城或者更大的城市升学,留守在农村的青少年数量大为减少。这种教育迁移大大促进了农民家庭和农村人口的迁移,也使人口城镇化的触角真正延伸到农村末梢地带。对比 20世纪 80 年代的"民工潮"单纯的职业城镇化现象,这种教育移民引起的教育城镇化才彻底改变了传统小农社会经济结构。随着子女因升学而迁移到城镇的农民家庭大多整体性地迁移出去,他们与土地就相对分离了,出现了人地分离和人户分离的现象。农村传统的原本相对封闭的土地—宗族—寺庙的"三位一体"的村庄的经济社会结构也开始逐步走向乃至彻底解体。大量农民家庭进入县城甚至更大的城市,成为"不在村农民"。与此相对应的,包括林地在内的土地流转的规模化长期性程度明显提升,宗族的组织和凝聚力开始下降,寺庙在村庄中的宗教和心理精神安慰功能自然也随之下降。村庄的经济社会文化边界逐步向村庄外部的力量开放,而村庄

---

① 钱杭、谢维扬:《传统与转型:江西泰和农村宗族形态——一项社会人类学的研究》,上海社会科学院出版社 1995 年版,"引言"。

② 钱杭、谢维扬:《传统与转型:江西泰和农村宗族形态——一项社会人类学的研究》,上海社会科学院出版社 1995 年版,第 304 页。

③ 徐扬杰:《中国家族制度史》,人民出版社 1992 年版,第 474~477 页。

内部的宗族和宗教的边界则相对消失。这种变化不仅深刻地改变了村庄的林地和耕地的产权结构与实践制度,而且改变了集体林地的承包权实践机制。

因此,如果站在现在的角度来看,对于村庄宗族和村庄社区宗教在农村发展和治理中的作用显然要更加客观地看待。党的十九大提出乡村振兴战略,明确提出"健全自治、法治、德治相结合的乡村治理体系",其中更要合理地发挥宗族组织在乡村治理中的现代性作用。宗族制度本身有一个历史的发展过程,其结构、功能、形式并非一成不变,而是随着国家制度、农村社会的变迁而变化。只要农村聚族而居的村落形态没有发生根本性的改变,宗族力量就一定会以某种形式发生作用,并影响农村发展格局。实际上,80年代实行土地和林地家庭联产承包责任制后,国家力量对农村基层社会的控制力也逐步弱化。不少村庄的公共服务事业无人问津,这时候农民就被迫依赖传统的宗族力量组织起来,实施其自治化管理。这点与当前乡村振兴中所倡导的"自治、法治、德治"融合理念是不谋而合的。

第三节　"林改":农民土地所有制变革实践

一、"土改":新中国成立初期的社会变革

1946—1953年的土地改革是由新生的国家政权力量采取自上而下方式实施的一场全面性、革命性的强制性制度变迁。[①] 众所周知,自孙中山提出"平均地权"思想之后,追求土地平均分配、节制资本遂成为社会的主流思想,并在20世纪中期付诸革命和政策实践。作为社会革命的一部分,"打土豪、分田地"的平均地权政治宣传一直是中国共产党动员农民参加革命的最有号召力的政治口号。共产党领导的革命力量生长于农村基层也扎根于农村基层,可以说有着超越于以往任何政治力量的农村动员能力。共产党不仅通过"农村包围城市"的革命道路而获得了革命胜利,而且通过直接把国家力量延伸到农村最基层而改造村庄社区的生产力和生产关系,传统的村庄社区自治结构随之也发生了根本性的变革。

众所周知,我国现行的农村土地制度是建立在对土地私有制的革命性改造的基础上的。解放战争时期,共产党获得特定地方的政权后,即实施土地改革举措,把原先向农民承诺的"打土豪、分田地"付诸行动,其中包括"土改"和"林改"。对于全国绝大部分地方而言,新中国成立初期的土地改革始于1949年制定的具有宪法性质

---

① "土改"包括对耕地、林地、农村房屋、耕牛等生产生活工具进行"革命性"重新分配,也包括对地主、富农和其他农民的政治阶层进行划分。

的《中国人民政治协商会议共同纲领》,《中国人民政治协商会议共同纲领》提出要有步骤地变革封建地主土地所有制为农民土地所有制。1950 年 6 月 30 日颁布实施的《中华人民共和国土地改革法》则进一步明确指出要"依靠贫农、雇农,团结中农,中立富农,有步骤地分别消灭封建剥削制度,实行农民的土地所有制"。这一法律从法律实践层面保障了农民所拥有的土地所有权。

"土改""林改"后,旧的土地契约一律作废。旧社会的土地买卖交易契约、土地产权证被烧毁。《土地改革法》第三十条规定:"土地改革完成后,由人民政府发给土地所有证,并承认一切土地所有者自由经营、买卖及出租土地的权利。"这说明农民获得了完整的土地的所有权。1950 年 11 月 10 日,政务院第五十八次会议通过《城市郊区土地改革条例》;同年 11 月 25 日,内务部发布的《关于填发土地房产所有证的指示》明确要求,土地改革完成后,土地房产所有证以户为单位填写发放,从而较为完整地确立了土地房产农户私有性质。当时填发的土地房产所有证有三联,分别为农户家庭保存和村里保存及县里保存。1954 年 9 月 20 日,第一届全国人大第一次会议通过《中华人民共和国宪法》,规定"国家依照法律保护农民的土地所有权",从国家基本法律上确立了农民的土地所有权。

"土改"和"林改"不仅是一项均分农村土地的土地革命,同时也是伴随着划分农村社会阶级的政治革命,它是一场整体性的社会革命运动。《土地改革法》颁布实施后,国家随后又出台了《农民协会组织通则》《关于划分农村阶级成分的决定》等一系列相关的政策文件,进一步推动和规范农村"土改"和"林改"工作进程。在"土改"和"林改"工作中,农村民众被划为地主、半地主、富农、中农、贫农和雇农等不同成分,其享有的政治和社会待遇有很大的差别。虽然《关于划分农村阶级成分的决定》规定在"土改"完成后,在一定条件下,"地主"5 年后、"富农"3 年后就可以改变其阶级成分,但是实际上,由于种种原因,这种带有强烈的政治色彩的身份符号一直到改革开放后才真正废除。

在东北等一些地区,"土改"工作大约从 1946 年就开始了,"林改"则稍晚些推进。为了动员农民参加革命,1946 年 5 月 4 日,中共中央发布《关于土地问题的指示》,把抗战时期实行的减租减息政策转变为实行"耕者有其田",由此推动"土改"政策实施。在"土改"和"林改"初期,采取的主要做法相对比较温和,除了对土豪恶霸采取革命清算方式,同时鼓励开明地主主动献出土地,或者采取征购的方式回收地主的土地。到了 1947 年召开土地会议提出平分土地口号之后,"土改"和"林改"就改为采取无偿没收地主的土地分给农民了。1947 年,中共中央发布《中国土地法大纲》,进一步推动"土改"工作。不过,在早期"土改"和"林改"过程中,出现了一些过激的暴力和镇压革命行为。① "土改"和"林改"实施,最终在全国范围内实现土地的农民所有制。到 1953 年年底,除个别少数民族地区,全国其他地区"土改"和"林改"基本完成。下面再以福建将乐县安仁乡的档案资料分析为叙事脉络,对"林改"制度变革及对当前农村集体林权制度变革带来的影响进行分析。

二、"林改"的地方性实践:将乐县案例分析

虽然大家普遍认为,新中国成立前的农村实行的是封建地主所有制,但是从农村基层的实践角度来看,"土改"和"林改"前的土地产权制度属性却显得更为复杂。以福建将乐县安仁乡为例,该乡自 1950 年年初解放后,1951 年年初推进"土改"工作。从保留至今的"土改"档案资料来看,将乐县的整体"土改"进程大致分为调查摸底、评定阶级成分、分配"土改"果实、整顿基层组织等四个阶段进行。整个"土改"工作历时不到一年,当年即宣布完成。② 由于该县"土改"政策实施时,《土地改革法》已经正式颁布实施,整个"土改"程序有法可依。相比其他地方,将乐县的"土改"过程比较温和,没有出现一些"过激"的现象。

长期以来,耕地产权制度变革始终是社会各界关注的主要议题,而人们对同样属于农村集体所有的林地产权制度变革的关注则要少得多。集体林地主要集中在山区地带,对山区农民的生计影响甚大。在福建、江西、云南等南方省份,每个农户平均承包的林地面积往往是耕地面积的数倍甚至 10 多倍。从我国的历史变迁长河中,开垦林地和退耕还林之类的政策博弈的实践充分表明,耕地和林地的界限是模糊的也是互为一体的。

新中国成立初期,伴随着耕地"土改"的实施,各地农村也开始同步推行涉及林地的"林改",目的是"分山到户"(区别于 80 年代时期林业"三定"的"分林到户"),实现"耕者有其山"。在新中国成立之前,山地权也基本上属于封建所有制,大部分有主的山林被地主阶级占有。和耕地类似,1949 年将乐县的山林权属包括私有山林、村落姓氏家族族山、公祭山林、寺庙山林和大片的无主原始山林和荒山等。前文提到,该县传统民间把种植杉树、松树、果树、毛竹、油茶等有经济利用价值的林地称为山林,其他自然生长的原始森林或者灌木林则统称为"荒山"。由于将乐县地处闽西北山区,交通封闭,林地经营价值较低,加上人口分布较少,全县超过一半的山地属于"无主"山地,没有明确的产权归属主体,属于公共山地,自然也没有得到有效的开

---

① 参见薄一波:《若干重大决策与事件的回顾》(上卷),中共中央党校出版社 1991 年版,第 121～124 页;龙登高:《从平均地权到鼓励流转》,《河北学刊》2018 年第 3 期。

② 朱冬亮:《社会变迁中的村级土地制度——闽西北将乐县安仁乡个案研究》,厦门大学出版社 2003 年版,第 84～91 页。

发利用。

新中国成立之初,根据将乐县全县各乡镇农民自报统计,全县山林总面积316593亩(这是当地的"习惯亩",与现代亩制的面积有差异),而事实上1940年将乐地政实验调查时统计的将乐县全县山林面积为146万亩,说明全县大部分山林属于无主的原始森林或者"荒山"(其中也有大量瞒报山林面积未统计,或者业主也不知道自家山林的确切实际面积)。在全县各类业主自报的山林中,其中属于地主的山林面积为45499亩、占14.37%,人均35.2亩;属于半地主的有10440亩,占3.3%,人均16.2亩;属于富农的26890亩,占8.49%,人均15.6亩;属于中农的96529亩,占30.49%,人均4.9亩;属于贫农的山林61765亩,占19.51%,人均3.7亩;属于雇农的山林2179亩,占0.69%,人均3.6亩;其他成分属性山林18211亩,占5.75%,人均8.5亩。全县家族"公山""祭山"的面积为41342亩,占13.06%。此外,全县还有外县业主在境内的"插花山"13748亩,占4.34%。[①]

"土改"时,林地被视为"特殊土地",《土地改革法》第十六条规定:"没收和征收的山林、鱼塘、茅山、桐山、桑田、竹林菜园、芦苇地、荒地及其他可分土地,应按适当比例,折合普通土地统一分配之。为利于生产,应尽先分给原来从事此项生产的农民。"因此,从1949年至1952年年底,国家开始在农村推行"林改",其目标也是把封建地主所有制转变为农民所有制。在此过程中,农民在获得了耕地的同时,也获得部分山林的所有权。

从将乐县的情况看,1951年7月,该县开始贯彻执行《土地改革法》《福建省土地改革中山林处理办法》,在开展"土改"的同时也实行"林改",将部分山林分给了农户。当时称之为开展山林权属改革,并在全县范围内第一次开展了林权登记发证工作,此项工作在当年10月即宣告完成。其具体做法是由农民自报登记后,经村民民主评议,再按各户人口核定的山林面积,对贫雇农和军烈属适当照顾。此次"林改"分山,采取的主要措施是"没收"地主、半地主多余的山林,同时"征收"部分富农的山林和宗族社团共有的"公祭山"及其他成分山林,无偿分配给无山或少山的农户。

在"林改"过程中,将乐县全县依法"没收"和"征收"的山林共有9.05万亩,其中"没收"地主的山林3.96万亩、半地主的山林0.69万亩,"征收"富农山林0.55万亩、公祭山和其他成分山林3.85万亩,无偿分配给无山和少山的农民。山林分配时,收归国有林1.25万亩,占3.95%;划归乡公有林21063亩,占6.65%;同时保留"祭山"3110亩、外乡"插花"2566亩,占1.79%;分给个人所有的山林面积为233831亩,占

---

① 《将乐县志》,方志出版社1998年版,第229页。

73.86%；未分配的山林有 43523 亩，占 13.75%。"林改"之后，将乐县的林权结构调整如下：地主家庭 5435 亩，人均 4.2 亩；半地主 3536 亩，人均 5.5 亩；富农 21427 亩，人均 12.4 亩；中农 108933 亩，人均 5.5 亩；贫农 91058 亩，人均 5.5 亩；雇农 3442 亩，人均 5.7 亩。[①] 由此可以看出，"林改"后，人均占有山林最高的阶层是富农，最少的是地主阶层，其他阶层则相差不大。这点也从一个侧面表明，"土改"后地主阶级成员被置于最低的社会阶层。实际上，将乐县 1953 年对南口、玉华两个乡 358 户农户做了一个调查统计分析，发现"土改"后，175 户贫雇农有 99 户上升到中农或者富裕中农的生活水平，有 31 户中农上升到富裕中农的水平，有 3 户下降到贫农水平，富裕中农和富农则基本维持原状，只有地主和小土地出租者因劳力缺乏，不善于耕种土地，生活水平明显下降。[②]

另外，和"土改"几乎把全部耕地分到户不同，将乐县实施"林改"时并没有把全县所有的山林都分给农户，而是划出一些国有林和乡公有林，同时保留了少量类似"机动田"作用的"祭山"。"林改"之后，林权权属有农户家庭个人所有、集体所有和国家所有三种类型。这种林地产权制度安排一直延续至今。2003 年福建省在实施新集体林权制度改革时暴露出来的诸多林权纠纷，其源头依然可以追溯到"林改"甚至更早的时期。如下文将要探讨的安仁乡泽坊村和桃源村就属于这样的案例。

三、"林改"制度变革"遗产"

1951 年安仁乡实施"土改"时，曾经对全乡的土地做了一次系统的登记，然后在此基础上建立了相对完整的土地档案资料。如果从现代产权实践的角度来看，明晰产权是土地制度变革实践的最基本前提，"土改"实际上是有史以来第一次对全乡土地进行较为完整的确权登记，但这次制度变革却没有重新丈量全乡的土地面积。由于和耕地相比，林地利用价值较低，1951 年的"林改"工作较为粗放，山界四至不清且瞒报漏报现象较为普遍。有的乡山林分配未填发"土地证"或者填发的"土地证"面积与实际占有的山林面积不符，甚至有重复分配的现象。特别是全县还有大片无主的远山和"荒山"的权属未定。这些问题直到人民公社时期才尝试逐步解决。实际上，类似山权权属不清、四至不定的问题，一直到 2003 年福建省实施新集体林权制度改革时都还存在。从农村治理的角度来看，随着"土改"过程中"族田""公社田""族山""祭山"被征收，原有的血缘、地缘的半自治的农村地方自治的权力结构体系也失去了经济基础。不过，传统小农经济中形成的林地产权共有共享的价值观具有

---

① 《将乐县志》，方志出版社 1998 年版，第 229 页。

② 《将乐县志》，方志出版社 1998 年版，第 180 页。

某种"社区林业"属性特征,而"林改"制度变革实践虽然只有短短数年,但由此形成的土地农民私有制观念却在老一辈农民观念中是"根深蒂固",这种私有产权认知对后来的林地产权制度变革仍然发挥重要的影响。

将乐县安仁乡泽坊行政村的泽坊(自然)村和新洋(自然)村持续数十年的林地、耕地纠纷就与"土改"制度变革实践有关。两村的纠纷虽然爆发于 1998 年实行土地二轮延包"30 年不变"政策时,却可以追溯到 1950—1951 年"土改"时期。新洋村全村约有 40 户,都属于曾姓家族。在新中国成立前,该村仅有少量的耕地,全村村民主要依赖 1000 多亩的毛竹林并从事手工造纸为主导产业。中华人民共和国成立后,泽坊村被划入泽坊行政村下属的自然村。"土改"时期,新洋村的毛竹山被纳入行政村,并与泽坊自然村统筹分配,但新洋村因地处更偏远的山区,所以"土改"时全村分到的耕地多是村庄周边的山垅田,耕地质量较差,只能种植单季稻,且亩产更低,因此就得到了更多的山林地作为补偿,而泽坊自然村则有 300 多户,该村地处盆地,不仅分到平地上的耕地质量更好,耕作便利,且多数可种双季稻,还从新洋村分到了部分毛竹山,因此新洋村对此颇为不满,认为是"大村吃小村",并采取上访行动,但始终未能如愿,两村由此埋下了纠纷的"种子"。到了 80 年代初实行土地家庭承包制和林业"三定"改革,泽坊村村干部把更多的毛竹林划给泽坊村农户,双方的矛盾进一步加剧。

到了 90 年代初,因福建省实施生态移民性的"造福工程",新洋村的村民最后全部搬迁到泽坊村周边居住,村民原先耕作的山垅田就大量抛荒,这时候村民就向泽坊村提出要求重新分配耕地和林地,但遭到泽坊村大多数村民的抵制。到了实行土地二轮延包"30 年不变"政策,一想到这次承包要到 2027 年才可能重新调整土地,新洋村就要和泽坊村进行争斗。他们甚至拿出"土改"时期的"土地房产所有证"作为支持自己立场的证据,声称宁愿按照那时候的方案进行分地也不愿意按照 80 年代初的方案分地。最终两个村子之间长期积累的矛盾爆发①,一直持续到 2009 年才基本解决。在新洋村的村民看来,土地延包"30 年不变等于私有制",自然他们就把它和"土改"时的土地"农民私有制"联想在一起了。两村持续多年的土地纠纷,最终以新洋村从本村承包的 1900 多亩毛竹林中划出 600 多亩给泽坊村而告终,原本他们坚持认为这 1900 多亩的毛竹林是新洋村曾姓家族留下的"祖宗山"而拒绝与泽坊村共同分配。

将乐县安仁乡还存在另一个类似的林权纠纷案例。虽然和泽坊村对"土改"时

---

① 朱冬亮:《社会变迁中的村级土地制度——闽西北将乐县安仁乡个案研究》,厦门大学出版社 2003 年版,第 102 页。

期的林地私有产权认知不同,却可以从另一个角度反映当地农民对私有林权的理解和认知。安仁乡洞前村桃源(自然)村是个陶姓宗族村,全村80多户,400多人,几乎全部姓陶。该村毛竹山在80年代承包均分到户,当时是采取按人口平均"抓阄"方式分配。到了2005—2006年,桃源村借助新集体林权制度改革实施机会,准备落实毛竹山二轮延包"30年不变"的政策,当时该村共448人参与分配全村1000多亩毛竹山,结果却出现了很大的纠纷。由于有的农户在第一轮承包时候勤奋且其毛竹山靠近其他山林边界,毛竹扩边,面积增加较多,而其他农户可能分到毛竹山的当中部分,管理不善也不可能扩边增加面积。而二轮延包过程中采取的是重新打乱再分,这样就出现了很大的矛盾和纠纷。为了平息这次纠纷,将乐县有关部门就派出"老家"在该村但在党政部门担任干部的5个副科级干部进行调解,结果却出现了戏剧性的一幕。2011年5月,一个在分山中遭受不公正待遇的村民 T.B.S 谈到了这个事情:

> 由于2005—2006年村里这次分毛竹山,是实行"30年不变",纠纷很大,这时候就有村民说,既然是实行"30年不变",那和搞"私有制"差不多,要不就按照"1949年以前"的各家山的位置,各家各自拿各自(以前)的山了。他们说"这块山以前是我老祖宗的,现在就是我的,我要拿走。"山变成不是国家的了,而是他们老祖宗的了!起先的时候,我们村分山的事解决不下来,县政府就把(原籍在本村的)5个"陶副"召去开会,派他们下来家乡——村里调解山林纠纷。但是这5个干部不仅没有把纠纷调处好,反而乘机为自己分到了少量的山。结果是全村分山很不公平。全村主要有5家人山比较多,最多的有100多亩,少的也有四五十亩。而我们家6口人如果按照人口均分,可以分到30多亩山,但却只分了2口人的山,只有2亩多。我弟弟家当时有他和他老婆、女儿3口人,只分到还没有这个房子大的一点山。即使这点山,还是他到乡政府上访后,乡政府领导介入才分到的。当时分山的时候,村里捡勾子(即抓阄),我弟弟的名字本来是在里面的,但那些人故意把我的名字抽掉。在这次分山中,村里出去当公务员的那些人也参加了分山,他们两个人或三个人分一个人的山。说是要分点山给他们,每年可以回来搞些竹笋吃。①

T.B.S.的弟弟 T.B.J.则认为,二轮延包时桃源村之所以能够在很大程度上按照

---

① 2011年5月18日笔者访谈将乐县安仁乡桃源村村民 T.B.J.。

新中国成立前的权属分山,主要原因是村民中年富力强的都外出到上海做小生意了,剩下的老弱村民不了解不知情也无力阻止这种行为。根据村民自治的规则,如果大多数人愿意按照新中国成立前的界址分山,地方政府也不好过多干涉,因此当地政府也没有采取强有力的措施阻止村民这样做。由于这次分山明显不公平,桃源村村民之间的人际关系出现了很大的裂痕,传统的团结和睦的宗族关系几乎完全解体。T.B.J.认为:

> 本来全村的人,大家都是同一个祖宗传下来的。这次分山的事,丢尽了祖宗的脸面。以前村里大家是非常团结,关系非常融洽的。原来每年的正月初二,村里所有的人都要到 70 岁以上的人家里拜年祝寿;还有像我家这年新出生了小孩,过年的时候我们都要抱着他去每一家拜年,然后每一家都会给我的孩子糖果吃,以及正月十五的"做供"(当地一个民俗礼节)等这些习惯,(这次分山后)现在都没有了。很多人伤透了心,甚至觉得世态炎凉![1]

从桃源村的集体林权纠纷案例中可以看出,当地村民在毛竹山二轮延包时之所以会通过村民自治少数服从多数的民主程序并基本按照所谓"1949 年以前"的林权属性来分配山林,深层次的原因是大多数村民认为"30 年不变"几乎就是相当于搞"私有制"。按照他们中的多数人的推理性理解,既然是搞"私有制",就和"1949 年以前"的林地产权制度安排没太大区别,因此按照"祖宗山"界限分山也就在情理之中。实际上,类似桃源村这样的纠纷案例并不是独立个案,2011—2014 年到福建尤溪县、顺昌县等地的一些偏远山村调查也发现有类似按照"祖宗山"分山的案例。

在西方学者看来,中国的"土改"是一个具有里程碑式意义的革命事件。"土改"中"地主阶级的消失,使得国家权力能够直接渗透到乡村当中,而这点在旧社会是从来没有过的"。它标志着中国作为一个具有全新概念的民族—国家的崛起。[2] 与此同时,"土改"后乡村的宗族血缘亲属关系大为弱化,原有的家族宗族制度被取代,乡绅自治的格局也发生了很大的变化,农村社会被按地域组织起来,以服务于国家决策要实现的更大目标。[3] "土改"的实践表明,尽管在此过程中国家权力成功地下渗到基层农村中,但是也不得不借助村庄的民间力量来推进"土改"进程,也离不开村

---

① 2011 年 5 月 18 日笔者访谈将乐县安仁乡桃源村村民 T.B.J.。

② S. H. Potter, J. M. Potter, *China's Peasants: The Anthropology of A Revolution*, Cambridge University Press, 1990, p.56.

③ 王晓毅:《血缘与地缘》,浙江人民出版社 1993 年版,第 73 页。

庄中各种民间力量的支持。事实上,无论是后来实行人民公社制度还是 80 年代实行土地家庭联产承包责任制,都必须尊重并发挥农民的主体性地位和作用,并延续传统小农经济制度的一些有效的实践机制,同时也要充分发挥村庄社区某些共享价值在乡村改革、发展和治理中的作用。这点也是当前研究集体林地"三权分置"下的林地承包权实践必须始终注意到的一个重要"遗产"。

第二章
人民公社化与林地集体所有权、集体成员权实践

从产权变革实践的角度来看，"林改"后农民获得了较为完整的私人林地所有权，包括林地的所有权、使用权、处置权和收益权，产权边界界定清晰。这意味着农民可以自由地支配和使用自己的林地，比如买卖、出租或抵押土地等。"林改"政策的实施目的是调动农民的林地生产积极性，但是小农土地生产资料私有制的制度安排在本质上与我国社会主义制度属性追求的"生产资料公有制"相矛盾，因此对其进行社会主义改造是必由之路。这就是为什么土地改革刚刚结束没多久，我国即开始推进农村合作化改革，并过渡到人民公社集体经营制。人民公社土地集体经营制度一直延续到80年代农村改革开放之前。也正是在人民公社时期的集体林地制度变革中，形成了与耕地集体成员权相同的林地集体成员权实践规制。本章将对人民公社化的林权制度改革和林地集体所有权、集体成员权实践进行专题研讨。

2018年新修正的《宪法》第八条规定："农村集体经济组织实行家庭承包经营为基础、统分结合的双层经营体制。农村中的生产、供销、信用、消费等各种形式的合作经济，是社会主义劳动群众集体所有制经济。参加农村集体经济组织的劳动者，有权在法律规定的范围内经营自留地、自留山、家庭副业和饲养自留畜。"第十条规定："农村和城市郊区的土地，除由法律规定属于国家所有的以外，属于集体所有；宅基地和自留地、自留山，也属于集体所有。"这是国家最高法律对社会主义制度下的农村土地产权制度所作出的基本规定。实际上，这一制度变革实践是从人民公社制度时期就开始逐步探索形成的。从总体上看，人民公社时期的土地制度实践大致可分为高级社时期（1956—1958年）的合作化经营和人民公社时期（1958—1978年）的集体经营两个阶段。

和土地改革确立土地农民所有制相似，人民公社制度变革也是一场全面的深刻的社会变革，涉及农村人地关系的全面调整和重组，包括农村的土地产权和经营制度、社会组织制度和政治组织制度都随之进行变革。黄宗智认为，人民公社制度实践"不仅把（国家力量的）触角纵向地深入农村，而且横向地扩展权力，尤其围绕着农村经济。这一革命规划的三个关键步骤是土地制度改革、粮食'三定'（国家对粮食实行定产、定购、定销）以及农业生产集体化。经过这些运动，旧的以分散、自立的小农农场经济为基础的政治经济体制被巨大的、以集体化和计划经济为基础的党政国

家体制所取代"①。农村的林地产权和林地经营制度也进入了一个新的发展阶段。如果从现代的角度来看,人民公社时期确立了与林地"三权分置"制度实践相关的集体所有权、集体成员权两个重要的林权权力的实践规制,对后面的集体林权制度变革实践和乡村治理变革都产生了直接的影响。

第一节　人民公社化与集体林地制度改革

一、人民公社化、改革实践历程

在"林改"过程中,除了产权没有明晰到个体农户的林地,其他多数农村林地实现了农民私有制。和耕地经营一样,这种小农户占有经营制度被认为不利于现代林业的发展,因此,新中国成立初期经历短暂的"耕者有其田"和"耕者有其山"的农民私有化改造之后,国家即开始推进土地合作社经营进程,这点被认为是实现生产资料社会主义改造的必经之路。这项工作先是从组建小型的互助社开始,然后转向实施合作社。实际上,在我国的农村土地制度实践中,实行合作社改革一直是农村社会主义生产关系改造的既定策略。1951 年 9 月通过的《中共中央关于农业生产互助合作的决议(草案)》要求动员农民在自愿和互利原则的基础上"组织起来",积极参与临时性互助组、常年的互助、初级农业合作社。刘少奇在 1950 年 6 月 14 日所作的《关于土地改革问题的报告》也明确指出,实行农村中的社会主义改造之后要取消"富农经济",并组织集体农场。1952 年,他在另一篇报告中谈道:"准备在今后 10 年至 15 年内将中国大多数农民组织在农业生产合作社和集体农场内,再基本实现农业经济集体化。"②这个时间其实也是当时中央原先计划完成农村生产关系向"社会主义过渡"的时间安排。只不过,后来这个计划实现时间被大大提前了。

1953 年 2 月,中央颁布《关于农业生产互助合作的决议》指导实施互助合作运动。同年 12 月中央出台了《关于发展农业生产合作社的决议》,明确指出农业生产合作化道路是"经过简单的共同劳动的临时互助组和在共同劳动的基础上实行某些分工分业而有某些少量公共财产的常年互助组,到实行土地入股、统一经营而有较多公共财产的农业生产合作社,到实行完全的社会主义的集体农民公有制的更高级

---

① 黄宗智:《长江三角洲的小农家庭与乡村发展》,中华书局 2000 年版,第 167 页。

② 参见有林、郑新立、王瑞璞主编:《中华人民共和国国史通鉴》(第一卷 1949—1956),当代中国出版社 1996 年版,第 486、659 页。1952 年 10 月 20 日刘少奇所作的"关于中国怎样从现在逐步过渡到社会主义去的问题"报告,亦可参见有林、郑新立、王瑞璞主编:《中华人民共和国国史通鉴》(第一卷 1949—1956),当代中国出版社 1996 年版,第 658～659 页。

的农业生产合作社"。《关于发展农业生产合作社的决议》,大大推动了农村土地生产经营由互助组形式向发展合作社形式转变。1955 年毛泽东在作《论农业合作化问题》的报告时,就认为当时农村已经出现了贫富分化现象。他视之为"资本主义自发势力的稳步发展",并认为应该阻止这种现象继续蔓延,而破解贫富分化的最主要举措就是推进土地经营合作化。正是在这种忧虑的驱使下,中央后来才急于加快推进农村集体化运动。① 从 1952 年到 1955 年,全国初级社从 4000 个发展到 63.3 万个。②

随着初级农业合作社的加速发展,1956 年 2 月毛泽东在《中国农村的社会主义高潮》一书中鼓励创办农村高级社和大社,随后 6 月国家出台了《高级农业生产合作社示范章程》,用来指导农村高级合作社的具体推进工作。《高级农业生产合作社示范章程》第十三条规定,入社的农民必须把私有的土地和耕畜、大型农具等主要生产资料转为农业合作社集体所有。《高级农业生产合作社示范章程》的发布实施,距离 1954 年确认农民的土地所有权不到两年。

到了 1955 年底,全国仅组建了 500 个高级社,加入高级社的农户也仅占全国农户总数的 3.45%,而到了 1956 年末,全国组建的农村高级社迅速增加到 54 万个,入社的农户占全国总农户的 88%。到了 1957 年冬天,全国已基本达到了高级合作化的程度。当时全国近 1.2 亿户农民家庭被组成 75.3 万个高级社。③ 这样一来,原计划用 15 年左右完成的农业社会主义改造只用了短短 4 年就基本完成,这种快速推进的社会主义生产关系改造方式明显属于社会运动式的改革。

1958 年 8 月 29 日,中央发布了《中共中央关于在农村建立人民公社问题的决议》,要求"建立农林牧副渔全面发展、工农商学兵互相结合的人民公社",并认为它"将是建成社会主义和逐步向共产主义过渡的最好的组织形式,它将发展成为未来共产主义社会的基层单位"。这种人民公社实行"政社合一"的组织制度,此前组建的各个小互助社则被改为耕作区或生产队。这份政策文件还要求各地在土地基本建设和农业生产等方面,实行"打破社界、乡界、县界的大协作",这样就大大超出了传统的小农经济生活的村庄社区地域,并使得"组织军事化、行动战斗化、生活集体化成为群众性的行动"。《中共中央关于在农村建立人民公社问题的决议》对创办人民公社的必要性、规模、实施步骤、分配制度等做出了具体规定,要求按照一乡一社

---

① 参见薄一波:《若干重大决策与事件的回顾》(上卷),中共中央党校出版社 1991 年版,第 357～361 页。

② 林毅夫:《制度、技术与中国农业发展》,三联书店上海分店 1995 年版,第 5 页。

③ 林毅夫:《制度、技术与中国农业发展》,三联书店上海分店 1995 年版,第 4～5 页。

的要求,把每个公社的组织规模设定为 2000 户左右。这份政策文件的出台,为随后迅速实施的"大跃进运动"开启了"阀门"。

根据《中共中央关于在农村建立人民公社问题的决议》的规定,原来高级社拥有的土地和其他生产资料全部无偿转为公社所有,由公社进行统一的生产经营、统一分配,且人民公社是唯一的经济生产核算单位。截至 1958 年 9 月底,全国除了西藏,共组建了 23384 个公社,加入公社的农户占总数的 90.4%,每个社平均有入社农户4797 户。到了 11 月初,全国公社数量达 26572 个,占农户总数的 99.1%,几乎完全达到了人民公社化程度。平均一个高级人民公社的规模相当于甚至高于如今一个乡(镇)的管辖地域范围。由此形成了持续 3 年的"大跃进"社会运动。①

农村高级社的成立,被认为实现了生产资料公有制的社会主义性质改革。在实行高级社时期,将乐县的社员家庭除了保留少量的自留地、自留山,其他的耕地、林地入社,耕牛、大农具也都折价入社,产权也归集体所有,并取消土地分红。公社经营所得按照"按劳取酬、多劳多得"原则分配。由于"大跃进"时期冒进实行的"大人民公社"超越了传统小农经济制度的家庭—村庄社区经济范畴,遭到农民的"变相"抵制,1962 年 9 月 27 日中共八届十中全会通过《农村人民公社工作条例(修正草案)》(简称"农业六十条"),大力纠正"大跃进"的"大人民公社"体制,缩小人民公社的规模,由此正式确立了"三级所有、队为基础"的人民公社集体经营制。② 这一制度一直相对稳定延续到 80 年代前后实行土地家庭承包制和林业"三定"改革前。

二、林地经营合作化与人民公社改革实践

从林地的人民公社合作化改造过程来看,这项工作大体上和耕地合作化改革同步。再以将乐县为例,该县的林地经营领域的合作社建设进程则从 1953 年年底开始推进。当年,该县即开始推进林木入社改革工作。在林业合作社建立的初级阶

---

① 如将乐县在高级人民公社时期实行"政社合一、工农商学兵一体"管理体制,取消乡村建制,下设生产大队、生产小队。当时按照"一大二公"的要求,搞"一平二调"、放"高产卫星"、办"公共食堂"。全县有 113 个山区村实行"移村并村",总搬迁户数达 2310 户,有若干个村庄甚至整体搬迁,导致这些村庄周边大片耕地荒弃。全县农村办集体食堂 283 个,就餐人数占入社人数的 98.9%。另外,"浮夸风"盛行,全县冒出的"亩产万斤稻"2643 亩(《将乐县志》,方志出版社1998 年版,第 181~182 页)。1960 年 12 月起,将乐县开始开展整风整社,纠正"一平二调"错误做法,移村并村的社员家庭也先后迁回原村落居住地。

② 《农村人民公社工作条例(修正草案)》对农村人民公社制度进行了详细的规定,包括人民公社的性质、组织、规模,生产大队、生产小队的各种功能,社员的权利和义务,农村党组织的构成等,都有非常具体的规定(朱冬亮:《社会变迁中的村级土地制度——闽西北将乐县安仁乡个案研究》,厦门大学出版社 2003 年版,第 111 页)。

段,将乐县农户的林地由合作社统一经营管理,名义上农户仍然拥有林地的所有权,但农户家庭个体已经无法决定林地或者林木的用途,也不能出租或者出卖林地。1956年,将乐县有关部门即开始布置林木入社的工作。当年9月,该县推进林业经营合作化即实行林木入社工作,并首先在县内的高唐、南胜两个乡开展试点。

1957年,将乐县有关部门开始布置林木入社的工作。全县有127个高级社开展了林木入社工作,到了当年年底,全县除了少量的林木仍属社员私有,其他山林全部归集体所有。其具体做法包括:由农户自报登记林木面积,同时根据"土地证"、"红契"(民国时期的山林契据)、"白契"(山林自由买卖、典当、赠送等私人契约)、"置业簿"(山主私人记载的山林四至、面积)等有关证件进行复查,核实产权。在此基础上,农户按照林地土质、树木口径大小、山场远近计算山林价格,采用折价和按比例分红等形式实行林木入社。不同的林木分为若干不同的等级,按规定的比例实行分红。在此之后,全县林地归属于村社员集体所有,农户失去了其所有权。在此过程中,各村原有的大面积无主荒山也一并归为社有山,成为集体山。

1958年,将乐县实行高级人民公社改革,全县所有山林一律无代价归公社所有,原先实行的"高级社"林木折价偿还办法一并废除。随后开始的"大跃进运动"大搞平调社队山林,打乱山林权属界限,采伐林木不再付给山本费,造成乱砍林木、乱挖竹笋。再加上这一阶段全民"大炼钢铁"而大量毁林烧炭,全县森林资源受到很大破坏。此外,1960年之后,国家实行"自留山"政策,全国很多山区则都有划出少量的"自留山"给农户。农户对这部分山林仍享有相对完整的经营权和收益处置权,形成一种特殊的"自留山"林地经营制度。

1961年,中央发布《关于确定林权、保护山林和发展林业的若干政策规定(试行草案)》,将乐县由此在南胜、马嘶村等3个大队开展林权调整试点工作。到了1963年8月,全县共有37个大队完成了林权调整工作。但是到了"文革"时期,将乐县的林权调整工作又中断了。

1940年将乐全县有主的山林面积是146万亩,还有214万亩边远的山林属于无主的"荒山"。50年代"林改"时,虽然该县仿效"土改",对全县有主的山林权属进行了改革,县境内仍有大面积的山林属于无主山林。只有到了1957年,这些无主山林的权属才得到确认,即除了国有林和乡有林,其他山林基本上划归村集体所有。至此,除了一些纠纷山林,全县绝大部分山林确定了权属关系。

第二节　林地集体经营制与林地集体所有权

有研究者指出,50年代中后期合作社改造及之后实行的人民公社,使得农村林地逐步形成一种以成员为资格的集体"共有所有制"。① 人民公社制度变革时期,国家的力量以前所未有的高度组织化形式直接下渗到农村基层,对农村土地和农民家庭甚至农民个体实行严格的管控,目的是建构社会主义公有制在农村的具体实践形式,从农村获得生产剩余,为城市工业化建设提供原始资本积累,由此形成城乡分割的二元社会结构制度。而林地也被纳入村集体统一经营,形成了林地集体所有权和"自留山"经营制度。

一、林地集体经营制度与林地集体所有权确立

1962 年《农村人民公社工作条例(修正草案)》的发布实施,标志着"三级所有、队为基础"的人民公社体制正式确立。总体而言,由公社(相当于现在的乡、镇)、生产大队(相当于现在的行政村)、生产小队(通称为生产队,相当于如今的村民小组)组成的"三级集体所有、队为基础"组织体制,在全国大部分农村主要以生产小队为基础。《农村人民公社工作条例(修正草案)》规定:农村人民公社是"政社合一"的组织,是我国社会主义社会在农村的基层生产经营和社会运行单位。

从全国的整体情况看,除了较大的村庄约定生产大队——行政村是村集体组织的林地所有权经营管理的主体,大部分村实行的是生产小队所有权主体制。② 其中生产小队实行独立核算,直接组织生产、经营以及按工分进行分配。从村级实践来看,每个生产小队平均由 20～30 户农户组成,超过这个规模,就可能划出更多的生产小队。80 年代初期改制为现在的村民小组,而若干个甚至 10 多个生产小队组成生产大队。80 年代初后改制为现在的行政村。人民公社时期确立的集体林地所有权,大部分是属于大队——行政村所有,也有部分村庄规定属于生产小队——村民小组所有。针对过去十几年来中央政策的多变性,为了纠正这一倾向,体现这项政策的长期性,1962 年的《农村人民公社工作条例(修正草案)》还特别规定:"这种制度定下来后,至少 30 年不变。"

不过,如果从集体林权制度实践的角度来看,林地集体所有权的确立却有一个不断发展变化的过程。早在实行初级社的时候,林地的所有权和使用权已经出现了分离。尽管这一时期的林地所有权仍然归农户私有,但其使用权则通过加入合作社而转让给后者。包括林木的处置权也逐步被国家力量以"统购统销"的方式掌控了。

---

① 刘璨、黄和亮、刘浩、朱文清:《中国集体林产权制度改革回顾与展望》,《林业经济问题》2019 年第 2 期。

② 如将乐县安仁公社(乡)80 年代初期共有 11 个生产大队,其中伍宿、石富、福山、泽坊等5 个大队的土地属于大队所有制,这 5 个村落地处山区的盆地小平原地区,村落规模较大且农户聚居度较高,其余的大队属于靠山地区,自然村分布较为分散,土地则是属于生产小队所有。

这点和 80 年代初实行的林业"三定"改革恰恰是相反的。林业"三定"时期实行的林地家庭联产承包责任制维持了村集体组织的林地所有权主体地位,但是把林地的承包经营权则以"承包"的形式转让给了农户。

不过,一直到 1958 年实行"大跃进"之前,农民在名义上入不入合作社是自愿的,这说明农民在形式上仍然保留着一定的林地所有权和处置权。但在实际操作过程中,农民入社带有一定的强制性,不过大多数还是愿意入社。波特夫妇在广东地区农村调查表明,50 年代有两类人不愿意入社,一是劳力少的家庭,一是家产较多的家庭,其余 80% 的农民都愿意入社。①

1958 年"大跃进"时期建立高级合作社,彻底使林地产权制度属性发生了质的变化。林地农民所有制被农村生产资料公有制的实现形式——集体所有制所代替。1962 年《农村人民公社工作条例(修正草案)》颁布实施后,人民公社调整后的大队和生产队管理范围仍然是建立在传统村落的基础上,这说明完全脱离传统村落政治经济文化格局的制度变革是难以实施的。② 从土地产权制度实践的角度来看,"大跃进运动"使得林地所有制从根本上被废除,林地的所有权主体发生了根本性的转变。这也标志着社会主义林地公有制的基本实现。到了高级农业合作社时期,入社的农户除了自家的坟地和宅基地,包括林地在内的其他土地及生产资料都必须无条件上交,由农村高级社或者大社作为集体组织统一进行计划、生产、经营,所有的劳动产品也归集体所有,并实行按劳分配。高级农业合作社的发展奠定了农村土地集体所有制的制度基础,成为后来发展社会主义计划经济的重要制度根基。

人民公社时期,在普通社员看来,生产队实际上拥有更多的集体林地的所有权和经营权,尤其是在南方山区地带更是如此。站在现代产权实践的角度来看,生产小队—村民小组拥有土地所有权可以说一直延续到现在都没有改变。即使是 2014 年强调实行土地"三权分置"制度改革,虽然法律上规定土地的发包权是由生产大队—行政村实施,但是具体的土地分配和调整权能则主要是由生产小队—村民小组负责并在其内部成员间实行,因为后者才是土地所有权的实际拥有者。

在实际操作过程中,行政村和村民小组都掌握了部分土地所有权权能。虽然全国大部分农村地区的林地所有权属于生产小队—村民小组,但是这不妨碍生产大队—行政村在某些场合也可以行使自己的林地的管理权甚至是经营权。在人民公社乃至现在的集体林权制度变革和实践过程中,生产大队—行政村仍拥有部分的林

---

① S. H. Potter, J. M. Potter, *China's Peasants : The Anthropology of A Revolution*, Cambridge University Press,1990, p.65.

② 《将乐县志》,方志出版社 1998 年版,第 182 页。

地所有权,主要表现在其有权对本大队—行政村内各生产队—村民小组的林地分配规则进行调整和处置。同时,生产大队—行政村是国家力量管理农村的一个重要层级,国家的各种政策制度设计都必须通过大队—村干部传达贯彻落实到生产小队—村民小组,再由后者执行并具体落实到每个农户家庭。此外,大队—行政村还掌握了村集体的主要"村财"经济和政府输入村庄的各类支农或者支持村庄建设发展的项目资源,对村集体的各项公共事业进行掌控。

原来"大跃进"时期组建的高级社涵盖的地域相当于甚至远远大于如今一个乡(镇)的地域规模,而《农村人民公社工作条例(修正草案)》则把人民公社的基本经营单位缩小到大队和生产小队,基本和自然村等村落所辖的地域范围相吻合。这点说明国家力量在嵌入村庄治理时,与某些村庄传统的因素形成了妥协。尤其是大队—生产小队(行政村—自然村—村民小组)集体所有制作为最基本的农业管理和生产分配及核算单位,也是建立在村庄原有的乡土社会结构基础之上的。

由此也说明,在传统的农村血缘、地缘性的聚居形态这个基本社会大环境没有得到根本改变的情况下,单纯地试图通过改变农村的生产关系来达到改变农村生产力是不现实的。因此,有研究者指出,"三级所有、队为基础"的人民公社制度设计是与传统村落相结合而产生的一种特殊时期的制度设计和实践模式,是"嫁接到传统的乡土社会格局上"①的一种特殊的社区产权实践形式。在人民公社管理体制中,"公社基层组织生产队的区划结构与传统农民的居住结构在空间上相互吻合,农民在生产队犹如在自然村里"。② 这种制度安排兼顾到社区产权的相对公平占有性,因此才在很大程度上得到农民的长期认可。换言之,农村的现代性的林地制度变革仍然必须兼顾到传统的"社区林业"实践制度的影响。

当然,正如第一章中提到的,到了 80 年代实行改革开放后,现代化、工业化、城镇化的快速推进,城乡社会大流动,才逐步从根本上改变了传统的小农经济的社会—经济—政治体制,农村的人地关系也因之进行根本性的重组重构。这种变化对林地"三权分置"制度变革实践和农村治理产生了深远的影响。

从本质上看,我国现行的林地"三权分置"制度的林地集体所有权就是在"大跃进"时期基本确立,之后其具体权能不断完善的。和耕地等集体土地一样,林地集体所有权成为中国特色社会主义制度属性最鲜明的特征。当然,在高级社时期的林地集体所有权是排他性的唯一产权实践主体,村集体拥有完整的林地所有权,包括林

---

① 朱冬亮:《社会变迁中的村级土地制度——闽西北将乐县安仁乡个案研究》,厦门大学出版社 2003 年版,第 113 页。

② 张乐天:《告别理想——人民公社制度研究》,东方出版中心 1998 年版,第 6～7 页。

地的占有和收益处置权均掌握在集体手中。其具体权能和 80 年代林业"三定"时期的"两权分离"及 2014 年确立的"三权分置"时期林地集体所有权是有很大差别的。不过，即便如此，由于人民公社时期国家按照计划经济体制机制，开始对林木和林产品的销售定价进行严格管控，林地集体所有权实践实际上受到国家力量的侵蚀。公社集体只是国家力量管控下的一个个林业生产组织管理单位，并不属于完全意义上的林地经营和产权实践主体。

二、"自留山"经营制度

人民公社时期还确立了一个特殊的林地产权制度实践形式——"自留山"经营制度。1961 年中央发布的《关于确定林权、保护山林和发展林业的若干政策规定（试行草案）》承认农民的"自留山"及房前屋后的林木所有权，同时明确规定"农民个人造林归农民个人所有"，由社员家庭自行管理经营，供社员砍柴薪、建房之用。[①] 该规定在很大程度上纠正了"大跃进"时期的"左"的错误政策。

1962 年发布的《农村人民公社工作条例（修正草案）》的一个重要"修正"条款是承认家庭经营在集体经济中的地位，甚至允许保留小部分的"自留地""自留山"等，开放城乡自由市场，允许"包产到户"甚至"分田单干"。[②]《农村人民公社工作条例（修正草案）》明确规定，除了生产队共有的土地，每个农户家里还可以拥有少量的"自留地""自留山"等，这少部分土地"归社员家庭使用，长期不变"，但是"不准出租和买卖"，同时《农村人民公社工作条例（修正草案）》还明确强调，"社员家庭副业的产品和收入，都归社员所有，都归社员支配……可以拿到集市上出售"。虽然在人民公社制度实践中，一些地方出现了类似"包产到户"性质的自发性的改革举措，因遭到批判而未能得以推广实施，各地严格执行土地集体所有集体经营的基本制度，但是给社员保留少量的"自留地""自留山"倒是在很多农村地区得以贯彻执行。

实际操作中，各地普遍把一些边角地或偏远零散的林地实行"自留"经营。"自留山"不约定经营使用期限，也不能买卖抵押，其经营产出主要是补贴社员家庭自用。这种"自留山"经营体制一直保留至今。即使是 80 年代初实行林业"三定"乃至 2003 年推进新集体林权制度改革，也保留农户的"自留山"。不过，全国也有一些地方没有贯彻执行"自留山"政策。如将乐县有关部门原本规定，每个社员可划出"自

---

① 1962 年发布的《农村人民公社工作条例（修正草案）》第 40 条规定："……在有柴山和荒坡的地方，还可以根据群众需要和原有习惯，分配给社员适当数量的自留山，由社员经营。自留山划定以后，也长期不变。"

② 周其仁：《中国农村改革：国家和所有权关系的变化（上）——一个经济制度变迁史的回顾》，《管理世界》1995 年第 3 期。

留山"1～2亩,每人留下"自留林"杉木 5～10 株,寿木(棺木杉)1 株。① 但是这项政策在该县很多村庄并没有完全得到落实。因此,也有不少地方甚至在新集体林权制度改革时期还规定(如湖北京山),凡是人民公社和林业"三定"时期没有划定"自留山"的,只要群众大多数人同意,仍然可以重新划出部分山林作为"自留山"。

从现代产权制度实践来看,虽然这部分土地社员并没有所有权,但实施过程中等同于给了社员永久性的经营使用权以及相对独立的农产品的家庭独立支配权和处置权。因此,社员在自家同等面积的"自留山"尤其是"自留地"上投入的单位劳动力远比在生产队投入的精力要高得多,得到的产出自然也更高。正如有研究者指出的,人民公社的土地耕作组织形式把农民—社员个体从家庭中分离出来,农民在生产中不是以家庭成员的身份出现,而是以个体的社员身份参加集体的统一劳动。农民都是人民公社的社员,名义上,社员们都是集体所有的土地的主人,但实际上在生产、经营、分配中皆由大队—生产队的领导做主。而对家里的"自留地"经营,"则是关怀备至,像侍候自己的孩子一样,管理着自留地"。②

从某种程度上说,正是由于人民公社时期仍保留了少量的"自留地""自留山",为 80 年代前后实施的土地家庭联产承包责任制提供了一个很好的参照系。很多地方的社员之所以一直有搞土地承包制的冲动和梦想,本质上就是因为他们看到"自留地""自留山"的经营产出明显比村集体统一经营的产出更高,从而本能地希望集体的土地哪天也像"自留地""自留山"一样分到户。他们渴望按照"自留地"的形式来对农村土地制度进行变革。这点恰恰是后来家庭联产承包责任制在实践上得到检验的非常重要的制度变革诱因。

第三节 "社员"身份与林地集体成员权实践

一、"社员"身份与林地地权的均衡配置

在人民公社土地集体经营体制下,普通农民失去了土地等生产资料的所有权,并获得了一个全新的制度身份——"社员"。而城乡二元分割的户籍制度的实施,把"社员"束缚在公社——集体经营体制内,他们失去了人身自由,成为事实上的农业或者林业生产工人。在这个时期,传统的小农家庭土地耕作利用方式发生了根本性

---

① 《将乐县志》,方志出版社 1998 年版,第 230～231 页。
② 陈吉元、胡必亮主编:《当代中国的村庄经济与村落文化》,山西经济出版社 1996 年版,第 61～62 页。

的变化,被集体经营模式所取代。除了少量的"自留地""自留山",几乎所有的农村土地都被收归村集体所有,农民自身只能以人民公社的集体经济组织——生产队的社员身份参加集体劳动,并通过挣取工分来获得分红。农村凡是到了规定年龄且具有劳动能力的农民都获得一个全新的"半劳力"到"劳力"职业制度身份,其劳动计算类似工业生产的工人。普通妇女被从家庭中解放出来,纳入"劳力"的范畴,和男子一样承担集体耕种土地的工作。数千年来传承延续下来的小农经济制度因此解体,农户家庭的生产、组织、分配及农业文化的浸润传承功能被村集体生产单位——生产大队或者生产小队所取代,只保留了一个单纯的消费和人口繁衍教育功能。

值得一提的是,人民公社时期村集体经济组织的收入分配仍保留一些社区互助共济的精神和做法,这点也是体现人民公社社会主义制度属性的一个重要方面。由于每个家庭拥有的劳动力数量和体质都有差异,家庭子女抚养和老人赡养的情况也各不相同,生产小队在进行分配时首先要保证每个家庭的口粮需求,再对不同家庭的口粮分配和收入进行相应的调整。如果某个家庭的劳动力参加集体劳作计算所得不足以弥补生产队给予的口粮需求部分,则这个家庭就出现了所谓的"超支"现象,其家庭必须向生产队补足这部分的资金,反之,如果另一个家庭劳动力多而付出的家庭劳动所计报酬超过其口粮需求,那么这个家庭就可以获得"分红",从生产队得到额外的分配酬劳。

在践行社会主义制度属性、追求地权公平分配的原则中,由于农民各家人口增长不同,各生产小队的人口增减变化不一,历经一段时间后,不同家庭和生产小队的人口总数会出现很大的变化,生产大队——行政村可能会动用自己的管理权力对本大队——行政村内不同生产小队——村民小组的土地数量进行平衡和调整,也可能从一些人口较多的生产小队分出新的生产小队——村民小组。① 这样做的目的一方面是尽量维持集体社区的土地占有的均衡,确保每个农户家庭新增人口能够获得集体成员权,另一方面也是便于管理。

如闽西北将乐县安仁乡(当时称安仁公社)的安仁大队的各个生产小队之间每

---

① 在闽西北地区,一般户数超过 40 户的村子,会被细分为 2 个以上的生产小队——村民小组。不足此数的小村,则一个村就是一个生产小队。例如,将乐县安仁乡余坑村朱坊自然村在1962 年开始设置生产小队时全村只有 1 个生产小队,80 年代实行土地家庭联产承包责任制后,该村又从中各自拆分出 2 个生产小队——村民小组,如今全村共有 4 个村民小组。最近 30 多年该村各村民小组之间没有再进行土地调整,由于人口变动的因素,不同的村民小组间的人均土地面积已经有相当大的差异。按人均计算,第 9 村民小组占有的田地最多,第 2 组、第 1 组次之,最少的是第 8 组。其中人均占地最多的第 9 组,人均达 1.2 亩左右,而最少的第 8 组人均只有 0.8 亩左右,两者相差了 0.4 亩。而人民公社分地的时候,人均分得的数量是基本一致的。

隔一段时期就会依照各个小队人口增减的变化情况,在全大队内进行一次土地调整。地多的小队会划出一部分地给地少的小队,以形成某种激励机制。这种定期或不定期调整土地的做法,有助于在各自然村各个小队之间实现土地的平衡和公平占有。

人民公社时期,即使有的大队表面上实行林地大队所有制,但其内部可能对某些偏远的村落实行生产小队所有制,其林地产权配置关系可能更为复杂。如将乐县安仁乡石富大队的茶上村是个偏远山区的小村落,全村只有 20 户左右人家,划为 1 个生产小队。由于距离石富大队——行政村所在地较远,位置又偏僻,该村的土地属于本小队所有。本村的社员家庭原则上只能耕作本村周围的山垄田,而不能完全自由参与大队其他更为优质土地的分配,但他们也获得了周边村庄的林地作为补偿。类似的情况在该乡泽坊大队的新洋村也存在。只不过,后者引发了长期的土地纠纷。

二、林地集体成员权的形成

1. 何为集体成员权

人民公社时期,失去土地所有权的农民在获得人民公社"社员"的制度身份之后还形成了与林地"三权分置"制度相关的另一种重要的地权权利——林地集体成员权,其实质是规定凡是本集体经济组织——生产队的所有成员,都能够与生俱来地获取参与本集体经济组织的土地财产的经营和权益分配权利。站在现代产权研究的视角来看,集体成员权是人民公社制度变革实践留下的最重要的"遗产",它确立农村集体成员权实践的基本规则。而迄今为止,集体成员权实践规则一直深刻地影响农村集体林地制度甚至影响农村基本经营制度的变革过程。毫不夸张地说,人民公社制度之后的历次林地制度变革,首先都是围绕集体成员权实践展开。集体成员权实践的本质是追求平均地权,强调每个农民个体都应该公平享有土地的经营收益。

如果对集体成员权详加考察,可以发现它是建立在传统村庄社区产权实践机制的基础上的,凸显的是小农对特定村庄社区范围内"不患寡而患不均"的朴素的平均地权的诉求。杜赞奇注意到,在新中国成立前的某些中国村庄社区具有地权排他性的地方习俗。20 世纪 30 年代华北某些村庄约定,外来的村民要获得当地的村庄成员资格,必须以在本村拥有土地且居住三代以上并有祖坟为前提条件。[①] 张佩国在研究山东农村的地方性产权实践时也注意到:"村庄边界有两种意义:一为地理方

---

① 杜赞奇:《文化、权力与国家——1900—1942 年的华北农村》,王福明译,江苏人民出版社 1994 年版,第 197 页。

位,一为产权观念。乡间的村界意识兼有这两种意义。"①他还进一步指出,虽然集体成员权(张佩国称之为"村队成员权")主要是建立在人民公社时期的集体产权基础上,但其中也蕴含了村落的生存伦理、家族关系和聚落共同体传统。②

从表面上看,农村集体成员权是凸显每个农村集体成员都应在村集体经济组织内公平享有集体经济收益的分配权,以维护农村社会分配制度的公平与均衡。而从深层次角度看,这种制度安排是受社会主义经济制度属性制约,是生产资料公有制在农村的具体实践形式。集体成员权实践被认为社会主义制度区别于资本主义制度或者封建主义制度的最本质表现。

2. 人民公社时期的集体成员权实践

"集体成员"的制度身份认定必须满足一定的法律条件,同时还要满足村庄社区内部习惯约定的条件,并非每个在农村出生的农民天生就能获得。这样在实践中突显出一个法律概念,即"集体成员"的资格获取问题。表面上看,集体成员权获取与农村每个自然人的生老病死、婚丧嫁娶密切相关,这个看似简单的问题却是历次农村土地改革中村集体与农户之间以及农户内部间博弈的最主要的环节。自从人民公社制度实施之后,历次农村改革的难点几乎首先都是围绕农村集体成员权身份认定规则约定而展开。自然对于集体成员权的权能的认知和认识,也不断被赋予新的价值意义和内涵。一个生在农民家庭的人,只有正式获得集体成员权身份,才能获得农民的制度身份,才能拥有土地的承包经营权、宅基地使用权和集体经济收益的分配权。而这三种产权权利,是身为农民的最主要权利。

有研究者认为,在人民公社集体所有制制度实践中,农村土地产权是农民共有的,没有很强的排外性,因而具有一种很强的伸缩性和社会保障功能。还有的研究者指出,我国的乡镇企业之所以能够异军突起,是因为原来的社队企业奠定了坚实的基础。而社队企业的发展,很大程度上就是得益于集体土地所有制,后者为其提供了坚强的后盾,它使得农民没有太大的后顾之忧,这样就有效地降低了乡镇企业投资的风险。③ 总之,人民公社集体土地所有制经营模式,提供了一种低水平的社会劳动均衡分配机制,有助于保持农村社会和政治稳定。

---

① 张佩国:《地权分配·农家经济·村落社区——1900—1945 年的山东农村》,齐鲁书社2000 年版,第 181～182 页。

② 张佩国:《公产与私产之间——公社解体之际的村队成员权及其制度逻辑》,《社会学研究》2006 年第 5 期。

③ 裴小林:《集体土地制:中国乡村工业发展和渐进转轨的根源》,《经济研究》1999 年第6 期。

还有一种观点认为,由于人民公社时期农户家庭"小家"人口增加的抚养成本是由村集体这个"大家"来一起承担,具有刺激农村人口增加的功能。[①] 农村人口增加的边际收入递减是由村集体来承担。因为每个农村家庭的新增人口可以从集体中得到相应的口粮配额,从而减少了单个家庭的经济压力。[②] 但是这种见解只是一种直观的推理,并没有办法实施验证。不过,人民公社时期,与全国总人口数量相对应的是,农村农民人口数量大幅度增长,由此也稀释了每个农民成员占有土地的数量。

以将乐县为例,1950 年时,该县人均占有耕地面积为 3.79 亩,1956 年实行人民公社化后,全县人均占地面积下降为 3.52 亩,1960 年进一步下降为 2.74 亩。到了1982 年土地家庭联产承包责任制全面推行时,全县人均占地面积下降为 1.57 亩。和1950 年相比,该县的人均占有耕地面积已经下降了 58.6%(见表 2-1)。类似的情况在人均占有的林地资源中也同样存在。不过,人民公社制度时期人地矛盾关系加剧大都被高度组织化的集体经营机制给掩盖起来了。直到 80 年代后实行土地承包制后才显现出来。

表 2-1 1950—1990 年将乐县耕地面积变化表

单位:亩

年份	总面积	水田	旱地	人均面积
1950	241062	236966	4096	3.79
1956	252346	246969	5377	3.52
1960	232692	224625	8067	2.74
1966	229992	220099	9893	2.33
1970	214478	210254	4224	1.91
1975	214275	206793	7482	1.71
1978	213719	206415	7304	1.63
1982	212731	205276	7455	1.57
1987	209612	201989	7623	1.44
1990	209750	202172	7578	1.33

资料来源:《将乐县志》,方志出版社 1998 年版,第 164 页。

---

① 农业部经管站:《让农民民主确认集体经济组织成员身份》,载福建省农业厅(省委农办)经管处:《农村集体产权制度改革文件资料汇编》(一),非正式出版物,2017 年,第 188～189 页。

② 周其仁:《湄潭:一个传统农区的土地制度变迁》,文贯中主编:《中国当代土地制度论文集》,湖南科学技术出版社 1994 年版,第 37～104 页。

从本质上看,农村集体经济组织的起源是农民把家庭自有的土地等财产"入股"到村集体之后所形成的一种独特的经济制度。这种制度暗含了当初"入股"的农户家庭的财产份额的界定,因此当其他农户家庭的新增人口加入本集体经济组织,必须经过整个集体经济组织所有家庭的讨论通过才行,由此形成的社区内部的博弈规则直接体现集体成员权实践中对集体土地权益相对公平和绝对公平配置的理解差异。

正因为如此,有研究者指出,对于农村集体成员权的具体操作规则,不应完全由国家正式的法律来规定。各级政府尤其是县级和乡级政府也可以出台指导性意见,但具体的操作规则和程序应该由村集体内的所有农民家庭按照自治协商的原则来自行认定。[①] 这就不难理解,在 2017 年开始正式推进的农村集体产权制度改革中,对于集体成员权的认定,全国共 58 万多个村庄—社区(村改居社区)中,几乎都是按照"一村一策"的原则来实施的。有意思的是,正如后面章节将要探讨的,农村集体产权制度改革中,包括政府的拨款补助、税费减免形成的集体资产增值部分,也应该纳入集体经济股份制改革的股份存量中,并量化到集体成员个人,这样给集体成员实践带来更为复杂的影响。

在人民公社集体统一经营时,获得集体成员权只是第一步,一个集体成员必须以"社员"——劳动力身份参与集体土地经营劳动,才能获得相应的财产收益。如此一来,集体成员权的具体实践就被集体统一经营制的集体所有权的实践所掩盖和侵蚀了。直到 80 年代实行林业"三定"改革后才通过林地承包权权利独立显现出来。

具体经营中,人民公社制度实践中对农村生产资料特别是对土地产权的属性规定是非常模糊的。其中最有代表性的一种观点认为,当时的"一大二公"的村集体共有产权制度是一种"产权的虚拟"。由于谁也无法界定哪一部分农业资源属于自己,其产权形式无法对应到单个集体成员身上,"说是集体所有,其实一无所有"变成很多农民心中的一种共识。这也就不难理解,在土地的经营管理中,大部分农民(社员)对生产队的土地经营都漠不关心。[②] 也有的研究者认为,"在农村经济体制改革前,土地产权主体的职能基本上是由国家行使的,集体所有权主体变成了使用权主体,甚至仅仅相当于国家雇佣来的土地经营者"。[③] 但是也有的西方学者认为,由于

---

① 农业部经管站:《让农民民主确认集体经济组织成员身份》,福建省农业厅(省委农办)经管处编:《农村集体产权制度改革文件资料汇编》(一),非正式出版物,2017 年,第 190 页。

② 王国敏:《中国农村经济制度的变迁与创新》,《四川大学学报(哲学社会科学版)》1999 年第 3 期。

③ 毛科军:《中国农村产权制度研究》,山西经济出版社 1993 年版,第 371 页。

人民公社时期大队—生产队对土地耕作利用仍然掌握极大的处置权,村级组织实际具有类似"社会主义地主"(socialist landlords)的特征。[①]

集体成员权实践规则不明晰,直接影响社员在集体劳动中的积极性,进而直接影响土地经营的产出。虽然 1958 年 8 月 29 日中央所公布的《中共中央关于在农村建立人民公社问题的决议》中要求社员们在耕作时实行"组织军事化、行动战斗化"管理方式,但实际上由于无法对单个社员的耕作效率进行严格的评价和监督,总体上人民公社的集体劳动使效率变得越来越低。正如林毅夫所指出的,人民公社时期的集体成员权实践并不成功,"生产队体制的不成功,不是由于它的社会主义性质,而是由于对劳动者监督的困难"。[②] 集体统一经营使广大农民成了事实上的工人。由于无法有效在集体统一劳作过程中对每个社员的真实劳动力投入进行客观准确的评估,也无法实施更有效的考核和监督,特别是在农村熟人社会关系背景下,彼此间的监督碍于人情世故也无法完全有效实施,这样不可避免地出现了农业生产经营中的"磨洋工"的懈怠现象,最终导致生产效率低下。

例如,将乐县安仁乡在人民公社集体经营时期,各村都广为流传着一句顺口溜,形容社员出工劳作的懒散作风:"早晨七点上锅头,八点站村头,九点到田头,十一点走回头,一天劳动不过四五个钟头。"低下的劳动效率,使得当时全公社在农忙时候几乎所有的劳动力都用来搞粮食种植业,还显得劳力不足。随着人民公社制度变革的"红利"逐步释放殆尽,社员们劳作时的懒散之风开始逐步蔓延,这点是人民公社制度被广为诟病的一个主要原因,也是促成 80 年代土地承包责任制变革的最重要原因之一。

从林地集体经营的具体实践来看,虽然人民公社时期林地属于村集体所有,缺乏激励机制,一般的社员家庭既没有林地经营权,更没有林地的所有权,仍有"非自觉的集体林地所有权意识"。当社员们离开自己所属的村集体而面对其他的村集体时,就对自己村集体的林地有一种明显的归属感。这时候他们能够意识到"林地是我们队里的林地,山是我们队里的山"。但是,这种意识是非常模糊淡漠的,缺乏对林地的主人翁般的认同感,而且只有在和其他的生产队进行对比时,才会突显出来。这种意识和 20 世纪 90 年代以后形成的"自主的集体土地所有权意识"有很大的

[①] J. C. Oi, *State and Peasant in Contemporary China*: *The Political Economy of Village Government*, University of California Press, 1989, p.193.

[②] 林毅夫:《制度、技术与中国农业发展》,三联书店上海分店 1992 年版,第 68 页。

区别。①

　　放眼于新中国成立 70 年的历史背景中,人民公社制度是一场值得载入史册的"创新性"的制度变革实践。作为农村社会的整体性的制度安排和实践,人民公社制度始于 1953 年的互助组合作化运动,初步形成于 1956 年的合作社实践,最终确定于1962 年的《农村人民公社工作条例(修正草案)》的发布实施,终结于 1980 年代家庭联产承包责任制实施,前后共持续了近 30 年。对于人民公社制度变革的评价,学术界似乎总是和在此之后实行的土地家庭联产承包责任制进行对比分析,并凸显人民公社制度安排的诸多缺点。这种评价方式和评价观点不是完全客观的。

　　如今我们回头来看,人民公社时期实行的"政社合一"的体制是把人民公社的经济制度嵌入农村的政治社会制度当中,并强调人民公社经济制度的首要目标是服务于中国特色社会主义制度。这种制度安排的最大特点是国家力量通过强力手段,把农村有限的人力——农民"社员"和物力——土地资源等农业生产要素高度整合在一起,并通过政治—经济—社会一体化的组织化方式对农村社会进行管理和控制。在这一时期,所有传统乡村社会的社会治理力量(包括宗族家族力量、民俗宗教力量等)都被定性为"封建主义"的落后因素,被视为社会主义现代化建设的对立因素而遭到国家力量取缔或者被强力高度压制,包括传统乡村社会治理的物质载体(如宗族祠堂、寺庙等)大都被拆毁,仪式载体(如祭祖、祭祀甚至一段时期内传统的人情往来仪式活动等)也大都被严格禁止。正是通过这种高度集权化的方式控制农村的土地和农村人力资源等生产要素,才能通过"剪刀差"手段为城市工业化发展提供原始的资本积累。

　　和耕地经营相比,林地经营承载的各项赋税有过之而无不及。国家设立了垂直的林业管理部门,直接负责林木的买卖交易,征收林业税费,由此构成农村"汲取型"治理体制的重要组成部分。黄宗智认为,赋税是"村庄和国家之间的主要交叉点"。②从现代产权制度实践的角度来看,如果一个产权主体拥有完整的林地所有权,则不仅意味着他对林地资源有完全独立的自由处置权,而且对林地经营产出的农产品有完整的市场自由处置权。因此,国家的农业税负政策和农产品销售政策都直接影响林地产权的实践。人民公社制度实践时期,由于包括林木生产的销售价格被国家严格控制且课以极高的税负,村集体的林地产权实践无疑被国家力量严重侵蚀。和耕地经营相比,林地经营显得更加"无利可图",自然影响林地经营的价值认知和集体

---

　　①　朱冬亮:《社会变迁中的村级土地制度——闽西北将乐县安仁乡个案研究》,厦门大学出版社 2003 年版,第 123 页。

　　②　黄宗智:《华北的小农经济与社会变迁》,中华书局 2000 年版,第 30 页。

林权制度变革实践。这也就是 2003 年之后各地推进新集体林权制度改革时,往往把减免林业税费作为重要的配套改革举措的深层原因之一。

人民公社实行林地集体经营制度,表面上林地的产权归属于农民集体,但是其林地经营产出的林产品却并没有在计划经济的国民经济交换体制中获得与城市工业产品的平等交换地位。因此,林地的收益处置权实际上在很大程度上被国家力量所控制。无论是村集体组织还是农民个体都仅仅是林地的经营者,而不是林地的所有权者。人民公社时期的林地产权制度安排是国家管控下的单一的林地产权制度安排。在这种类似准军事化的管理体制下,农民个体作为单一的林地耕作生产者被束缚在村集体组织内,没有离开林地的自由。

按照现代经济学产权理论的解释,产权的具体实践主要表现为它是一种排他性的权力。这种排他性表现在占有产权的人拥有完整的处置权和收益权。而在人民公社时期,虽然村集体组织名义上享有农村林地所有权,但因为村集体本身无权自由处置村集体林地上生产的林产品,林产品的经营买卖权实际上被国家力量完全掌控,这使得林地所有权的具体实践形式也是被国家力量所控制。村集体组织在很大程度上还是国家力量掌控下的一个个生产经营管理单位,土地集体所有权也因此被国家力量实际掌控。

第四节　人民公社林地经营制度实践反思

人民公社制度的变革实践表明,人地关系是由农村社会所处的外部大环境决定的。农村集体林地制度设计也首先必须与农民所生活的社会大环境相适应。包括林地产权制度实践在内的农村土地制度安排不能背离这个基本前提。离开这个前提,任何的制度变革都可能遭遇乡村本土传统力量的抵制或者变相抵制而遭遇挫折。

人民公社制度尤其是实行高级社时期,国家力量试图打破传统的村庄社区地界,完全排除传统的村庄乡土价值在土地经营和乡村社会治理中的作用,建构一整套全新的"政社合一"的制度取而代之(包括另外创造一套公社—大队—生产队的体制称呼来取代传统的乡镇—村—自然村),然而实践证明,人民公社制度在实践中遭遇了多方面的困境。传统的小农经济制度和乡土利用价值仍然在林地制度实践中发挥着作用,具有讽刺意味的是,这种作用更多是通过社员的懒散和"磨洋工"的反向作用体现出来。

回顾人民公社时期的林地制度变革历程,可以发现,虽然国家力量一直试图从社会主义制度属性和国家现代性建设两个角度对林业生产关系进行改造,期望达成变革和发展林业生产力的目标,但并没有完全实现制度变革设计之初衷。归根结底,还在于这些制度变革设计脱离了农村社会发展的实际,也脱离农村生产力发展的实际,甚至脱离了农村传统的历史传承。不过,作为我国探索现代性国家制度建构的重要组成部分,这段时期的林地制度变革探索和实践仍然具有重大的历史意义。对于普通的农民而言,他们也许是第一次真正感受到国家在推进社会主义现代化国家建设过程中的执着、努力和信念。特别是人民公社制度的高度强制性的政治社会动员使得国家力量以"政社合一"的方式让长期以来远离国家权力的农民第一次真切感受到了现代性意识的教育。他们也许是第一次感受到国家力量和国家形象如此鲜活地呈现在自己的日常生活中。这点是以往任何制度变革中都未能做到的。

不可否认,任何的制度变革终究会留下制度变革的记忆和遗产。无论是新中国成立初期给农民留下短暂而美好记忆的"林改"实现的农民所有制,还是持续了近30年的人民公社林地集体经营制度实践探索,乃至接下来要分析的80年代至今仍在不断完善的林地家庭承包制实践,都各自留下了相应的制度变革遗产,而且这些制度变革遗产仍然在当前乃至未来的林地制度变革实践进程中发挥不可忽视的作用。

第三章
林业"三定"与新集体林权制度改革

和耕地经营一样,正是由于人民公社集体经营制度实践的不成功,才为 20 世纪 80 年代后的林业"三定"承包制改革提供了制度变革的"窗口"。从现代产权实践的角度看,人民公社制度强调林地的集约化规模化经营确实代表了现代林地利用发展的主导方向,只不过,人民公社制度变革实践超越了当时林业生产力发展水平。作为一个发展中国家,我国当时的生产力总体上依然处于小农经济制度时代,在其他现代林业制度没有同步获得发展之前,想单纯地通过变革林业生产关系实行人民公社制度显然是不合时宜的。因此,从某种程度上看,80 年代后实行以家庭联产承包责任制为主要特征的林业"三定"改革,实际上是林业生产关系的"倒退",重新退回小农经营制度,目的是让林业生产力和生产关系重新"吻合"。当时的国情与当前大量农村青壮年劳动力外出导致农村小农经济制度几近完全解体有很大的差别。

和耕地经营及产权制度变革相比,林地的经营及产权配置有几个明显的特征:一是如文献回顾中所归纳分析的,集体林地的产权制度更为复杂,尤其是林地经营有很强的外部性和公共属性。除了包括所有权、承包权和经营权,林地产权制度变革实践中还有独特的生态权属性等问题,由此进一步派生出林木所有权、林木承包权和经营权等一系列的产权权能和实践问题。从更广的角度来看,林地经营包括国家公共产权属性—生态产权、村庄社区的社会产权—社区产权、农户的集体成员权以及林地经营主体的经济产权(市场产权)的博弈和调适。二是林地经营主要以发展林木、果树种植业为主,投入大、周期长、见效慢,因此林地产权制度设计必须与林地经营的特殊性紧密结合。

从总体上看,从 20 世纪 80 年代至 2013 年前后,集体林地制度改革大致经历了三个主要阶段:第一阶段是 1981—1987 年的林业"三定"改革(划定自留山,确定林业生产责任制,稳定山林权)。这一阶段虽然在是否决定仿效耕地承包制改革路径方面存在争议,但最终还是借鉴了耕地家庭承包制实践模式,林地经营也从人民公社时期的集体林业经营管理体制过渡到家庭承包经营为主导的经营模式,出现了与"自留山"相对应的"责任山"新型林地权属和经营形式。即便如此,"三定"改革之后,因为行政村—大队和村民小组—生产队仍然掌握了决定"自留山"和"责任山"的大小以及"责任山"的承包期长短与分配比例等权利,所以村集体组织依然掌握着大部分的林地经济权利。第二阶段则是 1987 年因出现大规模乱砍滥伐,政府重新鼓励集体经营,各地探索各种集体林经营模式,但这一政策在很多地方没有执行。第三阶段则是 2003 年福建省首先试点 2008 年全面推进的新集体林权制度改革阶段,强调要把林地承包经营权确权到户。[①] 林业"三定"是实行林地家庭承包制,以"自留山"和"责任山"的形式"分山到户"或者"分林到户",而新集体林权制度改革则是完善林业"三定"改革的举措,从现代农村林业市场化改革角度重新把集体林地"确权到户"。

第一节 林业"三定"改革与林地承包权形成

和引起广泛关注讨论并被赋予极高评价的耕地家庭联产承包责任制相比,80 年代初稍晚推进的林业"三定"改革所引起的制度变革效果要小得多。回首改革开放 40 多年的历程,可以发现,集体林地制度和耕地制度改革在 80 年代之后出现了明显的分化趋势。在 80 年代之前,由于大多数时期国家政策都是强调"以粮为纲",在集体林业经济中除了发展经济林和茶果种植业,林地的经营价值不被重视。除了一些特定的山区村庄,林地产出在农民和村集体组织的经济生活中所占的地位并不凸显。不过,回顾集体林地和耕地制度改革实践,可以发现,两者的市场化改革进程是交互推进的。如果把两者改革方式和改革绩效进行比较分析,可以获得更多的启示。

一、林地承包权形成和林业"三定"改革实践

1. 林地承包权的形成

和耕地承包权相似,集体林地承包权是农民集体成员权在林地承包制—林业"三定"改革实施之后具体派生出来的产权权能实践形式。20 世纪 80 年代初期,当国家开始推进耕地家庭联产承包责任制时,集体林地制度也开始实行林业"三定"改革,目的是"包山到户"或者"分林到户"(区别于 50 年代初"林改"的"分山到户"),农户因此获得林地的承包经营权,实现了林地集体所有权和农户承包经营权"两权分离"。

对于全国大部分省份而言,林业"三定"改革的基本路径是效仿耕地承包制改

[①] 刘璨、黄和亮、刘浩、朱文清:《中国集体林产权制度改革回顾与展望》,《林业经济问题》2019 年第 2 期。

革,村集体把原本属于集体的全部或者大部分山林按照各个农户家庭的人口或者劳动力"分林到户"。对照耕地家庭联产承包责任制,在林业税费改革之前,其承包制的基本特点是强调"交够国家的,留足集体的,剩下的都是自己的",这点在一些经济林经营中尤其明显。如将乐县不少偏远山区的村庄是以毛竹山经营为主,其农户的承包权实践方式和耕地承包制经营几乎完全相似。从现代林权制度实践的角度来看,这一时期的林地承包制是在继承人民公社时期的制度变革遗产基础上的一种创新。它突显的是单个农户家庭要优先提取国家和村集体这部分林地产出的收益分成,在此前提下,再把林地经营的剩余索取权交给农户自行处置。换言之,在林地家庭联产承包责任制的实践中,农户在承包村集体的林地时,要在优先缴纳国家税负义务,然后再提留村集体作为林地所有权者享有的经营收益分成的基础上,剩余的林地产出才归属农户自身。这种产权制度安排体现的是对林地产出的优先秩序的分配,体现出国家和村集体经济组织都对林地承包经营有优先的索取权和分配权。这一制度设计安排是在确保国家和村集体的权益几乎不受损失的前提下,把林地经营的剩余索取权让渡给农户,也就是将林地产出的边际收益变成一种制度激励,让渡给农户个体。

2003 年,国家有关部门根据当时的林地经营现状和市场化改革形势实施新集体林权制度改革。这一时期,国家原先实施的"汲取型"农村治理体制也逐步向"反哺型"治理体制转型。一方面,国家和地方政府逐步降低林业税费,另一方面增加林业公共投入,这种政策变化相应地也影响农户的林地承包经营权实现形式。尤其是党的十八大以来,国家对林业的生态产出日益重视,凸显"绿水青山就是金山银山"。在实践中,农户的林地承包经营权实践权能容易遭到社会生态权的侵蚀。2014 年林地"三权分置"制度正式确立后,国家相关的法律法规对林地承包权的法律含义和实践含义也有新的变化。

2. 林业"三定"改革实践

虽然贵州省等地方性的林地承包制探索实践更早①,但从国家层面上看,林业"三定"改革始于 1981 年中共中央、国务院发布的《关于保护森林发展林业若干问题的决定》(中发〔1981〕12 号文件),这一政策的出台标志着以林业"三定"为基本路径的集体林地承包制改革正式实行。到了 1983 年,全国约有 65%的县市和 79%的生产队完成了林业"三定"改革。经过此次改革,全国共划定"自留山"面积 1.65 亿亩,占全国山林总面积的 4.3%。到 1984 年年底,全国划定"自留山"面积扩展到 2.55

---

① 刘璨、黄和亮、刘浩、朱文清:《中国集体林产权制度改革回顾与展望》,《林业经济问题》2019 年第 2 期。

亿亩,占全国山林总面积的 6.3％。受林业"三定"政策激励,全国大部分的林地采取类似耕地承包制的形式承包到户,实行"分林到户"。如浙江省大部分农村地区,其"三定"改革实践实行"自留山"和"责任山"相结合的林地经营制度,除了生态公益林可能仍实行村集体统一管护,其他大部分的经营性林地都被承包到户。① 不过,在林地较多的山区,地处偏远且交通不便的集体林大多依然由村或村民小组统一经营管理,称之为"统管山",这些林地大都被划入生态公益林范畴。因此,林业"三定"改革,形成了"自留山"、"责任山"和集体"统管山"三种林地林木权属与经营形式。②

不过,和同期同步实施的耕地承包制改革相比,林业"三定"的改革绩效产出并不明显,这点一方面与林地经营对一般农户的小农生计经济的重要性相对较小有关,另一方面也与林木生长周期较长、见效慢有关,当然更与其他林业经营制度的配套改革不完善有关。正是由于受林木投入大生长周期长等因素制约,全国如安徽和广西等一些地方在实行林业"三定"之后,随之再进一步实行"两山并一山"改革(即把"自留山""责任山"合并为"自营山")改革,目的是更好地调动农民经营林地的积极性。与此同时,1985 年,国家还实行放开木材交易市场政策,并在短期内出现了集体林权流转的小高潮,但有的农户因担心国家政策有变而乱砍滥伐。③ 为了避免这种情况,安徽金寨县甚至把"责任山"也一律划为"自留山"。也有的地方"收回"了部分"自留山"和"责任山"。④ 如浙江省象山县 1987—1988 年重新调整林地承包政策后,农户承包的"责任山"面积下降了 20％。⑤ 这说明,林地家庭承包制政策实施效果依然和耕地不可同日而语。

不过,20 世纪 80 年代初也有极少数省份因种种问题而停止实施林业"三定"改革,很多村庄的林地并没有"分林到户",而是仍然由村集体统一管护经营。1985 年之后,南方集体林区出现了过量采伐集体林的现象。其中以福建省更为特殊,该省因为在林业"三定"改革初期出现了严重的乱砍滥伐现象,不得不在 1984 年对林业"三定"改革紧急"叫停",因此,大部分林地的承包权并没有确权承包到户,而是仍然

---

① 徐秀英、石道金:《集体林地产权制度变革的农户心态调查》,《林业经济问题》2004 年第 2 期。

② 刘璨、黄和亮、刘浩、朱文清:《中国集体林产权制度改革回顾与展望》,《林业经济问题》2019 年第 2 期。

③ 有研究表明,林业"三定"时期,南方集体林区蓄积量减少了约 3 亿立方米,约占当时该区域林分蓄积量的 10％(转引自刘璨:《集体林权流转制度改革:历程回顾、核心议题与路径选择》,《改革》2020 年第 4 期)。

④ 刘璨、黄和亮、刘浩、朱文清:《中国集体林产权制度改革回顾与展望》,《林业经济问题》2019 年第 2 期。

⑤ 浙江省林业志编纂委员会:《浙江省林业志》,中华书局 2001 年版,第 770 页。

由村集体统一管护经营。1984 年以后,福建省有关部门多次下发通知,要求以"分股不分山、分利不分林"为原则推进集体林地制度改革,保持林地经营的完整性。① 中共中央、国务院公布《关于加强南方集体林区森林资源管理 坚决制止乱砍滥伐的指示》,宣布停止实施林业"三定"政策②,这项举措被认为是国家暂时中止了林业市场化改革进程,同时实行木材统购统销政策(木材一家进山收购政策)。③ 因此到林业"三定"工作停止时,福建省的林地分配到户率仅为 32.00%④,全省划定的"自留山"面积为 14.64 万公顷,占集体所有林权面积的 2.62%⑤,且该省 90% 的用材林仍旧归集体所有⑥。相比之下,截至 1984 年年底,全国除上海和西藏,已完成林业"三定"的县为 1781 个,占全国应开展"三定"工作县的 77.50%;完成林业"三定"生产队有475.40 万个,占应开展林业"三定"生产队总数的 88.20%。截至 1986 年年底,南方集体林实行家庭承包经营的约占集体林面积的 69.00%。⑦ 这说明福建省"分山到户"远低于全国平均水平,仅有南方集体林区平均水平的 1/3。这点也为福建省新世纪之后率先推行新集体林权制度改革,重新把集体山林"确权到户"埋下了伏笔。

从地方实践来看,还是以将乐县为例,据 1998 年《将乐县志》记载⑧,中发〔1981〕

---

① 和其他省份相比,福建省林业"三定"改革没有得到全面执行。全省划给农民的"自留山"只有 1105.7 万亩,仅为全省林地总面积的 8% 左右(参见朱冬亮、贺东航:《新集体林权制度改革与农民利益表达——福建将乐县调查》,上海人民出版社 2010 年版,第 50 页)。不过,作为全国森林覆盖率最高的省份,福建省一直是全国集体林业制度改革的排头兵和试验区,不同时期的改革都留下相应的实践遗产,并在村级林地制度具体实践中传承下来,因此,该省的林地流转方式和经营方式最为复杂多样,各项林地制度改革探索也始终居全国前列。

② 《关于加强南方集体林区森林资源管理 坚决制止乱砍滥伐的指示》明确指出要"严格执行年森林采伐限额制度……集体所有集中成片的用材林,凡没有分到户的不得再分"。国家林业部决定停止集体林家庭经营的分配并鼓励发展集体经济,甚至收回一些已分配下去的"自留山"和"责任山"(参见刘璨、黄和亮、刘浩、朱文清:《中国集体林产权制度改革回顾与展望》,《林业经济问题》2019 年第 2 期)。

③ 刘璨:《集体林权流转制度改革:历程回顾、核心议题与路径选择》,《改革》2020 年第4 期。

④ 《中国林业年鉴 1949—1986》,中国林业出版社 1987 年版,第 479~481 页。

⑤ 福建省地方志编纂委员会:《福建省志·林业志》,方志出版社 1996 年版,第 321 页。

⑥ 孔繁文、谢晨、戴广翠:《市场经济条件下中国森林资源管理政策及评价》,国家林业局经济发展研究中心:《中国林业市场化改革理论与实践》,中国大地出版社 2004 年版,第 1~21 页。

⑦ 刘璨、黄和亮、刘浩、朱文清:《中国集体林产权制度改革回顾与展望》,《林业经济问题》2019 年第 2 期。

⑧ 《将乐县志》,方志出版社 1998 年版,第 230~233 页。下文有关将乐县集体林权制度改革的内容如果没有特别注明,均引自本县志。

12 号文件发布之后,该县随即开展林业"三定"改革。当年 5 月,该县首先选择 3 个公社的 7 个大队进行改革试点,而后推广到全县其他乡镇。到了 1983 年 6 月,全县林业"三定"改革即全面结束。

将乐县推进林业"三定"改革,首先是确定山林权属。这次改革的主要突破是对过去权属不清但是 1956 年以后林木入社登记的大面积天然林和"荒山"确定权属,划归大队所有。同时对公社之间和大队之间的"插花山"进行适当调整。经过这次确权,全县共有山地面积 295.4 万亩,确定权属的有 293.29 万亩,占 99.3%。其中属于国有的林地面积为 13.66 万亩,占全县确定权属山地面积总数的 4.66%;村集体所有山地面积为 279.63 万亩,占全县确定权属山地面积总数的 95.3%,未定权属山地面积 21139 亩。全县山地面积中,其中林地面积 223.99 万亩,确定权属的面积为 222.44 万亩,占 99.3%。其中国有林面积 26.88 万亩,占全县有林地总面积的 12.0%;国家、公社(后来改制为国有林场)共有林地面积为 902 亩,占全县有林地面积的 0.04%;村集体所有林 195.03 万亩,占全县有林地总面积的 86.18%;个人所有林面积为 4451 亩,占全县有林地面积的 0.20%;未定权属林地面积 15547 亩,占全县有林地面积的 0.70%。

从将乐县林业"三定"确权中可以看出,该县属于村集体所有的山地占全县确权山地面积的 95.3%,但属于村集体所有的林地面积占全县有林地总面积的 86.18%。而相比之下,全县属于国有的山地面积只有 13.66 万亩,属于国有林地面积却有 26.88 万亩,说明国有林地面积中有 13 万多亩山林的林地属于村集体,其林木所有权则归属国有林业企业。换言之,国有林业企业租了 10 多万亩集体山地来经营。这部分林地的所有权归属较为复杂,也充满争议,是当地历次林权纠纷的主要源头。

以将乐县高唐镇陈坊村为例,2014 年,该村共有林地面积 25986 亩,其中交通便利的 1.4 万亩的山林早在 60 年代就划归本县国有林场经营,包括人工林 9000 多亩,天然林 4000 多亩,到 1983 年则划给"金森"公司(该县唯一的上市公司)前身企业经营。"金森"公司说是租赁陈坊村的林地,但 1989 年之前,村里一直没有获得地租。在此之后,"金森"公司开始向村里支付租金,但是按照砍伐时的林价分成结算(村里收取林价的 10% 为地租)。由于在此之后,很少有砍伐林木,村里还是没有真正获得地租收益。也正是从这一年开始,该村开始试图"争回"这 1.4 万亩林地的山权,但林权还是归属"金森"公司。不过,2013 年之后,"金森"公司开始按照每亩每年 10 元的标准向村里支付租金。仅此一项,陈坊村每年可获"村财"收入 14 万元。这说明,对于林地较多的村庄而言,是否收取林地使用费直接影响村财收益。

其次,林业"三定"改革是重新划定"自留山"。改革之后,将乐全县除了万安、余坊、奎洋、胜利、新华、张源等 6 个大队和 1 个农场没有划定"自留山",其他 116 个大队共划定"自留山"7.95 万亩,占全县集体山林总面积的 2.8％,户均 4.9 亩,人均 0.85 亩。划定的"自留山"中,其中"荒山"面积为 2.46 万亩、疏林地面积 5.05 万亩、油茶林面积 1991 亩、荒芜的毛竹山面积 2359 亩、其他林地 86 亩。1984 年,将乐县又扩大"自留山"划定面积 2500 亩。按照规定,"自留山"由社员长期自主经营、林木归个人所有,可以继承但不得出租转让买卖,其林地所有权则依然属于村集体。

在实行林业"三定"改革时,将乐县的所有林地分为国有山林、集体山林、插花山林、"自留山"等四种不同权属,有关部门分别绘制了四种清册,签发甲种林权证(山权、林权同属一单位)、乙种林权证(山权、林权分属两个单位)和"自留山"证。由此全县大部分山地和山林完成了确权登记工作。

实行林业"三定"改革后,将乐县开始采取村集体统一经营和农户分散承包经营等形式,其中村集体所有的成片用材林多由社队的林场、专业队或社队的固定护林员统一经营,其他集体山林多实行联产计酬或收益分成承包经营,而短期的林业经营作业则多采取小段包工、定额计酬方式确定生产责任制。特别需要指出的是,将乐县共有 40 多万亩的毛竹林,全县地处高山偏远地带的约 20 个大队以经营毛竹林为主要生计来源,这部分林子属于经济林,其承包方式和耕地家庭承包制几乎完全相同。这点我们在本章前文分析中已经提到。

二、林业股份制改革实践

由于林地经营周期长、见效慢,林业"三定"改革并没有获得和同期推进的耕地家庭承包制改革的效果,相反,有的地方还引发了短期性的乱砍滥伐的现象。为了进一步调整林地产权制度,1987 年,有的地方开始重新探索林地集体经营制度。其主要做法包括村集体"赎回"分到户的山林,由村、组兴办林场统一经营管理,也有的村集体把"责任山"及多划的"自留山"收回,仍由原承包农户经营管理,形成村集体和农户双层经营的体制。① 以将乐县为例,到了 1984 年,该县响应福建省的总体部署,继续推进林业经营体制改革,开始探索实行"分股不分山、分利不分林"的股份制经营,所得收益年终由各村按照人口分红。这项改革首先在将乐县所属的三明市试行。② 林

---

① 刘璨、黄和亮、刘浩、朱文清:《中国集体林产权制度改革回顾与展望》,《林业经济问题》2019 年第 2 期。

② 20 世纪 80 年代至今,三明市及下属的 10 多个县(市、区)一直是福建省以及国家各项集体林地制度改革和林业综合改革的试点地区,该市的集体林权制度改革实践也始终走在全国前列,不同时期的改革都留下了相应的制度变革遗产。三明市保留了包括承包制、股份制、集体统一经营制等各种不同的集体林地经营模式,便于进行比较研究。

业股份制改革设置集体股和个人股,其中集体股一般不超过总股数的 25%,其收益主要用于兴办村庄的公共事业、支付村干部误工补贴等,个人股按照村庄社区的人口平均分配,并发给股证。这种股证生不补发死不退出,可继承和转让。同时,股份制改革中,农户还可投劳和投林入股。

截至 1984 年年底,将乐全县 13 个乡、镇成立了林业生产服务社,131 个行政村成立了林业合作社。全县林木折价面积 134.1 万亩,折金额 4367.3 万元,折股 29 万股,每股 150.9 元。其中分配给社员的有 16.8 万股,占股份总数的 58%,其余的大部分股份属于集体股。1987 年,全县实行了林业经营分红的村有 121 个村,共分红利 96.23 万元,户均 51.6 元。但是也有不少村把林业经营分红用于发展村里的基础设施和公益事业,没有分红到户。1990 年,全县林业合作社兑现个人股 11.18 万股,金额 141.98 万元,股均分红收益为 12.7 元,户均分红 49.01 元。不过,90 年代之后,林地股份制改革没有取得新的实质性进展。

和福建省的整体情况相类似,从 80 年代到 2003 年新集体林权制度改革实施前,除了毛竹林和果林等经济林,将乐县的绝大部分林地并没有像同期推进的耕地家庭承包制一样实行承包"分山到户",而是试图采取林业股份制模式来明晰产权,激励林业产业发展。实际操作中,很多村庄的林地控制在村集体组织—村干部手上,由于缺乏有效的监督机制,村干部甚至可以代表村集体组织随意处置"买卖"集体林地,成了所谓的"干部林",所得收益主要用于"村财"收入或者可能被村干部个人侵吞,广大林农的林地股份权和承包权权能几乎"形同虚设"。加上当时林业税费负担重,林地经营周期长又基本"无利可图",普通百姓大都没有"过问"和参与林地经营。由此形成了一种极为混乱的林地产权配置和林地利用状况。

表 3-1 中呈现出将乐县安仁乡 2003 年实施新集体林权制度改革时,全乡各村复杂的林权权属关系结构。该乡共有 11 个行政村、1 个林果场,扣除未统计的福山村和蜈蚣鼻村,其他 10 个村(场)的林地权属关系包括转让"两公司"①、"非规范"转让、群众个私造林、毛竹山、生态公益林等类别。全乡 10 个村(场)共有林地总面积 125027 亩(包括插花山 5971 亩),其中转让"两公司"的面积 33464 亩,占比 26.77%;

---

① "两公司"指将乐县国有企业林业投资公司和私营企业"腾荣达"公司。其中县投资公司在 90 年代末期和 2001 年前后通过"林权转债权"从全县各乡镇抵押了约 25 万亩的山林,同时从各村"收购"约 20 万亩的山林。2001 年前后,该公司又转让了 15 万亩林地给"腾荣达"公司建纸浆造纸产业基地。

"非规范"[①]转让面积 8050 亩,占比 6.44%;群众个私造林面积 5601 亩,占比 4.48%;毛竹山面积 19971 亩,占比 15.97%;生态公益林面积 27473 亩,占比 21.97%。扣除这些有确定权属的面积,全乡可重新实施改革的林地面积为 17582 亩,仅占全乡林地总面积的 14.06%。由于这次改革主要是尊重历史,以调整税利的形式改革林权分配,原有的林地承包权属性大都不会调整。

表 3-1　2003 年将乐县安仁乡各村(场)新集体林权制度改革前林地权属基本情况

单位:亩

村名	转让 "两公司"	"非规范" 转让	群众个 私造林	毛竹山	生态公 益林	可重新改 革面积	插花山 面积
余坑	3606	442	1504	990	2574	772	627
洞前	4359	1508	320	2617	12292	5053	1890
伍宿	4868	1952	618	无	515	838	
石富	3946	326	458	无	718	3316	
上际	343	688	184	3318	1485	无	2710
安仁	4908	921	321	283	1742	3586	712
半岭	752	852	1303	80	562	427	32
元洋	7490	723	125	10448	3402	1499	
林果场	807	66	593	298	175	1378	
泽坊	2385	572	175	1937	4008	713	
合计	33464	8050	5601	19971	27473	17582	5971

在同处福建三明市的尤溪县和沙县等地,也有相当部分林地在林业"三定"改革后仍保留了集体统一管理经营体制,没有实行"分山到户"或"分林到户"。80 年代中期后,这些地方不少集体经营的林地实行股份制改革,所得收益是按照股份分红到户,林农的承包权转化为股份权。这种股份制经营模式一直延续下来,到了 2003 年实行新集体林权制度改革时,由于福建省大力减免林业税费,并推进林木销售的市场化改革,林地经营绩效大幅度提升,农户的承包权通过林地股份制实践得到的经

①　所谓"非规范"转让山林,是将乐县根据福建省 1997 年出台的森林资源转让条例而设定的一种特定的相对"规范转让"的林地权属划分类型。即按照《福建省森林资源转让条例》规定,"规范转让"的山林需要同时满足经村民代表大会通过、专业的价值评估和公开的招投标程序等三个条件。而在新集体林改实施前特别是在 1998 年之前,将乐县集体山场转让很少能同时满足这三个条件,因此大都属于"非规范"转让。

济利益自然也大幅上升。这点和将乐县相对混乱的林地承包权实践形成了鲜明的对比。

同样推行承包权股份化改革的还有浙江省。该省在实践中形成三种模式：一是安吉县的毛竹股份合作社模式。其具体运行方式是将现有毛竹的数量和质量折算成股份，组建由村统一经营或承包给大户经营的股份合作社，经营利润按股分红。第二种模式是浦江县的林地股份合作制模式。将林地面积折算成股份，通过公开招投标，与工商资本签订股份经营合作协议，合作社成员采用"保底＋分红递增"的模式按股或者实物分红。第三种模式则是龙泉市等地实行的家庭股份制林场模式。即几个农户的林地委托给一个家庭经营，内部协商确定收益分配方式。这三种模式都取得了一定的效果。

而在江西、湖北等其他大部分省份，80年代初林业"三定"改革政策得到较为全面的执行，其主要操作方式是把大部分村集体的林地"分林到户"。如湖北京山县把集体山林分为"自留山"和"责任山"落实林地承包制。即使在林业"三定"时，该县的部分村、组没有划定"自留山"，2006年该县在实施新集体林权制度改革时也明确规定，如果大多数群众要求划"自留山"，且集体山林条件允许，经村民小组2/3以上农户签字认可，原则上仍可按照户均5～10亩的标准补划"自留山"；户均不足5亩的，按当地平均水平划定"自留山"；山林已全部依法流转的则不再补划"自留山"。即使是后来"两山合一山"（"自留山""责任山"合并为家庭经营山）的村组，如果村小组2/3以上农户要求恢复按"自留山""责任山"管理的，也仍可以按原状予以区分，并分别进行确权发证。由此可以看出，京山县划定的"自留山"面积明显高于福建省将乐县。

客观而言，1987年将乐县实行的林业股份制改革和2017年推进的农村集体产权制度改革的操作路径基本相似。实际上，从现代产权实践的角度来看，股份合作制属于一种代表土地经营规模化集约化的较为先进的市场化经营机制，但这种机制能否顺畅运行，首先必须满足几个基本前提条件：一是林地的产权主体必须清晰界定，在此基础上清晰界定林地经营的责、权、利关系；二是林地经营必须有利可图，才能刺激各方增加投入，并建构一个完整的利益博弈平台；三是林地经营的产权主体必须获得相对完整的产权，避免受到其他力量的侵蚀。然而，在实行林业"三定"改革时，林地经营制度变革只是在表面上明确界定了林地和山林的权属关系，但是其他配套的改革机制没有及时跟上，致使改革的效果非常有限。突出表现为林业税费过高，国家垄断木材交易市场，同时用严格的林木采伐指标管理体制限定经营者采伐林木。种种管制性的举措使得经营林地利润微薄甚至无利可图，最重要的问题是导致林地经营的不确定性大为增加,而这点恰恰是现代资本投资林业最为忌讳的。

第二节　新集体林权制度主体阶段改革实践

一、新集体林权制度改革的目标

作为新世纪推行的一项重大农村改革举措,新集体林权制度改革始于 2003 年福建省的试点改革。不过,如果从国家政策设计层面来看,2000 年有关部门组织制定的《中国可持续发展林业战略研究》就提出了完善和改革集体林产权制度的政策建议。而广东省始兴县则更早,在 2000 年试图推进换发证改革试点,只是没有取得实质性进展。而闽西的长汀县和武平县被认为是开启全省乃至全国新集体林权制度改革之先河,尤以武平县改革成效最为显著。① 只是当时并不叫新集体林权制度改革,而是称为开展林地林木确权登记,但其改革宗旨和随后推进的新集体林权制度改革的确权到户内容基本相似。福建省鉴于 1984 年推进的林业股份合作经营制度运行不理想,2003 年推进新集体林权制度改革时不再把林业股份合作经营作为主要选择,而是强调要重新确权到户。② 只不过,该省在新时期推进林地确权到户改革,已经结合当时的农村市场化改革新形势,同时融合了股份合作经营等市场化实践机制,因此这场改革和林业“三定”的“分山到户”还是有很大的区别。2004—2005 年江西省、浙江省和辽宁省等也被纳入新集体林权制度改革的试点省份,改革试点地域不断扩展。2008 年 6 月,中共中央、国务院发布实施《关于全面推进集体林权制度改革的意见》(中发〔2008〕10 号),标志着新集体林权制度改革在全国全面推广实施。按照预定计划,这项改革必须在 2013 年前后基本完成。之后,全国新集体林权制度改革进入了配套、完善和深化改革阶段,包括 2014 年正式实施林地“三权分置”制度改革。

按照国家顶层政策设计安排,新集体林权制度改革要稳定和完善农村基本经营制度,把集体林地通过家庭承包方式落实到本集体经济组织的农户,以确立农民作为林地承包经营权人的主体地位,确保农民平等享有集体林地承包经营权,进而达成明晰林地产权、放活林地经营权、落实林地处置权、保障林农的林地经营收益权,激发农民发展林业生产经营的积极性,最终实现“资源增长、农民增收、生态良好、林区和谐”的制度变革目标。2003 年中共中央、国务院发布的《关于加快林业发展的决

---

① 张建龙:《中国集体林权制度改革》,中国林业出版社 2017 年版,第 26 页。

② 刘璨、黄和亮、刘浩、朱文清:《中国集体林产权制度改革回顾与展望》,《林业经济问题》2019 年第 2 期。

定》还规定,各地要放弃执行木材一家进山收购政策,引入市场交易机制,木材统购政策废止。2011 年,国家林业局制定的《林业发展"十二五"规划》中明确指出:"集体林地家庭承包经营率山区不低于 70.00%,丘陵地区不低于 60.00%,平原区不低于50.00%,确权准确率、纠纷调处率和档案管理合格率不低于 95.00%。"集体林地承包期为 70 年,承包期满可以续约;农户长时期使用"自留山",不得强行收回。这就为新集体林权制度改革的林地承包权确权标定了基本目标。截至 2017 年年底,全国 77.70%的集体林地已确权到农户。① 新集体林权制度改革被认为是农村家庭承包经营制度从耕地向林地的拓展延伸,具有重大的理论和实践意义。②

实际上,在 2003 年之前,学术界对林业"三定"改革后存在的问题不乏研究和争论,这些理论探索为新集体林权制度改革实施营造了一个良好的制度变革氛围。有研究者指出,在新集体林权制度改革实施前,集体林业制度存在的主要缺陷在于其运行行政化,因此以探索林地运营的市场化为目标,强化集体林业产权的市场约束,并在集体林业内部形成产权交易市场,创造市场规则的运行机制,而集体行政组织不应再成为集体山林所有权的代理行使主体。③ 至于新集体林权制度改革的发展取向和实施方案,不同的学者也有不同的看法。归纳起来,主要有三种观点:一是主张林地所有权的私有化④,二是主张国有制⑤,三是坚持集体所有权不变⑥。由此看出,集体林地制度实践中存在的问题和耕地制度基本相似。对于新集体林权制度改革的诱因,有研究者建构了一个集体林权制度变迁的动因模型,认为山林资源稀缺是原始动因,利益的刺激和诱导是根本动因,而林地经营经济效率的激励也是重要原因之一,对森林资源需求变化和林业外部环境的变化也是导致林业产权制度变迁的原因。⑦ 据有关部门测算,2007 年,我国林地亩均产出只有 22 元,仅为耕地亩均产出的 3%。⑧

---

① 国家林业和草原局:《2017 年度中国林业和草原发展报告》,中国林业出版社 2018年版。

② 贾治邦:《中国农村经营制度的又一重大变革——对集体林权制度改革的几点认识》,《求是》2007 年第 17 期。

③ 陈乐群、谢志忠:《林地产权制度研究综述》,《安徽农学通报》2007 年第 10 期。

④ 李立清、李燕凌:《从新制度经济学角度看我国非公有制林业发展的必然性》,《林业经济》2003 年第 1 期。

⑤ 上官增前:《浅谈我国林地制度的改革》,《林业经济》1994 年第 5 期。

⑥ 张建国、章静:《关于南方集体林区林地问题的研究》,《林业经济问题》1995 年第 1 期。

⑦ 乔永平、聂影、曾华锋:《集体林权制度改革研究综述》,《安徽农学通报》2007 年第 8 期。

⑧ 《中国林业产业年产值超过 1 万亿元》,http://finance.cctv.com/20071005/101163.shtml,访问日期:2023 年 5 月 6 日。

从总体上看,新世纪推进的新集体林权制度改革大致分为确权到户的主体改革阶段和提高林地的市场化经营效率的深化林业综合改革等两个主要阶段,因此其市场化改革的总体路径在很大程度上超越了 80 年代前后的耕地家庭承包制改革实践,也是在对耕地和林地进行比较研究中值得特别关注的一个要点所在。

林业"三定"改革之后,林地产权不清晰仍是集体林地经营中面临的首要问题。正如 2008 年中共中央、国务院颁布实施的《关于全面推进集体林权制度改革的意见》所指出的,国家之所以要实施新集体林权制度改革,是因为"集体林权制度虽经数次变革,但产权不明晰、经营主体不落实、经营机制不灵活、利益分配不合理等问题仍普遍存在,制约了林业的发展"。针对这一问题,新集体林权制度改革的政策设计首先是明晰集体林的产权归属,即明晰集体林地的产权边界,这是新集体林权制度改革顺利实施的前提,也是新集体林权制度改革首先需要完成的主要任务。而明晰林地产权的主要目的则是实现"平均地权",即让每个农户能够均等地享有林地产权及获取相应的经营收益。在具体实践中,新集体林权制度改革的主体阶段的主要目标是把集体林地的承包经营权通过"均山""均股""均利"等不同的方式确权到户。[①]

虽然新集体林权制度改革被认为是我国家庭承包经营制度由耕地向集体林地的拓展与延伸,是我国农村改革的深化与延续,但这种定位和评价从某种程度上只能适用于福建省等少数在林业"三定"时期没有"分林到户"的地区。准确地说,如果仅从这个改革目标的角度来看,新集体林权制度改革的主体阶段改革并不是完全意义上的制度创新。实际上,除了福建省等少数省份,全国其他大部分省份在林业"三定"改革时就已经大致完成了"包山到户"的任务。据国家林业局 2003 年统计,云南、四川、浙江、安徽、湖南、江西等省家庭经营林地面积占其集体林面积的比例分别为92.84%、80.24%、67.00%、98.00%、73.30%和 54.00%。[②] 而福建省的林业"三定"改革因为当时总体上没有执行到位,所以该省才在 2003 年启动实施新集体林权制度改革试点工作。而包括浙江、江西等地更多是把新集体林权制度改革过程称为"深化林业制度改革"或者"完善林权制度"改革阶段,因为后者在"三定"时期除了保

---

① 2008 年 6 月 8 日发布实施的《中共中央 国务院关于全面推进集体林权制度改革的意见》规定:新集体林改的首要任务是明晰产权,即"在坚持集体林地所有权不变的前提下,依法将林地承包经营权和林木所有权,通过家庭承包方式落实到本集体经济组织的农户,确立农民作为林地承包经营权人的主体地位。对不宜实行家庭承包经营的林地,依法经本集体经济组织成员同意,可以通过均股、均利等其他方式落实产权。村集体经济组织可保留少量的集体林地,由本集体经济组织依法实行民主经营管理"。

② 刘璨:《再论中国集体林制度与林业发展》,中国财政经济出版社 2014 年版,第 39 页。

留少部分集体统一经营的林地,其他大部分集体林地已经以"自留山""责任山"形式确权到户了。

按照新集体林权制度改革的政策设计,改革的目标首先是解放农村地区尤其是林区的林业生产力,甚至被赋予消除农村贫困的目标。[①] 为了达成这一目标,新集体林权制度改革政策设计大致把整个改革进程分为两个阶段:第一阶段是主体改革阶段,其改革目标是通过明晰集体林地的产权,以"两权分离"的形式把原本属于集体所有的林地经营使用权承包给农户个人;第二阶段则是配套改革或者深化改革阶段,其目的是通过市场化改革,包括减免林木经营税费、重新建构林业市场体系、为林农提供林业金融服务支持、培育新型林业经营主体、创新林业管理体制等多项综合改革举措,激励农户和工商资本对林地经营进行可持续的投入。这点也是新集体林权制度改革超越了80年代初林业"三定"改革的地方。

二、新集体林权制度改革主体阶段改革实践

按照2008年中央《关于全面推进集体林权制度改革的意见》的要求,新集体林权制度改革主体阶段预计用5年时间即到2013年完成以明晰集体林地产权、确权到户为目标的基本任务。应该说,从全国大部分地方的实施情况来看,新集体林权制度改革基本达到了预期的目标。除上海和西藏,截至2016年全国29个省(区、市)完成集体林地确权面积1.8亿公顷,占全国集体林地面积的比例为98.69%,全国发证的集体林地面积为97.65%。[②] 而福建三明市沙县区和顺昌县在2003年实施新集体林权制度改革之前,村集体流转出的林地面积占总集体林地流出面积的比例分别为87.66%和36.74%。[③] 因此,顺昌县不得不探索以"预期均山"方式提前确权到户。

各地在完成主体阶段改革任务之后,随即实施第二阶段的配套或者完善改革阶段。因此,各省(自治区、直辖市)推进新集体林权制度改革的进度有明显的差异。在具体实践中,本着尊重历史、因地制宜的原则,允许采取"均山""均股""均利"等三种方式确权到户。至于具体采取哪种确权到户方式,则基本上采取政府主导下的社区参与决策模式。各村的具体改革方案设计普遍遵循"一村一策"原则,通过村民民主自治制度的决策机制——"三分之二村民代表(或者户代表)"同意来确定本村的

---

① 贾治邦:《中国农村经营制度的又一重大变革——对集体林权制度改革的几点认识》,《求是》2007年第17期。

② 参见刘璨、黄和亮、刘浩、朱文清:《中国集体林产权制度改革回顾与展望》,《林业经济问题》2019年第2期。

③ 《中国集体林产权制度改革相关政策问题研究》课题组:《中国集体林产权制度改革相关政策问题研究调研报告》,经济科学出版社2012年版,第192~195页。

新集体林权制度改革实施方案。先以 2014 年国家林业局农村林业改革发展司委托的"中国林改百村跟踪观察项目"①对全国 15 省 36 个样本县(市)、80 个村开展调查获取的研究资料数据为基础,对新集体林权制度改革确权到户的总体情况进行横断面分析②,再以福建将乐县、湖北京山县以及江西崇义县和资溪县等地为例,从微观层面考察新集体林权制度改革的具体实践过程。

"中国林改百村跟踪观察项目"2014 年实地调查结果显示,截至 2013 年年底,除上海和西藏,其他省份的新集体林权制度改革主体阶段改革任务基本完成。项目组调查的 36 个样本县(市)中,有 6 个县(市)在 2009 年才开始正式启动改革工作,另有 5 个县(市)在 2008 年启动改革进程,其余 25 个县(市)则是在 2008 年中央 10 号文件发布之前就已经开展改革相关工作。其中主体阶段改革推进最快的县(市)只花了 1 年时间(广东始兴县),而进展最慢的则花了 4 年时间(福建长汀县),大部分样本县(市)在 2~3 年时间内完成了主体阶段改革任务。其中大部分样本县(市)在 2010 年通过主体阶段改革验收,只有吉林省的图们市和汪清县到了 2011 年才完成主体阶段改革任务,这 2 个县(市)发放林权证更是延迟到 2013 年才进行。

截至 2014 年 6 月,项目组调查的 36 个样本县(市)的确权率达 94.07%,发证率达 90.10%、平均每个县(市)发放林权证 665612 本。尚未发证的主要是存在林权纠纷的少部分林地。其中确权率比较低的是吉林延边州的图们市和汪清县,分别为 65% 和 87%。这 2 个县(市)之所以确权率比较低,一方面因为启动改革的时间较晚,另一方面也与当地数以万计的朝鲜族人打工数年不归有直接关系。如汪清县小汪清村,到 2014 年 12 月,村里尚有 9 户人家的林权证没有从村委会领走,而全村总户数只有 121 户。此外,贵州的息烽县和福建省的顺昌县、松溪县的确权率也比较低,分别为 74.18%、84.3% 和 86.47%。这些县由于改革前流转的山林尚未到期,影响改革进度(见图 3-1)。2014 年"中国林改百村跟踪观察项目"监测团队调查还显示,新集体林权制度改革实施后,集体预留山林比例为 7.72%,其余林地则分到户或者承包给其他经营主体经营。

"中国林改百村跟踪观察项目"2014 年调查的 80 个样本村中,有 49 个村在新集体林权制度改革中没有重新分山,而是基本延续 20 世纪 80 年代初林业"三定"时的

---

① 2014 年,笔者作为骨干成员参与国家林业局农村林业改革发展司委托的"中国林改百村跟踪观察项目"研究团队的课题调研。

② 贺东航、朱冬亮等:《集体林权制度改革实施及绩效评估——集体林权制度改革 2014 年监测观察报告》,《林业经济》2015 年第 2 期。本书后文提到 2014 年"中国林改百村跟踪观察项目"调查内容,均引自该文,不再另行注释。

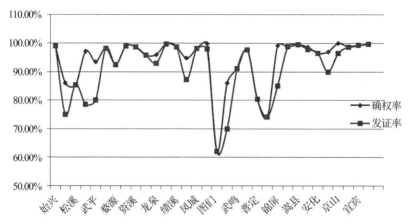

图 3-1 "中国林改百村跟踪观察项目"2014 年调查的部分样本县(市)的确权率与发证率

承包界址确权发证;有 82.1% 的受访农民表示此次改革有重新上山勘界确权,明确各户承包地的四至范围;有 12.6% 的受访农民表示此次改革还是延续过去的做法,有确权但没有上山勘界。说明大部分村庄认真贯彻了国家新集体林权制度改革政策。特别值得一提的是,在江西婺源县江湾镇前段村有一个 20 多户的名叫岭脚村的自然村(村民小组)的大部分村民执意要把林业"三定"时期已经分到户的山林重新收归,由村民小组统一经营,最后经过公示,重新收归村集体,原本已经下发的 8 本林权证也被村民小组统一合并为 1 本证。该县类似的案例还有几个。

对于新集体林权制度改革政策的理解,"中国林改百村跟踪观察项目"2014 年调查显示,有 35.1% 的受访农民认为,"此次改革只是重新发证,没有太多新意";30.4% 的受访农民则认为新集体林权制度改革是一次全新的改革,有利于激发农民的林业经营积极性;13.4% 的受访农民认为,改革的成效在近年还看不出来;还有 37.1% 的农民则认为"山还是那个山,没什么变化"。需要强调的是,许多村庄在新集体林权制度改革实施后已经出现了新变化,改革的政策效应开始逐步显现。主要表现为农民的造林积极性明显上升,林业税费减免,林地流转的现象增加。除了税费减免政策容易让广大农民产生获得感,其他政策短时期内无法给农民带来直接收益,这点是影响他们对新集体林权制度改革实施成效评价的主要因素。

"中国林改百村跟踪观察项目"2014 年调查还显示,不计"自留山"部分,被调查的样本县(市)林地的平均约定的承包期限为 55 年,其中年限最长的是 70 年,这点和耕地承包制"30 年不变"有明显差别。36 个被调查的样本县(市)中,有 14 个县(市)约定为 70 年,有 16 个县(市)约定为 50 年,另有 5 个县约定为 30 年,还有 1 个县约定为 43 年(安徽休宁县)。其中,广东省始兴县在新集体林权制度改革之前流转的山林中甚至有约定长达 200 年承包期限的,这次改革统一调整为 70 年。

截至 2014 年 6 月,调查样本户的林地确权到户率达 87.28%,其中"均山到户"的占 67.4%,以"均股、均利"确权到户的比例占 18.08%,还有 1.4% 的样本户实行"预期均山"。① 另有 5.0% 的农户实行别的确权到户方式,农户个人没有直接享受到新集体林权制度改革的红利。主要原因是在改革前这些村庄就把林地流转给林业企业或者其他个人,所得收益没有兑现给农民个人。

为了提高确权到户率,各地因地制宜采取多种确权方式。如广西南宁市武鸣区推行"均山到户、入股经营",各方利益都能得到兼顾。实行这一确权举措,该县的商品林确权到户率从 33.4% 提高到 80.06%。2014 年"中国林改百村跟踪观察项目"监测团队调查显示,在 36 个样本县(市),有 6 个县不同程度地存在"自留山"因农户管护不到位等原因而被村集体收回的现象,家里没有分到"自留山"的农户(含"自留山"被村集体收回)的占 9.5%,其余 88.5% 的农户都或多或少分到了属于自己的"自留山"。不过,在林业"三定"时期分山比较彻底的村庄,承包到户的山多维持细碎化分散化经营方式。有 45% 以上的受访户表示自家承包经营的山林在 3 块以上,其中有少量受访农户甚至在 10 块以上。这种状况在新集体林权制度改革实施后被延续下来。

对被调查的村级样本进行分析显示,截至 2013 年年底,80 个样本村的林地确权率平均为 97.08%,其中承包到户率 74.8%,均股、均利的比例为 9.5%,而集体预留林地所占比例为 4.7%,其余 11% 左右则是流转给其他业主经营。村级"均山到户"率明显高于县(市)样本呈现出来的比例,是因为这些样本村有相当部分是当地所在县、所在乡镇确定的新集体林权制度改革试点村,所以均山到户率自然更高(见图 3-2)。

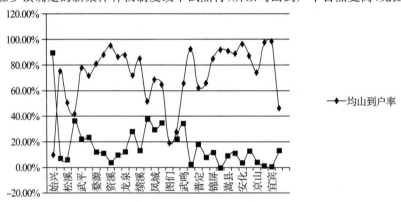

图3-2　2014 年"中国林改百村跟踪观察项目"调查的部分样本县(市)均山到户率与均股(均利)率

①　"预期均山"的农户样本主要集中在福建省的顺昌县和广西壮族自治区南宁市的武鸣区。

2017 年 5—9 月,笔者对甘肃、福建、贵州、广西等 4 个省(自治区)的 6 个县(区)的 19 个相对偏远的贫困村庄的林地权属进行调查分析(见表 3-2),结果显示 19 个样本村中有 7 个村划定了"自留山",共划定"自留山"总面积为 77685 亩,村庄平均"自留山"的面积为 11100 多亩,这一指标的分散程度较高,有的村庄仍有上万亩的"自留山",有的仅仅几百亩,因此差异十分明显。最多的一个村有 6 万亩林地,全部以"自留山"的形式分到户。其余大部分的村在新集体林权制度改革后分山到户。

表 3-2 2017 年调查样本村庄林地承包利用基本情况

单位:亩

省(自治区)、县	乡(镇、街道)、村	全村林地总面积	"自留山"面积	承包到户、联户林地总面积	村集体统一管护经营面积	已经流转的林地面积
甘肃陇南武都区	桔柑镇东村	1000	无	—	无	—
	安化镇马家沟村	28000	350	2880	无	—
	蒲池乡高家村	—	—	—	无	无
甘肃天水清水县	陇东镇田湾村	1710	—	1765	无	—
	贾川乡上湾村	1015	无	—	无	—
	郭川镇赵那村	—	无	—	无	无
甘肃天水秦州区	华岐镇罗台村	—	无	—	无	450
福建宁德霞浦县	松城街道涌山村	6646	无	6526	120	—
	牙城镇钱大王村	8198	无	8198	5000	—
福建南平顺昌县	元坑镇谟武村	53000	7800	10800	6000	—
	双溪街道陈布村	21000	2055	—	200	—
贵州黔南独山县	上司镇墨寨村	60000	60000	—	—	35000
贵州黔南龙里县	谷脚镇茶乡村	45000	3000	20000	18000	4000
	冠山街道大新村	5500	3680	3680	无	无

续表

省(自治区)、县	乡(镇、街道)、村	全村林地总面积	"自留山"面积	承包到户、联户林地总面积	村集体统一管护经营面积	已经流转的林地面积
广西桂林龙胜县	龙胜镇平野村	25000	无	25000	无	无
	龙胜镇双河村	10500	800	9700	40	400
	泗水乡潘内村	—	—	—	—	—
广西河池罗城县	纳翁乡板阳村	40000	—	—	100	200
	小长安镇罗东村	—	—	—	—	—

注:表中有的数据是大致估计,而表中"缺"值较高,原因主要有三个:一是村集体没有对相关数值进行专门统计;二是问卷调查时填写问卷的村干部对此数据不了解或者不确定;三是调查员调查时有疏漏。

19个样本村中承包到户的林地总面积为88549亩,其中有9个村庄有填表显示此项指标。村集体均分到户的林地面积平均值为9839亩,将近为1万亩。9个样本村中,以总户数3837户、总人口15037人计,人均承包到户林地面积为5.89亩,户均承包的林地总面积为23.08亩。另外,调查还显示,19个样本村中,有7个村庄在新集体林权制度改革后仍保留了部分村集体统一管护经营的林地,其中最多的1个村庄达1.8万亩,占该村林地总面积4.5万亩的40%。本次调查显示,19个样本村中仅有5个村庄存在林地流转现象。其中流转的林地数量超过1000亩的仅有2个村庄,其余3个村流转林地面积大都在几百亩。这说明偏远贫困山区的林业产业化扶贫进度和工商资本下乡参与林地流转比较滞后。

三、新集体林权制度改革地方实践

新集体林权制度改革实践在不同的省份有明显的差别。和早期推进改革的福建省相比,后期推进的省份更加突出强调要提高"分林到户"的比例,尽量不要采取"均股""均利"的方式确权。如2007年湖北省京山县在实施新集体林权制度改革时,就明确提出集体山林确权要以村民小组为单位进行,且当时尚未确权到户的集体山林,应以农户为单位,原则上按人口折算人均山林面积确权到户,也可经小组2/3以上农户表决同意按户确权。已流转的山林和未流转的山林应分开确权到户。不过,对山林资源较少且农户对山林的依赖程度不高的村组,集体山林通过村组2/3以上农户表决同意,可以将山林的使用权流转给有能力经营的单位或个人经营,但必须在林业要素市场采取公开竞标的方式进行流转,在同等条件下集体经济组织内部成员享有优先权。该县还明确规定,集体山林流转应实行有偿确权,林地使用费应综合考虑林地的土地条件、森林资源状况、交通条件等因素,由村民代表会议确定具体价格。收取费用的时候充分考虑农户的承受能力,可以一次收取,也可以分次收取,第一次收取的比例不得低于60%,特困户经2/3以上农户认可,可以给予适当照顾。由于京山县在林业"三定"时大部分的林地都承包到户,新集体林权制度改革实施时,土地确权到户的比例比福建省的多数村庄要高得多。京山县新市镇陈八字村的新集体林权制度改革实践充分显示了这个特征。

据2007年《陈八字村集体林权制度改革工作总结》,该村有6个村民小组、154户、563人、300个劳动力,全村耕地1149亩,林地面积26150亩。新集体林权制度改革实施后,全村共完成6个村小组154户546宗地共23318亩林地的确权发证工作,共签订确权承包合同168份,发放林权证173本。由此可以推算出,陈八字村经过改革后,全村89.2%的林地直接确权到户。以全村154户计算,户均分到的自留山和责任山合计达151.4亩,相比之下,该村的人均耕地面积只有7.46亩。

表3-3显示了陈八字村第五村民小组在实施新集体林权制度改革时入户调查的各家承包集体山林的基本情况。五组共有18户、69人,其中劳动力51人,全村延包的林地面积是131.62亩,人均约合1.91亩。需要特别指出的是,表3-3中显示的土地延包面积是林业"三定"后经过两轮延包确权的"习惯亩"面积,按照标准亩测算的实际面积远高于此数。这点从该组通过的新集体林权制度改革实施方案提出如果没有划分"自留山"的农户,一户可以按照5~10亩的标准重新划分"自留山"中看出。

表3-3 湖北京山县新市镇陈八字村五组入户调查表

户主姓名	家庭人口	劳力	二轮延包面积/亩
王阳贵	4	3	7.88
李治华	4	3	7.67
李宪祥	2	2	5.23
陈礼国	5	2	8.41
庹大喜	4	3	7.85
李章兴	2	2	7.97
刘本国	4	4	10.66
李俊杰	6	3	9.01

续表

户主姓名	家庭人口	劳力	二轮延包面积/亩
王阳茂	7	5	7.85
王杨强	4	3	7.63
熊学富	5	4	7.62
李泽龙	4	3	8.40
汪华远	2	1	4.90
鲁志文	4	3	5.52
李忠寿	3	3	9.54
李红义	3	2	5.19
陈礼旭	2	2	3.47
李永富	4	3	6.92
合计 18 户	69	51	131.62

陈八字村五组在开展新集体林权制度改革时(见表 3-4),全组共有山林面积 3810.15 亩(显然比延包面积 131.62 亩高得多)。其中,全组划定确权的"自留山"面积 204.16 亩,确权到户的承包山面积 3606 亩。全组确权林地以农户为单位,按人口折算人均山林面积确权到户。如村民李永富家在二轮延包时承包的林地面积为 6.92 亩,新集体林权制度改革确权到户的承包面积为 118 亩,足足比二轮延包面积多了 111.08 亩。这从一个侧面说明,京山县民间使用的"习惯亩"和实际标准亩的差距很大。

京山县规定,新集体林权制度改革确权期限统一为 50 年,从 2007 年 8 月 1 日开始算。全组集体山林按林木生长状况和立地条件分为三个等级,各级林木资源费收取标准为:Ⅰ级:0.6 元/亩·年,50 年计 30 元/亩;Ⅱ级:0.5 元/亩·年,50 年计 25 元/亩;Ⅲ级:0.33 元/亩·年,50 年计 16.5 元/亩。而福建省在 2003—2004 年实施新集体林权制度改革时,明确村集体组织作为集体林地的所有权代理人,可收取林地使用费,每亩每年标准普遍在 5 元左右,以此作为村集体经济组织的"村财"收入。相比之下,京山县的林地使用费收取的标准低得多。江西省则是强调"让利于民",规定新集体林权制度改革时村集体不收取林地使用费,并强调在改革前流转的山林,业主必须把国家减免的部分税费以"让利款"的形式转让给村集体和农民个人。

表 3-4　湖北省京山县新市镇陈八字村五组确权到户统计

单位:亩

户主	合计		自留山			承包山		
	面积	宗地	面积	宗地	坐落	面积	宗地	坐落
总计 20 户	3810.15	98	204.16	29		3606	69	
李永富	118	3	12	1	矮山	106	2	李家冲、矮山
李章兴	212	4	12	2	碉堡山	200	2	碉堡山、麦林塔
王伟	126	1				126	1	李家冲
王勇	100	1				100	1	李家冲团山
刘本国	165	6	12	1	矮山	153	5	蜡树冲、老虎凹、李家冲
李宪祥	189	2	12	1	李家冲	177	1	李家冲
熊学富	165.1	8	12.1	2	矮山、王家榜屋后	153	6	蜡树冲、李家冲、桑园地
李金松	412	1				412	1	锄头凹
王阳贵	285.1	4	12.1	2	李家冲、王家榜屋后	273	2	李家冲、矮山、桑园地
汪华远	168.15	7	12.15	2	矮山、王家榜屋后	156	5	玄武寨、蜡树冲、白家冲
李治华	169.15	9	12.15	2	矮山、王家榜屋后	157	7	蜡树冲、白家冲、矮山
干杨强	254.2	6	12.2	2	矮山、王家榜屋后	242	4	桑园地、老虎凹
庹大喜	210.7	6	11.7	2	矮山、王家榜屋后	199	4	白家冲、蜡树冲、矮山
李泽龙	145.3	8	12.3	2	矮山、王家榜屋后	133	6	李家冲、玄武寨、白家冲、蜡树冲
李红义	229.8	6	11.8	2	矮山、王家榜	218	4	玄武寨、蜡树冲
李忠寿	145.8	7	11.8	2	矮山、王家榜	134	5	李家冲、玄武寨、蜡树冲
鲁志文	211	3	12	1	董家凹	199	2	董家凹、李家冲
王阳茂	202.4	3	12.4	1	王家榜屋后	190	2	蜡树冲、白家冲、矮山
陈礼旭	85.4	5	12.4	2	矮山、王家榜屋后	73	3	水库坝头、矮山
陈礼国	214.7	6	11.7	2	桑园地、王家榜屋后	203	4	李家冲、蜡树冲

福建省将乐县在 2003 年开始实施新集体林权制度改革,全县共有 293.3343 万亩林地。改革后,全县确权发证情况大致包括两类:

第一类是不纳入改革的国有林地。按照规定,这部分林地由福建省人民政府登记发(换)证的山林。将乐县全县国有林地总面积为 33.3654 万亩,其中属国有林场 103.431 万亩(属于省属市管的国有林业企业),龙栖山国家自然保护区 23.0223 万亩。虽然这部分林地大都属于国有林地,不过,前文提到也有一部分林地属于村集体,但长期租赁给国有林场。

第二类是由将乐县人民政府登记发(换)证山林,有 259.9689 万亩。理论上这部分林地纳入改革范围。只是根据将乐县的分类,县属的 3 个国有采育场 17.4038 万亩林地也不纳入此次改革范围,剩下 242.5651 万亩林地。但将乐县政府提供的数据显示,全县应纳入改革范围且要明晰产权的林地总面积为 184.41 万亩,占全县林地总面积的 76.03%,说明剩余林地没有纳入改革范围。

截至 2006 年 9 月,将乐县已提请发(换)证的山林面积 243.2319 万亩(含 3 个国有采育场),占应登记面积的 93.6%,尚未提请发(换)证的山林面积 16.737 万亩,占全县林地总面积的 5.71%,占全县应改革面积的 6.44%。尚未提请发(换)证的山林面积主要包括村与村之间、乡与乡之间、县与县之间"插花山",也包括部分未清理的"非规范"转让山场及存在山林权属纠纷的山场。截至 2005 年 8 月,全县共打印发放林权证 7667 本。平均每本证涉及的林地确权登记面积为 339 亩。由此可以看出,将乐县的大部分林地并没有直接"均山"承包到户。

按照 2005 年 8 月将乐县政府的统计,在整个新集体林权制度改革过程中,全县应明晰产权任务山林 184.41 万亩,此次改革该县共落实"自留山"面积 6.2665 万亩,占全县应改革林地总面积的 3.4%;家庭承包经营山林面积 71.3365 万亩,占全县应改革总面积的 38.68%;其他方式经营山林面积 93.3174 万亩,占应明晰产权任务山林 184.41 万亩的 50.6%。将乐县有关部门认为,经过此次改革,全县享受到改革收益的村民达 100%。① 新集体林权制度改革实施后,将乐县的新集体林权经营主体分布情况大致如表 3-5 所示。

---

① 朱冬亮、贺东航:《新集体林权制度改革与农民利益表达——福建将乐县调查》,上海人民出版社 2010 年版,第 129 页。

表 3-5　将乐县新集体林权制度改革后林权主体分布情况

类型	时间	数量/ 万亩	转让均 价/元	目前所有人	使用权性质
"债权转林权"	2001 年	30	200	县林业总公司	国有
（45 万亩）	2001 年	15	200	腾荣达公司	私有
"非规范"转让	2003 年之前	15	100	个体经营林地业主	私有
毛竹林（已完成）	1999 年	40	分山到户	农户或村小组	私有
经济林	1999 年	8	分山到户	农户或村小组	私有
"自留山"	2003 年	6.2	分山到户	农户或村小组	私有
实际改革林地 （包括各村提留）	2003 年	90	分山到组 或者拍卖	村小组或林地 经营业主	私有

注：(1)将乐县各行政村还从实际应实行集体林权制度改革的 90 万亩集体林地中提留了占所有集体林总数约 7%的山林（估计为 15 万亩），作为村集体组织的预留用地。

(2)将乐县的很多林权纠纷大都与该县 1998—1999 年发生的"林权转债权"有关，起则可以追溯到 80—90 年代。由于当时福建省提出要消灭荒山，需要大量的造林资金，为此向世界银行等金融机构申请林业贷款。将乐的贷款造林始于 1985 年，截至 90 年代，全县林业贷款连本带利差不多有 3000 多万元。而各村都无力偿还这笔贷款。由于这个时期恰是集体山场大量"非规范"流转的时期，将乐县有关部门担心长此以往村集体的山林会被村干部"卖光"，到时候无法还贷。无奈之下，各村只好以集体山林抵押偿还债务，这就是所谓"林权转债权"的由来。1999 年，将乐县实行政企分开，成立国有企业县林业投资公司承担"林权转债权"事宜。由于当时林木市场极为不景气，加之税费高企，山场价值很低，以至于"林权转债权"之后，全县很多村把最好的山场抵押给贷方。以该县安仁乡为例，当时全乡 11 个（行政）村 1 个林场，除了 1 个村的山林没有被抵押，其他 10 个村、场都有贷款。实施"林权转债权"时，全乡一共抵押了 158 片（天然林有 10 片，其余的均为人工林），共 19148 亩的山林，折合价款 3272359.9 元。这些山林每亩最高估价单价 240 元，最低的只有 73 元，平均每亩为 170.90 元。和新集体林权制度改革实施后的 2007 年市场价格相比，安仁乡当时抵押的山场的平均价格不足 10%，这就为后来暴发林权纠纷留下了隐患。由于林木市场低迷，县林业投资公司政府普遍多收购集体山林。当时县林业公司从村集体收购山场，每亩中等林相的山林收购价大概是 200 元，而当时村里私下"卖"给个人一亩山林只有 100 元，因此村干部普遍愿意把山林"卖"给县林业投资公司。在"林权转债权"及随后的几年中，县林业投资公司分两批从各村抵押和"收购"了总数约 45 万亩的山林，其中"林权转债权"抵押的质量上等的山场约 25 万亩，2000 年向村集体收购了 20 万亩。2001 年前后，此时县林业投资公司改制为县林业总公司，该公司以平均每亩 250 元的价格，分二期转让了共 15 万亩的山场给腾荣达公司做原料林基地。这就是所谓"两公司"的由来。根据"林权转债权"时公司和村"两委"双方签订的协议，抵押的林地只是"本代林"，林业总公司需按年度付给村集体林地使用费，亩地租大概 4 元。后来"两公司"又把林地经营期限延长到 50 年。2010 年前后，腾荣达公司把 15 万亩的山林一并转让给县林业投资总公司，后者则在此基础上组建将乐县唯一的一家上市公司——福建"金森"公司。

资料来源：朱冬亮、贺东航：《集体林权制度改革中的社会排斥机制分析》，《厦门大学学报（哲学社会科学版）》2007 年第 3 期。朱冬亮、贺东航：《新集体林权制度改革与农民利益表达——福建将乐县调查》，上海人民出版社 2010 年版，第 130、138～147 页。

从表 3-5 中可以看出,将乐县在实施新集体林权制度改革时,全县除了经济林(果茶林)8 万亩、"自留山"6.2 万亩和毛竹林(约 40 多万亩)是实行承包确权"分林到户",其他林地都是以所谓的"均利"形式确权到户。而真正确权到户的林地总面积只有约 55 万亩,占全县应明晰产权任务山林 184.41 万亩的 29.8%。这部分林地大都是在林业"三定"时期就确权到户的。和福建省相比,江西、浙江、湖北等全国其他大部分省份在"三定"时期已经"分林到户",因此新集体林权制度改革后确权到户的比例明显更高,这些省份在改革时甚至明确提出"均山到户"的比例,以此作为地方政府的考核指标。如江西省资溪县于 2007 年 9 月基本完成主体阶段改革目标,全县共发放林地使用权证 2.1 万本,宗地数 6.66 万宗,面积 161.7 万亩,面积发证率达98.6%。平均每本林权证的经营面积为 77 亩,而相比之下,将乐县平均每本证的经营面积为 339 亩。新集体林权制度改革后,资溪县共落实农民家庭经营山林 127.1万亩,占全县发证林地总面积的 78.6%,而将乐县这个比例只有 29.8%。改革后,资溪县的分山到户率达 94.9%,单户发证面积总数为 123.03 万亩,单户发证率(分户登记率)96.8%。全县参与改革农户数 15209 户,户均林权证 1.4 本。资溪县改革前流转的山林签订政策性让利完善合同 23.9 万亩,占全县应完善合同面积 98.8%。[①]

将乐县在 80 年代改革开放后到 2003 年新集体林权制度改革实施之前,全县各村陆续累计"非规范"转让的山林总数达 15 万亩左右,占全县应改革林地面积的8.13%。按照 1997 年前后出台的《福建省森林资源转让条例》规定,凡是集体山林的"规范"转让,要同时满足经村民代表大会通过、专业机构开展的价值评估及经过公开招投标程序等三个条件,否则就属于"非规范"转让。而在新集体林权制度改革实施前,将乐县集体山场转让很少能同时满足这三个条件,自然属于"非规范"途径转让。不过,和福建省基本维持新集体林权制度改革前的权属的做法不同,江西省在2004 年实施推进新集体林权制度改革试点时明确规定,对于改革前违反政策、采取暗箱操作流转出去的山林,一律推倒重来。

将乐县在 2003 年实施新集体林权制度改革时,普通农民群众可能得到的真正收益就是"非规范"让利款和提高林地租金这部分。按照该县的规定,考虑到改革后福建省大幅度降低林业税费,本县平均每立方米木材征缴的税费从 300 多元降低至

---

① 资料来源于笔者 2013 年 8 月 20 日到江西省资溪县调查时该县林业局提供的《资溪县林权制度改革汇报》。

130 元①,这部分属于政府改革的"让利",因此,将乐县要求凡是"非规范"转让的山林,其业主在主伐时,必须按照每立方米 40 元的标准额外缴纳一笔"让利款"给村里。对于"两公司"经营的山林则是把林地租金从之前的每亩每年 4 元提高到 10元。② 这部分收益一般也不会直接分给各农户,而是成为各村"村财"收入的主要来源。事实上,即使到了现在,将乐县各村的固定收入中仍然主要来源于"两公司"改制后的"金森"公司支付给村里的林地租金。理论上,包括农户在内的其他业主在承包集体林地时,村集体也要收取少量的林地使用费,但是由于缺乏有效的监管机制,林地使用费收缴难度大,农户个私造林部分更是基本收不到。

江西省则规定,新集体林权制度改革后村集体不收取林地使用费。不过,和福建省一样,江西省也认为,由于改革后政府征收的各项税费大为减少,属于政策性的让利,不属于业主经营所得,该省也明确规定,凡是改革前流转的山林,必须签订政策性让利合同,才给予确权登记。该省明确要求,凡是改革前流转的山林,其业主要向原林权所有者补交一定数额的政策性让利款,具体让利额是政府税费减免额的30% 归经营者、70% 则归村集体等林权单位,双方协商好之后,再重新补签协议。以此计算,江西"非规范"流转山场的业主需要交纳的让利款明显高于将乐县的标准,村集体和林农得到的让利分成也更高。如江西省崇义县规定,2013 年政府税费减免部分每立方米让利标准是 85.6 元,这部分让利款返还给村集体,村集体再把其中的70% 左右分给各农户,村集体自留 30% 用于发展村庄公共事业。

此外,将乐县在新集体林权制度改革实施过程中,各村往往把剩下的为数不多的山林采取打包"拍卖"的方式流转,流转的期限往往长达十多年甚至数十年,这样村集体能一次性获得一笔较高的收益,而普通村民也能够从中获得一笔分成收益。笔者在江西省等地了解到这种现象较为普遍。如江西省崇义县铅厂村在"三定"改

---

① 新集体林权制度改革实施前,将乐县征缴的育林基金、木材特产税、教育附加费等金税总计达 20 种之多,销售 1 立方米木材,需缴纳各项税费高达 300 元,而国家管控的木材价格每立方米平均售价只有 400 多元。新集体林权制度改革实施后,该县逐步取消了两个特产税(此前各按照木材销售价 15% 标准征收)、乡管费(按每立方米 15 元标准征收)、乡村道路维修费(按每立方米 5 元征收)等税费。到 2010 年前后,林业经营者要缴纳的税费只剩下育林基金、维检费、增值税,合计平均每立方米木材承担的税费 130 多元(参见朱冬亮、贺东航:《新集体林权制度改革与农民利益表达——福建将乐县调查》,上海人民出版社 2010 年版,第 134 页)。2013年 8 月,笔者在江西崇义县进行调查时,发现该县当年只收取"一金一费",其中 70 元育林基金,2 元检验费,合计每立方米木材收取 72 元。到了 2015 年,国家取消征收育林基金,林业税费进一步降至 80 元甚至完全取消。

② 将乐县"两公司"不缴交"让利款",但将乐县村民普遍认为它们获得的山林也是属于"非规范"途径,这点也是 2008 年前后引发全县大规模林权纠纷的原因之一。

革之后,集体还留有 1000～2000 亩毛竹山。这部分山林主要是通过公开招投标流转。2006 年流转的价格是每年每亩 96 元,租金是 5 年一付。租金收入分配是三七开,村里占 30%,其余则是分给全村各农户。

村集体采取"一卖了之"的转让从长远来看却可能导致农民"失山失地"。问题的关键在于,这种决策机制能够获得村里大多数村民的支持,由此出现了所谓的"群体性决策失误"现象。① 如将乐县安仁乡泽坊村在 2004 年实施新集体林权制度改革时,就通过村民集体决议的方式,把全村 2556 亩的集体山林一次性公开招投标,采取所谓的"活力木"转让方式转让给一个私人老板,后者支付的总价是 98 万元,平均每亩是 411 元。如果按照 2008 年的最高市场价测算,对比当时拍卖价,泽坊村转让的 2556 亩山场的价值平均每亩达到 1500～2000 元,获益最大的无疑是那个私人老板。但是对于当初"卖"山场的决定,泽坊村村民的普遍心态是,既然这些山林任由村干部"买卖",还不如现在是让"大家分吃"了。② 再者,新集体林权制度改革实践中,将乐县很多村庄采取公开招投标方式转让山场,只有拥有资本优势的经营者才有能力参与市场竞标,由此形成的资本排斥机制把普通农户排斥在外,从而加剧了农民"失山失地"的程度。③

以将乐县安仁乡洞前村为例,从该村的新集体林权制度改革实施方案可以看出,在 80 年代,该村并没有贯彻执行林业"三定"改革,除了毛竹林基本承包到户,其他山林并没有承包到户,因此群众没有分到"自留山"和"责任山"。到了 2004 年新集体林权制度改革实施时,该村的林地由于管护缺失,加上经营林地效益太低,村集体和农户都对林地经营漠不关心,任由村干部、个人甚至是各类资本侵占处置林地,包括国有企业、私人工商资本以及各类业主都通过各自的方式参与到集体林地经营中,形成复杂的产权关系。全村的林地因此形成"两公司"(即县营林公司和"腾荣达"公司)占地、"非规范"转让占地、群众个私造林占地、承包到户占地等四种产权利用方式。全村能够用于改革的面积只有 5053 亩,占全村林地总面积 26149 亩的 19.3%。其中属于行政村级的林地面积仅有 1045 亩,即使这部分林地,洞前村还拟定从中划出立地条件较好的 525 亩进行公开招投标转让,以筹资修路。剩下的部分也没有打算分到户,估计是村集体预留林地。

---

① 朱冬亮、程玥:《村级群体性决策失误:"新集体林改"的一个解释框架》,《探索与争鸣》2009 年第 1 期。

② 朱冬亮、贺东航:《新集体林权制度改革与农民利益表达——福建将乐县调查》,上海人民出版社 2010 年版,第 204～211 页。

③ 朱冬亮:《集体林权制度改革中的社会排斥机制分析》,《厦门大学学报(哲学社会科学版)》2007 年第 3 期。

将乐县安仁乡洞前村新集体林权制度改革实施方案

洞前村属于安仁乡偏远的山村,全村共辖有洞前村、桃源村、大坪村等几个自然村。据2004年7月10日通过的村级集体林权改革实施方案,当时全村共有林业用地面积26149亩,不包括插花在外村的1890亩山林。其中,生态公益林12292亩,转(将乐县)投资公司投资的营林公司(后纳入县"金森"公司)2425亩,转"腾荣达"公司(后被"金森"公司收购)1934亩,"非规范"转让1508亩,群众个私造林320亩,群众自留山面积0亩,毛竹山承包经营2617亩。扣除这部分林地面积,全村集体应改革林地面积1045亩,均属用材林1045亩。此外,全村还有4008亩林地属于各自然村村民小组所有(洞前村共有3个自然村),其改革方式由各村民小组自行决定。

在实施新集体林权制度改革过程中,洞前村针对不同的林地采取了不同的确权方式:

(1)生态公益林12292亩,按签订的合同书,向林业部门申请登记发(换)林权证。

(2)(县)营林投资公司基地2425亩,按债权转林权签订合同书,由林权权利人向林业部门申请登记发(换)林权证。

(3)"腾荣达"公司基地1934亩,按签订的合同书,由林权权利人向部门申请登记和发(换)林权证。

(4)"非规范"转让19片计1508亩,提请林业部门评估,由业主交完让利款后,再向林业部门申请登记发(换)林权证。

(5)群众零星个私造林(竹、果、树)计320亩,由村委会出具证明,按5亩(含5亩)以上签订或完善合同上交林地使用费,每年每亩4元,5亩以下不收林地使用费。再由林权权利人向林业部门申请发证。

(6)毛竹"腾荣达"2617亩,落实联户责任承包合同,以村民小组为单位发证,原属哪个自然村的发到哪个自然村。按每年每亩7元收取林地使用费和承包费,该款项用于各村的社会公益事业。

(7)全村属集体林应改的1045亩。划出几片较好的林子525亩,请林业部门评估后进行公开招标,所得项用于公路建设专项资金。

(8)村小组拥有的4008亩林地,以自然村民小组为单位多户联包责任管护,原属哪个自然村的由哪个自然村责任管护,确定主伐时每亩出材量的比例分成,和管护人签订合同,主伐时按三七分成,即村集体得三成,管护人得七成,以实物形式上交,同时按每年每亩上交林地使用费 4 元,由村民小组委托一人,向林业部门申请登记发证。

(9)"插花"在外村的 1890 亩,通过核实林地面积、林种,由于插花外村不利于管理,根据评估,乡政府、林业站、村民代表等有关部门人员进行公开招标拍卖。

和福建省的总体情况类似,洞前村在实施新集体林权制度改革过程中几乎没有改变当时的林权配置关系,只是对不同业主占有的林地进行登记确权。

第三节　新集体林权制度综合改革实践

一、新集体林权制度综合改革的目标

虽然新集体林权制度改革主体阶段改革的首要目标是在林业"三定"的基础上进一步明晰林农的林地承包权,实现集体林权的"确权到户",但这次改革的最终目标是实现"资源增长、农民增收、生态良好、林区和谐",让改革在促进农村经济发展、农民增收和林区和谐的经济社会效益的同时,达到提高生态环境质量的生态效益,最终实现"绿水青山就是金山银山"的目标。而要实现这些目标,就必须通过继续深化集体林权制度改革来实现,由此必须按照新形势下的农村市场化改革要求,通过一系列的综合配套改革举措来促进林业生产力发展。因此,在 2010 年之后,全国各地开始推进新集体林权制度改革第二阶段改革进程,即完善和深化集体林权制度改革。2014 年以后有关部门则借助十八届三中全会提出全面深化改革的新机遇,适时推进农村集体林业综合改革,并在全国建立集体林业综合改革试验示范区,标志着新集体林权制度改革进入了一个完善和深化新阶段。这一阶段改革的重点是探索实行林地"三权分置"制度的具体实践机制和路径。2016 年和 2023 年,国务院先后发布《关于完善集体林权制度的意见》《深化集体林权制度改革方案》两个重要政策文件,持续完善和深化集体林权制度改革。

很多研究者都注意到,在新集体林权制度改革政策实施之前,我国集体林地经营中普遍存在林业税费种类繁多、比重大,林业税费使用不规范、税费政策执行不规

范等问题。① 特别是征收林业育林基金等严重挫伤了林农发展林业的积极性。② 由于林业税费负担过重、地方财政对林业的依赖性过大等,地方政府推进新集体林权制度改革的积极性不高。③ 近年来尤其是党的十八大至今,林地经营从以往追求经济价值为主(提供木材及林产品),转向维护国家及全球的生态安全,为此国家提供更好的公共政策支持体系。如资金短缺一直是制约林业发展的难题。有研究者指出,造成林业经营资金短缺的原因主要是林业金融和公共财政政策支持较弱,包括林业融资成本偏高而不利于分散林农贷款建设、农村金融政策不配套、森林保险发展缓慢、林业投融资风险大、林业有关政策滞后等。④ 与此同时,现行的集体林业管理制度落后于林地经营实践,突出表现为林业管理部门偏重管理而相对忽视提供林业公共服务。因此,为了配合新集体林权制度改革深入推进,必须进一步改革现行林业管理体制,转变林业管理职能和创新林业管理体制机制。⑤

此外,如何构建与新集体林权制度改革后的林权制度安排相适应的新型林业合作组织也是理论界和实践部门普遍关注的另一个主要问题。⑥ 所有这些问题,都是新集体林权制度改革主体阶段改革任务完成之后,后续林业综合改革阶段要着力面对并设法解决的问题。总体而言,深化新集体林权制度改革,推进林业综合改革,目的在于引入了包括市场因素在内的现代性林业经营因素,为集体林地承包经营营造一个更好的外部环境。新集体林权制度改革真正体现出超越 80 年代林业"三定"改革以及超越同时期推进的耕地制度改革的创新点即在于此。

二、新集体林权制度综合改革实践

2014 年完成新集体林权制度改革主体阶段改革任务之后,国家有关部门随即启动了第二阶段的改革进程,即完善和深化集体林权制度改革阶段。2014 年,农业部等 13 个部委在全国选定四川成都市等 8 个县(市、区)作为农村改革试验区暨深化集体林权制度改革试点区域。2015 年和 2016 年,国家林业局分批选取了北京、内蒙古、福建等 21 个省(区、市)的 25 个县(市、区)为全国集体林业综合改革试验示范区,

---

① 张晓静、熊小平:《推进林业税费制度改革 实现增加林农收益的目标》,《中国林业》2004 年第 5 期。

② 韩国康:《集体林区林业两金制度改革探讨——关于浙江的调查》,《林业经济》2009 年第 6 期。

③ 杨英:《林业税费改革的思考》,《湖南林业科技》2006 年第 5 期。

④ 张丽萍:《浅谈林业投融资体制改革》,《辽宁林业科技》2007 年第 2 期。

⑤ 黄昭明、李建明:《林权抵押贷款的回顾与展望》,《绿色财会》2006 年第 5 期。

⑥ 杨永军:《关于培育和发展农村林业经济合作组织的思考》,《辽宁林业科技》2006 年第 5 期。

使全国集体林业综合改革示范区数达 33 个。这些试验区承担了第二阶段集体林业综合改革的任务,并在 2015 年推进各自的林业综合改革进程。

总体而言,深化新集体林权制度改革,推进林业综合改革阶段的工作主要围绕林业金融和公共财政支持制度改革(林权抵押贷款、森林保险、林地林木资产评估、林业公共财政等)、林业市场体系建设(林业税费减免、林木交易市场放开、林业合作组织建设等)、生态林业建设(生态林区划与管护、生态林补偿机制等)、林业管理服务体制机制改革(采伐管理制度、林业要素服务中心建设、林业管理机构整合等)等四个方面展开,并都取得了相应的进展。新集体林权制度改革综合改革的推进,使得主体阶段改革的成果得到进一步的巩固和提升,林业的资产化效应和生态效应进一步显现。[①] 正是这些综合改革举措,使得农民对林地承包权的价值认知发生了前所未有的变化,这种价值认知变化反过来又影响林地"三权分置"制度安排和实践,并进一步对农村社会经济发展产生新的影响。

新时代推进新集体林权制度改革综合改革,大大超出了集体林地产权制度变革领域,包括与林地承包制相关的林业税费改革、林业管理体制改革、林业金融支持制度改革等多个方面,包括改革木材流通体制,取消原有的统购统销的垄断经营,以集体林地的市场化经营为目标,增加林地经营的经济、社会和生态效益产出,以建立现代林业经营制度。本章先以 2014 年监测调查获取的数据资料为例,对新集体林权制度改革综合改革的整体成效进行简要的分析,为后面章节即将探讨的集体林业综合改革尤其是林地"三权分置"制度背景下的林地承包权改革实践作一个铺垫。

1. 减免林业税费,提供公共财政补贴

和 80 年代国家推进耕地家庭承包制改革一方面实行"包产到户",另一方面则提高粮食等农产品的收购价格,以形成激励机制的路径相似[②],福建、江西等试点省份在实施新集体林权制度改革过程中,也是通过大幅度降低林业税负作为激励机制。[③] 这种利益再分配调整使林地经营者所获得的收益大为增加。之后,各地在推进新集体林权制度改革时,普遍把税费减免作为重要内容之一,目的是通过降低林业经营成本,为林地承包经营权实践提供更好的制度激励。"中国林改百村跟踪观察项目"2014 年调查显示,在 36 个被调查的样本县(市)中,有 6 个县(市)尚没有开

---

① 贺东航、朱冬亮等:《集体林权制度改革 2013 年监测观察报告》,《林业经济》2014 年第 4 期。

② 陈锡文:《当前中国的粮食供求与价格问题》,《中国农村经济》1995 年第 1 期。

③ 朱冬亮、肖佳:《集体林权制度改革:制度实施与成效反思——以福建为例》,《中国农业大学学报(社会科学版)》2007 年第 3 期。

展税费减免工作,主要集中在东北区域。如到 2014 年,吉林汪清县的税费平均每立方米木材为 200 元,其他省份基本开展了林业税费减免,且基本是实行育林基金减半征收。

项目组调查还表明,截至 2014 年,36 个样本县(市)中,大部分样本县(市)每立方米木材税费(包括育林基金、规划设计费等)在 50~100 元。而浙江省庆元县、广西南宁市武鸣区、贵州普定县则全部取消了林业税费。不过,同处广西的田林县依然收取林业税费,其中桉树按照 83 元/立方米标准收取,松树、杉树按照 102 元/立方米标准收取,分别占销售价的 11.5% 和 13.4%。

在后来的林业综合改革过程中,国家和地方政府不仅减免降低林业税费,最终把林业税费基本取消了,还加大对农村林业发展的公共财政扶持力度,包括在林权抵押贷款中给予专项贴息,给予造林和抚育的补助等。如江西崇义县民营林场较为发达,该县在 2011 年即成立林场协会,会员包括全县 34 家民营林场[①],最多一户经营林地面积达三四万亩,协会成员共经营林地面积 35 万亩左右,且大部分是商品林。仅林场协会统一申请的各项财政贷款贴息和造林抚育补助资金,每年就达 6000 多万元。

不过,正如费孝通在研究 30 年代苏南"江村"时曾注意到的,城镇资本对农村土地的投资的结果就是使农民失去土地的所有权。[②] 由于新集体林权制度改革后强调引入村庄外部的工商资本参与林地流转经营,而各地普遍采用招投标等市场化方式把村庄集体的林地统一大面积地流转给市场主体经营。在这个资本博弈的场域,普通的小户林农自然无法与外来市场主体相抗衡,由此出现了资本排斥、信息排斥、政策排斥等因素。虽然林地转让获得的收益分配给农户,以"均利到户"形式实现林地的承包权权益,这种利益分配机制形式看似非常公平,但在具体实践中由于林地的流转多发生在新集体林权制度改革时期甚至更早的八九十年代的山场"买卖"过程中,而林业税费减免则是新集体林权制度第二阶段配套改革甚至综合改革阶段采取的举措,政府税费减免的政策性让利形成的改革"红利"更多是被实际掌握林地经营权的市场主体所"俘获",引发普通林农的不满,乃至引发大量的林权纠纷。这种纠纷在 2005—2010 年更为多见。[③] 这也是后来福建省和江西省在推进新集体林权制

---

① 崇义县规定,原来是经营面积在 2000 亩以上就可以申请成立民营林场,后来提高了门槛,要 5000 亩以上才能申请。

② 费孝通:《江村经济》,商务印书馆 2001 年版,第 154~169 页。

③ 朱冬亮:《集体林权制度改革中的社会排斥机制分析》,《厦门大学学报(哲学社会科学版)》2007 年第 3 期。

度改革时,都强调获得林地经营权的市场主体必须把部分国家林业税费减免带来的政策性利益让渡给村集体和普通林农的根本原因。

由于在林地市场化流转过程中林地经营过度集中,各地出现了少数借新集体林权制度改革之机的"暴发户",成为此次改革的最大受益者,而"失山失地"的普通农民却无法享受政府的林业税费减免带来的"红利"。这样一来,更加激化了农民的不满情绪,强烈的相对剥夺感使得不少地方的林农采取各种方式进行抗争,由此引发了大量的林权纠纷。①

2. 提高林地流转水平,促进林业规模经营

林地经营具有周期长、投入大、见效慢等特征,因此追求规模化、集约化经营是其本质要求。为了应对确权到户之后林地经营过于分散的问题,提高林地经营的规模化集约化经营水平,各地都在积极探索新的合作集约经营方式。其主要途径是积极扶持和培育各类林业专业合作社、家庭林场和林业企业等新型林业经营主体,并在政策激励方面向他们倾斜。

"中国林改百村跟踪观察项目"2014 年调查显示,36 个样本县(市)中,成立了合作社的有 27 个县(市),共组建了 1325 家各类涉林合作社。村级样本调查则显示,平均每村成立的合作社有 0.71 个,入社户数平均为 64.50 户,占样本村平均总户数的17.20%,这个比例之所以比样本县平均数高,是因为项目组调查的村往往是林业合作经营发展相对更好的村。这些合作社往往与经济林经营、苗木花卉种植及林下经济等林业产业经营有关。不少县(市)对合作社采取扶助措施,但力度不大。被调查的 36 个样本县(市)中,有 18 个县(市)明确对林业合作社给予各种形式的项目和政策扶持。与此同时,有的县(市)的样本村,农户还组建了各类集体或者家庭合作林场。如广东始兴县司前镇黄沙村自 90 年代就组建了 2 个非公有制林场,全村林地都归林场统一经营管理。此外,各地还组建了各类林业协会组织,以便搞好林业社会化服务。如江西崇义县有"三防"协会 126 个,管护面积 153.8 万亩,其他各类专业协会 63 个,其中竹业协会 33 个、油茶协会 14 个、花卉协会 16 个,参加林农 3.1 万户。

"中国林改百村跟踪观察项目"2014 年调查还显示,36 个样本县(市)中,集体林地的平均流转面积达 52.98 万亩,占样本县平均集体林地总面积的 16.85%,平均流转期限为 32.1 年。以样本案例中流转率最高的福建顺昌县为例,该县在林业"三定"时大部分集体林没有分到户,因此在新集体林权制度改革前全县流转的集体林地为 116.4 万亩,占全县集体商品林林地总面积的 73.2%。由于新集体林权制度改

① 朱冬亮、程玥:《福建集体林权制度改革中的农民抗争及对策分析》,《中共福建省委党校学报》2008 年第 6 期。

革时大部分流转的林地还没有到期,该县提出了"预期均山""货币均山"等均权、均利的确权方式。类似的情况在广东省始兴县也存在,该县有 100.7 万亩林地在改革前已经流转,约占全县集体林地总面积的 44.1%。此外,集体林流转比较高的还有贵州锦屏县,达到 50.9%。该县林场八九十年代造林 89 万亩,签了 30 年合同,约定到期后归还农户林地。广西南宁市武鸣区在改革前流转的林地面积也达到 45 万亩(占全县应改集体林面积的 23.0%),流转的对象为林农、企业、大户,流转期限一般是 30~50 年。而在江西省崇义县,由经营者自发组建的民营林场达 36 个,经营林地总面积 32.7 万亩,占全县林地总面积的 12.35%。在浙江庆元县,由于当地的竹制品加工企业达 500 多家,这些企业在福建、江西、广东等地流转经营的毛竹林达 10 多万亩。

特别值得一提的是,成都市作为 2014 年确立的全国集体林业综合改革试验区,重点在林地"三权分置"制度改革方面进行了探索。该市通过引导农户以林地经营权出租、入股、合作经营等模式,大力扶持推广"龙头企业＋专业合作社＋基地＋农户"的运作机制。截至 2018 年,成都市集体林地流转规模化经营率达 30%,并探索形成林业"共营制"等新型林业经营制度。

"中国林改百村跟踪观察项目"2014 年调查的 80 个样本村数据显示,截至 2014 年,样本村林地流转率 16.2%。几乎每个村都有若干个经营林地面积达数百亩甚至上千亩的大户或个私林场。据不完全统计,到 2014 年,样本村由大户或者企业经营的林地占林地总面积的 10.3% 左右。如广东始兴县城南镇胆源村除了 1405 亩的"自留山",其余 1.4 万多亩林地于 1997 年全部承包给本县另一个镇的业主,期限至 2052 年。近年来,各地在林地流转方面不断创新林地流转模式,并把林地生产要素和农村的房屋、劳动力等其他要素结合起来。2017 年,在贵州龙里县洗马镇田箐村调查时获取的老布依刺梨产业园项目实施就是其中的一个典型案例。

田箐村老布依刺梨产业园林业产业扶贫模式

田箐村采取的是"村集体＋新型市场扶贫主体＋贫困户"模式。项目实施过程中,地方政府以当地的主导扶贫产业——刺梨产业发展为载体,采取政府主扶、村"两委"主抓、群众参与的发展方式联动实施。参与该村项目实施的"老布依资产管理有限公司"在田箐村通过出租闲置房屋用作办公用房,农户以农村承包土地的经营权、资金、技术入股公司,公司聘用当地劳动力对产业园进行管理,通过整合田箐村土地、房屋、资金、技术、劳动力等要素,投入企业抱团发展分红,促进农民向股东转变,同时也壮大了村集体经济,盘活了"三资"。

田箐村产业扶贫的具体操作模式是由村集体出面组织,村民群众统一以土地入股保底分红,同时以管理刺梨技术入股分红、村级固定资产入股分红等模式发展林业扶贫产业。全村入股土地 1 万余亩,供老布依资产管理有限公司用于发展种植业、养殖业。到 2017 年年初,全村已发展种植刺梨 5750 亩,种植杨梅 200 亩,种植中药材白术 1000 亩,种植菊花 60 万株,养蜜蜂 100 桶,养鸡 6000 羽,种黄豆 300 亩,种辣椒 200 亩,项目覆盖整个田箐村,对田箐村产业结构调整起到了极大的促进作用。

田箐村以土地、资金、技术入股公司,按比例进行分红,其中土地以每亩每年 100~300 元不等进行保底分红,并按保股金每年 5% 递增进行分红,公司已兑现各类股权分红 280 余万元。同时,项目为本村留守在家的农户提供了劳动就业机会,每天有 30~90 人在项目上务工,每天工资 80 元(技术工每天 150 元)。到 2017 年,项目已支付村民工资 160 多万元。村民们从项目进驻到 2017 年,在项目务工人员人均收入近万元。其中项目覆盖扶贫户 50 户,贫困户土地入股 700 余亩,项目提供的 100 余个就业岗位中,有 53 人是贫困户,就业岗位贫困户占 50% 以上,最为突出的精准扶贫户吴仲明夫妇,在项目上务工已领到薪金 7 万余元。

由于国家鼓励村庄之外的经营者通过招投标的市场化机制参与林权的流转竞争,这种做法在客观上会形成资本排斥、政策排斥、信息排斥等社会排斥因素,林地经营权过于集中在某些林地经营大户甚至林业企业手中,在林地流转过程中林农的承包权被市场化中的强势市场主体的经营权所侵蚀。在福建、江西等新集体林权制度改革试点省份,已经出现了一批林地经营大户,福建省甚至出现了一些占有林地达十几万亩甚至数十万亩的林业企业。反过来看,与林地规模经营相对应的则是普通农民不可避免地"失山失地",如果林权流转的利益分配机制没有理顺,就可能引发诸多林权纠纷,很多集体林权落到了强势的非农业资本持有人手中。这点也是各地新集体林权制度改革中形成的林地"三权分置"制度实践中令人担忧的现象。

3. 建立健全林业金融支持制度,推进林地资产化改革

促进集体林地的所有权、承包权和经营权的市场化与资产化改革,是新集体林权制度改革和集体林业综合改革的重要举措,这点与林业金融支持制度改革密切相关。近年来,有关部门围绕林权抵押贷款、森林保险等方面持续进行试点和探索,取得了很大的进展。这些改革举措极大地改变了林农的承包权实践环境,使得林地承

包权向股份化、资产化转变。

从全国的情况看,林权抵押贷款起始于 2007 年。据"中国林改百村跟踪观察项目"的不完全统计,截至 2014 年年中,样本县(市)已经发放的林权抵押贷款累计达83.71 亿元,抵押山林面积 608 万亩,平均每个县(市)贷款达 2.33 亿元,抵押山林面积 16.89 万亩,平均每亩山林抵押值为 1485.7 元。贷款最多的县是浙江庆元县,累计贷款达 8.68 亿元,最少的县只有 300 万元(贵州锦屏县),不过还有 5 个县(市)到2014 年没有开展此项业务。其中河南省内乡县的林权抵押贷款政策尚未实施,主要原因是市级政策尚未制定,银行也不积极,评估机构也缺乏,另外,县境内 90% 以上的林地是荒山,经济价值较低。

2014 年"中国林改百村跟踪观察项目"调查还表明,样本县的贷款额度占评估价值的比例平均为 44.7%,最低的只有 30%。由于大部分贷款是针对林业企业或者大户,贷款比例最高的可占山场评估价值的 60%。如福建顺昌县贷款最高的年份是2012 年,全县共有 42 个经营主体申请抵押贷款,抵押山林面积 34742 亩,贷款金额7383.9 万元,其中 90% 以上是杉木林。均算下来,每个贷款者获得 175.8 万元贷款,每亩山林贷款额为 2125 元。浙江庆元县在样本县(市)中小额林权抵押贷款政策执行成效最显著。该县建立了林权管理信息化系统,截至 2014 年,全县累计发放林权抵押贷款 7998 笔,总额达 8.78 亿元,平均每笔贷款为 10.98 万元,盘活山林 40 多万亩。截至 2013 年 7 月,庆元县小额林权贷款受益农户有 2100 多户,惠及全县 2 万多林农,平均每户贷款额度在 8 万~10 万元。事实上,当地小额贷款的运作机制比较灵活,大部分林农是采取联合形式贷款(亲友间的林权证合在一起贷款),由合作社、专业担保公司或者村委会担保。由于该县竹木加工业非常发达,全县的笋竹加工企业有 500 多家,其中家庭作坊式的竹制品加工体达 200 多户,对小额信贷有旺盛的需求。

2014 年"中国林改百村跟踪观察项目"调查还显示,林权抵押贷款的年利率加上评估费等一般在 1% 左右,最低的是 6.37‰(含政府贴息 3‰),最高的达 1.2%,平均利率为 1.02%,约有 63% 的贷款者享受财政贴息。参与贷款的大多是农村信用联社及一些地方金融机构。贷款的期限大多数是 1 年(但可连续即还即贷),最长不超过3 年。一般而言,大部分县市的金融机构开展林权抵押贷款,需要专门的担保机构进行担保。

在森林保险方面,2014 年"中国林改百村跟踪观察项目"调查显示,样本县(市)中森林保险政策执行情况较为顺利。承担森林保险的主要是国有的人保财险公司,属于政策性保险。各地的公益林基本上由政府统一保险,而商品林投保的比例不足

50%,保费由政府和业主林农按照比例分担。有少部分县(如江西崇义县、资溪县和福建将乐县、长汀县)实现保险全覆盖,由政府或者林业局统一投保,但也有 3 个县至 2014 年还没有开展此项业务(如贵州息烽县和锦屏县)。投保的都是林业企业或者大户林农,至于小户林农自己投保的概率则要低得多(只有 10.5%)。保险中以保综合险居多,火灾险其次。森林保险的保费在 0.45~3.6 元,大部分县(市)的保费在 1~2 元,且商品林保费一般高于公益林①。但各地的赔付率因保费高低及林业灾害发生概率不同,有很大的差异。南方林区赔付率早年是 400~500 元②,有的县后来涨到 800 元,赔付的保险金主要是补偿造林成本。

2014 年"中国林改百村跟踪观察项目"调查还发现,样本县(市)中极少有反映保险公司在森林保险业务中有发生经营亏损的问题。如江西资溪县保险公司 2012 年只赔付了 10 万元,而该县一年收取的保费是 128 万元。该县的保险公司设立了 10% 的免赔条款。森林经营的主要风险是火灾险,各地防火意识普遍加强,火险发生的概率大大下降。如安徽休宁县在 2014 年之前的几年中几乎很少发生火灾;浙江省庆元县全县森林保险承保率是 71.8%,最高赔 800 元/亩。该县在 2012 年仅发生过一起火灾,过火面积只有 200~300 平方米。江西崇义县最早 1992 年就开始参加保险了,一年保费 20 万元,连保了 10 年,但当地林业局工作人员反映,保险公司没有理赔记录,最后保险公司返还了县里 10 多万元保费。2008 年开始,该县对几乎所有的山林进行投保,最高可赔 600 元/亩,但到 2014 年也没有理赔记录。

4. 重视发展生态林业

由于近年来国家对生态林业日益重视,新集体林权制度改革中必然包括相关内容。各地采取的举措包括增加生态公益林划定面积、逐步提高生态补偿标准、提升林业采伐年限等。2014 年"中国林改百村跟踪观察项目"调查显示,样本县(市)平均每个县(市)划定的生态林天保林(包括国家级及地方级)面积为 124.78 万亩,占各县(市)平均总面积的 39.7%。村级调查则显示,每村平均有生态林 4253.6 亩,占每村平均林地总面积的 24.8%,林农人均有生态林 3 亩。预计这个比例还可能进一步增加。例如,福建省在 2015 年之后把沿江沿河、沿高速公路和高速铁路两边的山林划为重点生态区位的商品林,纳入政府禁止采伐或者限量采伐政策。

2014 年"中国林改百村跟踪观察项目"调查的样本县(市)的生态林已经达到全县林地总面积的一半。如浙江庆元县省级以上重点生态公益林从 2004 年的 55.8 万

---

① 但也有低于公益林的,如资溪县 2014 年商品林每亩每年保费是 0.66 元,而公益林每亩每年保费是 1 元。

② 其中公益林保额最低每亩只有 300 元,如贵州普定县就属于这种情况。

亩增加到 2013 年的 127.3 万亩,占全县林地总面积的 50.58%。广东始兴县的生态林比例也增加到占全县林地总面积的 50%。在生态补偿标准方面,截至 2014 年,样本县(市)生态补偿标准平均每亩每年 12.2 元[①]。不过,天保林补偿标准过低。在 36个样本县(市)中,吉林的汪清县和图们市的天保林补偿每亩每年只有 5 元,但这两个县最近才开始区划生态林,并从 2014 年开始把生态林的补偿标准定为 15 元每亩,其他省份的生态林最低是 10 元每亩[②]。2014 年,生态补偿最高的是浙江省庆元县,为 19 元,而广东省始兴县也达到 18 元,并且以每两年 2 元的速度增长,最终能达到25 元。此外,广西南宁市武鸣区属于国有林场的生态林补偿只有 5 元,贵州普定县、息烽县和河南的内乡县、嵩县的地方公益林补偿也只有 5 元。近年来,全国各地都在提高生态补偿标准,但除了四川成都市,其他很少有超过 40 元的。不过,不少地方还制定了生态林补偿标准定期提高的政策。

新集体林权制度改革实施后尤其是 2012 年之后,各地普遍降低林业采伐指标。2014 年"中国林改百村跟踪观察项目"调查的 36 个样本县(市)中,有 19 个县明确提出要打造"生态县""森林县城"之类的生态建设目标并因此降低林木采伐量。如广东始兴县和浙江庆元县都提出要打造"生态示范县",林木采伐指标呈现下降趋势。福建省则开始实施"两个总量"控制政策,即对林木采伐面积、采伐总量实行总量控制,同时提高林木采伐年限。如该省规定杉木的采伐年限从原来的 20 年左右提升到 26 年。江西省婺源县的林木采伐指标从过去的每年 7 万~8 万立方米下降到2013 年的 5 万立方米,未来还可能实行"零采伐"政策。

不过,在林地"三权分置"实践中,各地增加生态林划定面积、提高林木采伐年限等政策会直接影响林地经营经济价值的实现,国家和地方政府追求的生态产权实践机制和村集体、农户以及林业经营主体追求的经济产权实践机制就存在明显的冲突和博弈。

第四节 新集体林权制度改革绩效评估

一、新集体林权制度改革的整体绩效评估

新集体林权制度改革的总目标是实现"资源增长、农民增收、生态良好、林区和谐",实现"绿水青山就是金山银山",促进农村社会整体均衡发展。对于这次改革成

---

① 实际发放到户的标准金额低于此数。
② 如 2014 年安徽休宁县和绩溪县的地方公益林补偿每亩只有 5 元。

效的评价,总体上学术界围绕改革的效率和公平实现取向,出现了两种不同的意见:
(1)新集体林权制度改革取得了很大的成效,林业部门的工作人员和具有官方背景
的研究者多持这种见解。① 特别是福建、江西等试点省份,普遍认为达到了预期的目
标。(2)对新集体林权制度改革持更加谨慎的态度,认为改革需要从多元化的角度
进行更加全面客观准确的评估。

有研究者基于村级微观层面的调查,对新集体林权制度改革的实施成效持更加
谨慎的评价。新集体林权制度改革本质上是一种利益的再分配,虽然可能增加林业
经营的经济效益产出,比如经营者的造林积极性增加,却可能使得社会的公平效益
受损,林农的承包权因此被侵蚀,承包权权益受损。所谓的改革导致林业产出增加
在新集体林权制度改革的初期只是一种"假象"。② 尤其是在早期阶段改革中存在政
策排斥、资本排斥、信息排斥等多种社会排斥因素,加上村级的改革操作过程中可能
存在"群体性决策失误"现象③,导致新集体林权制度改革实施之后一度出现了林权
过度集中现象,不少地区的农民因改革而"失山失地"。④ 还有的研究者发现,部分地
区存在部分村干部、林业工作者及强势家族凭借各自在权力、信息获得方面的优势
及自己在村庄中的强势地位,获得更多更好的山林资源⑤,由此违背了新集体林权制
度改革设计之初衷。⑥

新集体林权制度改革过程中农民"失山失地",不可避免地引发林权纠纷和农民
的群体性抗争,危及农村社会秩序稳定。有研究者通过对福建省邵武市杨家墟村历
史遗留林权纠纷及处理现状进行描述分析,结果表明:林权纠纷是农民林地承包权
需求的外在表现,原有产权安排制度的缺陷是林权纠纷发生的内因,而农民集体行

---

① 贾治邦:《中国农村经营制度的又一重大变革——对集体林权制度改革的几点认识》,
《求是》2007 年第 17 期。

② 朱冬亮、肖佳:《集体林权制度改革:制度实施与成效反思——以福建为例》,《中国农业
大学学报(社会科学版)》2007 年第 3 期。

③ 朱冬亮、程玥:《村级群体性决策失误:"新集体林改"的一个解释框架》,《探索与争鸣》
2009 年第 1 期。

④ 朱冬亮:《集体林权制度改革中的社会排斥机制分析》,《厦门大学学报(哲学社会科学
版)》2007 年第 3 期。

⑤ 裘菊、孙妍、李凌、徐晋涛:《林权改革对林地经营模式影响分析——福建林权改革调查
报告》,《林业经济》2007 年第 1 期。

⑥ 陈永源、谢德海:《福建省南平市集体林权制度改革的实践与建议》,《林业经济问题》
2005 年第 5 期。

动博弈能力的增强则强化了林权纠纷。① 笔者多年来对福建将乐县出现的各类林权纠纷进行梳理,发现由于新集体林权制度改革前后各种"不规范"的流转,林地经营权过度集中在少部分市场主体手中,强烈的相对剥夺感使得农民在一段时期内(主要是 2006—2010 年)采取盗砍盗伐、拦路堵桥及上访等各种非正式抗争方式来表达自己的利益诉求,由此引发许多林权纠纷。②

客观地说,如果回过头来看,新集体林权制度改革确实取得了明显的经济绩效。据"中国林改百村跟踪观察项目"2014 年调查显示,新集体林权制度改革后至 2013 年年底,林农的林业收入增长了 48.25%。林业收入占林农纯收入的比重达到 25%,人均达到 1300 元。最高的浙江庆元县的农民人均收入 60%以上来自林业及其相关产业。江西崇义县铅厂村全村 1510 人,有林地总面积 46600 亩。该村有脐橙和毛竹两个支柱产业,脐橙种植面积 4000 多亩,毛竹林 27000 多亩,基本均分到户,平均每户都有 5 万元纯收入,人均纯收入达 1 万多元,其中 90%的收入来自林业。而如江西资溪县鹤城镇下长兴村有 2000 多亩的毛竹林在改革前就已经承包给私人业主,租期到 2035 年。改革后租金每亩增加 7 元,涨到 22 元,村民收入也因此增加。

新集体林权制度改革实施后,各种工商资本下乡投资林业的积极性明显提升,改革取得了明显的经济成效,林业成为各类市场资本关注和投资的新领域,这样不仅加快了林地林木的流转,同时也使得林地林木的价值被逐步发掘出来。2010—2015 年,全国不少地方均把发展种植木本油料作物——油茶作为林业产业化发展方向,介入这个领域的很多业主都是村庄外部的投资商。如江西铜鼓县、湖北京山县、安徽绩溪县、休宁县、广西的罗城县等地都把发展油茶种植业作为重点产业加以扶持。这样导致林地价值不断提升。福建省集体林地平均每亩年租金由改革前的 3～5 元上升至 2007 年的 10～30 元。③ "中国林改百村跟踪观察项目"2014 年调查也显示,36 个样本县(市)的每亩采伐迹地租金招投标价格已经从改革初期的平均每年 5 元上升到 2014 年的 16.98 元,最高的县平均达到了 50 元。④ 近年来,随着乡村振兴战略实施,一些工商资本看准机遇,大力参与农村林地流转,建立林业一二三产业融合发展的新型农林业产业链,林地经营的经济效益和生态效益同步提升。

---

① 张红霄、张敏新、刘金龙:《集体林权制度改革中均山制的制度机理与效应分析——基于上坪村的案例研究》,《林业经济问题》2007 年第 4 期。

② 朱冬亮、程玥:《集体林权纠纷现状及纠纷调处中的地方政府角色扮演——以闽西北将乐县为例》,《东南学术》2009 年第 5 期。

③ 春华:《醒来的大山——福建省林权制度改革纪实》,《今日国土》2007 年第 7 期。

④ 贺东航、朱冬亮等:《集体林权制度改革 2013 年监测观察报告》,《林业经济》2014 年第 4 期。

新集体林权制度改革实施至今,林业资源资产化效应也逐步显现。改革后农民的山林资源正在逐步转变为资产、资本乃至变现为资金,从而顺利实现了从林业资源到林业资产再到林业资本再到林业资金的资源转换。从某种程度上说,新集体林权制度改革首先让农民拥有了真正意义上的属于自己的"林业资产",并由此带来资产性收入,这在农村产权制度变革史上是一个重大突破。以"中国林改百村跟踪观察项目"2014 年抽样调查的 80 个样本村计算,每个农户平均拥有的林地山林面积为12.07 亩,以平均每户 3.71 人计,则每户林农拥有的山林面积 44.78 亩。以平均每亩山林抵押值 1485.7 元计算,则每户林农拥有的可变现的山林资产为 6.65 万元。①由于目前林农抵押贷款的山林资源一般是按照 50% 来评估放贷,以此推算,每户林农拥有的实际林木资产为 13.3 万元。在南方林区立地条件较好、林木长势较好的村庄,每户农民拥有的林业资产可达 20 万~30 万元。如 2014 年,浙江庆元县评估的林农的林木资产达 32.4 亿元,其中有 50% 的林业资产可以通过林权抵押贷款进行资产变现。② 值得一提的是,新集体林权制度改革后由于林地流转加快,非林业资本大量进入林地经营领域,各类新型林业经营与合作经营形式不断涌现,林地林木的资产化效应将进一步显现。

不仅如此,由于新集体林权制度改革过程中大幅度减免林业税费,有效盘活了集体山林资源,短时期内在一定程度上缓解了"村财"困难。如福建省新集体林权制度改革为"村财"提供三种增收方式:一是有的村通过转让集体山林,一次性获得十几万元到几十万元甚至更多的收益;二是大多数村庄通过收取林地使用费,每年获得一定数量的固定村财收入;三是在山林砍伐时,村庄可以得到一定比例的分成收益。③ 此外,还有的村想方设法把村里的集体林业资源与其他资产进行置换,从而在更广的意义上盘活了林业资源。如广西田林县利周瑶族乡和平村把本村 455 亩林地承包给林场,承包期限为 20 年,村里没有收取租金,由林场为村里修了几公里的公路,算是以"林权换路权"。类似的实践案例在四川合江县福宝镇的个别村也存在。而广东始兴县城南镇胆源村的 1.4 万多亩林地于 1997 年全部承包给本县另一个镇的业主后,这个业主不仅每年向村里支付 11 万元租金,还必须承担全村所有村民的新农村合作医疗费用,并捐资修路助学等。

---

① 这仅计算实有林木资源资产,不包括林地资产。

② 贺东航、朱冬亮等:《集体林权制度改革 2013 年监测观察报告》,《林业经济》2014 年第 4 期。

③ 张红霄、张敏新、刘金龙:《集体林权制度改革中均山制的制度机理与效应分析——基于上坪村的案例研究》,《林业经济问题》2007 年第 4 期。

不过,当前林地承包经营中也出现了不少问题。其中最典型的是近年来林业劳动力价格持续上升,林业经营"老龄化"趋势日益凸显,年轻人很少有人愿意从事劳累的林业体力活,影响林业的可持续发展,这点和耕地经营相似。2005年至今,农村林业劳动力价格快速上涨,导致林业投入成本增加。如将乐县安仁乡朱坊村2007年雇工造林,1天的工钱37元,造1亩林加上3年抚育的成本,大概400元。到了2013年,同样的造林投入至少要1200元,其中劳动力投入成本是增长最快的部分。当年雇佣1个普通劳动力,日工资已经涨至100～120元,比2007年已经增长了3倍。即便如此,仍很难雇佣到合适的林业劳动者,林业工人短缺现象日益显现,成为影响林地经营的不可忽视的因素。由此可见,组建专业化的林业经营队伍已经刻不容缓。

"中国林改百村跟踪观察项目"2014年调查时,很多林业经营者都反映一个关键问题,即有关部门对林木采伐指标管理过于僵化,指标限额不合乎林木生长客观规律。如在南方一些重点林区县,应对生态建设日益重视,采伐指标下降过多,不够用,而在河南、贵州、东北等一些县(市),林木采伐指标却又有多余。如广东始兴县2012年的采伐指标是7.4万立方米,但根据当地林业部门测算,该县的科学采伐量事实上可达27万立方米。在福建省松溪县,由于该县采伐指标不够用,现在杉木的采伐年龄都得30～40年才能砍伐,林木采伐期延长,给包括林农在内的林地经营者带来的影响是非常大的,将在无形中增加很多经营成本。这也是2023年中共中央办公厅、国务院办公厅发布《深化集体林权制度改革方案》,要求推进林木采伐管理制度改革,包括"取消人工商品林主伐年龄限制"的原因。

二、新集体林权制度改革成效反思

和耕地不同,林地经营有很强的外部性和生态属性,因此林业经营中的经济效益和生态效益如何兼容和平衡,始终是新集体林权制度改革中很难处理的关键问题。党的十八大把生态建设上升到与政治、经济、社会、文化并列的"五位一体"的高度来认识,而林业被社会认为是承担生态建设的最主要载体,因此新集体林权制度改革顶层设计中如何处理好生态建设与经济发展、农民致富的关系,就成为林业综合改革中要着力面对和解决的问题。"中国林改百村跟踪观察项目"2014年调查显示,有88.5%的受访农户认为生态产出属于公共物品,理应由全社会"买单",而不是让村集体和经营者独自承担。在具体实践中,不少省、县(市)出于建设"生态省""生态市""生态县"的目的,随意将沿公路、铁路、河流的山林划为生态林,而这些区域的很多林地已经承包给各类经营主体经营,也恰恰是以往经营者经营投入最大的区位。如广东始兴县2010年又增加划定10万亩生态林,但到了2014年,该县仍有2

万亩的生态林划定遭到当地百姓拒绝签名认可。福建省 2015 年出台专门政策,强调要把重点生态区位的商品林划定为承担生态价值功能的特殊山林,并采取限制采伐甚至禁伐举措,而给予的补偿却远不能弥补经营者此前的投入。类似举措虽然可能增加社会的生态效益产出,却可能导致林地经营者陷于困境甚至遭受破产。据崇义县林业站某工作人员反映,一亩林地的生态价值平均一年可以达到 180 元,但是 2014 年江西省一亩生态公益林一年的生态补偿只有 15 元,相差 12 倍。① 很多农民和基层林业站工作人员认为,国家和地方政府应更大幅度地提高生态公益林补偿标准。

新集体林权制度改革赋予经营者的承包经营权产生的激励机制,对林地经营主体无疑可以形成正向效应,但由此带来的效益提升评估不应将税费减免、市场化进程等一系列环境因素带来的增值收益囊括在内。而林地经营市场化改革进程带来的税费减免、林业经营价值上升和投资确定性因素增加可能带来的增益都令农民及其他经营者对经营山林的前景持乐观态度。② 况且,新集体林权制度改革在追求"分山到户"的宗旨下,如何才能清晰地把原本属于村集体所有的林地产权公平地均分到户?明晰林权是不是新集体林权制度改革的必选方式,是否可以允许某些模糊的林权边界存在?而要明晰林权边界,则涉及林农对集体林地经营的传统认知、国家不同时期林地制度变革的遗产等诸多传统与现实社会因素,这些因素共同作用于不同地方的村级社区改革实践,由此衍变出形式多样的地方性改革实践和认知体系。在后续的改革过程中,如何在制度变迁的路径依赖中把各种正式制度和非正式制度包容到村级改革实践中,这点是现行集体林权制度改革亟待解决的关键议题。

和相对容易界定产权地域边界的耕地不同,林地因其面积过大、地形坡度多样、生态植被过于复杂而难以真正地明晰界定其地域界址,这点正是 80 年代林业"三定"改革工作粗糙的主要原因之一,这才导致 2003 年新集体林权制度改革再次以明晰林地产权为首要目标。不过,时至今日,由于包括 GPS 定位在内的诸多高科技勘测技术的采用,曾经困扰的林地地域勘界问题基本不复存在。在这种情况下,技术上的明晰林权边界似乎变得可行。有的地方(如云南)通过采用现代 GPS 定位技术重新确定分山到户的林地边界。不过,即便如此,各地新集体林权制度改革的实践表明,在明晰林权边界中仍然面临许多非技术因素影响。这些非技术因素大多与当地林农对集体林权的认知有关。更值得重视的是,他们的产权意识和官方规制的产

---

① 2014 年 8 月 30 日访谈崇义县林业局林改办负责人 L 某。

② 张红霄、张敏新、刘金龙:《集体林权制度改革中均山制的制度机理与效应分析——基于上坪村的案例研究》,《林业经济问题》2007 年第 4 期。

权制度安排并不完全吻合。

对村级改革实施过程跟踪调查发现,不同时期的林权观念遗产在村级实践中都有相应的信奉者,他们分别以此作为自己参与村级林权界定及利益争夺的依据。不管他们所持的参与利益争夺的"理由"是"合法"还是"不合法"的,也不管他们搬出的"理由"是"成文"的还是"口头约定"的,是"祖宗传下来的"还是"国家赋予的",问题的关键在于,国家实施的新集体林权制度改革实践的正式制度安排不能完全有效地把这些村级非正式制度因素排除在村级改革实践场域之外。村级社区层面的改革实践中,不同时期实施的制度变革遗产都有其赞成者、支持者和反对者。更需要指出的是,农户的分化程度、利益的争夺激烈程度,使得哪怕是同一个林农,也可能在不同的场合扮演不同的甚至是相互矛盾的林地产权信奉者。农民无论是信守传统习惯产权和民俗惯例,还是遵循现代的国家产权制度法规条例,他们目的只有一个,就是千方百计使自己在村级改革的利益分配与争夺中处于优势地位,并以此来排挤可能或实际的竞争者。①

实践证明,仅仅是明晰产权并不构成农民增加或者减少对林业经营投入的唯一因素,关键是如何设计一种让各方有利可图而又符合市场规则的林权制度设计。福建省一些仍然维持集体制经营方式的成功实践证明,集体经营制度本身并不完全是一种失败的制度设计,而林业"三定"时期已经确权到户的其他省份的制度实践也表明,仅仅是确权到户赋予林农以林地的承包经营权,也不一定会激励个体林农增加林地经营投入。② 未来的林权改革还有赖于更多的配套和综合改革机制的完善。

毋庸讳言,新集体林权制度改革后形成的细碎化分散化的林地经营虽然明晰了林地产权,却不利于林地的规模化集约化经营。当改革政策实施的"激情"逐渐退却之后,这种分散经营的弊端也慢慢突显出来。为此,2015 年后实施的新集体林业综合改革政策在既定的林地分散化经营局面中很难发挥效用。事实上,已有的综合改革举措,其真正受益者主要是市场规模化经营主体。无论是林权抵押贷款、森林保险、林业资产评估等林业金融支持体系建设,还是采伐管理制度改革以及发展林下经济等,都是针对市场化规模化经营主体设计的政策,单个小农户很难从中受益,甚至对单个小农构成某种政策性的排斥机制。

---

① 朱冬亮:《村庄社区产权实践与重构:关于集体林权纠纷的一个分析框架》,《中国社会科学》2013 年第 11 期。

② 朱冬亮、贺东航:《新集体林权制度改革与农民利益表达——福建将乐县调查》,上海人民出版社 2010 年版,第 447~449 页。

第四章
林地"三权分置"制度改革设计

前一章探讨了 80 年代林业"三定"改革以及 2003 年推进的新集体林权制度改革的林地承包权的整体实践情况,并重点对新集体林权制度改革的林地承包权实践过程、成效进行了反思性的讨论。正如本书第一章所阐述的,林地和耕地经营等构成了传统小农经济"农副业"相结合的大农业的整体,因此林地经营受到农业整体发展形势所制约。换言之,如果农村耕地经营效益下降会导致农民离农倾向加剧,自然也就会直接影响农民对林地经营的投入产出预期。因此,讨论林地"三权分置"制度的林地承包权实践乃至判断未来集体林权制度变革趋势,首先就要紧密当前农村社会经济发展出现的新形势,明晰"三权分置"制度改革后的集体林权变化和实践情况。

集体林权制度最适宜的变革路径是结合当前农村发展包括城乡社会经济发展的整体新形势,以进一步完善林地"三权分置"制度设计为核心,以保障农户的林地承包权权益为重点,以培育市场化、专业化的新型林业经营主体为目标,建构与当前农村发展和治理体系相适应的现代林业经营制度。和以往的集体经营方式不同,村庄社区产权体制下的林地经营模式是以自然村或者村民小组为经营单位,以村民民主协商自治制度为决策基础,以"均股""均利"保障林农的承包权权益为前提,以专业化经营者和专业化人才经营管理为主体,围绕实现林业资源→林业资产→林业资本→林业资金的资源转换路径,建立现代村庄社区林业经营制度。而这点恰恰是2015 年之后推进的林业综合改革及深化集体林权制度改革所追求的目标。本章将以 2016—2018 年实地调查获取的一手研究资料为基础,探讨集体林权制度改革新阶段的林地"三权分置"改革和林地承包权实践进程。

第一节　当前城乡发展新形势

进入新世纪,我国农村面临着严峻的新形势和新挑战,突出表现为在快速的现代化、城镇化和工业化变迁过程中,由于从事传统小农经济产业获得的经济收益与外出务工经商获得的比较收益持续扩大,大量农村劳动力尤其是青壮年劳动力流向城镇从事非农产业,农村劳动力日益短缺甚至趋于"枯竭"。城乡人口大量流动导致农村的人地关系结构出现了根本性的变化,农户家庭作为农业生产单位逐步被市场经营主体取代,说明"刘易斯拐点"日益临近。总之,由于传统小农经济发展的均衡机制开始真正被打破,小农经济结构制度开始逐步解体,集体林地经营制度改革实践的整体社会环境发生了巨大变化,促进了林地"三权分置"制度改革应运而生。

一、从事农业经营比较收益持续下降

传统小农经济结构中,普通农民家庭主要以耕地耕作为主业,而林业牧业渔业等则是多数农民家庭的"副业"收入来源,由此形成农林牧副渔的大农业产业结构,家庭林业被纳入大农业范畴,属于农村第一产业范围。改革开放 40 多年来,农民从事传统农林业的比较机会成本持续上升,相应的则是从事农林业的比较收益持续下降,这是引发林地经营制度大变革的根源。

毋庸讳言,实行土地家庭承包制后,每个农户在户均不足 8 亩耕地①、人均不足 3.73 亩集体林地②上再如何采取"内卷化"方式进行精耕细作,至多只能解决基本的温饱问题。况且这点土地还因追求"平均地权"而被细碎化分配,严重影响土地的规模化集约化经营。③ 事实上,由于多方面的原因,普通农民从事农业的比较收益与城镇居民的所得差距仍在持续扩大。农民从事农业的比较收益下降,首先可以从农业占国民经济的比重持续下降中看出来(见表 4-1)。2001 年,我国国民经济的三产比重分别为 15.2:51.1:33.6,第一产业占全国 GDP 总值的 15.2%。2006 年,三产比重调整为 11.8:48.7:39.5,第一产业占全国 GDP 比重下降为 11.8%。2011 年三产比例为 10.1:46.8:43.1,其中第一产业占全国 GDP 比重下降到 10.1%。2012 年三产比重调整为 10.1:45.3:44.6;第一产业维持 2011 年的比例。2013 年全国三产比重调整为 10.0:43.9:46.1,第一产业继续下降了 0.1 个百分点。在此之后,第一产业占全国 GDP 比重呈现快速下滑态势。2014 年三产比重调整为 9.2:42.6:48.2,第一产业占全国 GDP 的比重首次低于 10%。对比 2013 年数据,这个比例又下降了 0.8 个百分点。之后几年,第一产业仍然呈快速下降的趋势。到 2019

---

① 我国共有 2.3 亿农户,户均经营耕地 7.8 亩(参见《韩俊等解读〈关于促进小农户和现代农业发展有机衔接的意见〉》,https://baijiahao.baidu.com/s? id=1626787614854200725&wfr=spider&for=pc,访问日期:2023 年 5 月 6 日)。

② 全国已确权的集体林地总面积约 27.45 亿亩,以 2022 年户籍人口城镇化率 47.7%计算,全国约 14.1 亿人口中,农民有 7.37 亿人,测算出来每个农民约有集体林地 3.73 亩。

③ 如福建省农户户均耕地不足 2.8 亩,却在承包过程中按照好中差搭配分配,平均每户分配到的土地有 6~7 块,且分散在不同区域(福建省政协调研报告《农村土地产权制度改革的思考》,2015 年 11 月)。

年,第一产业仅占全国 GDP 比重的 7.1% 了,为近年来最低。2020 年受疫情影响,三产比例出现了一些异常波动,第一产业提升到占国民经济总量的 7.7%。2021 年和 2022 年,第一产业均占全国 GDP 比例的 7.3%。虽然第一产业比重持续下降是国民经济产业结构调整的结果,但也说明农业在整个国民经济的产业地位不断削弱。

耕田种地和经营林地是普通农民家庭的主导产业,也是一般农民家庭经济收入的主要来源。而改革开放至今,农民从事农业获得的比较收益持续下降,使得农村对农民的吸附力和吸引力持续下降。首先以林地经营收益为例,据国家林业和草原局经济发展研究中心 1978—2018 年对全国 16 个省(自治区)的长期跟踪调查,林业收入占农民家庭收入的比重最高的是 2002 年,占农民家庭收入的比重为 26.27%,最低的则是 2018 年,所占比例不足 10%。总体上看,农户越来越倾向于流转出林地的承包经营权甚至是永久放弃承包经营权。2012 年、2014 年和 2016 年愿意流出林地的林农户数比重分别为 21.43%、34.11% 和 41.14%,呈现上升态势,这与农民非林收入明显提升有关。①

表 4-1 2001—2020 年我国国民经济三产结构比例

时间	第一产业(%)	第二产业(%)	第三产业(%)
2001	15.2	51.1	33.6
2006	11.8	48.7	39.5
2011	10.1	46.8	43.1
2012	10.1	45.3	44.6
2013	10.0	43.9	46.1
2014	9.2	42.6	48.2
2017	7.9	40.5	51.6
2018	7.2	40.7	52.1
2019	7.1	39.0	53.9
2020	7.7	37.8	54.5
2021	7.3	39.4	53.3
2022	7.3	39.9	52.8

数据来源:相应年份国家统计局发布的《国民经济与社会发展统计公报》。

再从耕地经营来看,粮食种植业占农民家庭收入比重也呈现不断下降态势。两

---

① 刘璨:《集体林权流转制度改革:历程回顾、核心议题与路径选择》,《改革》2020 年第 4 期。

者形成的合力表明农户从整个大农业获取的收益比例在不断下降。从表 4-2 中的统计数据可发现,农民种粮的收入和粮食价格有直接的关系,粮价越高,农民收入增加就越多,反之亦然。1991—2017 年,农民种粮亏损的年份有 2000 年、2016 年和 2017 年。粮食收购价格绝对值最高的是 2014 年,当年全国每百斤粮食售价是 124.4 元,最低的是 1991 年,每百斤粮食出售价是 26.1 元。

通过对表 4-2 数据的分析,1991—2017 年,农民种粮比较收益最高的应是 1995 年,当年每百斤粮食出售价格为 75.1 元,农民种粮每亩可得收益 223.9 元。对应到当年全国城镇居民人均生活费收入为 3893 元(比 1994 年增长 22.55%,扣除价格因素,实际增长 4.9%,说明当年物价上涨较快),而农村居民人均纯收入为 1578 元(比上年增长 29%,扣除价格因素,实际增长 5.3%),可以看出,当年农民生产的每百斤粮食出售价格相当于城镇居民人均生活费收入的 1.92%,相当于农民人均纯收入的 4.76%。农民种粮每亩所得收益分别相当于当年城镇居民人均生活费收入和农民人均纯收入的 5.75% 和 14.2%。

表 4-2　1991—2017 年我国粮食平均收购价格与种粮收益

单位:元

年份	每百斤粮食平均出售价格	每亩种粮平均净利润
1991	26.1	34.3
1992	28.4	44.0
1993	35.8	92.3
1994	59.4	190.7
1995	75.1	223.9
1996	72.3	155.7
1997	65.1	105.4
1998	62.1	79.3
1999	53.0	25.6
2000	48.4	−3.2
2001	51.5	39.4
2002	49.2	4.9
2003	56.5	42.9
2004	70.7	196.5
2005	67.4	122.6
2006	72.0	155.0

续表

年份	每百斤粮食平均出售价格	每亩种粮平均净利润
2007	78.8	185.2
2008	83.5	186.4
2009	91.3	162.4
2010	103.8	227.2
2011	115.4	250.8
2012	119.9	168.4
2013	121.1	72.9
2014	124.4	124.8
2015	116.3	19.6
2016	108.4	−80.3
2017	111.6	−12.5

资料来源:国家粮食和物资储备局:《2018年中国粮食年鉴》,经济管理出版社2018年版,第554页。

相比之下,到了2017年,全国每百斤粮食平均出售价格为111.6元,农民种粮每亩所得收益为净亏损12.5元。这个亏损幅度虽然比2016年的亏损80.3元有降低,但农业连续两年亏损,在新中国农业发展史上是极为罕见的。而2017年我国城镇居民(按照常住地方分)人均可支配收入为39251元,农村居民人均纯收入为14617元,农民生产的粮食每百斤售价仅相当于当年城镇居民人均可支配收入和农民人均纯收入的0.28%和0.76%。和农民种粮比较收益最高的1995年相比,2017年同类对比数据大幅下降,更不要提2017年种粮陷入亏损之境地了。

虽然从1991年至今,我国粮食平均出售价格总体上呈现上涨趋势,但是如果从横向角度比较,包括和城市居民的收入增长速度相比,其相对比较收益也是持续下降。1991年,我国每百斤粮食平均出售价格为26.1元,每亩粮食种植可得利润34.3元。相比之下,1991年,我国城镇居民人均生活费收入为1570元,农村居民人均纯收入710元,当年农民生产的每百斤粮食出售价格相当于城镇居民人均生活费收入的1.66%,相当于农民人均纯收入的3.68%。而到了2017年,农民生产的粮食的每百斤售价仅相当于当年城镇居民人均可支配收入和农民人均纯收入的0.28%和0.76%,两者之间的差距分别扩大至5.93倍和4.84倍。

再从人均经营耕地面积变化的角度看,从表4-3中则可以看出,2006—2012年,我国农村家庭人均经营的耕地面积呈现逐步上升的态势。2006年我国农村家庭人

均经营的耕地面积是 2.11 亩,到了 2012 年,农村家庭人均经营的耕地面积上升到
2.34 亩,增长了 10.9%。对此的解释不是指我国农村家庭人均占有的耕地面积增
加,而是农村家庭人均实际耕作的耕地面积增加。这意味着现在不直接从事农业经
营的人员总数在上升,而耕地流转的速度在逐步加快。这就反映出有些农村的农民
家庭已经都迁移到城镇购房甚至入户,他们中有不少农户已经把家庭承包的耕地流
转给其他经营主体耕作了。可以预见,随着城镇化的推进,会有更多的农村家庭放
弃耕地经营,耕地流转面积还将进一步增加。这样农村人均实际经营的耕地面积自
然还会呈上升趋势。即便如此,也不能改变从事农业比较收益持续下降的总体趋势。
这就不难理解,为什么土地经营会出现越来越严重的"非粮化"甚至"非农化"倾向。

表 4-3　2006—2012 年农户家庭人均经营耕地面积

年份	2006	2007	2008	2009	2010	2011	2012
农村居民家庭人均经营耕地面积/亩	2.11	2.16	2.18	2.26	2.28	2.30	2.34

数据来源:国家统计局年度数据《农村居民家庭经营耕地面积》;国家粮食和物资储备局:
《2018 年中国粮食年鉴》,经济管理出版社 2018 年版,第 554 页。

二、城乡居民收入差距持续扩大

经营农业的比较收益下降,自然会导致城乡居民收入差距扩大。反之,城乡居民收
入差距如果持续扩大,又会引发农民对土地经营的投入减少,导致农民经营比较收益进一
步下降。由于多方面的原因,我国的城乡居民收入差距始终较大。1978 年改革前农村和
城市居民两者的收入差距比是 1∶2.57。[1] 如果计算实际收入,两者的差距可能还更
大。国家统计局公布的统计数据显示(见表 4-4),2000 年,全国城镇居民人均可支配
收入 6280 元,农村居民人均纯收入为 2253 元,两者差距为 4027 元,城乡居民人均可
支配收入倍差为 2.79;2006 年,农村居民人均纯收入为 3587 元,而同年城镇居民的
人均可支配收入为 11759 元,两者的差距为 8172 元,农民与城镇居民的差距比扩大
到 1∶3.28,国民经济的三产比重为 11.8∶48.7∶39.5。到了 2008 年两者差距扩大
到 1∶3.299,2009 年甚至进一步扩大到 1∶3.314;2010 年,我国农村居民人均纯收入为
5919 元,而同年城镇居民人均可支配收入为 19109 元,两者的差距扩大为 13190 元,而收
入差距比则略微下降到 1∶3.23。

虽然在此之后,我国开始取消农业税费,并给予农民种粮补贴,同时大力推进社

---

① 郭玮:《城乡差距正进一步扩大,必须引起我们的关注!》,https://www.sohu.com/a/
357939226_237819,访问日期:2023 年 9 月 23 日。

会主义新农村建设乃至实施乡村振兴战略,农民收入增长的速度连续多年超过城镇居民,但是由于两者增长的基数相差过大,城乡居民收入差距比虽然有所缩小,但城乡居民之间绝对数额差距依然在持续拉大。

根据国家统计局公布的统计数据,2014 年我国城镇居民人均可支配收入为 28844 元,农村居民人均可支配收入则首次突破了 1 万元,达到了 10489 元,但城乡居民的收入差距仍扩大到 18355 元,城乡居民人均可支配收入倍差进一步下降,但仍达到 2.75。2017 年,按常住地分,城镇居民人均可支配收入为 36396 元,农村居民人均可支配收入为 13432 元。两者差距为 22964 元,倍差为 2.71:1。2017 年我国三产比重分别为 7.9%:40.5%:51.6%。2018 年,按照常住地分①,我国农村居民人均纯收入为 14617 元,城镇居民人均可支配收入为 39251 元,两者的差距为 24634 元,城乡居民人均可支配收入倍差仍达 2.69,国民经济的三产比重进一步调整为 7.2:40.7:52.1。② 虽然从 2014 年至今,城乡居民收入倍差呈现逐步缩小态势,但从绝对差距值来看,2022 年和 2000 年对比,城乡居民的收入差距从 4027 元扩大到 29150 元,扩大了 6.24 倍。

表 4-4　2000—2022 年城镇居民和农民居民收入差距对比

年份	城镇居民人均可支配收入/元	农村居民人均纯收入/元	两者差距	倍差
2000	6280	2253	4027	2.79
2010	19109	5919	13190	3.23
2014	28844	10489	18355	2.75
2017	36396	13432	22964	2.71
2019	42359	16021	26338	2.64
2020	43834	17131	26703	2.56
2021	47412	18931	28481	2.50
2022	49283	20133	29150	2.45

数据来源:相应年份国家统计局发布的相关年度《国民经济与社会发展统计公报》。

近几年来,我国城乡居民收入差距比有所缩小,主要归功于农民非农领域就业收入的增长,而农业领域收入仍在持续下降。中国社会科学院农村发展研究所及社会科学文献出版社共同发布的《农村绿皮书:中国农村经济形势分析与预测(2018—

---

① 国家统计局发布的 2018 年《国民经济与社会发展统计公报》显示,2018 年,我国总人口为 139538 万人,其中城镇常住人口为 83137 万人,占总人口比重(常住人口城镇化率)为 59.58%,户籍人口城镇化率为 43.37%。

② 城乡居民收入数据都引自国家统计局历年发布的《国民经济与社会发展统计公报》。

2019)》显示①,2018 年在农民的四大类收入项目中,非农行业的收入继续成为农民增收的最大贡献因素,其中全年工资性收入和转移净收入增加对农民增收的贡献率近 70%。2018 年,全国农民人均纯收入为 14617 元,其中工资性收入 5996 元,占当年农民人均纯收入总额的 41%,居第一位。这个数据比 2017 年增加 498 元,增长率为 9.1%,对农民增收贡献率则达 42.0%。这说明农民从事非农性的雇工获取的工资性收入超过家庭总收入的四成。预计未来,工资性收入占农民家庭收入的比重还将持续上升。由此反映传统农业尤其是农业副业呈现持续萎缩的发展态势。

不过,《农村绿皮书:中国农村经济形势分析与预测(2018—2019)》的分析还显示,2018 年,全国农民人均获得财产净收入为 342 元,比上年增加 39 元,对农民增收贡献率为 3.3%,仅占农民人均纯收入总额的 2.3%。财产性收入主要包括农民流转承包土地经营权租金收入和出租房屋净收入,分别比 2017 年增长 13.6%和 19.4%,带动农民人均财产净收入比上年增长 12.9%。农民财产性收入增加,说明农村土地经营权流转呈现增加和发展趋势,其中可能包括林地流转带来的财产性收益增加。

三、城乡人口流动与传统小农经济转型

由于现代工业部门创造的经济价值和传统农业部门创造的价值差距越来越大,原先沉淀在农村的人口大量往城市迁移。自 80 年代中后期至今,我国出现了世界上规模最大的城乡区域间的"民工潮"人口流动现象。如今,数以亿计的农村人口常年流动在城镇从事非农产业,由此深刻地改变了农村人地关系,整个农村经济—社会—文化结构因此发生了巨大的变化,林地承包经营权实践面临新的重大转型。

国家统计局公布的统计数据显示,2022 年,我国(不含港澳台)总人口 141175 万人,其中城镇常住人口为 92071 万人,常住人口城镇化率达 65.22%,全国农民工总量 29562 万人。② 由此可以看出,我国至少已经有相当数量的农村人口常年居住在农村户籍所在地之外了,这种人口流动态势对乡村发展产生了重大影响。

以笔者多年跟踪调查的闽西北将乐县安仁乡为例,该乡余坑村 2018 年 8 月开展的村委会换届选举统计投票准确地反映出当地人口外流的情况。统计显示,截至 2018 年 8 月 29 日选举日,余坑村全村共有 389 户,户籍人口 1678 人,其中男性 846 人,女性 832 人,而全村外出人口总数为 890 人,占全村总人口的 53%,这部分人基

---

① 《报告:2018 年中国农民增收最主要来源为非农收入》,https://baijiahao.baidu.com/s?id=1632041828356188917&wfr=spider&for=pc,访问日期:2019 年 5 月 6 日。

② 《中华人民共和国 2022 年国民经济和社会发展统计公报》,https://www.gov.cn/xinwen/2023-02/28/content_5743623.htm,访问日期:2023 年 10 月 1 日。

本上是青壮年劳动力。这次选举全村登记选民数是 1149 人（18 周岁以上），其中外出选民数达 679 人（外出本县之外），占选民总数的 59.1%。实际能够参加现场选举的只有 470 人，其中还包括平常居住在县城的 43 人，如果扣除这部分人数，则实际能够在村里参加现场投票的村民只有 427 人，仅占全村选民总数的 37.2%。余坑村这次选举，回乡参加选举的外出选民只有 39 人。换言之，如果不采取委托投票的方式，即使在村的选民全部参选，也达不到本次选举有效的法定规定票数。① 在本次选举中，余坑村实际发出选票 735 张，扣除委托选民数，真正实际参加现场投票的不超过 400 人，而且其中超过一半是 60 岁以上的老年选民。该村新当选的村民代表共有 36 人，平均年龄超过 60 岁，其中一半以上超过 70 岁。实地调查测算，余坑村全村在家务农的 60 岁以下的劳动力不超过 100 人，仅占全村总人口的约 1/17。

笔者 2022 年底再次进行跟踪调查，发现安仁乡全乡农民大约有 75% 的家庭已经在外地买房，其中在县城购房的约占 90%。该乡大批青壮年人口外流导致的最明显的一个结果就是农业人力投入的剧减以及农业的衰退。即便如此，在 2010 年之前，该乡很少有农民愿意放弃自己的土地承包权。在年龄 50 岁以上的安仁乡民看来，土地仍是他们心目中最后的也是最稳定的社会保障，是最后一道安全防护网。② 不过，这种情况在 2010 年后发生了根本性的改变。尤其是年龄在 40 岁以上的安仁乡民看来，他们与他们的父辈的观念有很大的不同。因此，在安仁乡，现在 50 岁以上和 40 岁以下农民对农村和土地的感情可谓截然不同。

由于大部分村庄的青壮年劳动力已经基本流失殆尽，安仁乡大部分农户家庭已经丧失其农业生产经营的基本功能，这意味该乡已经开启了通过土地流转实行规模经营的窗口。2010 年之后，全乡几乎每个村都有若干个规模经营者通过大面积的土地流转来搞规模经营。

从以上数据对比分析可以看出我国的农民越来越不愿意从事传统农业生产的原因，可以看出传统的小农经济生计方式日渐式微，也可以解释农村"衰败"现象何以日益外显。由此导致的一个显而易见的结果就是，土地在农民心目中的经济价值和社会价值不断下降，农民对土地的情感随之发生重大变化。③

---

① 本次选举规定，原则上参加选举的选民必须超过总选民数的 2/3。在村的选民可以受托为直系亲属选民投票，但受托人不能超过 2 人，且必须有委托人书面或者电话录音委托为证。余坑村此次选举委托投票的选民共有 248 人。

② 朱冬亮：《社会变迁中的村级土地制度——闽西北将乐县安仁乡个案研究》，厦门大学出版社 2003 年版，第 292～295 页。

③ 朱冬亮、高杨：《城镇化背景下失地农民的适应问题及对策分析》，《中共福建省委党校学报》2015 年第 4 期。

当前形势下,我国传统小农意义上的农业从业者群体在整个社会分层中越来越"边缘化"。虽然这个群体依然非常庞大,但是守望乡村的小农正逐步沦落到社会的最底层。现在如果还有年轻人在家以传统小农生产方式耕作家庭承包地,他们得到的社会评价不仅是"没本事"甚至是"无能"。而事实也确实如此,在全国大多数地方,目前留守农村的已经从早年的"386199 部队"①转变为现在的"老弱病残"群体。这就是为什么党的十九大部署实施乡村振兴战略时首次提出要培养造就一支"懂农业、爱农村、爱农民"的工作队伍。

和耕地经营相比,林地经营面临同样的问题,形势更为严峻。耕地经营效益下降,农民与城市居民比较收益的持续扩大,进一步恶化了农村林业整体发展经营处境。由于林地经营周期长、见效慢、风险大,而且从事林业需要更强壮的劳动力,对劳动力要求更高也更专业化,农村劳动力短缺对林地经营和林业产业发展带来的影响是很大的。

2005 年至今,与林农增收相伴随的是农村林业劳动力价格快速上涨,这说明新集体林权制度改革后林业投入增加使得林农的就业机会增加,同时也导致林业投入成本增加。2014 年林权改革监测团队调查的样本县中,短期男工的日工资已经达到118.86 元,比 2005 年增加了近 3 倍。由于劳动力价格的上涨,有的地方不得不雇佣外地人。如 2014 年江西崇义县左溪村砍木头有 100 个人,基本是来自该省的遂川县。而将乐县安仁乡蜈蚣鼻村砍毛竹已经没有当地人愿意干,不得不雇重庆的民工到此来砍毛竹。近年来,由于雇工难,不少地方砍毛竹的成本居高不下,加上毛竹销售价格多年低迷,不少林农因砍毛竹获益很少而放弃对毛竹林的管护经营。这说明,传统的小农经济制度下的林业家庭经营制已经面临前所未有的瓶颈,而通过全面深化农村集体林业综合改革,建构林业集约化专业化经营制度势在必行。其中以探索实施林地"三权分置"制度改革更为关键。

第二节　土地"三权分置"制度改革政策设计

工业化和城镇化的快速推进导致农村人地分离构成林地"三权分置"制度改革的时代背景。面对当前农村发展的新形势和新挑战,如何在坚持林地集体所有权、稳定林农家庭承包权的基础上,搞活林地的经营权被认为是促进传统林业向现代林业转型的重点途径。20 世纪 80 年代初实施的林业"三定"改革实现了林地的集体所

---

① "38"意指妇女,"61"指代儿童,"99"代表老年人。

有权和林农的承包经营权的分离,是林权制度改革的一个重大创新,而 2014 年国家正式确立的林地"三权分置"制度是集体林权制度的又一次分离,也是林权制度的又一次改革创新。

1997 年国家确定土地延包"30 年不变",党的十九大提出 30 年到期后再"延长30 年不变",这一政策设计等于把土地家庭承包权作为一种相对"固化"的制度稳定下来,农村改革总体上即由单一改革转到综合改革层面。未来的集体林权制度改革,只能在稳定保障林农家庭承包权基础上进行探索。而林地"三权分置"改革是把林地经营权从林农的承包经营权中相对分离出来,形成林地所有权、承包权和经营权三权并行设置的情形,其本质上是在坚持和保障林农的承包权权益的基础上,把林农的承包权通过流转程序实现与林地的经营权分离,让林地经营权具有更加明显的商品属性。林地"三权分置"制度改革"突破原有土地只能由本集体经济组织成员经营的限制"[①],让林地经营进一步走向市场化,这是农村市场经济改革走向深化的一个重要标志。

由于从国家宏观顶层制度变革设计的角度来看,林地"三权分置"制度改革的相关政策设计始终是与耕地制度改革一起推进的,本章先对土地"三权分置"制度改革的总体设计过程进行简要的梳理,以厘清其演变脉络。

一、土地"三权分置"制度改革政策演变

1. 土地"三权分置"制度改革探索(1998—2012 年)

从耕地产权制度变革及实践的角度来看,其"三权分置"改革的探索早于林地制度改革实践。早在 1998 年,中央的相关文件就已经出现了土地"使用权流转"表述,潜台词是把土地经营权与承包权分别进行解读。此后的一些政策文件也相继提出允许"在法律范围内流转""建立健全土地承包经营权流转市场"等政策话语表达。不过,早期的土地使用权流转限定在村集体内部成员之间的流转,这从一个侧面反映了国家顶层制度设计在逐渐地放宽农村土地使用权流转的限制,为地方上探索土地"三权分置"制度改革提供了相应的空间。

2004 年,安徽省成为国内首个发布关于耕地"三权分置"改革政策性文件的省份。当年 9 月 11 日,合肥市出台了《关于规范农村土地承包和经营权流转若干意见》,要求"坚持农村土地承包关系长期稳定。对二轮承包后的人口变动,原则上不予补地;土地经营权流转应由当事人双方进行协商、签订流转合同,并经村集体经济

---

① 张建刚:《农村土地"三权分置"改革将促进农业"第二个飞跃"的实现》,《经济纵横》2018 年第 4 期。

组织见证;任何个人和组织都不得强迫农民进行土地经营权流转",这是"土地经营权"首次作为与"三权分置"制度相关的概念出现在地方政策文件中,也表明土地经营权流转并不影响农户承包权的长久稳定。

在此之后,浙江省和重庆市地方政府也分别在 2007 年出台了与土地"三权分置"制度变革相关的政策文件。2007 年 9 月 24 日,浙江嘉兴市下发的《关于加快推进农村土地承包经营权流转的意见》指出,"鼓励农村集体土地的所有权、承包权、经营权相分离,稳定承包权,搞活经营权,规范土地承包经营权的流转"。重庆市下发的《关于加快农村土地流转促进规模经营发展的意见(试行)》指出,"在不改变土地承包关系的前提下,实行土地所有权、承包权和土地使用权分离,创新流转机制,探索有效形式,放活土地使用权"。除了这 3 个比较突出的省份,河南、湖北、江西、四川等省份的一些市县也先后发布了与土地"三权分置"制度改革的相关文件,由此奠定了"三权分置"制度变革在地方上的实践基础。

从国家层面来看,2005 年,《中共中央 国务院关于进一步加强农村工作提高农业综合生产力若干政策的意见》,要求"认真落实农村土地承包政策……尊重和保障农户拥有承包地和从事农业生产的权利,尊重和保障外出务工农民的土地承包权和经营自主权"。[①] 这是国家文件首次把土地承包权与经营权分开表述。2008 年中央下发的《关于农村土地承包和经营权流转的意见》指出,"在稳定农村土地家庭承包经营制度不变的基础上,鼓励农村集体土地的所有权、承包权、经营权相分离"。这是国家明确将土地所有权、承包权、经营权"三权"进行独立表述。2009 年、2010 年和 2012 年发布的中央一号文件则相继提出了要稳定完善农村基本经营制度,建立健全土地承包经营权流转市场,探索新的稳定农村土地承包关系、激活农村土地生产经营的具体方式。说明随着工业化和城镇化的快速发展,国家根据土地承包实践中出现的新情况做出新的政策导向,这为进一步推进土地"三权分置"制度改革奠定了基础。

2. 土地"三权分置"制度逐步确立(2013—2014 年)

党的十八大之后,土地"三权分置"正式成为国家土地产权制度。2014 年中央一号文件《关于全面深化农村改革加快推进农业现代化的若干意见》明确指出,要在全国全面开展农村土地确权登记颁证工作(集体林地确权登记在 2013 年新集体林权制度改革主体阶段改革时已基本完成)。2013 年 11 月,党的十八届三中全会通过的《关于全面深化改革若干重大问题的决定》,要求"完善产权保护制度。产权是所有

---

① 《中共中央 国务院关于"三农"工作的一号文件汇编(1982—2014)》,人民出版社 2014 年版,第 99 页。

制的核心。健全归属清晰、权责明确、保护严格、流转顺畅的现代产权制度……加快构建新型农业经营体系"，①表明了土地产权制度变革的关键是要健全清晰的产权关系，建立现代农业经营制度。同年 12 月习近平总书记在中央农村工作会议上再次指出，"把农民土地承包经营权分为承包权和经营权，实现承包权和经营权分置并行，这是中国农村改革的又一次重大创新……土地承包经营权主体同经营权主体发生分离，这是我国农业生产关系变化的新趋势"。② 这是关于"土地经营权"表述首次在中央会议上作为政策思想被提出，明确了从"土地承包经营权"里分离出"土地经营权"是一项重大的制度创新，奠定了土地"三权分置"制度改革的基本路径和方向。

2014 年中央一号文件指出，"允许承包土地的经营权向金融机构抵押融资"③，这一规定明确了"土地经营权"可以作为一项独立的财产权利而存在，并且经营者凭借土地经营权可以直接以抵押的形式获取金融机构的贷款，赋予了土地经营权新的资产化内涵，为随后推进的农村资产化改革奠定了基础，特别是为之后逐步在全国实施的农村集体产权制度改革奠定了基础。2014 年 11 月 20 日《关于引导农村土地经营权有序流转发展农业适度规模经营的意见》指出："引导土地经营权有序流转，坚持家庭经营的基础性地位，积极培育新型经营主体，发展多种形式的适度规模经营。"④由此标志着土地"三权分置"作为一项基本制度在中央文件中正式确立。随后，农村土地"三权分置"制度改革进入了实践时代。

3. 土地"三权分置"制度设计进一步完善（2015 年至今）

2014 年后，农业部等 13 个部委联合推动设立的 34 个农村改革试验区和国家林业局设立的全国 33 个农村林业改革试验区（其中 8 个试验区同时也是农业部主导的试验区），都有部分实验区围绕土地"三权分置"制度改革展开具体试验。2015 年中央一号文件《关于加大改革创新力度加快农业现代化建设的若干意见》指出，"抓紧修改农村土地承包方面的法律，明确现有土地承包关系保持稳定并长久不变的具体实现形式，界定农村土地集体所有权、农户承包权、土地经营权之间的权利关系"，这表明国家从立法层面上对"三权分置"制度进一步巩固。

---

① 《中共中央关于全面深化改革若干重大问题的决定》，https://www.gov.cn/jrzg/2013-11/15/content_2528179.htm，访问日期：2023 年 5 月 6 日。

② 《2013 年中央农村工作会议》，http://www.12371.cn/special/2013zyncgzhy/，访问日期：2023 年 5 月 6 日。

③ 《中共中央 国务院关于"三农"工作的一号文件汇编（1982—2014）》，人民出版社 2014 年版，第 282 页。

④ 《关于引导农村土地经营权有序流转发展农业适度规模经营的意见》，http://www.gov.cn/xinwen/2014-11/20/content_2781544.htm，访问日期：2023 年 5 月 6 日。

土地"三权分置"制度作为新形势下深化农地制度改革的核心,必须明晰权利归属,健全与其相关的法律,才能确保各个产权主体的权益。2015年11月,中共中央办公厅、国务院办公厅印发了《深化农村改革综合性实施方案》,表明深化农村土地制度改革的基本方向:"落实集体所有权,稳定农户承包权,放活土地经营权",在基本方向不变的前提下不断对土地"三权分置"制度进行巩固和完善。《深化农村改革综合性实施方案》进一步指出国家对土地"三权"实践的基本策略:落实村集体的土地所有权,这点实际上为接下来实施的农村集体产权制度改革奠定了基调;稳定农户的土地承包权,这点与土地二轮延包"30年不变"以及党的十九大确立的土地二轮延包到期后再延长30年的制度设计相吻合,凸显土地承包权长期化甚至"固化"的趋势;放活经营权,就是鼓励土地流转,激活各类农业生产要素,加大对农业经营的投入,推进现代农业发展。近几年,农村基本经营制度变革也基本是朝这个方向推进。

2016年,《关于落实发展新理念加快农业现代化 实现全面小康目标的若干意见》要求:"稳定农村土地承包关系,落实集体所有权,稳定农户承包权,放活土地经营权,完善'三权分置'办法。"[1]同年4月在安徽凤阳县小岗村农村改革座谈会上,习近平同志强调指出:"放活土地经营权,推动土地经营权有序流转……要与城镇化进程和农村劳动力转移规模相适应,与农业科技进步和生产手段改进程度相适应,与农业社会化服务水平提高相适应。"[2]"三个适应"表明了"三权分置"制度改革要坚持的基本原则。

2016年10月30日,中共中央办公厅、国务院办公厅出台了《关于完善农村土地所有权承包权经营权分置办法的意见》,强调了土地确权登记颁证工作对土地"三权分置"制度实施的重要性,指出确权登记制度包括承包合同取得权利、登记记载权利、证书证明权利,同时指出要在"坚持农民自愿、不突破政策底线、循序渐进、因地制宜"原则的基础上推进承包地"三权分置"制度改革。《关于完善农村土地所有权承包权经营权分置办法的意见》进一步对土地"三权分置"后的土地所有权、农户承包权、经营者的土地经营权的产权权能进行了阐述,并明确其具体的产权权利的实现细则,强调土地"三权"的关系:"农村土地集体所有权是土地承包权的前提,农户

---

[1] 《中共中央 国务院关于落实发展新理念加快农业现代化 实现全面小康目标的若干意见》,http://www.gov.cn/zhengce/2016-01/27/content_5036698.htm,访问日期:2023年5月6日。

[2] 《加大推进新形势下农村改革力度 促进农业基础稳固农民安居乐业》,《人民日报》2016年4月29日第1版。

享有承包经营权是集体所有的具体实现形式,在土地流转中,农户承包经营权派生出土地经营权。"《关于完善农村土地所有权承包权经营权分置办法的意见》同时指出:要"研究健全农村土地经营权流转、抵押贷款和农村土地承包权退出等方面的具体办法",目的是进一步完善建立健全土地"三权分置"制度的具体改革路径。

必须强调指出的是,从 2016 年开始,"三权分置"制度变革进一步扩展到农村宅基地产权改革领域,国家开始逐步推进农村宅基地所有权、资格权和使用权"三权分置"制度改革。2016 年 11 月 29 日,国务院办公厅印发《关于支持返乡下乡人员创业创新促进农村一二三产业融合发展的意见》,支持返乡下乡人员依托自有和闲置农房院落发展农家乐,并在符合农村宅基地管理规定和相关规划的前提下,允许返乡下乡人员和当地农民合作改建自住房。2017 年中央一号文件《关于深入推进农业供给侧结构性改革加快培育农业农村发展新动能的若干意见》提出,要允许通过村庄整治、宅基地整理等节约的建设用地采取入股、联营等方式,重点支持休闲农业、乡村旅游、乡村养老休闲旅游等产业和农村三产融合发展。并强调在充分保障农户宅基地用益物权、防止外部资本侵占控制的前提下,落实农村宅基地集体所有权,维护农户依法取得的宅基地占有和使用权,探索农村集体组织以出租、合作等方式盘活利用空闲农房及宅基地,增加农民财产性收入。2018 年开始,国家开始正式推进农村宅基地所有权、资格权和使用权"三权分置"制度改革。2023 年 7 月 28 日,农业农村部等九部门联合印发《"我的家乡我建设"活动实施方案》,明确鼓励引导退休干部、退休教师、退休医生和退役军人等回乡"定居",参与家乡建设①,这为农村宅基地"三权分置"制度改革提供更多的政策实施空间,新的改革举措思路似乎可以"呼之欲出"。

近年来,"三权分置"制度还包括农村集体资源资产的改革。2017 年中央一号文件《关于深入推进农业供给侧结构性改革加快培育农业农村发展新动能的若干意见》要求落实"三权分置"办法,要"抓紧研究制定农村集体经济组织相关法律,赋予农村集体经济组织法人资格……确认成员身份……保障农民集体资产权利。从实际出发探索发展集体经济有效途径"②,进一步明确了"三权分置"改革所涉及的多方面内容。这一年,全国开始全面实施农村集体产权制度改革试点推广工作。2017 年

---

① 《"我的家乡我建设"活动实施方案》,http://www.moa.gov.cn/govpublic/XCZXJ/202307/t20230728_6433113.htm,访问日期:2023 年 10 月 1 日。

② 《中共中央 国务院关于深入推进农业供给侧结构性改革加快培育农业农村发展新动能的若干意见》,http://www.gov.cn/zhengce/2017-02/05/content_5165626.htm,访问日期:2023 年 5 月 6 日。

10月18日,党的十九大报告提出"乡村振兴战略",再次要求"巩固和深化农村土地制度改革,完善承包地'三权分置'制度",由此使得"三权分置"制度设计纳入乡村振兴战略实践。

2018年12月29日,十三届全国人大常委会第七次会议通过《关于修改〈中华人民共和国农村土地承包法〉的决定》。2019年1月1日,新修正的《农村土地承包法》正式实施。该法从国家法律层面对"三权分置"制度变革后的土地所有权、承包权、经营权的内涵和权利实现形式作出法律意义上的约定,标志着"三权分置"正式在法律制度上成为国家的农村基本经营制度。

新修正的《农村土地承包法》修改的主要内容就是对承包地"三权分置"的法律法规的完善,在现有的所有权、承包经营权的基础上,新增土地经营权,使广大农民真正感受到土地承包经营权有切实立法保障。同时,新法对保护进城农户的土地承包经营权作了两个修改:一是农民进城以前,不得以农户退出土地承包经营权作为农户进城落户的条件;二是删除了要求进城农户交回承包地、不交回就收回的规定,修改为由进城农户自主选择如何处分土地承包经营权。新法规定进城农民可以按照自愿有偿原则,依法将土地承包经营权转让给本集体经济组织其他农户,也可以自愿有偿地将承包地交回发包方,也可以流转土地经营权,从而打消了农民认为流转土地就等于失去土地的忧虑,同时也给予获得土地经营权的市场经营主体平等的法律保障。

为进一步贯彻落实新修正的《农村土地承包法》,2023年农业农村部发布《农村土地承包合同管理办法》(农业农村部令2023年第1号,2023年5月1日起施行),对土地流转的合同管理关键环节进行规范。

二、林地"三权分置"制度改革及意义

从集体林地制度改革的角度来看,为贯彻国家土地"三权分置"的有关政策精神,2016年国务院办公厅印发《关于完善集体林权制度的意见》,2018年国家林业和草原局也出台《关于进一步放活集体林经营权的意见》,提出要加快实施林地"三权分置"制度变革,并对"三权分置"具体实施策略做出了部署,明确要从几个方面推进相关改革工作:一是积极创建家庭林场、农民林业专业合作社示范社、林业产业化示范基地、林业示范服务组织,加快培育新型经营主体,使其在搞活林地经营权中发挥重要作用;二是搞好林权流转的相关服务体系,包括建立承包合同网签管理系统,健全承包合同取得权利、登记记载权利、证书证明权利的确权登记制度等;三是进一步建立和完善林权流转市场体系,包括提倡通过流转合同鉴证、交易鉴证等多种方式对土地经营权予以确认等。

2019 年 12 月 28 日,新修订的《中华人民共和国森林法》明确了集体林地"三权分置"的相关制度设计。该法第十七条规定:"集体所有和国家所有依法由农民集体使用的林地实行承包经营的,承包方享有林地承包经营权和承包林地上的林木所有权,合同另有约定的从其约定。承包方可以依法采取出租(转包)、入股、转让等方式流转林地经营权、林木所有权和使用权。"由此可以看出,作为承包权所有者的林农可以流转林地经营权,也可以流转林木所有权和使用权。正如后面章节将要探讨的,由林木所有权派生出的林木使用权可以单独作为一项产权权利再次进行流转。笔者在 2016 年的实地调查中发现,在实践中有的地方(如重庆南川区)尝试把林木的"景观权"进行流转,实现"不砍树"也能获取经济收益的目标,切实把"绿水青山"转化为"金山银山"。

与此同时,新修订的国家《森林法》第十八条还规定,由村集体经济组织统一经营的集体林地,经本集体经济组织成员的村民会议 2/3 以上成员或者 2/3 以上村民代表同意并公示,可以通过招标、拍卖、公开协商等方式依法流转林地经营权、林木所有权和使用权。第四十九条也规定:"在符合公益林生态区位保护要求和不影响公益林生态功能的前提下,经科学论证,可以合理利用公益林林地资源和森林景观资源,适度开展林下经济、森林旅游等。"这条规定的意思是生态林也可以把林木的生态使用权进行流转。由此可以看出,根据新修订的国家《森林法》的要求,除了"自留山"及特殊生态公益林等林地,几乎所有的集体林地都可以通过流转方式进行产权分割,以增加林地经营的经济、生态绩效产出。

不过,新《森林法》并没有对包括集体林地承包权在内的集体林地的所有权、经营权等"三权"的具体实践主体和产权权利进行规定,在这方面,集体林地则仍是适用于 2018 年修正的《农村土地承包法》和 2019 年修正的《土地管理法》等法规政策。

为贯彻落实党的二十大提出的"深化集体林权制度改革"要求,2023 年 9 月 25 日,中共中央办公厅、国务院办公厅印发了《深化集体林权制度改革方案》,把探索集体林地"三权分置"制度改革纳入深化集体林权制度改革议程,并就完善林地承包权、放活林地经营权等方面进行探索和部署。

林地"三权分置"制度变革的重大意义在于通过集体林地产权的进一步分割,相对明晰了村集体组织、农户和市场经营主体在林地流转经营场域下的产权主体的权能边界,激发林地经营权的市场属性,确立获得经营权的经营实体的市场主体位置,以激发其对林地经营的投入。从实践的角度看,这一制度创新是适应新形势下农村社会变迁和人地关系调整的客观变化情况,其本质上是为了调动更多的林业市场要素投入林地经营和林业生产领域,尤其是村庄外部的其他市场经营主体可以通过林权流转途径而获得林地经营权,各类外部的工商资本也可以借此机会进入村级领域施展自己的影响。如果说之前林地经营因"两权分离"而产生博弈的话,那么这种博弈仅仅是局限在村庄内部的村集体经济组织和一般农户之间,这种博弈格局并没有超过传统的村庄社区范围,因此在博弈过程中,双方依然会遵循传统小农经济的一些共享的实践价值和认知体系。即使发生林权纠纷,仍然属于"自家人内部的争议"。这点和"三权分置"制度实施后形成的林地产权实践博弈格局有本质上的不同。

从实践层面看,实施林地"三权分置"制度后,村庄外部的市场主体通过林地流转参与到林地经营中,并且成为一种重要力量与村集体组织和农民展开博弈,原来村庄内部力量的博弈就变成村庄外部力量之间的博弈。尤其是在当前林地流转趋于规模化集约化和长期化的情形下,村庄外部的市场力量因为通过掌控林地经营权而实际控制了原本属于村庄社区内部控制的林地,其在博弈中的话语权明显强于村集体组织和普通农民的联合力量。因此,未来的集体林权制度变革路径设计,关键在于如何构建村集体组织、农户和市场经营主体三方共建共治共享的林地产权治理结构,最终达到三方共赢的现代林业经营体制机制。

要了解林地"三权分置"制度改革设计,首先必须对林地承包权属性和权能的最新含义进行必要的分析与解读,在此基础上才能更清晰地了解其实践意义。实际上,2003 年新集体林权制度改革中推进集体林地确权登记工作,当时国家还没有正式确立"三权分置"制度,因此当时的集体林地确权登记指林地承包经营权意义的确权登记,其中只包含林地承包经营权一个权能。而 2014 年中办印发的《关于引导农村土地经营权有序流转发展农业适度规模经营的意见》首次明确提出实施林地"三权分置"制度设计,林地确权登记就包括土地承包权和经营权两个权能的确权登记。

80 年代的林业"三定"改革把集体土地的承包经营权让渡给农户家庭个体,并且通过家庭承包制而"固化"为一种具有物权属性的产权。获得土地承包权后,农民也因此获得有限的收益权和处分权,后者表现为农民在不改变林地的林业用途前提下,可以把林地的承包经营权流转给其他经营主体。然而,在实践中,如何界定林农的承包权权属,如何保障林农的承包权"长久不变",其中也面临许多必须重新认真思考和研究的新问题。而要明晰这些问题,有赖于通过村级领域的具体实践来予以探索。

第三节　林地"三权分置"制度改革试点

自 2013 年新集体林权制度改革第一阶段"确权到户"的改革任务完成之后,全国部署推进第二阶段的林业综合改革,而事实上,不少地方的林业综合改革实践探索早于国家的顶层设计。不少省份在"确权到户"的同时,就以配套改革或者完善及深化改革的名义推进各项林业改革措施。因此,全国不同省份的集体林业综合改革呈现交互推进的局面,各地进展程度有很大的差异。一些改革先行地区在推进林业综合改革过程中形成的实践经验为后进地区提供了重要的参考借鉴。

一、集体林业综合改革试验示范区实践

2014 年,国家正式确立农村土地"三权分置"制度,这一制度设计即成为各林业综合改革示范区重点探索的改革内容之一。2014 年 11 月,农业部、中央农办、中组部等 13 个部委联合下发农政发〔2014〕5 号文,在全国选取了四川成都市、巴中市巴州区,贵州毕节市,福建永春县、三明市沙县区,湖南浏阳市,重庆市永川区,河南信阳市等 8 个县(市、区)为农村改革试验区——深化集体林权制度改革试点区域(福建的沙县、贵州毕节市属于全国第一批农村改革试验区,其余 6 个试验区属于全国第二批农村改革试验区)。[①] 2015 年中央一号文件《关于加大改革创新力度加快农业现代化建设的若干意见》明确指出要进一步"深化集体林权制度改革"。同年 2 月,为贯彻落实中央这一工作部署,国家林业局在北京、内蒙古、福建等 21 个省(区、市)新设立 23 个集体林业综合改革试验示范区,2016 年又新增浙江丽水市和贵州六盘水市两个示范区,全国集体林业综合改革示范区数达 33 个。

按照国家相关部门的统一部署,各示范区建设的目标是立足于中央城乡一体化发展战略部署,立足于建设生态林业和民生林业的要求,计划用 3 年时间(2015—2017 年),探索和破解集体林业发展的体制机制问题,着力解决在集体林权制度、林业经营体系、公共财政支持林业制度、金融支持林业制度、林业社会化服务体系等方面存在的问题,深入探索改革和调整林业生产关系的有效途径,为全面深化集体林业和林权综合改革积累经验、探索路子,为修改完善相关政策法律法规提供实践依据,使农村集体林业综合改革的推进与法律法规的完善相互衔接、互促共进。

---

① 农村改革试验区创建工作开始于 2009 年,由中央农村工作领导小组直接领导,由农业部牵头,中央农办等 21 个部门和单位参与,确定超前探索、创新制度,重点突破、配套推进,统一指导,地方为主,先行先试、封闭运行的基本原则。2011 年确定了 24 个试验区,紧紧围绕稳定和完善农村基本经营制度、健全严格规范的农村土地管理制度、完善农业支持保护制度、建立现代农村金融制度、建立促进城乡经济社会发展一体化制度、健全农村民主管理制度等六大制度建设,确定了试验内容。2014 年 7 月,为深入贯彻落实党的十八届三中全会和中央农村工作会议精神,国家有关部门启动第二批农村改革试验区和试验项目申报工作。2014 年 11 月 20 日,国家 13 个部委局正式批复全国 23 个省(自治区、直辖市)政府,确定了 34 个第二批农村改革试验区。全国农村改革试验区总数增至 58 个。

从表 4-5 中可以看出,全国 33 个示范区重点围绕试点开展林地"三权分置"制度、建立健全林业社会化服务体系、完善财政扶持制度、完善林业金融支持制度和森林保险制度、构建以森林经营方案为基础的科学管理体系、建立公益林管理经营机制、健全林地流转机制、发展农民股份合作、赋予集体资产股份权能等方面推进集体林业综合改革。每个示范区根据自身的实际情况,选取其中的一个或者多个改革目标作为试点内容。其中选择林地"三权分置"制度改革的共有 18 个示范区,仅次于选择"试点建立健全林业社会化服务体系"的示范区(19 个)。改革选项最少的是"试点积极发展农民股份合作,赋予集体资产股份权能",全国仅有北京市房山区和广东蕉岭县选择该改革选项。选择"试点构建以森林经营方案为基础的科学管理体系"选项的也仅有 3 个示范区。

表 4-5 林业综合改革试验示范区建设试点改革内容及试点区域

序号	示范区试点改革建设内容	试点区域
1	在坚持家庭承包经营长久不变的基础上,试点开展集体林地所有权、承包权、经营权"三权分离"	北京房山区、河北赞皇县、辽宁本溪市、浙江龙泉市、安徽宣城市、福建三明市、江西赣州市、山东新泰市、山东莱阳市、湖北襄阳市、湖北恩施市、广东蕉岭县、重庆南川区、重庆北碚区、贵州毕节市、云南昆明市、甘肃泾川县、新疆玛纳斯县
2	试点建立健全林业社会化服务体系	辽宁本溪市、浙江龙泉市、安徽宣城市、福建三明市、江西赣州市、山东新泰市、河南栾川县、湖北襄阳市、湖北恩施市、湖南怀化市、广东蕉岭县、广西百色市右江区、重庆南川区、重庆北碚区、贵州毕节市、云南昆明市、陕西宁陕县、甘肃泾川县、新疆玛纳斯县
3	试点完善财政扶持制度	河北赞皇县、浙江龙泉市、河南栾川县、贵州毕节市、陕西宁陕县、新疆玛纳斯县
4	试点完善金融支持制度	北京房山区、河北赞皇县、辽宁本溪市、安徽宣城市、福建三明市、山东莱阳市、河南栾川县、湖北襄阳市、湖南怀化市、甘肃泾川县、新疆玛纳斯县
5	试点完善森林保险制度	北京房山区、山东莱阳市、湖北恩施市、广西百色市右江区、重庆南川区、贵州毕节市
6	试点构建以森林经营方案为基础的科学管理体系	江西赣州市、湖北襄阳市、甘肃泾川县
7	试点建立公益林管理经营机制	河北赞皇县、山东新泰市、湖北恩施市、湖南怀化市、云南昆明市、陕西宁陕县
8	试点建立林权流转机制和制度	北京房山区、辽宁本溪市、安徽宣城市、福建三明市、江西赣州市、山东莱阳市、河南栾川县、广东蕉岭县、重庆南川区、重庆北碚区、云南昆明市、陕西宁陕县、甘肃泾川县

续表

序号	示范区试点改革建设内容	试点区域
9	试点积极发展农民股份合作,赋予集体资产股份权能	北京房山区、广东蕉岭县

集体林业综合改革和深化集体林权改革示范区的建设,是国家深化集体林权制度改革的一项重要举措。对于集体林业综合改革示范区建设的总体实践情况,2016年笔者从 21 个省(自治区、直辖市)33 个试验示范区抽取 17 个省(自治区、直辖市)的 22 个县(市、区)的 47 个村庄展开实地调研,以了解样本试验示范区推进集体林业综合改革的具体情况,评估其改革绩效。2018 年,笔者再次到四川成都市以及福建永春县、三明市沙县区等地进行跟踪调查,由此获得了更多的一手研究资料。

笔者实地调研的 22 个样本示范区县(市、区),总土地面积 216065.61 平方公里,约占全国总陆地面积的 2.25%(以 960 万平方公里计算)。其中面积最小的是重庆北碚区,面积仅有 754.2 平方公里,最大的示范区是江西省赣州市,面积达 39379.64 平方公里。22 个调查样本示范区中,平均每个示范区的林地面积为 881.47 万亩,其中集体林面积 697.1 万亩,占样本示范区平均林地总面积的 79.08%。平均每个县(市、区)的森林覆盖率为 58.537%,是全国平均水平的 2.71 倍(第八次全国森林资源清查结果显示我国森林覆盖率为 21.63%)。[①] 调查显示,22 个样本示范区生态公益林总面积达 7195.25 万亩,占样本示范区林地总面积的 37.1%。考虑到有不少示范区的地方政府对某些特殊属性的林地山林实施类似生态林管护政策,因此不少示范区实际"划定"的生态林比例高于统计数。如福建永春县和三明市沙县区将高铁、

---

① 第八次全国森林资源清查结果显示,我国森林面积和森林蓄积量分别位居世界第 5 位和第 6 位,人工林居世界首位。和 2008 年相比,我国森林资源呈现四个特点:一是森林总量持续增长。森林面积由 1.95 亿公顷增加到 2.08 亿公顷,净增 1223 万公顷;森林覆盖率由 20.36% 提高到 21.63%,提高 1.27 个百分点;森林蓄积量由 137.21 亿立方米增加到 151.37 亿立方米,净增 14.16 亿立方米。二是森林质量不断提高。森林每公顷蓄积量增加 3.91 立方米,达到 89.79 立方米;每公顷年均生长量提高到 4.23 立方米。三是天然林面积稳步增加,从原来的 11969 万公顷增加到 12184 万公顷,增加了 215 万公顷;天然林蓄积量从原来的 114.02 亿立方米增加到 122.96 亿立方米,增加了 8.94 亿立方米。四是人工林快速发展。其面积从原来的 6169 万公顷增加到 6933 万公顷,增加了 764 万公顷;人工林蓄积量从原来的 19.61 亿立方米增加到 24.83 亿立方米,增加了 5.22 亿立方米。人工林面积继续居世界首位。不过,截至 2014 年,我国森林覆盖率仍低于全球 31% 的平均水平,人均森林面积仅为世界人均水平的 1/4,人均森林蓄积量只有世界人均水平的 1/7(参见《第八次全国森林资源清查主要结果(2009—2013 年)》,http://www.forestry.gov.cn/main/65/20140225/659670.html,访问日期:2023 年 10 月 1 日)。

高速、沿江沿河两岸特定范围内界定为重点生态区域,重点生态区位的商品林被另行归类,其管理在很多方面参照生态公益林管理方式。两县划定的这类林地分别达到 11 万亩和 16 万亩。按照福建省地方政府出台的政策,这类林地不能皆伐甚至禁止采伐。但这类林地又不属于公益林,不能享受公益林补偿政策。为此,永春县和沙县区试图通过改革,把部分重点生态区位的商品林收储为公益林。

二、示范区林地"三权分置"制度改革的整体实践情况分析

实地调查表明,绝大多数的集体林业综合改革示范区此前都是所在省(自治区、直辖市)的新集体林权制度改革的先进典型区,在很大程度上能够代表所在地理区位集体林业发展的特征和现状。各示范区在开展集体林业综合改革示范区建设时,也会因时因地选择符合自身区位特征优势的试点改革选项。

在集体林业综合改革过程中,产权问题始终是最关键最核心的议题,因此各示范区大都高度重视推进林地"三权分置"制度改革。国家设置的农业和林业综合改革 33 个试验示范区中,有 18 个试验区承担了林地"三权分置"试点改革任务。各示范区围绕这个目标,进行了多角度的试点。截至 2016 年,被抽样调查的试验示范区围绕林地"三权分置"制度改革取得阶段性进展的整体情况如表 4-6 所示。从中可以看出,各示范区采取的最普遍做法是探索搞活林地经营权方式,促进林木经营权发证工作,以搞活林地经营权或林木经营权来激活林地承包权实践机制。

表 4-6 集体林业综合改革样本试验示范区"三权分置"制度改革取得的阶段性进展

(截至 2016 年年底前)

样本示范区	样本示范区试点改革中取得的主要进展
福建永春县	(1)在福建省率先探索实施非规划林地确权发证试点工作。 (2)成立"永绿林业发展有限公司",为全县现代林业建设提供林权流转交易、收储、融资等功能平台,收储重点生态区位商品林,实行林地增减挂钩改革试点。 (3)探索商品林收储置换公益林和管护体制改革。2016 年,本县被列入福建省首批重点生态区位商品林赎买试点县。
福建三明市	(1)沙县区开展林地经营权流转证发证工作。 (2)推出林权按揭贷款、林权支贷宝、林业互联网金融 P2P 等长中短期林业金融新品种,全市建立林权收储和担保机构并推动工作。 (3)探索林权流转交易机制。搭建资源流转平台。成立福建(三明)林业大宗商品交易中心、林品汇网上商城、三明林业金融服务中心、三明市林权流转交易网等平台,全市形成统一、规范的林权流转、林业金融及相关信息服务平台。

续表

样本示范区	样本示范区试点改革中取得的主要进展
福建沙县 （2021 年改为 三明市沙县区）	(1)建立林地经营权流转登记制度。2015 年 3 月发放全省第一批林地经营权证。 (2)推行混合所有制经营。 (3)组建沙县区森林资源收储管理有限公司,在国内率先探索由收储公司做出第三方兜底收储保证,通过资本运作,开展林业推进森林资源资本化试验。 (4)提升林业管理服务,对达到一定规模的林业经营组织,自行编制森林经营方案。
江西赣州市	推行林地经营权流转证管理制度,按照以财政奖补乡镇、村两级 100 元/亩的标准促进林地流转。
浙江龙泉市	(1)在全国率先试行林地经营权流转证制度。 (2)在全国率先试行村级担保合作社制度。 (3)在全国率先试行林地信托抵押贷款制度,破解公益林不能抵押贷款难题。 (4)在全国率先试行公益林补偿收益权质押贷款。
广东蕉岭县	(1)分别发放 4 种不同类型的林权证。 (2)以蕉岭县农村产权交易中心颁发“产权流转交易签证书”为抵押发放贷款。 (3)建立林权交易中心。
广西百色市 右江区	与科研院校合作开发右江区林业信息平台,整合涉林审批、资源管理、林权信息等数据,实现办公审批、资源管理、林权管理等网络自动化。
云南昆明市	(1)宜良县开展经营权登记发证试点,探索林下经营权的流转及抵押融资。 (2)探索建立林权收储机制,但未取得实质性进展。 (3)开展地方公益林流转试点,搞活公益林林下经营。
贵州毕节市	注资筹建区森林资源收储交易中心。
四川成都市	(1)市级层面出台了《成都市林地经营权流转证发证管理办法(试行)》,赋予流入方按照合同约定实现林权抵押、林木采伐等权能。 (2)依托“成都农村产权交易所”平台,构建了市、县、乡三级林权流转服务网络。 (3)建立健全非林地上经济林木(果)权确权发证制度。 (4)探索林业共营制模式,引导林农以林地经营权入股组建林地股份合作社,构建“林地股份合作社＋林业职业经理人＋林业综合服务体系”的“林业共营制”新型林业经营体系。培育林业职业经理人 30 人、林业服务“超市”3 处。
湖南浏阳市	(1)起草了《浏阳市林地经营权流转证管理办法》。 (2)市权管理服务中心建设对接湖南省中部林业产权交易服务中心。 (3)组建了 96 家林场组、建立浏阳市流转林场协会。

样本示范区	样本示范区试点改革中取得的主要进展
湖北襄阳市	(1)办理林地经营权流转 23 宗,流转面积 8300 亩。 (2)林地股份制合作试点突破。 (3)建成了全省首家民营区域性林权交易平台——鄂西北林权交易,建立华中林苗产品交易所。
湖北恩施市	(1)"恩施市林地经营权流转证"已颁发到位。 (2)探索引进城市资本进入农村,引导 1.5 亿元城市资本进入农村,开展土地和林地流转,明确城镇人口在农村流转土地(含林地)达到 3.3 公顷以上、流转年限 30 年以上的,允许按程序报批一处生产生活用房;城市市场主体在农村流转土地(含林地)20 公顷以上、流转年限 30 年以上的,可给予流转面积 1%～2% 的农村集体土地经营性用地使用权,用于农副产品加工、林业生产、乡村旅游、农村养老、农家乐等涉农(林)行业开发与建设。 (3)探索在不改变公益林性质的前提下进行公益林的经营权的流转。
河南信阳市	(1)息县率先出台《息县林权流转证登记管理办法(试行)》,2015 年 11 月 3 日发放了全市第一本林权流转证。 (2)《潢川县人民政府关于在非林地上林木登记管理办法(试行)》通过,拟开展对非林地上林木使用权进行确权发证。
陕西宁陕县	将公益林管护由原来的农户分散管护变为分片集中管护模式,结合脱贫攻坚工作,组建一支由 1000 名贫困农户组成的生态护林员队伍。
内蒙古达拉特旗	(1)探索发放森林林木所有权证改革,让享有林木所有权的林农享受生态公益林补偿。 (2)探索生态公益林和以家庭承包形式取得的集体林地使用权抵押办法的授权。
重庆永川区	(1)为非林地林木办理"林木证明",赋予其融资权能。全区已累计办理"林木证明"10 宗,办理面积 7810 亩。 (2)引导社会业主流转公益林从事非木质资源开发利用。全区累计流转公益林 115 宗,面积约 3.7 万亩。
重庆北碚区	(1)由北碚不动产登记中心颁发载明林地使用权、林木所有权和使用权的"不动产权证书";对通过租赁、互换、转包、入股、联营等流转方式获得经营权的流入方,由区林业局查验同意后,直接颁发"林地经营权流转证"。 (2)引入社会资本筹办林权交易运营公司。
重庆南川区	(1)出台《林地经营权流转证制度》,针对非林地上造林,探索土地证和林木证分离办理,实行土地(耕地)承包权和林木所有权、使用权分别办证。 (2)探索森林景观资源流转模式。
河北赞皇县	(1)放活公益林、自留山林地流转。 (2)允许自留山进行有限期和无限期自由转让。 (3)拟定探索实施对流转的土地开展经营权登记和发证工作。

续表

样本示范区	样本示范区试点改革中取得的主要进展
山东莱阳市	(1)制定了《莱阳市林地经营权流转证试点工作方案》,尚未实施。 (2)地处平原,实行耕地林业化流转和利用问题有突破。
安徽宣城市	(1)探索建立资产评估、森林保险、林权监管、收购处置、收储兜底等"五位一体"的林权抵押贷款风险防控机制,组建林权收储中心(该省国资委产权中心独资建立了"安徽省森林资源收储中心")。 (2)允许林业经营主体在经营林地范围内按照一定比例建设林业生产性用房。 (3)探讨非正式林地确权发证方面有新进展。

具体来看,各示范区采取的改革策略各不相同。如福建三明市属于最能体现本省"八山一水一分田"省情的典型地区,全市森林覆盖率高达 78.73%。作为全国新集体林权制度改革先行先试地区,从 80 年代林业"三定"以来,该市的集体林业改革总体上经历了从"1.0 版"到"5.0 版"持续递进的过程。回顾三明市集体林业制度改革进程,可以发现,该市始终"咬定青山不放松",在坚持林地集体所有权、维护农户承包权、搞活林地经营权的前提下,探索集体林地所有权、承包权和经营权的市场化实现形式,朝林业市场化改革进程方向不断进行创新和突破,在全国始终承担国家集体林权制度改革先行先试的"排头兵"和示范区的作用。①

尤其是近年来,为破解林地确权到户后单个农户经营规模效率低下的难题,三明市以探索林地"三权分置"制度改革试验为契机,大力培育各类新型林业经营主体,积极引导建立新型林业经营组织,大力促进林业生产要素整合融合,以提升林地的规模化集约化经营水平,其整个林业综合改革建设始终居全国最领先位置,其下属的永安市、沙县区均是全国新集体林权制度改革的"排头兵"。截至 2016 年,三明市共组建培育各类新型林业经营主体 1945 家,经营林地面积 704.3 万亩,占全市集体商品林地总面积的 41.5%。平均每家林业实体经营面积达 3620 亩。

三明市已探索形成六类新型林业经营主体组织形式:一是组建新型家庭林场。即以林业大户为基础或亲情、友情为纽带组建,林农共同或委托其中能人经营管理,经营所得按入股资产比例分配。截至 2016 年,全市累计成立家庭林场 530 家,经营面积 93 万亩。二是探索股份制林场组织形式。以 20 世纪 90 年代实行的"分股不分山、分利不分林"的林业股东会为基础,通过创新经营、管理、分配等体制机制改造而

---

① 三明市 1988 年 4 月被国务院批准为全国农村改革试验区,2015 年被国家林业局列为全国集体林业综合改革试验示范区,2020 年 12 月被国家林业和草原局确定为全国首个"全国林业改革发展综合试点市"。

成;或将联户承包的林权份额量化到户,建立股份经营管理制度。至 2016 年,全市已成立股份林场 107 家,经营面积 92 万亩。三是培育新型林业专业合作社。以同类林产品的生产经营者自愿联合、民主管理而组建,或以原出让林木采伐后,将其采伐迹地收回村集体,后者再组织村民自愿投资入股造林而成立。至 2016 年,全市累计成立林业专业合作社 904 家,经营面积达 207 万亩。四是探索"公司+基地+林农"经营模式。即由林业龙头企业、国有林场与林业经营组织合作,明确双方权责利,林业龙头企业、国有林场提供资金扶持、技术指导和销售服务等,林业经营组织以林权入股,并负责造林、护林、抚育、采伐等林业专业生产经营活动。截至 2016 年,全市累计成立"公司+基地+林农"单位有 105 家,经营面积达 83 万亩。如三明市将乐县积极探索"公司+基地+林农"经营模式,引导"金森"林业公司等龙头企业开展村企联合经营、林地托管经营等模式,通过成立股份公司与林农合作造林,既保障了林农利益,又使林企获得了可持续发展的空间。五是探索新型林业托管经营模式。即林农委托具有较强经营管理能力并能承担相应经营风险的企业进行有偿经营。截至 2016 年,全市累计成立林业托管经营单位 46 家,经营面积为 48 万亩。六是探索其他新型组织模式。如将村集体、村民小组、林农个人经营的林木林地,采取收益分成、托管经营等多种方式并入专业化公司,逐步实现规模经营。至 2016 年,全市这类经营组织累计有 253 家,经营面积达 181 万亩。

四川成都市也是全国农业和林业综合改革示范区,在探索林地"三权分置"之改革方面形成了一些重要的实践经验。2010 年,该市全面完成了以"明晰产权、承包到户"为主要内容的主体阶段的新集体林权制度改革工作。2014 年 11 月,该市又被确定为"第二批全国农村改革试验深化集体林权制度改革试点市"和全国"林业综合改革试验示范区"。在此之后,成都市有关部门出台了《完善林权制度改革实施方案》等 24 个深化集体林权制度改革的文件。围绕筑牢绿色生态屏障、提供生态产品、打造生态家园、建设都市现代林业的目标,林业综合改革取得了明显的进展。从 2015 年到 2018 年,经过 3 年的探索,成都市探索出了林业公共财政补贴"普惠制"、经验"共营制"、风险"防控制"、交易"入场制"、承包"退出制"和融资"多元制"为主要内容的深化集体林业综合改革的"成都经验"。

在探索"三权分置"制度改革实践过程中,成都市从林地经营权中分置出地表附着的林木所有权和林木经营使用权两种权利,称之为"五权分置"。同时探索实行非林地上经济林木(果)权确权发证制度。如成都崇州市将林地经营权剥离出来,单独办理一个林地经营权流转证,作为一个要素进行流动。林农拿了这个权证就可以入股林地股份合作社。每个入社的林农都是股东,都享受到林业产业化经营发展带来的收益。

除了福建三明市和四川成都市在林地"三权分置"制度改革实践中取得了很大成效,其他实验示范区主要从两个方面因地制宜地进行了探索:一是探索果林地、经济林地等非规划林地的"三权分置"制度实践。如前文提到的福建永春县探索非规划林地的一揽子产权制度改革,河南潢川县开展对非林地上林木使用权进行确权发证试点;重庆永川区则为非林地林木办理"林木证明",并赋予其融资权能;广东蕉岭县则发放4种不同的林权证;内蒙古达拉特旗探索森林林木所有权证发放改革;重庆南川区出台《林地经营权流转证制度》,针对非林地上造林,探索土地证和林木证分离办理,实行土地(耕地)承包权和林木所有权、使用权分别办证①;河北赞皇县试图将新集体林权制度改革政策推广延伸到自然保护区和森林公园的集体林地;安徽宣城市探索实施城市绿化带确权发证;湖北恩施市结合国家少数民族地区扶贫发展的优惠政策"东风",开展引导1.5亿元城市资本进入农村,开展土地和林地流转试点等。这些实践做法的共同特点是通过非规划林地的确权发证,然后赋予其普通集体林地的产权属性,并获得登记抵押、资产融资等权利。

二是探索林木所有权和经营权的具体实践形式。尤其是在建设"生态林业"的大背景下,如何探索公益林管护机制改革,包括试点公益林流转,公益林利用和赎买等改革试点也是一些示范区改革的重点。② 在笔者2016年实地调查的22个示范区中,有河北赞皇县、湖北恩施市、云南昆明市和陕西宁陕县等4个示范区都以此作为重点改革试点内容之一。在改革试点过程中,各地围绕生态公益林区划与收储、生态林是否能够流转、如何流转、如何利用生态林及生态林划定、补偿等问题展开了试点改革,并取得一些进展。

如广东蕉岭县、河南信阳市等示范区明确规定生态公益林不能流转,而贵州毕节市也对生态林流转存有疑虑。其他大多数示范区则试图通过生态林流转发展林下经济(如安徽宣城市、福建沙县、陕西宁陕县)或者对生态林景观进行开发利用(如重庆南川区)。其中比较有特色的改革案例包括福建永春县和沙县区的重点生态区

---

① 不过,笔者2016年在实地调查时发现,南川区实际操作是把林权证的几个权属分开,在林权证注明林地所有权,集体林地归集体所有。如果是荒山造林,就注明是非林地,实际上就是耕地,以示区分。他们顾虑的问题是,如果各种证发多了,要多头管理,难以监管。

② 全国有26个省申报补进国家级公益林22506.24万亩,有6个省申报调出国家级公益林189.67万亩。经审核,此次补充区划认定补进国家级公益林20498.70万亩,调出国家级公益林189.67万亩。审核后,全国国家级公益林总面积为186685.24万亩(含2009年认定并纳入中央财政森林生态效益补偿的西藏地方公益林8724.44万亩),其中,非天保工程区97170.71万亩,天保工程区89514.53万亩[数据转引自《国家林业局关于国家级公益林补充区划审核结果的通知》(林资发〔2012〕183号)]。

位商品林收储试点。这两个县、区被划为重点生态区位的商品林分别达 11 万亩和 16 万亩。浙江龙泉市在全国率先试行生态公益林补偿收益权质押贷款改革,破解公益林不能抵押贷款难题。云南昆明市探索开展地方公益林流转试点改革。湖北恩施市探索允许在不改变公益林性质的前提下进行公益林的经营权的流转试点改革。结合脱贫攻坚工作,宁陕县组建了一支由 1000 名贫困农户组成的生态护林员队伍。内蒙古达拉特旗试点实施森林林木所有权证登记发证改革,让享有林木所有权的林农享受生态公益林补偿,并拟定进行融资贷款。重庆永川、北碚和南川则试点实施公益林生态景观流转利用改革,尤其是南川区已经形成一系列成功的可以复制推广的经验。河北赞皇县也在放活公益林地流转方面进行了初步探索。安徽宣城市绩溪县、旌德县和泾县都在积极探索利用森林景观资源发展森林休闲康养产业。

特别需要指出的是,福建省积极探索重点生态区位商品林赎买的体制机制。在建设"美丽中国"和推进生态文明建设的新形势下,南方集体林区原本属于重点生态区位的商品林被省级或者市县级地方政府划为生态公益林,并被限制甚至禁止采伐。由于没有给予林地经营者合理的补偿,引发不少的林权矛盾纠纷,广大林农和其他林地经营主体对此意见很大。为此,福建省开始在全国率先实施生态林收储制度改革,该省的永春县、沙县区、永安市等 7 个县(市)作为首批试点区域,在 2015 年开始推进这一改革。探索实施生态林收储制度和林地增减挂钩试点①。

另外,少数集体林业综合改革示范区其实是农业改革、城乡一体化改革等多种改革示范区(如四川成都市、湖北恩施市等),当地政府在探索城乡一体化、探索农村农业林业综合改革等领域进行多方面的综合改革试点。最典型的是湖北恩施市,该市同时是全国综合扶贫改革试点和少数民族井发重点试验地区,为此,该市积极探索引进城市资本进入农村,为农村经济发展注入新的活力。截至 2016 年 8 月,恩施市已引导 1.5 亿元城市资本进入农村,开展土地和林地流转。该市明确规定,城镇人口在农村流转土地(含林地)达 3.3 公顷(49.5 亩)以上、流转年限 30 年以上的,允许按程序报批一处生产生活用房用地;城市市场主体在农村流转土地(含林地)20 公顷(300 亩)以上、流转年限 30 年以上的,可给予流转面积 1‰~2‰的农村集体土地经营性用地使用权,用于农副产品加工、乡村旅游、农村养老、农家乐等涉农(林)行业开发与建设。恩施市的改革举措对于深化林地"三权分置"改革、推进林地利用的资产化改革具有重要的借鉴和启示意义。

---

① 很多林地经营业主认为,福建省实施的重点生态区位商品林收储试点政策和既定法律法规有明显冲突抵触。当时林权登记条例有体现"谁造谁有"规定,发证就是落实林木所有权和处置权,如今这些林地不能采伐,等于侵犯了他们的林木所有权和处置权。

本书一再强调,在探索"三权分置"制度改革过程中,对于集体林地产权的理解其实远比耕地产权要复杂得多。按照学术界经典的产权研究范式,产权制度是经济社会中有关财产权利的行为规范的总和,包括成文的法律规章和不成文的风俗习惯。一般意义上的产权具体包括所有权、使用权、收益权、处置权等四项内容(通称"四权")。而对于集体林权而言,"三权分置"具体指集体林地所有权、承包权和经营者分置,但不是"三权分离"。不过,2016年10月30日中共中央办公厅、国务院办公厅印发《关于完善农村土地所有权承包权经营权分置办法的意见》首次对集体土地所有权、承包权与经营权的具体权利和权能进行了明确规定①,指出集体林地"三权"中的每一种产权权能都各自包含了所有权、使用权、收益权、处置权,这些产权权能都有如何体现其经营收益的问题。有研究者指出,集体林地产权至少包括林地所有权、林地承包权、林地经营使用权、林木所有权、林木使用权、林产品权、采伐权、景观权、品种权、补偿权、继承权等多种权能。在实际操作中,正如基层林业部门所经常指出的:"一棵树种下去,十几种权利就产生了!"因此,在集体林业综合改革中,产权权能的界定始终是一个大难题,其改革也始终更为复杂。

开展集体林业综合改革的最终目标是建立责、权、利明晰的现代林业产权和经营制度,而实施林地"三权分置"制度改革,最终目标是提高林地经营的经济效益和生态效益,这点是全国各示范区推进集体林业综合改革建设工作的本意。自2003年实施新集体林权制度改革至今,林业生产关系、林农林权利益关系已经发生了重大变化,出现了林权结构小型化、林地经营地块分散化、经营主体多元化、林业管理复杂化等一系列新情况、新问题。然而,各示范区在实际操作中,大都是各自从九个改革"菜单"选项中选取若干个"菜单"进行重点突破,这种单维度推进集体林业综合改革的做法在具体执行中却并不完全切合实际,也使得林业综合改革的成效大打折扣。不过,也有少数示范区注重改革的整体效应,如四川成都市就非常注重在市级层面协调多个部门进行改革政策设计突破。作为2003年设立的全国农村城乡一体化和农村综合改革试验区,成都市历经十多年的改革积累,其综合示范区建设具有明显的综合性、系统性,称得上是真正的林业"综合改革",改革的起点高,改革"顶层设计"先行,且多部门之间协作性比较强。

当前的林业综合改革,可谓"牵一发而动全身",因此,每个示范区在推进集体林业综合改革时,都应该有全局改革和综合改革思维。尽管各地所选的改革侧重点不一样,但各地应围绕这个改革着力点,全力推进相关领域的一揽子配套机制改革,才

---

① 《关于完善农村土地所有权承包权经营权分置办法的意见》适用耕地也适用林地。

可能真正取得创新和突破效果。事实上,各集体林业综合改革示范区在"三权分置"改革试点中,取得重大创新和突破性进展的试点实践经验并不多见。同时,已经有些取得改革进展的示范区,也暴露出一些新的亟待解决的问题。①

①　国家有关部门设定集体林业综合改革示范区,目的是强调在坚持风险可控的前提下,可以突破既定"法律"限制。但在具体改革实践中,有的示范区认为在国家既定法律制度没有突破的情况下,地方林业管理部门不敢"越雷池一步"。他们指望国家有关部门先为示范区改革简政放权甚至突破既定法律框架,这种思维使得改革成效受到很大影响。

第五章
林地"三权"权能法律及实践含义解析

本章将以当前的社会发展形势为背景,结合国家新修正实施的《农村土地承包法》《土地管理法》等法律政策文本表述,以林地承包权的法律和实践含义解析为中心,对"三权分置"制度变革中集体林地的所有权、承包权和经营权的法律与实践含义的演变路径进行专题解析。

第一节 林地承包权权能法律与实践含义解析①

依照"三权分置"的制度设计,保障每个农户相对均等地享有林地承包权是为了保障农民的集体成员权实践主体地位,彰显农村集体林地的社会保障功能和价值。每户农户家庭因此能够从承包地经营中获得基本的生存和生计保障,这体现林地的社会主义生产资料公有制的社会制度实践效能。集体林地承包权形成于 20 世纪 80 年代初林业"三定"改革时期,但其实践规制可以追溯到人民公社时期的集体成员权实践。和耕地承包权一样,"生为农民"必须通过"身为农民"的村庄社区的认定程序才能获得集体林地的承包权。一个农民,只有正式获得了村集体的集体成员权资格,才能获得"村籍",才能享有林地承包权。只不过,集体林地承包权的具体含义和实践方式随着集体林地制度改革的推进而不断演变。即便如此,赋予农民更加充分而有保障的林地承包经营权,保持现有林地承包关系稳定和长久不变,这是当前我国集体林地经营制度变革实践的核心所在。

对于林地承包经营权权利的理解,理论界和实践部门都有一个认识变化的过程。要客观准确地分析林地承包权的法律属性和实践规制,必须紧密结合耕地承包权属性,将以往的农村土地产权制度变迁和《农村土地承包法》《森林法》《民法典》等法律法规相结合进行解读,才能更准确地理解其含义和意义。② 事实上,虽然集体林

---

① 本章的部分内容已发表于《中共福建省委党校学报》2021 年第 4 期。

② 2018 年 12 月 29 日,十三届全国人大常委会第七次会议通过了《关于修改〈中华人民共和国农村土地承包法〉的决定》。2019 年 1 月 1 日,新修正的《农村土地承包法》正式实施,并对很多以往存在争议的问题进行了更加明确的约定。

地和耕地的利用方式差异很大,但是在大多数场景中,由于集体林地的产权制度设置与耕地制度基本相同,集体林地制度同样适用于耕地制度的相关法律政策。实践中,法律层面的林地产权权利总体上可归到农村土地产权权利规定底下,林地承包经营权等实际上是"土地承包经营权的下位概念"①。尤其是涉及林地产权制度的相关设置,更是和耕地产权制度基本相似,因此本书在表述时会把"农村土地"和"农村集体林地"进行切换表述。再者,国家有关部门并没有单独制定与《农村土地承包法》《土地管理法》具有同等法律效力的《农村林地承包法》《林地管理法》等专门法律法规。即使 2019 年新修订的《森林法》也主要是从"森林"管理经营的角度做出约定,对集体林地经营和产权属性,尤其是"三权分置"制度改革背景下的林地产权实践规制则很少涉及。实际上,林地的产权制度设置和承包经营等实践仍主要适用于《农村土地承包法》等法律,《森林法》则与之相互补充。② 因此,分析解读林地承包权的含义及改革实践议题,必须通过对新修正的《农村土地承包法》等相关法律条文的解析,说明集体林地承包权权能的法律和实践含义。不仅如此,从林地"三权分置"制度变革实践语境下分析林地承包权权能及实践,必然也要对林地的集体所有权和林地经营权进行解析和说明,才能更好地呈现"三权分置"制度变革实践场景中的林地承包权的法律和实践含义。

陈锡文认为,在家庭承包制实施的早期,对于农村土地承包经营权的产权属性界定存在分歧。当时全国人大常委会对此作出的解释是,土地承包权是农村集体经济组织内部的一种特定的土地承包关系,在当时的司法解释中特别说明其不适用于《合同法》,原因在于《合同法》约束的商业行为是市场交易中两个平等的经济主体,通过谈判自主自愿达成的协议,而农村土地承包经营权则不同,土地本来就是属于农民集体所有,农民与自己承包的集体土地,彼此间不属于租赁关系。如果属于租赁关系,则会涉及土地的归属问题。③

1998 年十五届三中全会通过的《中共中央关于农业和农村工作若干重大问题的决定》提到要抓紧制定相关法律,赋予农民长期而有保障的土地使用权。1999 年初,

---

① 展洪德:《农村林地承包经营权初探》,《北京林业大学学报(社会科学版)》2009 年第 3 期。

② 我国目前直接适用于林地经营的法律法规主要有两部:一部是 1984 年首次制定的《中华人民共和国森林法》,该法于 1998 年和 2009 年两次修正,2019 年 12 月 28 日十三届全国人大常委会十五次会议修订,2020 年 7 月 1 日正式施行。新《森林法》共 9 章 84 条,主要是对森林的权属、规划、保护、绿化、经营管理和监督检查等议题进行法律界定。另一部则是 1993 年林业部制定的《林地管理暂行办法》。

③ 陈锡文:《陈锡文谈"中国农村改革历程四件大事"(二):确立农村基本经营制度》,《农村工作通讯》2017 年第 13 期。

全国人大常委会成立《农村土地承包法》起草小组。2002 年颁布的《农村土地承包法》明确规定,土地承包权是村集体内部的一种产权权利。首先,该法规定农村土地承包的主体是本集体经济组织内部的农户,是一种"集体成员权"。换言之,如果不属于本村集体的外部成员,就不具备土地的承包权。通过土地流转获得的只是土地的经营权,不是承包权。这等于从法律上把土地的承包权和经营权分离开来了。而且,《农村土地承包法》还把土地二轮延包政策上升到法律规定,即土地承包期 30 年不变。该法还对承包方农户和发包方村集体彼此拥有的土地权利进行了明确的规定。因此,《农村土地承包法》的实施,让农户依法获得了一种土地的财产权,而不是通过市场性质的谈判协商获得的租赁权。

另外,从林地产权实践的角度来看,林地的经营权到底是物权还是债权? 其中也有争议。2021 年 1 月 1 日颁布实施的《民法典》第二编"物权"的第三分编"用益物权"已经明确规定,农村土地承包经营权属于"用益物权",这点延续了《农村土地承包法》的相关概念的内涵。不过,在具体的林地承包权实践中,有以下三点必须重点讨论。

一、林地承包权权利主体约定

农民之所以是农民,是因为他们拥有耕地、林地、草地等集体土地的承包经营权、集体经济分配权以及宅基地资格权和使用权。在 80 年代林业"三定"改革实施初期,农民获得了林地的承包经营权,并与村集体所持有的集体所有权构成"两权分离"的产权配置形态。不过,之后随着林地流转日益普遍化,农户的承包权和经营权相对分离,由此才逐步形成了"三权分置"的产权实践形态。接下来探讨的林地承包权权能法律和实践含义演变,是基于"三权分置"制度变革背景下而展开的。

在具体实践中,集体林地承包权的产权主体到底是农户家庭,还是农民个体? 有研究者认为,农民的土地承包权和农户的土地承包经营权是不同的概念。[①] 而土地的承包人是农户家庭,农户属于农业生产单位和社会功能单位,而农民个人则是社会个体。早期相关的法律法规对此并没有作出明确规定,2018 年修正的《农村土地承包法》则增加了一款,即规定农户内部的家庭成员依法平等享有承包土地的各项权益,从而对土地承包权的主体进行了明确约定。其中包含着两层含义:第一,明确规定农户家庭是土地承包权的实践主体,而且明确所有家庭成员都享有土地承包权,但土地承包权的相对"固化"设置[②]事实上等于明确农户家庭是土地承包权实践

---

① 丁关良:《农民的土地承包权与农户的土地承包经营权辨析》,《宁波职业技术学院学报》2004 年第 5 期。

② 党的十九大提出,耕地延包政策施行"30 年不变"后再延长 30 年。《民法典》第三百三十二条规定,林地承包期为 30~70 年。

主体,而不是单个的农民。《农村土地承包法》第二章的主题是"家庭承包",第十五条还明确强调"家庭承包的承包方是本集体经济组织的农户"。第二,对保障农村妇女的土地承包权有重要意义。因为之前农村妇女的土地承包权是没有明确的。尤其是在婚嫁中妇女的土地承包权往往是由各地的民间惯例习俗进行约束,而新修正的《农村土地承包法》第三十一条对农村妇女的土地承包权进一步进行了明确规定,有利于保障妇女的土地承包权权益。

《农村土地承包法》还明确规定对耕地、集体所属的林地和草地依法进行确权登记,确认其土地承包经营权,并第一次约定土地承包经营权证或者林权证等证书应当将具有土地承包经营权的全部家庭成员列入(第二十四条)。这条规定进一步从法律上把土地承包经营权的实施主体界定为农户所有的家庭成员,而不是农民个体,对比以往的"集体成员权"的实践规则是个很大的变化。以往土地承包制实践中,"集体成员权"的界定往往是由各村庄社区依照各自的民间惯例约定,这样很容易引发土地承包权纠纷。《农村土地承包法》增加了对"集体成员权"的界定规定条款,即"确认农村集体经济组织成员身份的原则、程序等,由法律、法规规定"(第六十九条),说明国家会出台相关的法律法规统一规定,但是具体适用哪些法律法规,《农村土地承包法》并没有作出明确要求,还得等国家有关部门进一步出台相关法律法规予以完善。

《农村土地承包法》规定:"保持农村土地承包关系稳定并长久不变","农村土地承包后,土地的所有权性质不变。承包地不得买卖"。这条规定约定了两个基本前提:一是土地所有权属于村集体,二是土地不能买卖,也就是不能搞土地私有制,而且土地承包关系将长期保持稳定。在土地承包经营权设定为"长久不变"的情况下,意味着单个农户家庭承包的土地面积将长久保持不变,但由于每个农户家庭的人口生老病死、婚丧嫁娶等正常的人口和代际更替呈现出自然性的增减变化,已有的土地承包权"长久不变"的制度设计如何适应农户家庭人口的自然变化而做出相应的调整? 实地调查显示,土地延包"30 年不变"政策实施至今,各地工商资本进入农村耕地流转经营市场,基本上是以"30 年不变"剩下的期限为最长流转期限,很少有约定"长久不变"的。而在实践中,集体林地的承包期普遍约定在 50 年左右,最长可达70 年。这表明,国家外生的正式的地权制度与村庄内生的传统的非正式的实践规则再次发生背离,对现行林地承包权的稳定实践也构成现实的挑战。

确定集体林地的承包权的主体是农户家庭后,可以发现,在林地流转中面临着一些实践上的困境。突出表现为在一些规模性的林地流转中,包括信托流转、托管式流转中,很多进入村庄的非本村业主在流转该村的林地时,往往是和当地政府或村集体经济组织签订流转合同。如果没有经过严格的法定程序，就可能发生合同主体不合法行为。《农村土地承包法》明确规定家庭承包经营土地流转的主体是农户，而部分业主承包林地时与村集体经济组织直接签订协议，致使合同的主体不合法，还有的业主以流转之名而改变集体林地的所有权性质和林地的林业用途，致使合同不合法等，留下不少林权纠纷隐患。

二、林地承包权权能界定

林地承包权作为一种产权权能或者权利，在法律实践上是个明晰的问题。通常认为，在 2014 年"三权分置"制度正式确立之前，林地承包权和经营权合在一起，和林地集体所有权形成"两权分离"。这一时期的林地承包经营权是一种用益物权，指发包人村集体组织依照《农村土地承包法》与承包人农户签订承包合同，承包人在约定承包期限内享有承包林地的占有、使用、收益的权利。"三权分置"确立之后，林地经营权单独剥离出来，构成"三权分置"的制度设置。这时候，林地经营权承载了用益物权功能，而承包权更多演变为一种"身份权"。①

事实上，林地承包权还可以分出承包权的所有权、收益权、处置权（如抵押、担保）等权能。2016 年 10 月 30 日中共中央办公厅、国务院办公厅印发的《关于完善农村土地所有权承包权经营权分置办法的意见》明确指出农户家庭所拥有的土地承包权的具体权利包括：土地承包权人对承包土地依法享有占有（所有权）、使用（经营权）和收益（收益权）的权利；要充分维护承包农户使用、流转、抵押、退出承包地等各项权能（处置权）；土地承包权所有者有权通过转让、互换、出租（转包）、入股或其他方式流转承包地并获得收益（收益权实现）；有权依法依规就承包土地经营权设定抵押、自愿有偿退出承包地（保障其处置权）；承包土地被征收的，承包农户有权依法获得相应补偿，符合条件的有权获得社会保障费用等（承包权相当是社会保障权），同时规定不得违法调整农户承包地，不得以退出土地承包权作为农民进城落户的条件。《关于完善农村土地所有权承包权经营权分置办法的意见》的精神在 2018 年新修正的《农村土地承包法》中都得到了充分的法律呈现。这部法律对集体林地经营权给予了正式的法律规定。

和 2003 年实施的原《农村土地承包法》相比，2018 年新修订实施的《农村土地承包法》在承包权权能约定方面有几个值得特别关注的新变化：一是新《农村土地承包法》特别凸显土地承包方在对承包地进行任何的流转处置时，都必须向发包方——

---

① 潘登、诸江：《论集体林地承包权与经营权的分离与流转》，《中南林业科技大学学报（社会科学版）》2016 年第 2 期。

村集体经济组织进行备案。这点实际上是保障土地所有权主体——村集体对土地履行其作为所有权者的监管权力。同时,新法还明确规定村集体组织可以从土地流转中收取适当的管理费,新《农村土地承包法》第四十五条规定:"工商企业等社会资本通过流转取得土地经营权的,本集体经济组织可以收取适量管理费用。"这样既可以增加"村财"收入,增加村集体经济组织参与监管土地流转的积极性,也是增加和体现村集体经济组织作为土地集体所有权者的"存在感"的一种方式。二是为了体现土地"三权分置"制度的本意,新《农村土地承包法》第四十四条特别规定"承包方流转土地经营权的,其与发包方的承包关系不变",以突显土地经营权流转中承包方流转的只是经营权。

新修订的《农村土地承包法》还增加了土地承包权承包方式的约定。以往的土地承包大都是按照"集体成员权"进行所谓的公平分配,并主要采取把土地以实物方式承包到户,农户获得土地的经营权。但是新《农村土地承包法》对不同类别的土地的承包方式作出了更加细化的规定,第四十九条规定:集体土地还可以通过招标、拍卖等方式承包,承包费通过公开竞标、竞价确定。在集体林地承包中,这种承包方式比较常用。例如,在2003年到2013年的新集体林权制度改革确权到户过程中,各地除了采取"均山到户"这个最常见的承包方式,还可实行"均股到户"和"均利到户"等承包形式,甚至可以实行"预期均山"等承包方式。新《农村土地承包法》第五十条规定:"荒山、荒沟、荒丘、荒滩等可以直接通过招标、拍卖、公开协商等方式实行承包经营,也可以将土地经营权折股分给本集体经济组织成员后,再实行承包经营或者股份合作经营。"如果是通过招标、拍卖或者股份合作的形式确立土地的承包权,等于是把承包权进行资产化处置后,再以资产收益的形式分配给农户。这时候,土地承包权的实践主体将变得更加多元化和多样化。

由于新《农村土地承包法》第五十一条规定:"以其他方式承包农村土地,在同等条件下,本集体经济组织成员有权优先承包。"这意味着村集体外部的其他市场经营主体也可以参与这类土地的承包竞争。这点显然不同于一般耕地的承包权必须限定于本集体经济组织内的规定。此外,考虑到"四荒地"林地的作物生长期限和承包期限往往很长,新《农村土地承包法》第五十四条规定这类承包地可以继承:"通过招标、拍卖、公开协商等方式取得土地经营权的,该承包人死亡,其应得的承包收益,依照继承法的规定继承;在承包期内,其继承人可以继续承包。"

而具体到实践中,农户因拥有土地承包权成为拥有生产、交换、分配、消费等经济权利的基本核算单位。如果土地承包权指一种特定的"土地承包关系",那么这种"关系"可以被解读为一种社会行动者所建构的一种社会关系,并不是针对某个特定田块的承包契约。2008 年十七届三中全会通过的《中共中央关于推进农村改革发展若干重大问题的决定》首次明确提出要稳定农村土地承包关系并保持"长久不变"。那么究竟是土地承包权"长久不变",还是"土地承包关系""长久不变"? 这点在法律属性上是很模糊的。其中"土地承包关系"可以解读为土地承包这种制度不变,如相对于人民公社时期实行的集体经营制度,现行土地承包制度维持"长久不变"。也可以解读为现行的每个农户承包的土地的具体数量和地块分布"长久不变"。具体实践中的理解就是仁者见仁智者见智了,很多农村地权纠纷因此而产生。

还有,土地承包关系"长久不变"是否意味着"永久不变"? 如果是这样,那农民就很容易把土地承包制"长久不变"解读为类似实行"土地私有制"了。在实践中,土地承包权的"固化"设置总是被解读为土地承包权的"私有化"。有学者认为,从某种意义上看,土地承包权权能实践具有所有权的性质,农民拥有独占的土地承包权,就是土地集体所有的人格化的表现。这样才真正体现了土地经营权、使用权与所有权的分离,切实保护农民的土地承包权,有利于减少现行土地产权关系中内含的不确定性,有利于加强国家对农民的产权保护。[1] 还有调查显示,1998 年土地二轮延包政策实施时,有约 1/3 的农民认为耕地所有权是属于自己的,"潜意识地反映了农民对土地的所有权要求",但这不能仅仅简单地归结为农民"错误地把使用权当作所有权"。[2] 2017 年党的十九大指出保持土地承包关系稳定并长久不变,第二轮土地承包到期后再延长 30 年。新《农村土地承包法》则明确规定耕地的承包期为 30 年,而草地的承包期为 30~50 年,林地的承包期更长,为 30~70 年。这就为未来的可能的土地承包权改革设计调整提供了一个较大的空间。

三、林地承包权流转、继承与退出

林地承包权的"固化"和长期化设置,必然会关联林地承包权的流转和继承问题,由此不仅分置出本章随后讨论的林地经营权问题,而且使得林地承包权设置实践趋于复杂化。[3] 目前,我国已有大约 1 亿农民进入城镇安家落户,在农村土地不能买卖的法律实践框架内,这些"洗脚进城"的农民将如何处置其林地承包权,城乡融合发展和城乡一体化如何在这个关节点上进行对接? 新修正的《农村土地承包法》第三十二条则明确规定:承包人应得的承包收益,依照继承法的规定继承。但这并不等于对林地承包权继承也作出明确规定。而实际上,党的十九大报告以"保持土

---

① 韩俊:《中国农村经济改革与发展的新阶段与新思路》,《中国农村经济》1999 年第 5 期。

② 林卿:《农村土地承包期再延长三十年政策的实证分析与理论思考》,《中国农村经济》1999 年第 3 期。

③ 吴全胜:《林地承包经营权继承若干问题研究》,《绿色科技》2020 年第 15 期。

地承包关系稳定并长久不变,第二轮土地承包到期后再延长 30 年"间接回应了这个问题。

有意思的是,如果回顾以往的改革实践,国家层面对林地承包经营权的继承和流转有不同的设计。早在 1984 年 3 月,中共中央、国务院发布的《关于深入扎实地开展绿化祖国运动的指示》中提出要扩大"自留山"划定面积,承包集体的荒山荒滩面积可以不限,承包期可以延长到 30～50 年,承包权可以继承转让。这说明农户承包集体的荒山荒滩可以继承和转让①,但"责任山"的承包经营成果也允许继承和转让,而林地承包经营权不能转让。1984 年,中共中央发布的《关于一九八四年农村工作的通知》规定:集体林地可以转包,但不能买卖和出租,说明对集体林权流转的限制进一步松动。1998 年修正后的《森林法》规定,森林、林木、林地作为资产可以有偿转让,或者将其作价入股,作为合资合股的条件。2000 年颁布的《森林法实施条例》则规定商品林可以流转,但生态公益林不能流转。② 2003 年中共中央、国务院发布《关于加快林业发展的决定》,新集体林权制度改革开始试点,并强调要加快推进森林、林木和林地使用权合理流转。2008 年,中共中央、国务院发布了《关于全面推进集体林权制度改革的意见》标志着新集体林权制度改革推向全国。这次改革的一大特征是进一步推进林地经营市场化改革,中央和地方政策都鼓励集体林权流转。此后,集体林权流转更为规范,林权流转的面积和参与流转的组织主体也大为增加。

与林业"三定"时期简单书面登记和县级人民政府颁发的林权证不同,新集体林权制度改革中颁发全国统一编号的林权证,最近又陆续引入不动产证取代林权证,其法律效力大大增强,也为集体林权流转奠定了良好基础。中央发布的《关于全面推进集体林权制度改革的意见》还强调要把推进林权交易平台建设作为促进林权流转的重要着力点。这一举措有助于在林权流转中增加交易的透明度,避免村干部或其他主体的"暗箱操作"。2015 年 1 月,国务院办公厅印发的《关于引导农村产权流转交易市场健康发展的意见》被认为是首部针对农村产权流转交易进行规范的全国指导性政策文件。该文件明确规定现阶段的交易品种主要包括农户承包土地经营权、林权、"四荒地"使用权、农村集体经营性资产、农业生产设施设备、小型水利设施使用权、农业类知识产权等八个门类,但集体土地的承包权和所有权不得流转。不过,该文件又同时强调,农户拥有的产权是否入市流转交易由农户自主决定,而土地

① 刘璨、黄和亮、刘浩、朱文清:《中国集体林产权制度改革回顾与展望》,《林业经济问题》2019 年第 2 期。

② 刘璨:《集体林权流转制度改革:历程回顾、核心议题与路径选择》,《改革》2020 年第 4 期。

的承包权属于农户所有,这说明相关法规政策的规定尚不清晰。

不过,国家发布的《关于全面推进集体林权制度改革的意见》也强调在林权流转中要保障农户的承包权权益,保障公平交易,防止农户"失山失地"。2014年以后,国家有关部门开始强调在农户自愿前提下,探索推行农户有偿永久退出林地承包权的政策。[①] 2016年中共中央、国务院发布的《关于完善产权保护制度依法保护产权的意见》明确规定,在实施土地"三权"分置制度时,农户转让林地承包权时,应在本集体经济组织内进行,并经本村农民集体同意;流转林地经营权,也须向农民所属的村集体书面备案。这就把林地的承包权流转范围限定在村集体经济组织范围内。2018年修正的《农村土地承包法》对土地承包权的流转处置权作出了最新的规定。第十七条指出,土地承包方可以"依法互换、转让土地承包经营权"。该条款表明土地承包方可以转让土地承包经营权,这点等于为土地承包权流转提供了法律保障。新《农村土地承包法》第三十三条还规定:"承包方之间为方便耕种或者各自需要,可以对属于同一集体经济组织的土地的土地承包经营权进行互换,并向发包方备案。"第三十四条则规定:"经发包方同意,承包方可以将全部或者部分的土地承包经营权转让给本集体经济组织的其他农户,由该农户同发包方确立新的承包关系,原承包方与发包方在该土地上的承包关系即行终止。"这两个条款展现出新《农村土地承包法》鼓励土地承包权流转的法律实践意图。结合前面土地承包"30年不变"乃至30年到期后再延长30年的制度设计(集体林地承包期长达70年)[②],可以看出等于为农户承包权"私有化"性质的流转确立了某种"窗口",唯一构成约束条件的是土地承包权的流转必须经"发包方"——村集体经济组织同意,且流转的范围限定在本村集体经济组织内。

---

① 刘璨:《集体林权流转制度改革:历程回顾、核心议题与路径选择》,《改革》2020年第4期。

② 法学界对党的十九大报告提出的"保持土地承包关系稳定并长久不变,第二轮土地承包到期后再延长30年"这句话的具体解读有争议(肖鹏:《承包期届满的自动续期制度研究——"第二轮土地承包到期后再延长30年"的法律表达》,《中国农业大学学报(社会科学版)》2018年第6期)。一种观点认为,继续承包是建立新的承包关系,设立新的土地承包经营权,而不是原承包经营关系的继续(宋志红:《中国农村土地制度改革研究:思路、难点和制度建设》,中国人民大学出版社2017年版,第186页;王利明:《物权法研究》(下卷),中国人民大学出版社2013年版,第851页);另一种观点则认为,土地承包再延长30年是继续承包、续签承包合同,原有人地承包关系不变(崔建远:《物权:规范与学说——以中国物权法的解释论为中心》(下册),清华大学出版社2011年版,第530页)。由于第二轮土地延包要2027年前后才到期,还没有实践案例可以参考借鉴。但是参照"30年不变"的"增人不增地、减人不减地"的政策解读,可能更倾向于保持原有的家庭的人地承包关系不变。

与此同时,新《农村土地承包法》实际上还对土地承包权的另一种"流转"方式进行了明确规定,即"退出或者退回土地的承包权"。其中"退出"指享有土地承包权的农户因为某种原因而退出土地承包权。正如该法第二十七条所规定的:"国家保护进城农户的土地承包经营权。不得以退出土地承包经营权作为农户进城落户的条件。承包期内,承包农户进城落户的,引导支持其按照自愿有偿原则依法在本集体经济组织内转让土地承包经营权或者将承包地交回发包方,也可以鼓励其流转土地经营权。"由此可以看出,一旦农户家庭"退出"土地承包权,实际上就意味着他们可能永久失去了土地,而且不能够重新获得土地,他们也将因此而失去农民这个制度身份而不再属于农民。

而"退回"土地承包权指土地承包方可以把土地的承包权"退回"给发包方——村集体。如新《农村土地承包法》第三十条规定:"承包期内,承包方可以自愿将承包地交回发包方。承包方自愿交回承包地的,可以获得合理补偿,但是应当提前半年以书面形式通知发包方。承包方在承包期内交回承包地的,在承包期内不得再要求承包土地。"这条规定体现出国家鼓励农民主动自愿退回承包权。虽然承包户一旦退回承包权,在承包期内将不得再承包土地,但是这不等于他们永久失去了土地承包权。如果到了新的承包期,退回土地承包经营权的农户家庭仍然可以重新要回。在具体实践中,除非出现某种特定情况,农户一般不会退出或者退回土地承包权。

从这些条款中可以看出,在城镇化、工业化快速推进大量农户进城购房甚至落户的新形势下,如何稳定和保障农户的林地承包权已经成为一个不可回避的重大现实问题。而对于林地承包权的实践规则,新《农村土地承包法》新修部分主要明确两个法律意思:一是土地承包权可以转让,但不得如土地的经营权一样,可以通过完全的市场化方式流转;二是土地承包权只能在本集体经济组织内进行。但是新《农村土地承包法》透露出的信息是国家鼓励土地承包权在本集体经济组织内相对集中,并在本集体经济组织内进行一定程度的流转,但是对于外部力量参与土地承包权的流转则仍然持非常谨慎的态度。实际上,正如后面案例分析将呈现出来的,由于村庄外部的市场经营主体可以通过林权流转的方式获得林地承包者——农户分置出的林地经营权,这样在实践中会出现林地承包权和经营权相互侵蚀的情况。

在具体实践中,不少农村地区的土地承包制实践把"长久不变"解读为"永久不变"。笔者近年来实地调查的样本案例中,包括福建晋江、漳浦,湖北京山,湖南怀化城郊等地,都已经出现农户私下"买卖"耕地承包权现象。农民已经在以自己的实际行动突破现行土地管理制度的设定框架。如果让他们继续享有林地承包权,无疑类似现在的城乡二元社会结构将会随之迁移到城镇中,从而使得城乡社会结构变得更加复杂多样。

林地承包权的相对"固化"和林地承包关系的相对"永久化"不仅会侵蚀农民的集体成员权,最终使得承包权实际上变得更"私有权化",并与集体成员权实践机制发生冲突(在城乡接合部,因城镇化过程中导致的工商用地转换产生的高增值收益更容易引发此类矛盾),由此会引发一系列因忽视人民公社时期形成的制度积淀——集体成员权实践规制,导致林权纠纷及其他问题。再者,农民的承包经营权是否是一种具有物权属性的产权,在实践中到底应该如何继承?虽然新《农村土地承包法》规定土地承包权可以在农户家庭内继承,但这是以继承者自身拥有集体成员权为前提(如某个农户其子女均已经考上大学并在城镇中获得公职就业岗位,那么他们就失去了村集体成员权)。一旦农民失去集体成员权,其所承包的林地将可能被村集体组织收回,这种做法是否侵犯了林地承包权的物权属性,农民是否可以把林地承包权传承给非集体成员的其他直系或者旁系亲属?诸如此类问题,都需要进一步研究和探讨。

林地承包权退出,与一系列复杂的配套制度改革相关,而目前各地都没有建立林地承包权退出的价值评估体系。就集体林权制度改革而言,近年来笔者在实地调查中,一直试图在全国各地寻找耕地、林地承包权退出尤其是自愿有偿退出的改革或者实践案例,但只获取少数几个在特定条件下实施的林地承包权退出实践案例,而耕地承包权退出的几乎难以看到。第七章将通过对成都市的几个政府主导的林地承包权退出案例的分析,探讨林地承包权退出的实践机制和形式。

第二节　林地集体所有权权能法律与实践含义解析

首先有一点要特别指出,当前集体林地的集体所有权实践有两种形式:一种是确权到户后,相对于农户的承包权和经营主体的林地经营权的集体所有权;另一种是村集体仍然直接管护经营部分集体"统管山",这种林地中村集体组织仍然维持人民公社时期的林地所有权和经营权相合一的林权体制。不过,村集体组织除了可以直接经营"统管山",也可以遵循《民法典》《农村土地承包法》等相关法律的规定,通过市场化手段,公开以招标、拍卖或公开协商等方式进行流转,前提是必须经过 2/3以上村民代表同意,且须经过乡级政府批准和备案,且本集体组织成员在同等条件下,有优先获取流转的经营权的权利。2019 年新修订的《森林法》第十八条沿用了这一表述,并增加了"公示"环节,进一步规范流转程序。

现行的林地"三权分置"制度设计中,稳定林地的集体所有权是社会主义公有制制度属性的本质要求,这是突显林地产权实践的政治效能。按照相关法律政策的规定,村集体组织属于林地集体所有权的合法的权利实施代理主体。在人民公社时期,村集体组织作为"政社合一"的基层组织,直接对本村的林地进行统一控制并实施经营。80 年代初林业"三定"政策实施之后,林地产权实践中分置出林地承包经营权,并以"集体成员权"实践形式承包给农户家庭,村集体组织仍保留林地的集体所有权,由此形成"两权分离"的基本格局。这种格局一直到 2014 年确立林地"三权分置"制度后才发生了新的变化。从某种程度上看,林地家庭承包制实施,使得村集体组织失去了对林地进行直接控制的权力(除了集体保留的"自留山",这部分林地一般不超过集体所有林地面积的 5%),其作为林地集体所有权"所有者"的主体地位也变得模糊不清。和前面一样,分析林地的集体所有权权能,主要结合《农村土地承包法》《土地管理法》等法律文本含义对其实践含义进行解析。

一、林地集体所有权权能法律含义解读

自 20 世纪 80 年代实行土地家庭承包制改革,村集体组织即失去了对大部分集体土地的管控,对农村的管控和治理能力也因此而大大弱化。为了改变和扭转这一形势,国家开始强调要壮大集体经济组织,大力发展集体经济,由此使得村集体组织作为林地所有权实践主体的地位和功能作用出现了强化的演变态势。

2016 年发布实施的《中共中央 国务院关于稳步推进农村集体产权制度改革的意见》明确提出,要行使好村集体组织作为土地所有权者的作用,尤其是在土地流转和承包经营中行使好管理监督权,发挥好村集体为农民流转土地提供服务的组织功能作用。2016 年 10 月 30 日国家发布的《关于完善农村土地所有权承包权经营权分置办法的意见》则进一步对"三权分置"的土地集体所有制的产权权能进行了阐述,强调要"不断探索农村土地集体所有制的有效实现形式",并"始终坚持农村土地集体所有权的根本地位"。《关于完善农村土地所有权承包权经营权分置办法的意见》还强调,农村土地集体所有权是农村基本经营制度的"根本",不能"虚置",土地集体所有权人对集体土地依法享有占有、使用、收益和处分的权利。《关于完善农村土地所有权承包权经营权分置办法的意见》同时明确规定了土地集体所有权的几种实现形式:(1)要充分维护农民集体对承包地发包、调整、监督、收回等各项权能,发挥土地集体所有的优势和作用;(2)农民集体有权依法发包集体土地,任何组织和个人不得非法干预;(3)有权因自然灾害严重毁损等特殊情形依法调整承包地;(4)有权对承包农户和经营主体使用承包地进行监督,并采取措施防止和纠正长期抛荒、毁损土地、非法改变土地用途等行为;(5)承包农户转让土地承包权的,应在本集体经济组织内进行,并经农民集体同意;(6)流转土地经营权的,须向农民集体书面备案。

集体土地被征收的,农民集体有权就征地补偿安置方案等提出意见并依法获得补偿。从这些规定中可以看出,村集体组织的土地所有权主体地位和权益得到更为明确的维护。

2018 年修正的《农村土地承包法》对《关于完善农村土地所有权承包权经营权分置办法的意见》关于集体土地所有权权能实现形式上升到法律上的明确约定。一方面,新《农村土地承包法》第十三条明确了村集体组织应代表农民集体行使土地的"发包权",村集体组织是农村集体土地的唯一"发包人":国家所有依法由农民集体使用的农村土地,由使用该土地的村集体组织或者村民小组发包。村集体组织的土地"发包权"具体包括发包、调整、监督、收回等各项权能。新《农村土地承包法》同时也明确规定了村集体组织可以行使自己权利的特定情形,第六十四条规定:"承包方不得单方解除土地经营权流转合同,但受让方有下列情形之一的除外:(一)擅自改变土地的农业用途;(二)弃耕抛荒连续两年以上;(三)给土地造成严重损害或者严重破坏土地生态环境;(四)其他严重违约行为。"换言之,新《农村土地承包法》强调在特定情况下保障村集体组织直接干预土地经营权主体违约责任的权利。

另一方面,为了切实保障农户家庭的土地承包经营权得到落实和保障,新《农村土地承包法》第五十七条对发包方——村集体可能采取的几乎任何干预或者妨碍农户家庭土地承包经营权落实的行为进行了限制性规定:如村集体组织假借少数服从多数强迫承包方放弃或者变更土地承包经营权等都被明令禁止(第五十七条)。新《农村土地承包法》第六十条还明确强调:任何组织和个人强迫进行土地承包经营权互换、转让或者土地经营权流转的,该互换、转让或者流转无效。增加这些条款的目的是严格限定村集体组织以行使土地集体所有权者的名义侵害农户家庭的土地承包经营权。

土地家庭承包制实施后,村集体组织除了通过搞好农业产前产后服务保留一部分经济功能,还通过提取少量土地作为"机动田"(新《农村土地承包法》规定不能超过集体组织耕地总面积的 5%)或者"机动山"作为村集体经济发展用地,由此产生的收益归"村财"支配。当然,在苏南等地区,利用集体经营性建设用地发展乡镇企业也是土地集体所有权的一种重要实践形式。不过,全国大部分村庄自实行土地家庭承包制后,村集体组织因为没有其他经营性收益,成了所谓的"空壳村"。不少村庄甚至没有成立专门的村集体经济组织。这点本章随后即会予以分析。

值得一提的是,2019 年修正的《土地管理法》对土地集体所有权实践主体的市场地位进一步予以明确和强化,特别是为农村集体经营性建设用地市场化和资产化改革提供了基本的法律保障,其重大意义在于为城乡一体化发展扫除了一些制度性的障碍。和原来的《土地管理法》相比,新修正的《土地管理法》的突破点主要有两点:一是破除集体经营性建设用地进入土地市场的法律障碍;二是改革农村土地征地制度,明确村集体可以以一级市场主体而不是通过国家土地征用机制进入市场。[①] 这就意味着村集体经济组织的市场主体地位进一步得到确立,并且可以通过盘活利用集体土地包括集体经营性建设用地来强化自己的市场主体地位。原《土地管理法》规定,农村集体经济建设性用地只能在村集体内部使用,外部单位和个人不能直接使用。与之相比,新《土地管理法》删除了原法第四十三条的规定,即"任何单位和个人进行建设,需要使用土地,必须使用国有土地",而是允许集体经营性建设用地在符合国家土地利用规划、依法登记,并经本集体经济组织 2/3 以上成员或者村民代表同意的条件下,可以通过出让、出租等方式交由集体经济组织以外的单位或者个人直接使用。同时,使用者取得农村集体经营性建设用地使用权后还可以通过转让、互换或者抵押方式加以资产化利用。

新修正的《土地管理法》实际上是赋予村集体经济组织以一级市场主体资格使用村集体经营性建设用地,标志着一直以来农村集体建设用地不能与国有建设用地同权同价同等入市的二元体制时代的结束。结合党的十八大之后推动的农村集体产权改革实践,进一步壮大村集体经济组织的经营实力,让广大村民可以在村集体经济组织获取城市和工业化发展的"红利"和收益。这一改革举措无疑会大大强化村集体经济组织对农村生产要素的调动和组织能力。同时未来村集体组织可能利用其土地所有权主体的地位,想方设法把已经承包到户的土地转化为集体经营性建设用地,并通过市场化方式获取更大的利益。如果出现这种情况,则农户的土地承包权实践主体地位势将面临村集体组织的挑战。

二、林地集体所有权权能实践演变及影响

以上只是从《农村土地承包法》等法律文本规定的角度对集体林地的集体所有权主体及权能进行分析。实际上,自土地家庭承包制实施后,由于村集体组织的产权实践权利不断弱化,村集体组织出现"空心化"问题,包括基层村"两委"组织地位功能弱化、组织虚化和地位边缘化等多方面的问题。[②] 这些问题直接导致全国大部分村庄的村集体经济发展停滞甚至"空壳","村财"收入枯竭,进而导致农村社会治理的低效甚至无效化。这样反过来又进一步引发了村集体所有权进行改革的诉求。

---

① 《权威解读! 新〈土地管理法〉的七大突破》,https://finance.qq.com/a/20190826/009012.htm,访问日期:2023 年 10 月 1 日。

② 胡小君:《从维持型运作到振兴型建设:乡村振兴战略下农村党组织转型提升研究》,《河南社会科学》2020 年第 1 期。

如果仅从林地的集体所有权实践角度分析,其面临的问题主要体现在以下几个方面。

1. 村集体组织地位弱化虚化边缘化

和耕地制度改革相同,80 年代实行的林业"三定"改革,其制度设计是把人民公社时期林地经营的权益在国家、村集体和农户之间进行分配,并通过林地集体所有权和农户承包经营权分离的制度设计来保障这种权益分配制度能够顺利实施。在林地产权制度实践中,林业"三定"改革政策明确规定,各地在"分林到户"后可以收取适量的林地使用费,这点相当于村集体组织代理行使土地集体所有权产权主体的职责,并从农户经营的承包地中获取其分成收益,属于土地集体所有权的另一种实践形式。从某种程度上看,这种经营方式可以看成是村集体把自己的所有权"入股"到农户的林地经营中,以获取股份收益,也可以看成是农户从村集体手中"承租"了林地,而农户必须向村集体支付相应的"租金"。不过,在实践中,由于村集体组织和各农户之间缺乏有效的承包协定履行机制,这种林地承包经营的权益分配机制难以实施甚至流于形式。

如福建省从省级层面规定,村集体组织作为集体林地所有者,可以向林地承包经营者收取少量的林地使用费(如福建将乐县"金森"公司按照每年每亩 10 元的标准向村集体组织支付林地使用费,但承包给单个农户的林地使用权则很难收取)。这点和江西省明确规定村集体经济组织不得收取林地使用费形成鲜明的对比。同时,林业"三定"政策规定,各地可以根据本地情况划定少量的"自留山",按照农户的人口均分,满足农户砍柴、盖房家用所需,其经营收益归承包农户长期所有,且可以继承。"自留山"除了不能买卖,农户拥有较为完整的产权。在实际经营过程中,"自留山"不收取租金,因此村集体组织无法进行控制,事实上也就失去了其所有权。不过,在实践中,有的农户会私下把自己的"自留山"流转给他人。对此,湖北省京山县明确规定,农户"自留山"已经自愿流转的,2008 年实施新集体林权制度改革时不再给其划分"自留山";而对于死亡绝户的,其"自留山"没有法定继承人的,则村集体经济组织将收回。

即便"自留山"政策实施后,村集体组织在名义上丧失了其集体所有权,但"自留山"的分配规则按照集体成员权实践规则进行,因此这部分权利仍然由村集体组织控制。按照京山县 2007 年出台的《京山县集体林权制度改革小组关于处理集体林权制度改革有关具体问题的试行办法》的规定:林业"三定"时,部分村、组没有划定"自留山"的,如果大多数群众要求重新划,且集体山林条件允许,经村民小组 2/3 以上农户签字认可,原则上按照户均 5～10 亩的标准补划"自留山";户均不足 5 亩的,按当地平均水平划定"自留山",但山林已全部依法流转的则不再补划"自留山"。京山县还对"自留山"享受政策进行了严格的规定,总体上是拥有集体成员权的农民才能享受。该县明确规定:林业"三定"后,户口在本村的农户,其"自留山"保持不变;户口迁移外地或转为非农业户口且住房搬迁,二轮延包没有确定土地承包权的,"自留山"应予以收回,户口迁移到外地或转为非农业户口,仍有住房,落实承包地的,经村民小组 2/3 以上农户签字同意后保留其"自留山"。

自林业"三定"改革林地承包经营权确权到农户之后,除了集体预留的"机动山"等部分林地,其他承包到户的林地的实际控制权就从人民公社时期的村集体组织转到了农户家庭手中,加上村集体组织作为林地集体所有权的产权主体地位必须通过其代理人——村"两委"干部体现,而村干部本身所处的位置导致在实践中容易出现所有权主体弱化甚至虚化的现象,其结果自然使得村集体所有权与农户的承包经营权构成相互侵蚀的局面,进而出现通常所说的"分田到户、集体空肚"的现象。虽然有的地方的村庄通过保留少量的"机动山"及收取"三提五统"税费等政策来保障村集体组织从林地经营中获取体现其所有权主体的分成收益,但是随着 2005 年前后国家逐步取消农业税费,村集体组织的林地所有权主体地位体现就基本失去了依托,这样不可避免地导致村集体经济组织的利益——"村财"获取能力下降,甚至导致"村财"收入陷入枯竭状态,自然也对村"两委"等基层自治组织和村庄自治制度造成了严重的影响。土地集体所有制是社会主义制度属性中生产资料公有制在农村的主要实现形式,弱化或者虚化村集体组织的土地所有权产权主体地位,不仅会削弱乡村治理的经济基础,也会动摇农村社会主义制度的经济基础。

不过,与执行较为彻底的耕地家庭承包制相比,林业"三定"后的家庭承包经营制在执行中并没有那么彻底。如福建省在 2003 年实行新集体林权制度改革前,很多村庄的大部分集体林地仍然掌控在村集体组织手中。由于缺乏有效的监管机制,不少村庄的集体山林事实上变成了"干部林"。一些村集体组织和村干部通过"变卖"集体山林以维持村集体组织运转,也可能从中谋求私利。① 这点也为 2003 年之后福建省在全国率先启动新一轮集体林权制度改革提供了条件。

2014 年林地"三权分置"制度改革则是因应市场化背景下林地流转快速推进而采取的进一步完善林地承包制的举措,由此使得林地经营中出现了林地所有权、承包权和经营权"三权"在村集体组织、农户和实际经营林地的经营主体之间分配的局面。从理论上推理,"三权分置"制度实施后,林地经营的有限收益自然也必须在"三

---

① 如 20 世纪 90 年代将乐县一些村庄也有类似的集体山林被村干部"变卖"的例子。

权"的产权主体间进行分配。即使从林地利用本身来看,虽然改革开放以来村集体组织对集体林地的直接控制力大为弱化甚至虚化,但是由于集体林地的所有权归属于村集体的刚性(社会主义制度属性的约束)始终会反过来对林地承包权和经营权权能实践构成某种侵蚀作用,最终就会影响林地产权权能及权利价值的完整实现。特别是林地延包和流转等程序始终必须经由村集体组织实施甚至把控认可,客观上对林地承包权和经营主体的经营权实践主体地位构成某种影响。

由于改革开放后越来越多的农村人口外流,林地利用呈现低效率化情形,林地经营权流转快速推进,但是林业"三定"后形成的林地按户承包经营的实践导致林地经营细碎化,这点与现代林地流转追求的规模集约化要求相冲突,由此形成农户的林地承包权和林地流转后形成的经营权相互侵蚀的局面。如果不能对林地"三权分置"制度中村集体的所有权、农户的承包权和经营主体的经营权进行重新调整和配置,势必出现"三权"相互侵蚀而导致"三权分立"的现象。在林地流转实践中,村集体组织可以借助自身的林地集体所有权主体,获得相应的分成收益,甚至进一步增强其扮演市场主体的功能。尽管新《农村土地承包法》第三十九条规定:土地承包经营权流转的价款,应由当事人双方协商确定。流转的收益归承包方所有,任何组织和个人不得擅自截留、扣缴。在具体操作中,村集体组织仍可以通过某种特定的途径从林地流转中获取具有分成性质的收益。

党的十八大至今,国家开始全面推进农村集体产权制度改革①,进一步明确把包括集体林地在内的农民集体所有的土地、森林、草原、荒地、滩涂等列为集体所有的资源性资产,以强化集体林地的集体所有权主体地位。党的二十大强调要大力发展"新型农村集体经济",凸显集体经济的"社会主义公有制经济"制度属性。为破解当前林地"三权分置"制度实践可能导致的"三权分立"的困境,国家有关部门希望通过

---

① 2013 年党的十八届三中全会提出要深化"三农"领域改革,并把如何更好地保障农民集体经济组织成员权利,赋予农民对集体资产股份的占有、收益、有偿退出及抵押、担保、继承权等权能实现,由此形成推进农村集体产权制度改革的初衷。2014 年,国家出台《农民股份合作和农村集体资产股份权能改革试点方案》,由此形成农村集体产权制度改革的指导性政策意见。同年,有关部门在全国 29 个县(市、区)开始改革试点。2016 年 12 月 26 日发布的中共中央、国务院《关于稳步推进农村集体产权制度改革的意见》(中发〔2016〕37 号文件)则是从顶层设计对集体产权制度改革作出具体部署。2017 年,有关部门开始进行试点改革。截至 2018 年年底,全国开展集体产权制度改革试点的县(市、区)达 1000 多个,超过全国县级单位总数的 1/3。2019 年,试点的范围继续扩展,新增 10 个试点省份、30 个试点地市和 200 个试点县(市、区)。2022 年初,全国基本完成农村集体产权制度改革阶段性任务(《农业农村部:农村集体产权制度改革深入推进》,http://www.xinhuanet.com/politics/2019-03/29/c_1124302450.htm,访问日期:2023 年 5 月 6 日)。

进一步的市场化改革,对土地"三权"的权利主体的实践地位重新加以明晰,更好地对林地经营收益进行引导和规范化安排,最终提升林地经营利用的效率,增加林地经营的产出和林地资源的资产性收益。尤其是近年来,由于大量农村青壮年劳动力外出,对林地的依赖程度下降,为林地规模化集约化流转经营营造了一个更好的外部环境,这时候村集体组织在林地经营的实践主体地位开始趋于强化。

2. 村集体组织功能缺失

虽然 80 年代初实行农村土地承包制改革设计的初衷是建立"统分结合"的农村基本经营制度,即村集体统一经营和农户分散经营相结合的体制机制。不过,当时的制度实践中,实际情况上只是注重"分"的层次工作,即通过林地家庭承包制改革实现"分林到户",而村集体统一经营的"统"的层次却没有完全建立起来,由此使得村集体经济组织功能缺失。说是"统分结合",实际上是只有"分"而没有"统"。

有研究显示,截至 1991 年,全国共建立各类农村社区集体经济组织共 194.5 万个。其中属于行政村级组织有 54.2 万个,占 27.9%;属于村民小组级的组织有 140.3 万个,占 72.1%。据统计,到了 1992 年,全国大约还有 19.2 万个行政村尚未建立社区集体经济组织,有 126.6 万个村民小组未建立或参加社区集体经济组织,分别占当年全国村、组总数的 26.2% 和 23.7%。[1] 这说明截至 1992 年全国还有超过 1/4 的行政村没有建立集体经济组织。由于"分田到户"和"分林到户"后,农村最重要的土地和林地等生产资源绝大部分已经分到户,即使是建立集体经济组织的村,也因无地经营而流于形式,没有开展实质性的经营活动。正如近年来国家在推进农村集体产权制度改革中所体现出来的[2],凡是农村集体经济发展较好的村、组,都是全部保留或者部分保留土地集体统一经营的村、组。其中有相当部分属于城乡接合部的村,后来因为城市化而改制为城市社区或者"城中村"。这些村庄利用集体预留的土地,发展各种非农产业,以此来分享工业化和城镇化的土地增值收益(珠三角等城镇化快速推进地区特别突显)。

根据 1982 年中共中央一号文件《全国农村工作会议纪要》的规定,耕地和林地等集体土地承包到户后,村集体所承担的为农业服务的工作应集中在生产资料供应、产品销售、机耕、植保、灌溉、种子、种禽畜、防疫、饲料、农田基本建设、以工补农、

---

① 转引自国鲁来:《农村基本经营制度的演进轨迹与发展评价》,《改革》2013 年第 2 期。

② 据农业农村部信息,截至 2021 年 9 月,全国已建立乡、村、组三级集体经济组织近 90 万个,清查核实集体账面资产 7.7 万亿元,其中经营性资产 3.5 万亿元(《农业农村部:确保如期完成农村集体产权制度改革阶段性任务》,https://m.gmw.cn/baijia/2021-09/18/35174419.html,访问日期:2023 年 10 月 2 日)。

村内公益事业等 12 个产前产后的服务性环节①,由此构成村集体经济发展的主要基础。但是,大部分村庄因缺失生产资料基础,加上没有外部投入,而且大多数村庄缺乏集体经济的经营管理人才,时至今日,全国相当部分村集体经济仍属于"空壳村","村财"收入极少,甚至连最基本的村干部的误工补贴等待遇都主要靠上级政府的财政转移支付。因为没有集体经济和"村财"收入,村庄的各项事业就没有投入,村级社区治理自然也受到严重影响。

村集体的林地"所有权"主体地位弱化、虚化和村集体经济发展好坏有密切关联。由于林地承包到户后,村集体实际上失去了对林地的直接控制,特别是二轮土地延包的"30 年不变"及党的十九大再次强调土地延包 30 年到期后再延长 30 年的相对"固化"的土地承包制度设计安排让村集体作为林地所有权的主体地位几乎完全被侵蚀。这样必然使得村集体经济发展面临困境。而在当前乡村振兴战略实施过程中,要实现产业振兴、人才振兴、生态振兴、文化振兴和组织振兴,首先必须有强有力的村集体经济基础作为支撑。因此,如何调动村集体经济组织发展集体经济组织的积极性、壮大集体经济实力,就成为农村社会经济发展的当务之急。为此,2018年新《农村土地承包法》才明确规定,工商企业等社会资本通过土地流转取得土地经营权的,本集体经济组织可以适当收取管理费用,其目的是强化村集体经济组织在"三权分置"中的作为土地集体所有权者的产权主体的实践地位。

第三节　林地经营权权能法律与实践含义解析

依照林地"三权分置"制度设计,通过林权流转搞活林地的经营权是实现林地经济价值的基本途径,突显林地作为农业生产资料的市场经济效益效能。20 世纪 80 年代至 90 年代初,有一些地方(如贵州黔东南州)即实施了林权流转改革尝试,但总体进展不大。实际上,制度化的林权流转有赖于完备的森林资源产权法律体系为支撑。受制于《宪法》等法律规范的限制,林权流转必须逐步突破。1995 年,国家体制改革委员会和林业部联合下发《林业经济体制改革总体纲要》,明确提出允许以多种方式流转宜林"四荒地使用权",并"开辟人工活立木市场,允许通过招标、拍卖、租赁、抵押、委托经营等多种形式,使森林资产变现"。1998 年,修正后的《森林法》正式实施,规定允许森林、林木、林地作为资产有偿转让,或者将其作价入股,作为合资合

---

① 张路雄、朱麦林、刘雪生、刘福:《双层经营是农业联产承包制的发展方向——河北省玉田县农村双层经营体制调查》,《中国社会科学》1989 年第 1 期。

股的条件。2000 年颁布实施的《森林法实施条例》规定商品林可以进行流转,但强调生态林不能进行流转。

2015 年以后,有关部门持续推进和深化集体林业综合改革,其目的就是在坚持林地集体所有权和保障农户的承包权的基础上,赋予农户家庭以市场化方式搞活林地的经营权。尤其是 2015 年之后,不少工商资本从煤炭、矿产等能源和房地产等产业转向森林资源经营管理,使林业成为继房地产、能源等产业之后的又一备受青睐的产业①,林权流转面积明显增加。尽管国家有关部门明确出台了一系列文件,强调林地流转不能过于集中,且设立了准入门槛制度。2019 年新修订的《森林法》则规定集体林地经营权流转应当签订书面合同。得益于政策转变和支持,林地流转明显增加。截至 2016 年年底,全国累计集体林地流转面积达 2.83 亿亩,占全国已确权集体林地面积 27.45 亿亩的 10.5%,占全国承包到户集体林地面积 19.5 亿亩的 14.50%。②

事实上,无论是林地集体所有权还是农户的承包权的权益要"变现",都只有通过搞活林地经营权才能实现。尤其是在林地集体所有权和农户承包权相对"固化"的前提下,如何通过林地经营权的流转,激励获得林地经营权的经营组织增加投入,以实现林地利用价值的最大化显得尤为重要。换言之,要发挥林地作为经济生产要素的功能,只有搞活其经营权。也只有搞活了林地经营权,让林地实现经济效益最大化产出,才能让林地承包权和所有权更好地实现其经济价值。不仅如此,和耕地相比,林地经营还有重要的公共物品属性——增加生态效益产出,这使得林地经营权实践变得更加复杂。本章接下来将首先对林地经营权权能的法律和实践含义进行解析,下一章再重点结合实地调查获取的案例资料信息,对林地经营权流转的各类经营模式进行阐述和讨论。

一、林地经营权流转的法律与实践含义解析

1. 林地流转中经营权与承包权分离的背景

和耕地承包制实施情况相似,在 2014 年"三权分置"制度正式确立之前,林地实行集体所有权和农户承包经营权"两权分离"制度,农户的承包权和经营权是合二为一的,经营权并没有单独分置出来。80 年代实行林业"三定",集体林地承包到户或者"分山到户"后,农户获得了林地的承包经营权,同时也使得林地经营出现分散化和细碎化的情形。在"三定"时"均山到户"比较彻底的村庄,农民的林地多维持细碎

---

① 刘璨、黄和亮、刘浩、朱文清:《中国集体林产权制度改革回顾与展望》,《林业经济问题》2019 年第 2 期。

② 张建龙:《中国集体林权制度改革》,中国林业出版社 2017 年版,第 26 页。

化分散化经营方式。原国家林业局集体林权制度改革 2014 年跟踪监测调查显示，样本地区有 42.3％以上的受访户表示自家承包经营的山林在 3 块以上，其中有少量的受访农户（5.92％）甚至在 10 块以上。另外，据原国家林业局经济发展研究中心农村林业研究团队对山东、广西、浙江、湖南、四川、辽宁、江西、福建和河南等省（自治区）18 个县的 2400 个样本农户的调查结果，2013 年，36.50％的农户有 1～2 块林地，28.00％的农户有 3～4 块林地，17.00％的农户有 5～6 块林地，13.00％的农户有 7～10 块林地，4.30％的农户有 10～20 块林地，1.20％的农户有 20 块以上的林地[①]，这说明被调查的样本农户有 63.50％的农户户均承包的林地面积在 3 块以上。实际上，2003 年试点实施的新集体林权制度改革，很多地方都片面地把集体林地产权明晰到户理解为"分山到户"或者"分林到户"，这其实是大大曲解了这次林地确权改革的本意。实践证明，林地经营的长期性、见效慢等因素决定了其必须采取规模化集约化经营方式，但这种经营方式和产权明晰本身并不冲突。[②] 相反，过于细碎化的林地承包权分配设置制度并不利于林地的可持续和集约化经营。

如 2016 年笔者到四川成都都江堰市向峨乡龙竹村调查发现，该村全村平均分到的山林有数十亩，但是平均每户分到的山林都分布在七八个地方。本村里有一贾姓户主，全家有 5 个人，1983 年林业"三定"时全家只有 4 个人，共分了不足 10 亩林地，却分布在 20 多个地方。而在浙江龙泉市上垟镇匡山村，1983 年林业"三定"时山林承包到户，农户平均承包的山林也散布成五六块甚至七八块。这种细碎化的林权配置显然缺乏规模经营效益。即使分到村民小组，如果没有进行有效投入和管护，经营效益也可能不太好。如重庆永川区茶竹村就反映出这样的问题：

> 我们村有十几个生产队，共有 1000 多亩林地，面积比较少。我们是一个大的集体，（林业"三定"时）就采取联办林场形式经营，由集体设置场长来经营管理本村的林场。然后我们新集体林权制度改革时不是直接按照上面的政策来分的。上面不是说要把集体的山林分到户、分到社吗？我们全部都分了的，我们的林权证是分到社的，所以办的林权证全部是村民小组的。但是他们茶山竹海就分出来了，因为他们的林班面积比较大嘛。剩下的 3 个乡镇的林地面积比

---

① 转引自刘璨、黄和亮、刘浩、朱文清：《中国集体林产权制度改革回顾与展望》，《林业经济问题》2019 年第 2 期。

② 在实施新集体林权制度改革时，有的地方结合本地林权的历史状况，实行其他确权方式。如福建顺昌县首创"预期均山"方式，福建将乐县、南平市建阳区也有一些林地采取这种确权方式。

较小,他们也觉得让一个村成立一个集体林场来经营和管理会比较好一些,所以他们又组织了一个联办林场。他们是 16 个还是 19 个村民小组,后面经营几年后,他们觉得经营效益不太好,可能是场长、护林人员的工资都成问题,就转手转包给他们。最后很多村庄还是把村里的联办林场的林子转包给个人经营管护,这样能更好地提高林地经营的效益,靠集体经营没有人才和投入不行。①

2. 林地流转中林地经营权的法律与实践含义

随着农村市场化改革的持续推进以及农村人地关系的重组和调整,出现了越来越多的林地流转经营现象。林地流转的本质是农户保留自己的林地承包权,而把林地的经营权通过市场化方式流转给其他经营主体经营。后者因此获得了林业经营剩余价值的索取权。随着林地流转规模化集约化程度不断提升,林地流转的形式越来越多,因此逐步把林地的承包权和经营权分开来,形成了 2014 年国家正式确立的林地"三权分置"制度。由于林地承包权设置相对"固化",大多数情形下的林地流转主要指经营权的流转。即便如此,我国官方认可的林地流转模式,包括转包和转让等流转模式都会涉及林地承包权的部分甚至全部权利的流转,这点我们在第七章探讨林地承包权退出时会再作详细阐述。

首先,我们从学理上对林地经营权进行分析。对土地经营权的法律属性,在2018 年新修正的《农村土地承包法》实施之前,学界大致形成了三种观点:(1)土地经营权是流转情形下独立于承包权的一项权利,从对抗力、存续能力、转让性等方面辨析,土地经营权的性质为债权而非物权②。(2)经营权虽在现行法律制度框架下并不具有法定的物权效力,但因为具有一定的物权功能,而在事实上具有一定的物权效力,所以土地经营权应在立法上确认为用益物权③。(3)土地经营权虽然由土地承包经营权派生,但是作为一种新型民事权利,其效力加强应当通过登记制度来实现,排斥设定土地经营权用益物权性质的产生方式,是一种物权化的债权④。而《民法典》在"土地承包经营权"(第二编"物权"的第十一章)第三百四十一条对土地经营权作了规定,强调"流转期限为五年以上的土地经营权,自流转合同生效时设立",且已经

① 2016 年 8 月 23 日笔者访谈茶竹村村干部 M 某。

② 李伟伟:《"三权分置"中土地经营权的性质及权能》,《中国党政干部论坛》2016 年第5 期。

③ 李国强:《论农地流转中"三权分置"的法律关系》,《法律科学(西北政法大学学报)》2015 年第 6 期。

④ 周伯煌:《森林资源物权价值饱和研究》,法律出版社 2016 年版。

具备了"用益物权"的法律属性。①

新修正的《农村土地承包法》对土地流转作了进一步的明确规定。通过家庭承包取得的土地承包经营权可以依法采取转包、出租、互换、转让或者其他方式流转，前提是获得经营权的"受让方须有农业经营能力"。同时该法第五十三条还规定：通过招标、拍卖、公开协商等方式承包农村土地，经依法登记取得权属证书的，可以依法采取出租、入股、抵押或者其他方式流转土地经营权。第五十四条明确强调：依照本章规定通过招标、拍卖、公开协商等方式取得土地经营权的，该承包人死亡，其应得的承包收益，依照继承法的规定继承；在承包期内，其继承人可以继续承包。这些条款总的意思就是土地流转必须转给真正有农业经营能力者，某些特定类型的土地经过流转而获得其经营权者可以再次流转，且可以继承。不过，无论是在耕地还是林地流转中规定参与土地流转的经营主体要有经营能力这个条款约束条件似乎不太容易操作，所谓的"经营能力"比较模糊，在具体执行中难以落实。很多到农村流转林地经营权的经营主体不一定有林业经营能力。

必须特别强调指出的是，在林地流转中往往涉及各个农户的林地承包地地界流转的问题。林地经营权边界包括地理位置边界和产权权利边界，两者有密切联系。弄清楚这个问题，对于搞活林地的市场经营权有极为重要的意义。实际上，农户、村集体甚至乡镇之间的林地界址不清一直是引发林地林权纠纷的主要诱因之一。② 实践中的林地经营权权利边界取决于政府、村集体、农户及经营主体的谈判和契约约定。村庄外部的经营主体可以通过林地流转方式获得林地经营权，且尽可能使自己获得的林地经营权长期化。在早些年，由于国家林业政策的多变性以及农村社会保障的相对缺失，农户不愿意把自己承包的林地经营权长期性地流转给经营者。不过，近年由于农民大量外出甚至迁移到城镇居住，他们对土地的依赖度明显下降，这种情形发生了明显的变化。

江苏、浙江等沿海经济发达地区的实践证明，林地经营权的长期化规模性流转的前提有两个：一是当地农民有更多的从事非农产业的机会，大部分农民期望长期脱离林地（包括耕地）甚至迁移出农村；二是农民愿意把经营权及部分林地的整治权利长期性地转让给经营主体，后者因此可以打破原有的各户承包地林地地理界限。一旦各家各户承包林地的地块边界被打破，农户林地物化意义上的承包权就丧失

---

① 周伯煌、金贝李：《农地"三权分置"背景下林农财产权益的法律保障》，《林业资源管理》2020年第5期。

② 朱冬亮：《村庄社区产权实践与重构：关于集体林权纠纷的一个分析框架》，《中国社会科学》2013年第11期。

了。这意味着农户不再可能完整收回原先的承包地,而且这是一条不归路(这点在耕地流转中表现更为明显)。这时候农户的承包地被折算为股份,转让给林地经营者,其租金收益以股份计算,这就为股份制流转创造了机遇。

近年来,随着农村改革不断深化,农村集体经营性建设用地上市、农户林地承包权退出之类的改革实践都已经获得了一定的突破。很显然,如果再简单地把林地流转理解为林地经营权或者承包经营权的流转,就显得不合时宜。到了现在,更为复杂的林地流转形式越来越多。例如,现代股份制流转中涉及的林地流转就包括多个流转程序:一是反租倒包,即农户把林地承包权"返还"给村集体经济组织,置换为社区集体经济股份而成为股东;二是出租,这种形式是村集体组织把林地再流转给外来投资者,吸引外部工商资本投入;三是置换抵押,外来投资者以流转到的林地经营权、林木所有权等林业生产经营要素作为市场融资抵押依据,获取金融和政府专项项目资金扶持。在这个复杂的流转程序和运作机制中,单纯用林地经营权流转或者承包权流转不足以概括其全部特征。参与土地流转的主体不仅包括农户和村集体,也包括外来投资者以及政府和金融机构。他们在林地流转中都投入各自的市场经营要素,并最终获得林地经营产出的分成收益和回报。

而在学术界,对于林地流转概念的讨论大致有两种见解。一种是广义的,认为林地流转包括土地产权的更替和林地利用方式的转变。[①] 还有的研究者把农村集体林地使用权的转让纳入林地流转的范畴。[②] 这种观点把包括农村征地拆迁之类引起的林地所有权变更都纳入林地流转范围,显得过于宽泛。实际上,农村林地征用是政府为了追求公共利益,动用公共权力而实施的强制性的行为,并不是按照市场交换原则进行的林地流转交易。另一种对林地流转的理解是狭义的,即把林地流转视为林业用地的流转,不能改变林地的林业用途。如《农村土地承包法》界定的土地流转只是农业用地流转,不包括非农建设用地流转。这是从农村土地利用功能角度进行分析。还有的研究者认为林地流转不是一个独立概念,而应把它直接归并在农村地产交易范围。[③] 另外,也有研究者指出,农村林地使用权流转的含义是拥有林地承包经营权的农户将林地经营权(使用权)转让给其他农户或经济组织,即保留林地承

---

① 张安录:《可转移发展权与农地城市流转控制》,《中国农村观察》2000 年第 2 期。

② 商春荣、王冰:《农村集体土地产权制度与土地流转》,《华南农业大学学报(社会科学版)》2004 年第 2 期。

③ 王克强、刘红梅、顾海英:《农村集体土地市场系统分析和上海市农村地产市场建设》,《上海行政学院学报》2002 年第 2 期。

包权,转让使用权,这样就出现了所有权、承包权、经营权"三权分离"的情况。① 这种观点后来转化为 2014 年之后确定的林地"三权分置"制度,即在强调林地集体所有权、农户承包权相对"固化"的情况下,凸显林地经营权的流转。这种见解也是最直观最常被认可的观点。

如果从学术研究角度来看,对林地流转必须从一个相对更为宽泛的角度来解读,因此不能把林地流转单纯地限定为经营权的流转。实际上,研究林地流转必须考虑到城乡一体化发展背景下,农村林地市场化尤其是资产化改革的实现途径意义上的流转。如果把林地流转单纯地界定为经营权的流转,就无法涵盖实践中存在的林地承包权甚至所有权的流转。例如,我们在第六章即将分析城乡土地增减挂钩这种土地流转模式,虽然这是政府主导下的土地"互换"流转行为,但是其中就包含了土地完全所有权意义上的流转运作机制。而随着农村集体产权制度改革的推进以及集体经营性建设用地入市政策的实施,未来林地所有权意义上的流转行为将会不断涌现。

基于此,本书把林地流转界定为包括承包权、经营权甚至所有权的流转。换言之,把林地流转中的经营权、承包权、所有权的复合性流转都纳入研究范畴,不过,以林地经营权流转为主流形式。此外,林权流转还包括仍由集体统一经营的"统管山"的流转。《土地管理法》《农村土地承包法》都规定,集体统一管理经营的山林须经过 2/3 以上村民代表民主决策通过,并经乡镇政府批准,且集体经济组织内的成员有优先承包权。通常,林地所有权流转大多是通过国家征地的形式实现,但实践中也有跨区域的土地所有权易地流转现象发生,最典型的就是城乡土地增减挂钩制度,当然这种流转形式主要是针对农村耕地。

一般而言,获取林地经营权的市场经营主体(特别是林业企业、林业专业合作社)仍然希望获得长期的林地经营权,这样他们便能够获取更为自由的预期林地规划和处置权。包括 2014 年中央一号文件《关于全面深化农村改革加快推进农业现代化的若干意见》明确鼓励试点的"经营权向金融机构抵押融资",而在开展农村土地承包经营权确权登记颁证工作时,"可以确权确地,也可以确权确股不确地"。当前经济发达地区的实践已经证明,林地经营权本身可能被资产化、资本化、资金化和股份化,而 2003 年先行一步实施的新集体林权制度改革,在促进林业资产化建设、

---

① 董国礼、李里、任纪萍:《产权代理分析下的土地流转模式及经济绩效》,《社会学研究》2009 年第 1 期;张红宇:《农村土地制度需要大的改革和创新》,《农村工作通讯》2013 年第 8 期。

建立产权要素交易市场等方面已经成功探索并取得了一些好的经验。[①] 后文将转入林地流转实践场域,探讨林地"三权"的市场化实践形式和实践机制。

二、林地经营权流转的法律界定

有研究者认为,土地流转这种形式,可以明晰原本显得非常模糊的土地产权分割,并以此来避免产权的相互侵蚀。[②] 还有的研究者强调,要通过土地产权的长期稳定性预期来刺激经营者对土地经营利用进行长期性投入,而现行的土地家庭承包制显然无法提供这种产权实践环境。[③] 这说明研究林地经营权流转问题,必须设法弄清林权流转的权利边界。即谁可以实施及控制林权流转。在具体实践中,林地产权的权利界定是一个非常复杂的问题。改革开放 40 多年来,随着林地经营利用的形式日益多样化,林地产权制度演变越来越复杂化,林地产权权利分割也越来越复杂。另外,有研究者认为,在集体林地的具体实践中,林地经营权在适用新修正的《农村土地承包法》时,也应当将集体"统管山"和农户的"自留山"流转包含进来,即让这两种产权属性的林地通过流转而创设出新的林地经营权。[④]

从林权流转本身的角度来看,虽然现行的"三权分置"制度试图把一个完整的林地产权分为所有权、承包权和经营权三种权利,达到明晰产权的目标。但是林权流转的实践表明,如果进一步细分,可以发现这三个产权权利又各自包括所有权、承包权、经营权权利。如林地的集体所有权的所有权又到底归属于谁? 虽然新修正的《农村土地承包法》规定土地的实践主体是村集体经济组织,但是谁来代表村集体经济组织,是村干部还是村集体经济组织管理者还是村民群体代表? 即便是村集体经济组织,在实践中都存在不小的争议。如村集体经济组织指行政村意义上,还是村民小组或者自然村意义上的? 虽然 2016 年 10 月 30 日国家发布的《关于完善农村土地所有权承包权经营权分置办法的意见》即试图明确对土地所有权、承包权与经营

① 程玥、朱冬亮、蔡惠花:《集体林权制度改革中的金融支持制度实施及绩效评估》,中国社会科学出版社 2016 年版,第 9~15 页。

② 齐春宇:《农村改革:创新农村土地管理制度——〈中共中央关于推进农村改革发展若干重大问题的决定〉之土地制度评析》,《调研世界》2009 年第 1 期;赵翠萍:《农村土地制度改革与农民土地权益的保护》,《求实》2009 年第 6 期;江怡:《我国农村土地流转机制的实践意义及其反思》,《江汉论坛》2012 年第 12 期。

③ M. R. Carter, Y. Yao, Specialization without Regret: Transfer Rights, Agricultural Productivity, and Investment in an Industrializing Economy, *World Bank Policy Research Paper*, 1999, Vol. 2202; R. L. Prosterman, T. Hanstad, L. Ping, Can China Feed Itself?, *Scientific American*, 1996, Vol.275, No.5, pp.90-96.

④ 高鹏芳:《"三权分置"背景下林地经营权法律适用问题研究》,《北京林业大学学报(社会科学版)》2019 年第 4 期。

权的具体权利的边界进行界定。从中可以看出,这三种产权权利又各自包括处分权、收益权。尽管《关于完善农村土地所有权承包权经营权分置办法的意见》列出"三权"的权利主体具体包括哪些权利及何以行使实现这些权利,而新修正的《农村土地承包法》则从法律角度对土地"三权"的具体实现形式进行了法律上的约定,但是在具体实践操作中,"三权"的权利和主体权能仍显得不够清晰。

考虑到"三权分置"制度设计中一般的林权流转都指林地经营权的流转,因此有必要对林地经营权的具体权利进行介绍。根据《土地"三权分置"办法意见》的规定:土地经营权指获得土地经营权者对流转土地依法享有在一定期限内占有、耕作并取得相应收益的权利。对应在林地经营中,其具体权利主要指通过流转程序获取经营权的经营主体自主从事林业生产经营并获得相应的收益。该经营主体经承包农户同意,可依法依规建设林业生产、附属、配套设施,并依照流转合同约定获得合理补偿;在流转合同到期后按照同等条件优先续租承包林地;经营主体再流转林地经营权或依法依规设定抵押,须经原承包农户或其委托代理人书面同意,并向农民集体书面备案。

这些政策规定在 2019 年新修正的《农村土地承包法》得到充分体现,从而获得法律意义上的保障。和 2003 年的《农村土地承包法》相比,新修正的《农村土地承包法》对土地经营权的实施主体、具体权利、流转要求都作出更加详细的规定,这些规定大部分同样适用于农村的集体林地流转,其具体内容主要包括以下几个方面:

(1)增加参与土地经营权流转主体的资质审查和相应的风险防范约定条款。新《农村土地承包法》第三十七条首次从法律上明确规定:"土地经营权人有权在合同约定的期限内占有农村土地,自主开展农业生产经营并取得收益。"第三十八条规定土地经营权流转应遵循以下原则:一是依法、自愿、有偿,任何组织和个人不得强迫或者阻碍土地经营权流转;二是不得改变土地所有权的性质和土地的农业用途,不得破坏农业综合生产能力和农业生态环境;三是流转期限不得超过承包期的剩余期限;四是受让方须有农业经营能力或者资质;五是在同等条件下,本集体经济组织成员享有优先权。同时新《农村土地承包法》第四十五条首次对工商企业等社会资本参与土地经营权流转作出责任监管主体的限制性的规定:"县级以上地方人民政府应当建立工商企业等社会资本通过流转取得土地经营权的资格审查、项目审核和风险防范制度。工商企业等社会资本通过流转取得土地经营权的,本集体经济组织可以收取适量管理费用。"这个条款对参与土地经营权流转的市场主体的"资质"作出明确规定,同时突显"农地农用"的基本原则,防止农地流转"非农化"等现象发生。对应到集体林地流转中,也要重视林权流转可能引发"非林化"利用以及防范林业经营风险的问题。

（2）对土地经营权流转作出更加细化的规定。新《农村土地承包法》第四十条对土地经营权流转双方的流转程序作出更加细化的规定，达到一定期限的土地经营权流转，当事人双方应当签订书面流转合同，土地流转合同约定中应包括如下内容："（一）双方当事人的姓名、住所；（二）流转土地的名称、坐落、面积、质量等级；（三）流转期限和起止日期；（四）流转土地的用途；（五）双方当事人的权利和义务；（六）流转价款及支付方式；（七）土地被依法征收、征用、占用时有关补偿费的归属；（八）违约责任。"土地经营权流转过程中，如果土地流转的期限超过 5 年，当事人可以向登记机构申请土地经营权登记（《农村土地承包法》第四十一条）。新《农村土地承包法》还增加了对土地经营权流转中出现的可解除土地经营权流转合同的违约责任的追究认定：一是经营者擅自改变土地的农业用途；二是弃耕抛荒连续 2 年以上；三是给土地造成严重损害或者严重破坏土地生态环境；四是其他严重违约行为（《农村土地承包法》第四十二条）。同时，新《农村土地承包法》第四十三条还规定："经承包方同意，受让方可以依法投资改良土壤，建设农业生产附属、配套设施，并按照合同约定对其投资部分获得合理补偿。"这样规定的目的是鼓励经营者在经营期限内对土地增加投入，以改善并提升地力和农业生产能力。类似的立法意思大多也可以沿用到林地经营和林权流转的法律约定中。

（3）放宽和增加土地经营权权利。顺应农村土地流转机制不断创新的要求，新《农村土地承包法》也作出相应的调整。其中最重要的一点是第四十六条首次明确规定："经承包方书面同意，并向本集体经济组织备案，受让方可以再流转土地经营权。"第五十三条规定："通过招标、拍卖、公开协商等方式承包农村土地，经依法登记取得权属证书的，可以依法采取出租、入股、抵押或者其他方式流转土地经营权。"这条规定给农村林地经营权拥有者更宽泛的处置权，事实上等于赋予林地经营权拥有者二次流转林地经营权权利，并从中获得增值收益。同时，新《农村土地承包法》第四十七条规定："承包方可以用承包地的土地经营权向金融机构融资担保，并向发包方备案。受让方通过流转取得的土地经营权，经承包方书面同意并向发包方备案，可以向金融机构融资担保。担保物权自融资担保合同生效时设立。当事人可以向登记机构申请登记……实现担保物权时，担保物权人有权就土地经营权优先受偿。"

正如本书后文分析中所呈现出来的，经林权流转后，最终林地将可能被实际长期经营林地的经济组织所控制。这个主体一般不是普通的农户，大部分普通农户家庭将离开农村进城或者成为农业工人，顶多保留一个趋于贬值的林地股份；这个主体在大多数场合也不太可能是村集体组织，作为林地所有权的拥有者，村集体可能保留一个集体股份或者林业组织实体,但它们本身一般不直接经营林地,甚至无法保障林权流转中农户和自身的合理权益。这个主体可能在一段时期内空缺。如果国家和社会没有建立一种稳定而长效的林地经营权经营机制,不少农村地区的林地更多被视为流浪的"弃儿",要不无人管护,要不成为外来经营者"掠夺式"经营的对象。正如有研究者指出的,土地流转是适应经济全球化的现实需要,否则滞后的小农经济制度将对中国经济运行产生严重的负面效应。[①] 这点或许也是现代林业发展和现代林业制度建立的必由之路,是必须设法克服的瓶颈。

---

① 潘啸:《农村土地流转的动因分析与对策选择》,《山东社会科学》2008 年第 6 期。

第六章
林地流转主要实践模式

在制度经济学代表人物诺斯看来,产权、交易成本和制度基础保障是经济发展的基本决定因素。[1] 作为生产要素,森林资源不经过市场机制流动,就不具备资本的特性,就难以与劳动力、资本和企业家等生产要素相组合,自然也难以增加林地经营产出。[2] 林地"三权分置"制度实践,必须通过林地流转场域呈现出来,而产权制度设计、交易成本都是林地流转经营中涉及的关键变量因素。在学术界,明晰林地产权是否有利于林权流转尚存争议。有研究者认为,林地承包经营权界定清晰且农户的承包权相对"固化"设置,在很大程度上更有利于促进林地流转[3],但也有研究者认为,因明晰林地产权增加了农户对林地自身经营的预期,所以反过来也可能制约了林地流转。[4] 而对于林地流转的具体形式,有学者认为主要包括林地承包经营权整体流转和林地经营权分离流转两种形式,其中后一种流转形式是把林地经营权从承包经营权分离出来单独进行流转,这其实就是"三权分置"制度变革的核心要义。[5]

从国家层面来看,必须通过完善林地流转的社会化服务体系,才能为林地流转创造更好的条件。2016 年 11 月国务院办公厅发布的《关于完善集体林权制度改革的意见》明确要求为林业发展提供更多的生产性服务和综合性服务,为此各地都把建立县级林权流转平台包括跨区域的林权流转平台作为一个促进林地经营市场化改革的重要支撑条件。有统计数据显示,截至 2018 年年底,全国建立集体林权交易服务机构 1713 家。[6] 2016 年国家林业局发布了《关于规范集体林权流转市场运行的意见》,从界定流转林权范围、规范林地流转秩序、严格审核林地流入方的资格条

---

[1]　D. North，M. Blyth，M. Castells，*Understanding the Process of Economic Change*，Princeton University Press，2005.

[2]　刘璨:《集体林权流转制度改革:历程回顾、核心议题与路径选择》,《改革》2020 年第 4 期。

[3]　D. Janvry，Alain，et al.，Delinking Land Rights from Land Use：Certification and Migration in Mexico，*American Economic Review*，2015，Vol.105，pp.3125-3149.

[4]　K. Deininger，S. Jin，Securing Property Rights in Transition，*Journal of Economic Behavior & Organization*，2009，Vol.70，pp.22-38.

[5]　潘登、诸江:《论集体林地承包权与经营权的分离与流转》,《中南林业科技大学学报(社会科学版)》2016 年第 2 期。

[6]　刘璨:《集体林权流转制度改革:历程回顾、核心议题与路径选择》,《改革》2020 年第 4 期。

件、完善林地流转服务、强化流转合同、加强林地流转用途监督等九个方面规范了集体林地流转秩序。2018 年国家林业和草原局出台的《关于进一步放活集体林经营权的意见》明确提倡通过林地流转合同鉴证等多种方式对林地经营权予以确认,建立健全林地流转的利益联结机制,以更好地吸引社会资本进山入林,优化林业生产要素配置。与此同时,国家和各地的地方政府还对林地流转给予财政补助扶持。2016 年、2017 年和 2018 年全国集体林地流转奖补额分别为 6.17 亿元、7.70 亿元和 11.04 亿元。江西省实验示范区在全国率先实施了适度规模经营的财政奖补政策。①

自 20 世纪 80 年代至今,集体林地流转总体上经历了禁止、默许、允许到鼓励的政策变迁。林地流转的总体趋势也呈现出从农户和集体经济组织逐步向国有林场、工商资本和林业新型经营主体流转,从村集体经济组织和农户单向流出发展为多主体相互流转的特征。事实上,90 年代以来,南方集体林区为了响应"消灭荒山"的号召,开始引入国有资本与集体和农户联合造林营林,由此出现了多种形式的林地流转经营模式。② 不过,由于当时没有明确的流转规范,留下了大量的历史遗留问题。如福建将乐县出现的"林权转债权",最终酿成了 2005—2008 年持续多年的林权纠纷。③ 根据国家林业和草原局 2019 年统计,2009—2018 年全国集体林地流转总体上呈现出先升后降的"马鞍形"变化,2015 年以后的林地流转呈现出拐点下降态势。这说明新集体林权制度改革过程中释放出的税费减免、木材交易市场放开等政策"红利"已经逐步消耗完毕。相反,社会发展出现的新形势和国家林业政策的转型却使得各类经营主体经营林地的成本不断增加。如大量农村青壮年劳动力的外流,使得林业劳动力供给紧张且价格不断上涨,增加林业人力成本投入,加之林木价格多年低迷,影响林地经营利润预期。2014 年国家启动的天然林禁伐政策,则进一步增加了经营主体的经营风险。实际上,20 世纪 80 年代末,林业经营大户等承包的林地陆续到期,由于有的经营主体的部分承包林地被国家或地方政府划入生态公益林范围,不能进行采伐或一些地方根本不愿采伐或者惜采,林地流入方难以获得预期收入,降低了其流入收益预期,集体林地流入主体对未来林业政策和相关政策预期不

---

① 刘璨、李云、张敏新、冉青松、叶陈育、孙玉军:《新时代中国集体林改及其相关环境因素动态分析》,《林业经济》2020 年第 1 期。
② 刘璨:《集体林权流转制度改革:历程回顾、核心议题与路径选择》,《改革》2020 年第 4 期。
③ 朱冬亮:《村庄社区产权实践与重构:关于集体林权纠纷的一个分析框架》,《中国社会科学》2013 年第 11 期。

明确①,由此影响了林地流转市场发展态势。虽然到 2017 年年底,全国共有新型林业经营主体达 27 万多个,经营林地面积 3.45 亿亩②,但截至 2018 年年底,全国集体林地流转率尚不足 10%。③

本章将通过林地流转实践场景,探讨林地承包经营权的具体实践模式和实践机制。和已有研究单纯地探讨林地流转不同,本书将在"三权分置"制度改革背景下,对近年来各地出现的一些典型的林地流转模式和机制进行剖析,揭示林地流转的最新演变趋势。

在"三权分置"制度实践框架下,通过林地流转搞活林地经营权是实现林地经济价值的基本途径,突显林地作为生产资料的市场经济效益效能。实际上,无论是林地的集体所有权还是农户的承包权的权益要"变现",都只有通过搞活林地的经营权才能实现。林地流转使得市场主体能够获得相对独立的林地经营权。通过林地流转这个程序,原本封闭的林地产权经营和实践向村庄社区外部的市场资本开放,村庄外部的市场主体开始以市场化手段介入村庄的林地经营,进而对农村的社会治理施加影响。不过,这种林地流转本质上只能算是半市场化而不属于完全市场化意义上的经营行为。这不仅表现为一个完整的林地产权被"一分为三"地分为集体所有权、农户的承包权和市场经营主体的经营权三个权能,导致林地产权被"稀释化",林地经营的收益也被三个不同的产权主体所分割,"三马分肥"使得林地经营的经济价值无形中被大大低估,而且在实践中还会造成三个产权权能实践主体相互博弈,产生彼此相互冲突相互损耗的张力。④

2005 年农业部出台的《农村土地承包经营权流转管理办法》把土地流转分为转让、转包、出租、互换、股份合作等五种模式,并对不同的土地流转的具体含义进行了较为明确的界定。这是官方对耕地流转模式的分类,也基本适用于对林地流转模式的分类。这五种经营模式分类法也是地方政府常用的统计分类法,地方政府常以此来引导当地林地流转工作的开展。从严格意义上看,林地流转是一种市场意义上的经济交换行为,参与流转的双方应有利益上的交换。有研究者归纳出我国土地流转的形式包括转让、转包、入股、抵押、互换、出租、反租倒包、托管、退包、赠予、继承、联

---

① 刘璨、李云、张敏新、冉青松、叶陈育、孙玉军:《新时代中国集体林改及其相关环境因素动态分析》,《林业经济》2020 年第 1 期。

② 国家林业和草原局:《2018 年度中国林业和草原发展报告》,中国林业出版社 2019 年版。

③ 刘璨:《集体林权流转制度改革:历程回顾、核心议题与路径选择》,《改革》2020 年第 4 期。

④ 朱冬亮:《农民与土地渐行渐远——土地流转与"三权分置"制度实践》,《中国社会科学》2020 年第 7 期。

营、"四荒地"使用权拍卖、竞价承包、出让、征用、代耕等多种类型。[①] 在林地流转实践中,不同地方对林地流转模式还会呈现出不同的政策解读差异。而要特别说明的是,包括《森林法》等政策文件都明确规定,无论采取哪一种林地流转形式,都以不能变更林业用途为前提,这是从狭义角度对林地流转概念进行界定。总之,林地流转的前提是在坚持不得改变林地集体所有性质,不得改变林地用途,不得损害农民林地承包权益的前提下,建立健全林地流转市场机制。

自土地"三权分置"制度确立后,各地即启动了林地"三权分置"制度改革实践。如江西省在 2015 年启动颁发集体林经营权证工作,并在省内 11 个县开展试点工作。浙江省也在 24 个县开展了"三权"分置试点。浙江省于 2015 年出台了《浙江省林地经营权流转证发证管理办法(试行)》,明确了林地经营权权能,按照林地流转合同约定,林地经营权流转证实现林地抵押、评优示范、享受财政补助、林木采伐和其他行政审批等事项的权益证明功能。据不完全统计,截至 2018 年 5 月底,浙江省发放林地经营权流转证 1000 多本,经营权流转证面积超过 30 万亩。[②] 第四章曾以 2016 年和 2018 年对全国 22 个集体林业改革试验示范区的实地调查为例,对林地"三权分置"制度改革实践的整体情况作了简要的介绍和说明。在这两次大规模的调查中,笔者还获取了不少林地经营权流转的实践案例。从这些案例中大致可以归纳出其他林地流转模式。本书不对普通的林地出租等流转模式进行叙述,而主要结合农村治理问题对一些重要的林地流转模式进行分析。本章先对林地股份制流转、林木所有权流转、非规划林地产权改革、生态林流转及产权制度改革、林业"共营制"等几种主要的林地流转模式进行研究,下一章则重点讨论林地承包权退出的实践机制。

第一节　林地承包权股份化改革实践

林地经营的周期长、见效慢等特殊属性决定了林地最终还是要走规模化、集约化经营道路。不仅如此,在林地经营过程中,如何处理好实现经济效益(效率)、社会效益(公平)和生态效益之间的平衡关系,同时在村集体、农户承包者和林地经营主体之间达成利益分配的均衡,这点始终是林业制度改革中必须面对的关键难题。

我国很早就出现了林地流转经营形式,其中以林地股份合作经营更具特色。1985 年的中央一号文件《关于进一步活跃农村经济的十项政策》第一次使用了"股份

①　张照新:《中国农村土地流转市场发展及其方式》,《中国农村经济》2002 年第 2 期。

②　参见刘璨、黄和亮、刘浩、朱文清:《中国集体林产权制度改革回顾与展望》,《林业经济问题》2019 年第 2 期。

式合作"的概念,而林业股份合作经营制最早于 90 年代出现在陕西省商洛地区、福建三明市和湖南怀化市等地,其中以福建省三明市分布最广成效也最为显著。[①] 以三明尤溪县为例,该县的林业股份合作制经营大致可以划分为三个阶段:第一个阶段为明晰产权、林木折价作股,建立林业股份公司阶段。其具体实施方式是把农户的林地承包权折算为股份,实行股份分红制。多数林业股东会规定股份不能继承和转让,且必须随着农户家庭的人口增减变化不断进行调整,这点和耕地承包制相同。尤溪县规定,当年木材销售利润的 20% 上缴村委会、20% 留作股东会管理的费用和生产基金,60% 用于村民股东分红。第二阶段把村林业股份公司改为村林业股份合作林场。第三阶段则是推行以"林业管护押金承包,林木收益比例分成"为主体的集体林家庭承包经营责任制[②],试图把集体统一经营和农户管护承包结合起来,以增加林地经营收入。

早期的股份合作是初级形式,仅限于村集体组织内部。后来,三明市继续积极探索国有资本(包括市、县、乡镇林场)与村集体合作造林的机制,试图解决林业生产资金和技术投入不足的问题。不过,尽管 80 年代实行林业股份制经营之后,三明市并没有出现类似其他南方林区的大规模毁林现象[③],但 90 年代到 2000 年前后,由于林业税费太高及政府管制严格,林地经营效益低迷。福建省大多数村林业股份合作组织分红逐年减少,有的多年未实行分红,股份合作制经营陷于低谷。[④] 究其原因,也与股份组织产权不明晰有关。[⑤]

近年来,集体林业综合改革中如何进一步建立健全农民股份合作、赋予集体资产股份权能,是发展集体股份经营制的核心。2015 年以后,国家有关部门在推进集体林业综合改革示范区建设过程中,不少示范区把发展和培育林业产业化企业、专业合作社、家庭林场、民营林场、林地经营大户等新型林业经营主体作为一项重要试点改革的内容。如广东省因为得市场化改革之先,其集体林地由村集体统一经营的

① 刘璨、黄和亮、刘浩、朱文清:《中国集体林产权制度改革回顾与展望》,《林业经济问题》2019 年第 2 期。

② 孔明、刘璨:《福建省三明市林业股份合作制发展研究》,《林业经济》2000 年第 1 期。

③ Y. Song, J. W. Burch, G. Geballe, et al., New Organizational Strategy for Managing the Forests of Southeast China: The Share-holding Integrated Forestry Tenure (SHIFT) system, *Forest Ecology and Management*, 1997, Vol.91, No.2-3, pp.183-194.

④ 江红、刘平康:《关于集体林权明晰和收益分配的调查研究》,福建省林业厅、福建省林业经济学会编:《福建林业改革与发展论文集》,中国林业出版社 1998 年版,第 281～295 页。

⑤ 王幼臣、张晓静:《在市场经济条件下中国集体林区经营模式的评价》,国家林业局经济发展研究中心编:《中国林业市场化改革理论与实践》,中国大地出版社 2004 年版,第 25～26 页。

比例始终较高。在新集体林权制度改革之前,该省不少地方已经把林地流转给规模经营主体,其收益则主要是按照股份制方式进行分配。遗憾的是,进入新时期,广东的改革并没有创新出更多有价值的实践经验。

在林地规模化集约化流转经营中,最常见的是股份制流转经营模式,其具体组织形式包括林业专业股份合作社、集体股份制林场甚至成立林业企业等。本章首先讨论的是农户承包权股份化实践模式,即把承包给农户的林地进行股份化处置,把农户的承包权转化为股份资产化权益和收益,实现林地林木资源变资产、资金变股份、农户变股东的"三变"改革。最典型的是福建三明市 90 年代探索的"分股不分山、分利不分林"集体林业股份合作经营制模式,由村集体成立专门的集体林场、合作社或者林业公司,村集体直接管理经营林地,经营收益按照股份分配。另一种则是村集体把林地流转给别的市场主体经营,或者委托专业的管理人进行经营,双方形成一种股份合作经营机制,最具代表性的是成都崇州市探索的林业"共营制"。这两种经营模式在股权设置、权益分配等方面有明显的差异。

一、林业集体股份合作经营制改革实践[①]

福建三明市沙县区多年来一直是全国新集体林权制度改革的先行先试地区,在探索集体林权制度改革方面尤其是把新集体林权制度改革纳入农村综合改革方面始终走在全国先进行列,在集体林业股份制方面形成了一整套具有推广意义的做法。如 2015 年 3 月沙县区发放福建省的第一批林地经营权证,破解了林权登记制度制约林地转包、租赁不能办证的难点,解决林地流转后农户不愿过户、政策不许过户、银行不能贷款等问题。近年来,沙县区继续推进以"三票制"为特征的农村产权制度综合改革,取得了很好的成效。[②]

沙县区林业部门负责人认为,自 2003 年至今,该区的新集体林权制度改革大致经历了三个阶段。早在 2005 年前后,一些村落实福建省新集体林权制度改革精神,将村集体林按当时人口数平均分给村民。由于单个农户经营的林地面积过小,有的村民将分到的林木转让给他人,也有的村民"一砍了之",把树砍完后就不再管护山林。加上多数村民外出开"沙县小吃"店或务工,出现了林地抛荒、山林失管的现象。面对这种情况,2011 年,沙县区推进第二阶段林权制度改革。主要做法是一些村陆

① 本章的部分内容发表于《东南学术》2022 年第 1 期。

② 作为久负盛名的"小吃"之乡,沙县区目前外出经营"沙县小吃"的农村劳动力达 6 万余人,由此也造成"人走房空、土地抛荒、林地失管"现象。近年来,沙县区针对这种新情况,利用作为国家农村综合改革试验区的机遇,探索实行"房票""地票""林票"等"三票制"农村产权制度改革,取得了较好的成效。对此,本书第七章再作分析。

续收回林地,由村集体进行统一管理经营,创办集体林场。不过,由于林地经营见效慢,有些集体林场因缺资金管护不到位,经营收益低。于是,从2014年12月开始,沙县区探索实行第三阶段的林权改革试点。主要做法是将集体林场进行股份改造,实行公司化运作,试图将林木资产变为资本,资本化资金,村民则以林地经营权入股,成为股东,分红按人口均分,享受分红的村民随每年人口自然变化而发生变动,体现了集体林地收益权分配的公平公正。改制后的村林业股份公司成为市场经营主体,有了新的发展空间,可依法领取林地经营权证,并向银行抵押贷款证,公司运作的资金缺口也能较有效地得到解决。

截至2016年,沙县区全区已建立新型经营主体240家,实现林地规模经营面积67.04万亩,占全区集体林地总面积的49.3%。全区有林业公司9个、股份林场9个、林业专业合作社76个、家庭林场121个、托管合作社26个,促进了林业的公司化、合作化、股份化、家庭化等"四化"改革进程。其中较为典型的是凤岗街道西霞村探索的集体林业股份合作公司——新园林业有限公司和高砂镇龙慈村股份合作林场两个改革实践案例。

1. 沙县区凤岗街道西霞村林业股份合作制改革实践

沙县区凤岗街道西霞村辖6个自然村,10个村民小组。2014年全村共有436户1656人。该村为林业大村,全村共有林地总面积26521亩,其中商品林19394亩、生态公益林7127亩。2014年,"村财"收入64.9万元,农民人均纯收入14285元。2005年,西霞村根据福建省有关部门的统一部署,实施新集体林权制度改革,将村里的4800多亩山场林权,按当时的人口数平均分给村民。然而,在经过一段时间的经营后,该村单个农户承包经营的负面效应也日益凸显。主要表现在两个方面:一是"分林到户"后,许多林农并不重视林地发展,而是选择外出经营"沙县小吃",使得全村多数林地林分质量不高,亩均出材量只有3~5立方米,经营收益始终难以提升;二是村集体丧失了重要的收入来源,村庄的公益事业发展大受影响。为解决这些问题,当地政府设立专项奖励资金项目,给予西霞村20万元奖励,鼓励西霞村创建县区级示范林业专业股份制公司和区级示范家庭林场。[①] 西霞村由此成为沙县区林业

---

① 从2014年起,沙县区林业局规定,每年评选10个县级示范林业专业合作社,分别给予奖励5万元,并按经营面积发放扶持款项,每亩给予补助10元。同时给予示范社会保险扶持,对林权抵押物进行再保险,每亩保费增加3元,且增加的保险费由区财政补贴50%。另外,区财政还给予示范社补贴50%的林权抵押贷款资产评估费。对年度累计贷款总额30万元以下,且用于林业生产的林权抵押贷款,还可享受每年3%的林业小额贷款贴息。受益于这些政策激励,仅2015年,全县就新组建并经工商登记注册林业专业合作社59家。截至2015年年底,全沙县区林业专业合作社达到108个,涉及12个乡镇,100个村,入社成员1898人,共注册资金3.9亿元。

局有关部门着力打造的一个新集体林权制度改革试点村。

2011年,该村抓住沙县区被列为全国农村改革第二批试点县的机遇,开始了第二次林权改革,以盘活林业资源、实现"村财"增收、促进村民致富为思路,成立新园林业有限公司,对陆续收回的林地进行统一集约化管理,推行"分股不分山、分利不分林"的股份制改革。该公司从事森林资源培育、林木采伐、林产品收购等业务,森林经营面积达6000多亩,毛竹山承包2000多亩。2015年村民人均首次股份分红收入100元。

经过近几年的实践,西霞村主要从以下几个方面推进林业股份合作制改革:

一是组建林业股份公司经营主体。2014年6月,西霞村成立了全省首家股份林场转制公司——沙县新园林业有限公司。公司成立后,及时制定《西霞村新园林业公司经营管理制度》及公司章程,规范公司运作,并以公司名义对全村的林地资源和林地产权进行重组整合,发挥林地经营集约化经营效益。村委会和全体村民将村集体经营山场和联户经营山场交公司统一经营管理,村委会持有公司30%股份,村民持70%股份,每个村民小组推选1名村民代表进入股东会(记名股东)。每年年底,经营收益由村集体和林农按3:7比例进行分成。公司利益分配随着每年人口自然变化而发生变动,确保每一位村民都享有分红的权利。

二是规范林地经营权流转。根据沙县区政府出台的《沙县(区)林地经营权流转登记管理办法(暂行)》,西霞村着力推动林业经营权流转,积极向区林业局争取林地实际经营人在权属证明、林权抵押、林权登记等方面的权益。2013年以来,全村发放了全省第一批林地经营权证,破解了现行林权管理制度制约林地转包的难点,解决林地流转后农户不愿过户、政策不许过户、银行不能贷款等问题。截至2016年,全村发放林地经营权证4宗262亩。

三是实行规模化精细化经营。通过推行林权流转,公司充分发挥有资金、懂技术、善经营、会管理的种植大户、农民专业合作社、林业科技人员等经营主体的作用,进行规模经营,对幼林、毛竹等林木统一托管、统一管护、统一采伐、统一抚育管理,增加木材产量,加快林产品新品种、新技术的实施和应用,提高了林业经营管理规模化、集约化、规范化和专业化水平,极大地提高了林分质量。这样既让林农获得了更多的改革红利,村集体经济也得到发展壮大。2014年,通过对2100多亩集体毛竹林经营权进行新一轮承包,村集体增加收入15万元。

四是实现资本化专业化运作。围绕"资源变资本、资本化资金、资金强资源"的思路,新园林业有限公司由沙县区森林资源收储管理有限公司作为第三方收储保证,以村集体和村民的林地经营权证以及中幼林、毛竹林等林权向县农商行抵押获得贷款。目前,公司将经营管理的 5000 余亩森林资源进行资产评估,通过向区农商行抵押中幼林林权和林地经营权证,获得 2 笔贷款,金额达 300 万元,其中公司把 60 万元用于扩大林业再生产,把其余 240 万元委托沙县区林业集团有限公司进行资本管理,获取资产性收益。仅 2015 年,西霞村通过进行林业资源资本化运作,实现村集体增收 3 万元,林农每人每年增收 100 元。

经过这一系列的改革,西霞村集体林地经营的整体效益比原来承包到户的分散经营方式增加了 50% 以上,实现"村财"和林农增收的"双增收"目标。在此过程中,西霞村把集体林权制度改革与"美丽乡村"建设、农村金融改革有机地结合起来,探索创新林业金融模式,同时也提升西霞村的人居环境,乡村治理水平因此得到很大提升。

特别值得一提的是,西霞村实行的集体林业股份合作实践还具有其他方面的启示意义。由于林地经营有长周期性和较强的外部性,村集体组织作为林地集体所有权的拥有者,以"再集体化"流转形式从农户手中获得林地经营权,然后用村集体来统一经营,这种做法能够适当强化村集体的市场主体职能,有利于在市场和农户之间建立一道"防火墙"。毕竟,单个农户在林地流转和市场经营中始终处于弱势地位,他们在林地流转平台上很难与强势的工商资本和市场主体进行公平博弈。如若实行"再集体化"流转经营,一方面可以有效化解"分林到户"后的林地经营规模不经济问题,另一方面也可以强化其与外部工商资本或市场主体谈判的能力,更好地保护村集体和农民的利益,避免过度市场化带来的诸多负面影响。

2. 沙县区高砂镇龙慈村股份合作林场改革实践

沙县区高砂镇龙慈村 2016 年有 6 个自然村、7 个村民小组,共 259 户,1073 人。全村林地面积 27227 亩,其中集体商品林 9647 亩、生态公益林 9456 亩。在实施新集体林权制度改革过程中,该村在明晰产权、量化到人的基础上,通过成立林业股份合作林场,实行"分股不分山、分利不分林"的股份化改革,同样实现了林农、村集体利益双赢机制。

和其他村庄相比,龙慈村因林地多,该村形成了长期植树造林的传统。1966—1983 年,该村仅有 20 多号人的耕山队共种植了 70 多万株杉木,还有几片油茶林和竹林。由此形成了较早的集体山林资产积累。1984 年,该村以林业"三定"改革为机遇,但没有实行"分山到户",而是在原村耕山队经营的基础上,实施了"分股不分山、分利不分林"的股份制改革,成立了龙慈村林业股份公司,统一管理集体山林,全体村民成为林业股份公司的股东。该村由此成为三明市最早实施集体股份制改革的村庄之一。

到了 90 年代,股份公司管理呈现出制度不规范、运转不正常,由村委会大包大揽的现象,导致集体林分质量低劣、经营效益低下的局面。针对这些问题,2004 年,该村利用福建省推进新集体林权制度改革的新机遇,继续在坚持实行"分股不分山、分利不分林"集体管理模式基础上,组建全村村民与村集体共有的林业股份合作林场,制定出相应的林业股份合作林场章程,并选举出董事长(场长)和董事会成员。2008 年,村里以"沙县高砂龙慈林场"在区工商局进行注册登记。林场经营的主要是用材林,共计 9647 亩(即原村集体经营林地面积)。林场经营类型是用材林培育,其经营范围是造林营林、森林培育、森林及林木资源管理、林木采伐、林产品销售等。其股份构成为村委会以原有经营的林地划归林场作为资产入股,占总股本的 40%,并由村委会持股参与收益分红,全村村民(即按章程规定符合条件)的村民股占总股本的 60%,林业经营收益按照股份分红。

按龙慈村林场章程规定,本村固有村民及婚嫁入户的村民都可以参加当年分红,当年符合计划生育政策出生的子女次年受享分红,当年嫁出或死亡的村民次年取消分红,这样有效地避免了因人口变化带来的"人少山多,人多山少"的矛盾。章程对当年有乱砍滥伐、毁林开垦、烧荒失火,以及发生山火不参加扑救的村民取消本年度的分红也做了详细规定,有效减少村民破坏山林的现象。林场章程还严格规定了村民成为股东的条件和取消年度分红的条件,有效避免了因人口变化带来的分配不均的矛盾,并且规定村民股东只享有分红权,没有所有权,并且不允许股权转让、买卖、赠送和继承。

龙慈村林场作为村集体经济组织中独立的经济实体,实行独立核算,自负盈亏。林场设立股东代表大会,每届任期三年(与村支部、村委会同步换届),选举董事会,董事会 7 人。其中董事长(场长)1 名,由股东大会直接选举产生,董事 6 名,由各村民小组推选产生,每个村民小组 1 名。村里还设立监事会,由村务监督小组成员兼任,负责检查、监督林场经营和财务状况。林场的财务每个季度公示一次,日常经营管理权由林场理事会独立行使,但重大事项必须通过股东代表大会(村民代表大会)讨论决定。

龙慈村林场实行山林所有权与经营权的分离,村集体保留林地所有权,村林场负责林木良种栽培、造林抚育、森林防火、病虫害防治等。林场的规划经营实行林龄梯次和采伐数量合理搭配。在具体经营上,村林场一般不直接参与采伐,营林等重大生产经营活动则多采取招投标外包方式完成。为了避免"干部林"和"腐败林"的发生,龙慈村林场对山场的招投标工作严格管理,对所转让的山场由村两委和董事会全体成员共同决策并参与到全过程,所转让的山场均经区林业局评估中心进行林业资产评估,并在区林业局投标中心公开进行投标,实行"阳光作业",使山场标的价格最大化,经营收益最大化。这样规范化操作,大大改善了林场、村"两委"干部与村民的关系。股份林场对村委会分到的股份红利使用去向(通过村民代会)也有监督权,林场与村委会在一定程度上达到互相支持、相互制约的态势。

经过多年的实践,龙慈村林场取得了比承包到户更好的经营效益,"村财"收入和村民福利大幅度提高,村里的基础设施建设也有相应的财力投入保障。该村从 80 年代成立林业股份公司到组建龙慈林场前,每个村民每年分红只有 100 元左右。2005 年龙慈村林场成立当年,每个村民当年分红即提高到 660 元。2006 年以后,村民每年分红 1000 元以上。如 2009 年,村林场采伐林木 320 亩,收入达 198.7 万元。在村庄公益事业方面,由于有了稳定的"村财"收入,村里的福利水平也相应提高。除了全村人口的医保由"村财"统一支付,每年村里还对教育投入 2 万元,维护社会治安费用投入近万元。此外,村里还给 60 岁以上村民每人每年发 200 元,考上大学的每人奖励 500 元,入伍参军每人每年补助 600 元,当过一任村主干的村干部每人每月发 50 元,当过两任村支委委员和村委委员的村干部每人每月发 40 元,当过三任村民小组长和 60 岁以上老党员每人每月发 30 元,老人丧葬补助约 1000 元。

不仅如此,龙慈村给每个下属的自然村修建了老人活动中心,通向各自然村的道路全部完成水泥硬化,改建自来水工程,户户接上自来水,完成闭路电视联网工程,宅间道硬化 4000 平方米,各自然村共装上路灯 90 盏。这些公共设施的财力投入,大都来自村林场的经营收益。

除了实行村级林地承包权股份制经营,沙县区还积极推行集体林地的混合所有制经营,包括鼓励支持国有林业企业与村集体、乡镇林场等林业经营组织开展股份合作经营,确保参与合作的林业经营组织每年有林地使用费及股份转让金利息收入和林木采伐时有股权收入。截至 2016 年,沙县区国有林场总场与区下属的高桥镇林场达成合作意向;大洛镇昌荣村、高坑镇洋村、高桥镇新桥村、夏茂镇俞邦村等 4 个村通过村民代表大会与国有林场进行合作。国有林业企业与村集体、乡镇林场等合作经营,可有效解决林业经营组织资金不足、技术缺乏等问题,提高了林分质量。与此同时,沙县区森林资源收储管理有限公司向林农让渡闲置林权,统一抵押贷款,将信贷资金用于优质森林资源收储经营、获取收益,抵押期间每年支付林权所有人一定的手续费,增加林农财产性收入,推进森林资源资本化。到 2016 年,沙县区通过搭建林业融资平台、创新林业与金融合作模式,有效打通了金融资本进入林业的通道。截至 2017 年年初,沙县区已发放资本化运作贷款 7 笔 1040 万元、中幼林和林地经营权证等林权收储抵押贷款 16 笔 1510 万元。

二、成都崇州市林业"共营制"改革实践

成都市作为 2014 年农业部确定的全国第二批 34 个农村改革试验区之一和 2015 年国家林业局确定的全国 32 个集体林权制度综合改革试验示范区之一①,重点围绕土地承包经营权流转管理、土地承包经营权退出、深化集体林权制度改革等三个方面进行改革试点。2015—2017 年,成都市在促进集体林业综合改革发展方面进行了诸多有益的创新。尤其是 2015—2018 年,成都崇州市逐步探索出"林地(木)股份合作社＋林业职业经理人＋林业综合服务"三位一体的林业"共营制"模式,在此过程中形成了一系列具有创新意义的体制机制。林业"共营制"经营制度涉及林地产权制度改革、林业经营体制机制创新、现代林业经营主体改革等多方面的内容,其改革设计和实践经验真正体现了林业综合改革的特征,国家林业局特别强调要在全国推广崇州市林业"共营制"的经验。

崇州市推进林业"共营制"一方面与当地农村青壮年劳动力流失殆尽密切相关。由于留守在村的大多数是老年人,他们不仅缺乏农林业经营技术,甚至连基本的体力都不具备,难以应对繁重的林业劳动。另一方面,近年来,包括政府、商人和一些返乡的工商资本都看好农村发展中的潜在机会。工商资本下乡也就顺势加大,这些人虽然拥有资金资本,能够承包山林,但不一定有专业的营林或者管理技术。因此,当地政府就探索让有技术、会经营的人来经营林地。由此崇州市在 2011 年开始探索农业职业经理人制度,并逐步形成农民出地、老板出钱、职业经理人负责运营管理的制度。2016 年以后,崇州市把农业职业经理人制度移植到林业经营领域,由此探索形成"林地(木)股份合作社＋林业职业经理人＋林业综合服务"三位一体的林业"共营制"模式,其最终目标是实现林农、职业经理人以及工商资本投资方多方"共营共赢"的新型林业经营体制。

1. 林业"共营制"的运作机制

崇州市林业"共营制"主要分为三大板块:

第一板块是组建林地股份专业合作社,培育新型林业经营主体,目的是解决"谁来经营"的问题。崇州市农林局负责人认为②,耕地制度实行"三权分置",但是成都市在探索林地"三权分置"改革过程中,又把林地经营权分置出两种产权,即地表附

---

① 2014 年 11 月,成都市被国家有关部门确定为全国第二批试验区深化国家集体林权制度改革试点市(8 个试点区之一),成都市下属的 20 个市、区、县都是改革试验区。2015 年,国家林业局将成都确定为全国集体林权制度改革试验示范区(32 个之一)。试验时间都是 2015—2017 年。

② 2018 年 10 月 10 日笔者访谈崇州市农林局 H 主任。

着的林木所有权和林木经营使用权,因此形成"五权分置"的林权设计体系。在推进林权制度改革过程中,崇州市将林地经营权剥离出来,单独办理一个林地经营权流转证,作为一个要素进行流动。林农拿这个权证就可以入股林地股份合作社。每个入社的林农都是股东,都享受林业产业化经营发展带来的收益。合作社通过林地统一经营的模式,朝探索林业一二三产业融合发展的现代林业产业链方向推进。

第二个板块是解决"谁来管理"的问题。崇州市的主要经验是培育林业职业经理人。政府有关部门每年对他们进行培训,让他们参与封闭式的学习。学习以后,经理人取得认证证书。职业经理人的证书分为初级、中级和高级三类,让他们服务于林业经营新型主体。职业经理人扮演的角色是生产厂长,负责制订林业的生产计划和执行生产计划,但是怎么种、谁来种,还是林业合作社社员"说了算",职业经理人并不包办。林业"共营制"是要把林农的利益和林地经营紧密连在一起。林地经营产出增加之后,老百姓享受的收益自然也更多,由此进一步实现乡村振兴倡导的生态美、产业兴旺、林农增产增收的目标。

第三个板块是政府负责搞好林业社会化综合服务,解决"谁来服务"的问题。包括林业科技服务、品牌服务、销售服务等,都是由政府出面,引导社会和市场主体介入其中。崇州市由政府出面,协调四川农业大学、成都市农业科学院、四川省林科院等相关科研院校与崇州市建立院校合作的战略关系。每年这些院校专家带着项目为林业合作社提供各类的科技服务,且大多数的科技服务是由政府"买单",然后免费或者低偿提供给林地经营者和管理者。并由政府聘请第三方评估机构对科研院校提供的林业专业科技服务进行评估,政府财政根据评估的效果给予资金上的补贴。

图6-1、图6-2和图6-3分别展示了崇州市林业"共营制"的架构、运作机制和制度设计。从中可以看出,林业"共营制"的主要目的是解决林地承包确权到户后,如何通过林地适度规模集约化经营以提高林地经营的整体效益,为此必须引入现代性的林业生产经营要素。在此过程中,政府有关部门发挥自身的政策引导和扶持作用,形成林农、市场和政府三方协同协作的运作机制。不同部门各自发挥自身的优势,共同做大做强林业产业,最终实现"1+1+1>3"的效果。

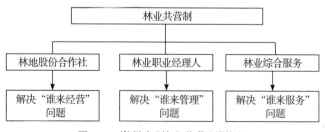

图6-1 崇州市"林业共营制"构架

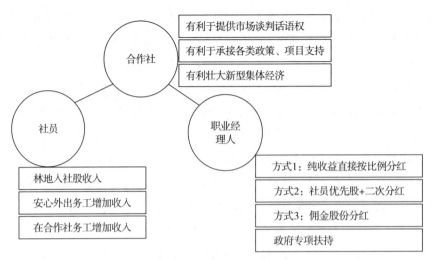

图 6-2 崇州市林业"共营制"的运行机制

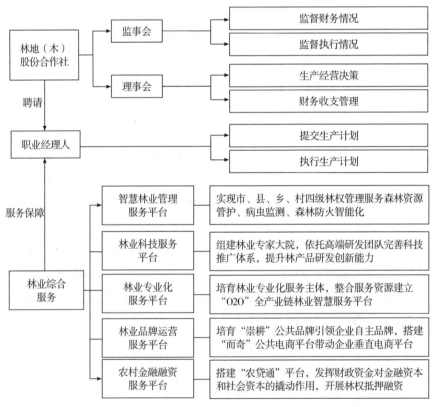

图 6-3 崇州市林业"共营制"的制度设计

2. 林地股份专业合作社组建与股权量化及收益分配

(1)"五权分置"与林地股权量化

明晰产权是林业"共营制"制度实施的前提。2007年以来,崇州市围绕"归属清晰、权责明确、保护严格、流转顺畅"的集体林权改革总体思路,扎实开展新集体林权制度改革进程,实现集体林地确权到户。在主体阶段改革过程中,崇州市共颁发林权证2.06万本、林地确权面积47.78万亩。在坚持土地集体所有权和稳定农户承包权的基础上,崇州市以推动林地"三权分置"改革为契机,运用林权确权颁证成果,以坚持林地集体所有为前提,以稳定家庭承包为基础,以盘活林地经营权为线索,推进林地所有权、承包权、经营权、林木所有权、林木使用权"五权分置"的产权制度变革路径。

为了解决林业"三定"林地承包到户后林地经营分散化而且林业专业经营人员极度匮乏的问题,成都市和崇州市有关部门开始按照农村基本经营制度设计的"统分结合"思路,以组织林地股份专业合作社为主要突破口,探索林业集约化现代化经营的改革思路。截至2017年,崇州全市共组建林地股份合作社28个,入社林地6.2万余亩,占全市确权到户林地总面积的12.98%,入社林农达5300余户。组建林地股份专业合作社是推进林业"共营制"的前提和基础,这样就把分散到各家各户的林地经营权重新集中起来,并对如何提高林地的经营效益提出更高的要求。

崇州市在组建林地股份专业合作社过程中,是按照"入社自愿、退社自由,利益共享、风险共担"的原则,引导林农以林地经营权、林木所有权、林木使用权"三权"作价折资折股,制定符合自身特点的《合作社管理章程》,通过工商部门注册成立林地股份合作社。按照《合作社管理章程》规定依法建立成员(代表)大会、理事会、监事会等组织机构,产生理事长和监事长。同时建立健全合作社的《财务管理制度》《理事会、监事会职责》等内部管理制度,从而建立完善的林地股份合作社运行管理的体制机制。

在组建林地股份专业合作社过程中,崇州市还结合集体产权制度改革实践,创新性地探索实行股权量化新方法。有关部门针对林地经营生产周期长、投入成本高、林地经营权和林木所有权"两权"并存等特点,通过召开合作社成员(代表)大会,确定林地(林木)入股基准价。其具体操作方法是根据各家各户入社林地的位置、地力状况、林竹种植时间等因素,组织现场测量和评审林地经营权(林木所有权、林木使用权)折资金额,确定社员原始股份价值,而对后续新增入股的林权,原则上参照原始股份额确定股权。对入社前已产生收益的农民的林权,入社后按股份分红;入社时尚未产生经济效益的林权,从该宗林地有收益之年开始分红,形成"原始股+新增股"和"收益股＋预期股"的股权新机制。如凤栖药花谷林地股份合作社就是其中一个典型案例：

凤栖药花谷林地股份合作社股权设置与收益分配

崇州市凤栖药花谷林地股份合作社将股权分为林地经营权折资股和资金股两种方式。入社林农30户，非林农1户。其中，以林地经营权入社的有26户，以资金入社农户有5户，每100元为一股，合作社资金总额42.65万元。其中以林地经营权折资入股的，由股份合作理事会根据入社土地的位置、地力状况等因素，由合作社全体成员共同测量，通过社员大会讨论，确认林农的入股面积。入股期限初定为30年，每亩折算股金900元。全合作社共折合林地经营权股金24.65万元。至于以资金入社林农5户，共入社资金18万元。为降低人工生产经营成本，索道（物资运输设备）折资8000元，并建立成员登记册，记载成员入社的林地及物资股数，由社员签字确认，作为分配的依据。

合作社制定的章程规定：如果社员中途退社，需向合作社支付前期投入的生产成本，并只能按折资标准以现金方式退股。至于资金股入社的具体操作方式是由合作社结合前期生产成本预算，经社员大会讨论，吸收资金入社，用于合作社购买种苗、配套基础设施、支付工资等。每亩林地最高匹配入股资金3000元，优先满足入社林农。在后续的生产经营中，合作社生产成本不足需要筹集资金时，则是以2015年1月为基准，出资额按1：1.1逐年递增配股，参与合作社分配。

经过公开竞聘程序，凤栖药花谷林地股份合作社由成员大会民主投票聘用杨忠为合作社的职业经理人，明确双方的责、权、利和利益联结机制，鉴于合作社种植竹笋及本地樱桃，第四年才能产生收益，农业职业经理人首次聘用时间为4年，前三年采取每年每亩50元基本工资支付给职业经理人，第四年后则按1：2：7比例分红，即10％作为合作社公积金、20％作为职业经理人佣金、70％用于入股分红。截至2017年10月，合作社建设了100平方米的气调库一座，20平方米的烘干房一套，15平方米包装房，修建1.3公里公路。合作社注册了"鞍子河"品牌商标4个农产品类别，已种植牛尾笋219.3亩，自主培育种植红油香椿35亩15000株，本地嫁接樱桃苗1000棵，每年组织合作社成员采收山油茶1万余斤，本地野生白家笋2万余斤，经过粗加工烘干后销售。预计2018年量产后，除去人工、原料等成本，合作社股东每股可获得收益85元。

根据崇州市林业"共营制"设计,在具体实行林地经营时,合作社的理事会、职业经理人、监事会等各有职责分工。其中理事会代表全体社员负责决策"栽种什么",林业职业经理人负责"怎样栽种""怎样管护",提出具体生产实施意见、生产成本预算、产量指标等,交由合作社理事会讨论通过后执行;监事会负责监督理事会和林业职业经理人生产经营,形成"理事会+职业经理人+监事会"内部监管机制。合作社的生产成本筹集比例由职业经理人和合作社协商,职业经理人筹资后不足的资金,由合作社以"林地经营权流转证""经济林木(果)权证""农业生产设施所有权证"等产权向银行抵押贷款融资。合作社的生产支出则由合作社的理事长和监事长共同审签列支入账,农资和机具的放置、申领、使用和处理,实行专人负责,建立社务公开制度,实现公开事项、方式、时间、地点的制度化。对财政奖补资金形成的合作社资产,实行股权量化到合作社全体社员,增加社员财产性收益。

林业"共营制"如何完善利益链的分配、强化利益联结,是决定林地股份合作社经营成功与否的重要环节。本着经营收益多方共享、分配方式灵活多样的原则,崇州市有关部门在充分兼顾入社社员、职业经理人(林业企业)、新型集体经济组织各方利益后,规定聘用职业经理人必须采取现场谈判协商方式,由职业经理人(林业企业)与合作社社员(代表)大会协商确定合作社经营收益的联结机制。各方采取的利益分配方式主要有三种:一是除去成本后,净收益按比例分红。如凤栖药花谷林地股份合作社采取扣除生产经营成本后,纯收入按照1:2:7比例分配(10%作为公积金,20%用于职业经理人的佣金,70%用于社员林地入股分红)。二是实行保底二次分红。如季崧林地股份合作社采取100元/亩·年保底,二次分红按照1:2:7(10%作为公积金,20%用于社员林地入股二次分红,70%作为职业经理人的佣金)。三是股份+佣金分红。如鸡冠山乡宏益林地股份合作社的林农是以林地经营权折资和资金入股,林业职业经理人以资金入股,确定股权占比,职业经理人按照每年每亩50元获取管理工资,除去成本后,其纯收入部分按照1:2:7比例分配,即纯收入的10%作为公积金,20%用于职业经理人佣金,70%用于股权分红。

(2)林地经营股份化与产业化经营

值得一提的是,在大力发展林地股份合作社的同时,崇州市还进一步提升集体林地经营的组织化集约化程度,和林业企业一起联合发展,扩大林地经营的产业链,并在产权重组上进一步探索林地经营权(林木所有权、林木使用权)入股发展林业产业化经营,培育新型农业经营主体,形成"林地股份合作社+林业职业经理人+产业化企业+林业综合服务"运行机制,充分让资源、资金、劳动、技术等要素优化配置,实现一二三产业融合发展。具体来看,崇州市发展出新股份制经营模式包括以下两种：

第一种是入股联营。农户以林地经营权(林木所有权、林木使用权)入股组建林地股份合作社，林地股份合作社再以林地经营权(林木所有权、林木使用权)折资折股，组建新的林业企业，后者则以技术、管理、资金等要素折股。而企业根据产品需求，制订生产计划，独立经营，公开聘用总经理或者林业职业经理人从事生产经营管理。合作社监督新公司的生产经营，采取"优先股＋二次返利"分配方式，保证社员优先股收益后，林业企业销售产品所产生的盈利按比例分配给入社社员。

第二种是入股经营。这种经营方式是由林业企业以技术、资金等要素入股林地股份合作社，成为合作社的股东，选举公司董事长为合作社的理事长，合作社根据企业的产品需求，公开聘用林业职业经理人从事生产经营管理，采取"优先股＋二次返利"分配方式，林业企业销售产品所产生的盈利，保证社员优先股收益后，按比例分配给入社社员。

不管采取哪种股份合作经营模式，都尽量兼顾各方投入的资金回报和产业增值收益的平衡分配。崇州市有关部门出台土地、项目、电力、税收、金融等优惠政策，吸引企业投资。如崇州市文井江镇政府引进的四川硅谷农林发展有限公司采取"龙头企业＋林地股份合作社＋林农"方式，组建产业化经营联合体，发展林下中药材种植和康养产业。截至 2017 年年底，该公司已经投资 1.2 亿元，而政府项目奖补资金投入也达到了 200 万元，建成名贵中药材育苗基地、亚健康调理中心等。与此同时，该公司依托"农贷通"融资综合服务平台，以"农业生产设施所有权证"抵押融资 150 万元。这样公司在运营中强调实现多要素结合，尽量扩大产业链和提升利益链：一是公司与科研院校合作，聘请国内知名中医专家、中草药栽培专家等 12 名，建设组培实验室 1400 平方米，年产苗量可达 2000 万株，带动林农发展林下、树干、林内中药材立体种植。二是实行林业和旅游业产业融合。公司依托成都丰富的人力资源，发挥山区生态资源优势，塑造"亚健康调理小镇"品牌，已建成亚健康调整中心 900 平方米，整合民间闲置房屋，建成康健民居 86 间，年可接纳亚健康调理游客 3000 人次。三是公司与安徽中药材商会等企业抱团联合发展，采取"园区＋林地股份合作社(林农)＋医疗康养平台"经营方式，围绕中药材产业，做大做强一三产业。截至 2017 年 10 月，该公司已经向林地股份合作社(林农)等提供优质中药材种苗 30 万株，发展林下中药材 3500 余亩，预计每亩可带动林农增收 8000 元以上；吸纳当地农民就近常年务工 30 多人，平均年收益 2.5 万元，吸纳林农季节性务工 100 余人。

成都崇州市"林业共营制"的探索实践，具有多方面的理论和实践意义。林业"共营制"有效解决了新集体林权制度改革确权到户后，单个农户经营林地面临的过于细碎化经营的困境,建立了一种全新的"统分结合"的林地经营新机制。首先,林业"共营制"通过引导林农以自家的林地经营权、林木所有权、林木使用权作价折资折股组建林地股份合作社,提高了农民的组织化程度,有效解决了单个农户经营林地面临的规模不经济问题。其次,林业"共营制"通过培育以林业职业经理人为重点的新型职业林农,引入了市场力量,有效解决了林地经营专业化的问题。最后,林业"共营制"实践中,充分发挥了各级地方政府在现代林业经营中的政策引导和扶持作用。成都市各级政府通过构建林业科技、专业化服务、信息化服务、品牌、金融"全产业链"综合服务体系,提升了林业经营管理集约化水平,实现了林农、村集体经济组织、职业经理人、林业科研院所、林业中介服务组织和政府多元主体"共建、共营、共享、多赢"效应,各方通力合作的结果是有效延长了林业产业链,提升了林业价值链,更重要的是完善了林业经营利益链分配机制。

第二节　林木所有权流转改革实践

2016 年各集体林业综合改革试验示范区有不少为避免复杂的林地产权设置,转而以林木所有权开展林木发证、林权登记流转、林木抵押贷款等方面为林地"三权分置"制度改革切入点,即把林地经营权单独从林地所有权和承包权中独立出来,赋予其用益物权的权利,并在具体操作上置换为林木所有权和经营权,由此推进林地承包权改革实践,形成了不同的改革实践经验。

2016 年笔者实地调查的全国 22 个集体林业综合改革样本示范区中,已经正式办理林地经营权(流转)证的有福建三明市沙县区、福建泉州永春县、浙江龙泉市、广东蕉岭县、湖北襄阳市、湖北恩施市、河南信阳市、安徽宣城市等。其中浙江龙泉市截至 2016 年年初,全市累计发放"流转证"266 本,面积 4.3 万亩,累计抵押贷款 370 笔 9194 万元,成为全国试行最早,发证面积、抵押贷款最多的县(市)。不过,由于受不动产登记政策实施影响,截至 2016 年年底,大部分示范区的林地经营权证发放工作已经停滞,相关部门正在协调这个事情。只有福建三明市沙县区等少数示范区仍然在开展相关工作。①

一、非规划林地产权制度改革实践

全国集体林业综合改革示范区中,有不少地方在探索林地"三权分置"制度改革

---

①　当时沙县区林业局负责人认为,不能因为上级政府部门之间暂时"扯皮",就影响老百姓办证利益,所以坚持按照原来的程序给林地经营者办理权证。

时涉及非规划林地产权改革内容。由于近年来很多地方利用抛荒的耕地、废弃的农田以及荒地造林或者种植苗木花卉等林业作物,但这些土地的产权属性并不属于传统的规划林地,带来的土地产权归属的认定问题和林木所有权界定难的问题。在这些土地上进行林地化的经营利用,带来两方面的问题:一是土地的属性到底是林地还是耕地? 这类土地属于耕地性质,适用于耕地经营管理规定,但上面种植的林木的管理则属于林业部门的职责范围,这个问题很难协调,也很棘手。二是在这些非传统林地上种植的林木或者果林,如何确定其承包权及其他林权权利,让经营者享受相关政策"待遇"? 围绕这些问题,很多地方进行了探索,其中四川成都市、福建永春县、福建三明市沙县区、内蒙古达拉特旗的改革探索富有启发和推广价值。

非规划林地或者"可变林地"的利用和管理还涉及耕地增减挂钩与林地占一补一政策如何衔接的问题。例如,福建永安市、永春县、三明市沙县区林业局在 2015 年专门成立了国有或者国家与民企联合的林地收储公司,负责运作生态公益林收储和普通林地收储的事情,目的是为非林建设占用林地储备尽可能多的林地指标。公司采取市场化和行政化的方式运作。如何进一步规范由此带来的产权改革问题,也是国家和地方政府在林权改革中面临的一大难题。

1. 成都市、重庆市的非规划林地改革实践

实地调查中成都市林业主管部门认为,在当前社会发展新形势下,森林和林权的内涵已经发生了很大变化。过去《森林法》规定主要针对的是林地上的森林怎么经营和管理,但是在如成都这样的大城市大郊区,人口高度密集、经济发达,林业经营的主战场已经从林地大量转移到非林地上,比如农耕地、坡耕地、"四荒地"等。传统意义上这些属于非规划林地,对于这类林业用地上的森林资源的功能属性,客观上需要按照森林的方式去经营,但是在法律上得不到保障。因此,这类非规划林地的林地承包权实践只能围绕其附属物——林木产权来做文章。

从成都市的情况看,属于非传统林地的有两类:第一类是原地(即原来属农业坡耕地),在土地分类上是原地,现在实际上已经种植了大量的经济林果木。全市的原地面积达 100 万亩。第二类是基本农田上发展起来的花卉苗木种植基地,总面积也有 80 万亩。按照已有的确权发证制度,这些地林业管理部门不能确权发证,也不能纳入林业经营用地进行管理,还是必须按耕地农作物来管理。但成都市的 180 多万亩土地在实际经营上已经基本是林业属性,具备林业要素的功能,传统的耕地管理机制已经不适用。特别是考虑到成都市多年来一直是全国农业综合改革示范区,对于林地和耕地有不同的政策管理制度,因此如何完善这类"非林非农"土地管理就成了一个很关键的问题。成都大邑县江源村就是一个典型例子:

成都市大邑县斜源镇江源村案例

江源村地处大邑县山区,全村 2016 年有 17 个村民小组,516 户,1628 人。全村地域面积 32.9 平方公里,耕地面积 2200 亩,其中退耕还林 1200 亩左右,全村共有林地面积 32077 亩,分到户的有 13050 亩,剩下的仍是由村集体来经营,或者是大户经营,或是流转给别人经营。江源村的林地没有以(行政)村为单位进行经营,而是以村民小组(生产队)为单位进行经营。村小组流转出去的土地(耕地)约定的租金是一年一付,每亩每年租金是 200 斤大米(上面没有附着物),折算为现金相当于市场价 400 多元(2016 年价),差的耕地的租金大致是 150~200 元。各村小组约定的租金大都是以实物的方式支付,避免受市场价格波动影响。流转的土地期限一般是 10 年。流入土地的经营者不种树,主要是种厚朴、黄柏、杜仲等中药材,其中厚朴基本上是轮种的。

在江源村全村 2200 亩耕地中扣除 1200 亩左右的退耕还林地,还剩下 1000 亩耕地。不过,该村的村干部表示,虽然已经退耕还林,但这些地在分类管理中属于耕地,也仍然享受成都市 2010 年开始实施的耕保金待遇。按照成都市的规定,一类地每亩每年发放耕保金标准是 380 元,二类地每亩每年发放耕保金标准是 270 元。江源村剩下的 1000 亩耕地都是二类地。如此一来,这些已经退耕还林的地仍然具有耕地和林地的双重身份,也意味着同时受两种土地管理制度的约束。

再以重庆市永川区为例,该区有常规林地面积 69 万亩,包括退耕还林在内,其中划定为生态公益林的集体林有 18.5 万亩,包括重点生态公益林 8 万亩,地方公益林 10.5 万亩。此外,南川区还有另一种在耕地上造林的林地,总面积达 20 万亩。但这类林地没有纳入国家退耕还林范围,当地部门称之为"可变林地"或者"非常规"林地。这部分林地属于重庆市市级的森林工程建设用地。前些年重庆市为提升森林覆盖率,大力实施森林建设工程,并鼓励农民在耕地上造林。既然政府鼓励,如果农民愿意把田拿出来,都可以在耕地上造林,政府给予专门补助扶持,补助期 3 年。当时这些"可变林地"以追求经济效益为主,因此普遍种植速生林桉树和毛竹(当地称楠竹)。虽然南川区的"可变林地"大部分属于非基本农田,且是旱地,但在土地管理中归属于耕地。

2. 福建永春县的非规划林地产权改革实践

永春县地处闽南地区,该县在探索林地"三权分置"制度改革时发现,近年来,随着城镇化的快速推进,全县不少偏远山区的农民迁移入镇入城从事非农产业,家里承包的农地尤其是山垅田被弃耕甚至抛荒现象日益凸显。面对这种形势,该县及时调整相关政策,充分结合泉州市民营经济发达的优势,大力吸引各类社会工商资本到本县山区农村流转经营土地。全县因此有不少农林企业及其他各类新型经营主体到山区大面积流转承包这类耕地,用于种植花卉及名贵苗木,包括发展各种林下经济等非传统农业产业。截至 2016 年年底,全县仅苗木花卉种植面积就达 33499.5 亩,其中涉及经营非规划林地的花卉、苗木企业有 70 多家,农户 3100 户,共经营非规划林地 25005 亩,年产值超过 5.6 亿元。永春县因此成为全省有名的苗木花卉种植生产大县。

永春县非规划林地由于地权权属界定不清,在实际经营中即存在林地属性界定难、发证难、流转难、扶持难、贷款融资难等"五难"现象,成为制约非规划林地经营的主要障碍。针对这种情况,永春县根据土地"三权分置"的改革思路,在福建省率先探索实施非规划林地确权发证试点工作。

(1)破解非规划林地权属"界定难"

永春县大部分非规划林地是山区山垅田或者旱地坡地,原本属于耕地范畴,有很多还是属于坡度 25 度以上的农地。在城镇化快速推进的新形势下,这类耕地作为传统农业用地的价值越来越低,其中不少被抛荒,基本丧失了耕地的功能。这类耕地被流转用于非规划林地,包括用于种植苗木花卉等非农作物之后,首先面临的就是其经营权权属难以清晰界定的问题。由于目前国家的相关法律条例都没有对这类土地的产权属性界定作出明确的规定,非规划林地权属"界定难"问题日益凸显。针对这种情况,永春县林业主管部门率先探索实施非规划林地权属界定工作,给非规划林地一个明确的"名分"。

为了推进非规划林地界定工作,泉州市林业局、永春县人民政府共同起草《永春县非规划林地林权发证试点工作方案》,并经泉州市人民政府审定批准,于 2015 年 3 月 3 日正式出台《永春县非规划林地林权登记发证实施意见》。同时县农村改革试验区工作领导小组协调县农业、林业、财政、国土资源等部门,组织协调推进非规划林地权属界定和确权发证试点工作。特别是县林业局和农业局就非规划林地的界定及确权发证工作最终达成了共识,为顺利实施非规划林地产权界定创造了重要的前提。

(2)创新非规划林地确权发证

由于此前永春县非规划林地不被纳入林地管理范畴,农业部门也因其丧失农业生产功能而不对其确权发证,非规划林地成为"黑户口"土地而面临"发证难"问题。为了破解这一重大难题,永春县创新非规划林地确权发证体制机制。《永春县非规划林地林权登记发证实施意见》明确规定:业主"依法取得的非规划林地林木所有权、使用权,未颁发'中华人民共和国林权证'的,可以依据本实施意见规定申请林权登记,由县人民政府登记造册,核发'中华人民共和国林权证',确认林木所有权、使用权。非规划林地已经通过林地占补平衡变更为林业用地的,可以同时申请林地所有权、使用权初始登记"。《永春县非规划林地林权登记发证实施意见》同时明确规定,非规划林地经营主体享有其经营权,只需通过受理→初审→实地勘验→公示→登记→发证,由县人民政府核发"中华人民共和国林权证",确认林木所有权和林地使用权。2015 年 3 月 6 日,永春县受理了第一宗非规划林地林权登记材料,随后正式办理了第一宗非规划林地林权证。截至 2016 年年底,全县共颁发非规划林地林权证 22 本,明晰产权面积 1653 亩。全县另有 30 多个宗地正在勘验调查。

在探索非规划林地确权发证过程中,永春县还明确规定非规划林地确权期限按承包合同办理,可 3 年、5 年、10 年不等。在承包期限内可根据种植情况,随时调整为耕地,此举进一步放活了非规划林地的经营权。

(3)创新非规划林地经营社会化和金融服务支持体系

创新非规划林地确权发证,只是永春县非规划林地产权改革的第一步。要使非规划林地利用发挥更大的效益,还必须搞好各项配套体制机制改革。为此,永春县制定《非规划林地发展若干扶持政策》,破解非规划林地"流转难""扶持难""贷款难"问题,为非规划林地林权登记、资源评估、林权交易流转、收储与担保等提供一站式社会化服务体制机制。

首先,永春县新建了林业行业投融资平台,为全县提供林权流转交易、收储、融资和担保的服务。同时,该县还建设县农村产权交易中心,建立办证窗口、交易平台、网站服务等,打造"五位一体"的林权交易平台,实行林权登记、森林资源评估、林权交易流转等一站式服务,促进非规划林地资源资产有序、公平、公开流转。

其次,永春县量身定制以非规划林地林权证为抵押的"花卉贷""林好贷"专项贷款,解决了林农、林企生产融资难题。与此同时,县有关部门还促进县花协与邮政储蓄银行签订战略合作协议,由县花协筹集 200 万元设立花卉产业发展风险基金,邮储银行授信扶持花卉苗木企业、专业合作社贷款额度 5000 万元,其中到 2016 年已经办理贷款 500 万元。该县还成立"永春县圆方林业技术服务有限公司"社会化中介组织,为林农申请抵押贷款提供专业调查和森林资源资产评估服务。同时积极探索林权抵押贷款的各种有效途径,争取上级贴息贷款额度,扩大林权抵押贷款受益面,提高资金使用效益,赋予林农更多财产权利,为做大做强非规划林地经营产业注入新的活力。与此同时,永春县还探讨把一些坡度在 25 度以上的非规划林地通过产权置换的方式转化为生态林规划用地。

永春县探索非规划林地确权发证做法,确立了非林用地的林地经营权产权属性,为引进工商资本投资非规划林地经营提供了重要的产权保障。2016年,虽然笔者调查的22个集体林业综合改革示范区,包括重庆南川区、安徽宣城市、四川成都市等也进行了类似的改革探索,但改革成效不如永春县。不过,到2016年,永春县有关部门在探讨非规划林地确权发证时因为与不动产登记改革相冲突,已经停止办理。

3. 内蒙古达拉特旗发放林木所有权证

达拉特旗探索的非规划林地是个私造林中的林木所有权办证的问题。由于达拉特旗地域广大、荒地多,早些年国家鼓励林农自己造林,并实行"谁造谁有"。当时不少农户响应国家号召,自行利用集体"荒地"造林。后来这些农户在办证过程中却遇到了多方面的问题:一是这些个私造林虽然有相当一部分属于超过500亩面积的造林大户,仍属于"谁造谁有",由于占用的是集体林地,在办证时必须经过村集体组织2/3村民或者2/3村民代表通过程序,造林大户的林地承包权才能被确认,而村里的大多数村民由于没有造林,他们不支持造林大户的个私造林的林地承包权。二是造林大户所造林地大都地处生态脆弱地区,因此只能被列为生态林权属进行管护经营,并获得国家给予的生态公益林补偿,2016年这个补偿标准是每亩每年15元。扣除防火防虫费后,只有14元左右。不过,由于国家下达给达拉特旗的生态林补偿指标有限,为了公平起见,该旗只能把上级政府下达的所有生态公益林补偿金分摊到全旗所有的生态林面积上,这样造林大户实际得到的生态补偿每亩平均只有6.7元。① 即便如此,造林大户造林面积较大,他们仍然可以得到一笔稳定的可持续的生态补偿金,这点也让其他没有参与造林的农户感到不满,因此他们不愿意支持造林大户的林地甚至林木确权,由此双方产生了林权纠纷。

据笔者2016年8月在达拉特旗的调查,全旗约有120户的造林大户,总造林面积达6.5万亩。按照当地林业部门的认定标准,只有造林面积达500亩以上,才能称为造林大户。该旗造林最多的大户达到两三千亩。如达拉特旗白泥井镇大纳林村村民刘洋畔(2016年),74岁,该农户过去养了200多只羊,家里有10亩退耕还林地。

---

① 由于达拉特旗国家公益林和地方公益林分不开,国家给予的公益林补偿标准是每亩地每年15元,扣除防火防虫费只有13元多点。达拉特旗生态比较脆弱,国家公益林补偿面积是180多万亩,全旗实际划入公益林的林地面积是200多万亩,但分不清国家公益林和地方公益林界线,也分不清重点公益林和非重点公益林,因此当地就按照按比例划分,以100亩公益林里面有62%国家公益林,剩余的则是农户个人的,按照比例这样算,农户造的公益林每亩地每年补偿是6.7元。

由于达拉特旗土地沙化严重，从 1985 年起就响应国家"绿化祖国"政策，按照"谁造林、谁管护、谁受益、归谁所有"的政策开始造林。当时造林，政府每亩地补贴 5 元树苗钱，但仅补助了 2 年。刘洋畔起早贪黑，带上妻子儿女向沙漠进军，使原来的荒漠变成今天的绿洲，于 1998 年获得了达拉特旗政府颁发的水土保持世行项目承包证。从 2001 年开始，刘洋畔就开始种上了杏树、枣树和松树等，那几年造林就花了五六万元。当时杨树苗 0.8 元一棵，细小些的也要 0.5 元，投入巨大。刘洋畔家在 30 多年中累计造林面积达 608 亩。如今他所造的林子大多成林，进入收获期。这些林子都被纳入生态林管理范围，前提是必须确权办证，却恰恰遇到了办证难的问题。达拉特旗林业局林权改革办公室负责人反映：

> 我们林业局在办林权证的时候，对于土地承包合同只是做一个参考。村子里面要给造林大户重新发包土地，为此就要村里重新表决，但是村里的其他村民不给造林大户表决。因为刘洋畔一直是一个比较勤快的人，现在他 74 岁了，种树种了 30 多年，而村里许多比较懒的人都不种树，但是现在老刘需要办林权证的时候，其他村民都不同意，也不给他表决。老刘的林权证就办不下来。因为办理不了林木所有权证，老刘就不能享受国家公益林补偿政策待遇。①

从 2009 年开始，国家全面实行新集体林权制度改革。按照林权证办理程序，刘洋畔首先要与村集体签订集体林地家庭承包合同，但《农村土地承包法》规定：林地的承包期为 30～70 年。《村民委员会组织法》第二十四条规定，涉及村民利益的"土地承包经营方案"事项，需要经村民会议讨论决定方可办理；《村民委员会组织法》第二十八条还规定，召开村民小组会议，应当有本村民小组 18 周岁以上的村民 2/3 以上参加，或村民小组 2/3 的户代表参加，所决定事项应当经到会人员过半数同意。刘洋畔几次上村里的表决会，都因村里的多数农户反对而未能通过颁证申请。因大纳林村像刘洋畔这样的人很少，经镇、村多次协调后未果。

刘洋畔的人生信条就是国家政策再变，绿水青山、绿化祖国政策不会变。为维护自身权益，刘洋畔开始上访，多方努力还是由于过不了大纳林村依照《村民委员会组织法》通过这一关，领不上林权证，自然也无法享受国家生态林补偿政策。所以刘洋畔既无奈又气愤地称要把这片林子全部砍了。可见，这一问题已严重挫伤了他的积极性。

---

① 2016 年 8 月 15 日笔者访谈达拉特旗林改办负责人 B 某。

2014 年年底,达拉特旗以被列入国家深化集体林业综合改革试点区为机遇,针对全旗像刘洋畔这样的务林人领不上林权证的实际情况,强调要简化办理森林林木所有权证程序,发放森林林木所有权证,同时争取国家有关部门授权,2015 年《农业部、财政部、国家林业局关于授权内蒙古自治区达拉特旗、河南省信阳市农村改革试验区暂时调整实施有关政策规定的通知》(农政发〔2015〕3 号)的要求,授权达拉特旗暂时调整实施《国家林业局关于切实加强集体林权流转管理工作的意见》(林改发〔2009〕232 号)有关规定,在办理林权证时,对于森林林木四至清楚、权属明晰的,可以按照所有权人提出申请,森林林木相关人签字,村委会加注意见盖章,镇人民政府加注意见盖章,旗(县)人民政府加注意见盖章,公示 7 天后发放森林林木所有权证的程序办理。得到上级政府部门授权后,等于刘洋畔所造林木的确权不再需经村民代表或者户代表集体 2/3 同意,而只要村委会同意盖章就行,从而绕开了村民集体表决这关。

根据国家有关部门的授权文件,达拉特旗制定了《达拉特旗森林林木所有权证发证操作规程》,印制了配套的林木所有权权属申请表、勘界卡、所有权证书等。同时对全旗具有领取林木所有权证意愿的农牧民所拥有林地面积、造林时间长短、林分、林种等情况进行了调查摸底。发现全旗目前具有领取林木所有权证意愿的农牧户共有 120 户,涉及林地面积 5.6 万亩。为审慎推进林木所有权确权工作,达拉特旗选择了其中具有代表性的 5 户农牧民,作为办理林木所有权证的试点对象,先期开展此项工作。

到 2016 年,达拉特旗有关部门对这 5 户农牧民的林地进行实地勘测调查,明确其造林林地的四至界限、林种、树种、所有权权属,然后给他们发放了森林、林木所有权证。2016 年 6 月 10 日,刘洋畔等 4 人获得了第一批森林林木所有权证,涉及面积共 1600 多亩,该证可流转、抵押,并可享受国家林业政策性补贴。按照每亩每年补偿 6.7 元计算,刘洋畔家每年可得收益近 4000 元。这个消息一传出,像一声春雷,要求办理森林林木所有权证的林农络绎不绝。不过,达拉特旗林业部门的负责人谈到这个问题,仍然觉得很无奈:

> 过去咱们国家的政策是"谁造谁有",谁勤快谁就去造林嘛,反正我们这儿"地大物博",也没人管,结果有的农户就造上了林。如今他们造的林子就是办不了林权证。要经过村民表决,就是表决不下来。最近我们旗以纳入集体林权制度改革试验区的机会开始推进林木颁证改革。虽然 2015 年我们得到国家林业局等有关部门的专门授权,简化了办理林权证的手续,绕过了村民代表表决

这关,但在具体操作的过程,还是存在一些问题。虽然不需要村民表决了,但是到了村里面需要他们加注意见审核的时候,就因为村主任、村支书需要群众支持,他们也不愿意得罪大部分的群众。毕竟他们是经过村民每人一票选举出来的。因此这个政策在执行中仍然有障碍。①

达拉特旗一些村庄的大多数农户之所以不支持像刘洋畔这样的造林大户办理林权证,其顾虑是担心他们如果办理了林木证,就相当于办理了土地证,也就获得林地的承包经营权。如果遇上国家征用林地,其地上地下补贴资金全部属于林权证持有者,由此使得集体利益乃至自身利益受损。这就是为什么当地林业主管部门强调是给造林大户办理林木所有权证,而不是办理林权证,目的是显示造林大户仅占有林木所有权而不是享有林地的承包权,这点和一般地区实施新集体林权制度改革时把林地承包经营权确权到户不是一个层面的意思。

达拉特旗通过为造林大户办理森林林木所有权证,实行了林木与林地分离。把造林大户的林木确权为造林大户的个人财产,但林地则属于村集体所有。如遇国家征用林地,林木与土地分离,林木补偿归个人,林地补偿归集体。在管理过程中实行林和地分离,林子归林业部门管理,土地归土地部门管理。这种改革经验在同类地区有较强的复制推广价值。

二、林木资源资产化:浙江龙泉市林地经营权流转证改革实践

在当前农村市场化改革持续深化的情况下,林地"三权分置"制度改革大都涉及林地承包权和经营权资产化的问题。2004 年,福建省武平县在全国率先开展林权抵押贷款试点工作。2009 年,国家林业局联合中国人民银行等五个部门出台了《关于做好集体林权制度改革与林业发展金融服务工作的指导意见》。2013 年,中国银监会、国家林业局印发《关于林权抵押贷款的实施意见》等,创新性地把集体林地的承包权和林木所有权作为抵押物。这些政策文件为林业资源资产化改革奠定了政策基础。② 推进林业金融支持制度改革,把农户的林地承包经营权资产化,目的是探索建立长期稳定、低成本的政策性贷款支持集体林业发展的机制,积极开展包括林权抵押贷款在内的符合集体林业特点的多种信贷融资业务,创新担保机制,探索建立面向林农、林业专业合作组织和中小企业的小额贷款与贴息扶持政策,改革的最终

---

① 2016 年 8 月 15 日笔者访谈达拉特旗林改办负责人 B 某。

② 程玥、朱冬亮、蔡惠花:《集体林权制度改革中的金融支持制度实施及绩效评估》,中国社会科学出版社 2016 年版,第 66~73 页。

目标是在更大程度上把集体森林资源转化为资产,进而变成资本和资金。① 不过,在政策实际执行过程中,获得林权抵押贷款的主要是林地经营大户和林业企业等市场经营主体,一般的小农户难以从中得到实惠。即使是获得林权抵押贷款,也往往要求贷款人以自己的房产等其他资产一并质押。②

2015 年前后,尽管各集体林业综合改革示范区普遍开展了林权抵押贷款等工作,但真正进行创新性尝试的并不多。浙江龙泉市算是在这方面取得突破的一个典型。该市在探索推进林地"三权分置"制度改革时,在全国率先试行林地经营权流转证制度,把林地经营权从林地承包权中分解出来,赋予林地经营权独立的用益物权属性。2013 年,龙泉市在全国率先出台并实施《林地经营权流转证管理办法(试行)》,将林地承包权和经营权分离,赋予流转证按照流转合同约定实现林权抵押、林木采伐、享受财政补助及其他行政审批事项的权益证功能。2015 年,浙江省出台《林地经营权流转证发证管理办法》等 8 个配套改革文件,用法规的形式明确了林地经营者的经营权权能,把龙泉市探索出的改革经验推向全省。③

如龙泉市家庭林场主郑自友以全国首本流转证抵押贷款 238 万元,解决了购买香榧苗木资金短缺的燃眉之急,建成了千亩香榧精品园;文成老板林彩霞投资 5000 万元,在龙泉市八都镇流转林地 3000 余亩从事油茶产业开发等。截至 2016 年年初,龙泉市已累计发放"流转证"266 本,面积 4.3 万亩,累计抵押贷款 370 笔 9194 万元,成为全国试行最早、抵押贷款最多的县(市)。

与此同时,龙泉市积极创新林业融资新模式,在全国率先试行村级担保合作社制度,破解林农贷款难、林业资产处置难的瓶颈。2014 年 3 月 26 日,由龙泉市上垟镇花桥村 42 名村民和村委会共同出资 60 万元组建的花桥村惠农担保合作社正式成立,这是全国首个村级林权贷款反担保合作社,为林农生产经营提供融资服务。这样不但可以降低农户融资成本,简化其信贷手续,还能有效破解林农与金融机构信息不对称、林权抵押贷款处置变现难等难题。

这种村级林权担保模式具有三大好处:一是方便林农,只要合作社提供担保就可贷到款,信用社确认其担保行为,就可放贷,林农承包经营权资产权程序更为简

---

① 据成都市有关部门测算,如果能盘活全市 383 万亩集体林地、100 万亩园地经济林(果)以及 80 万亩苗木花卉,其集体资产价值可达千亿元。

② 刘璨、李云、张敏新、冉青松、叶陈育、孙玉军:《新时代中国集体林改及其相关环境因素动态分析》,《林业经济》2020 年第 1 期。

③ 朱文清、张永亮、刘浩、魏建:《新一轮集体林产权制度改革新动态及其完善深化改革的政策建议》,《林业经济》2018 年第 11 期。

便;二是融资实惠,信用社给予贷款利率不超过基准利率的 20% 的优惠,月息只要 5.1 厘,林农融资成本比一般的市场贷款减少了 3～4 厘;三是充分体现了村民自治原则,由村担保合作社自行组织信贷调查、资产评估和不良贷款处置变现。而银行则规避了发生不良贷款时处置森林资产的难题。以上垟镇花桥村惠农担保合作社为例,截至 2016 年年初,该社已为全村 146 户林农提供担保,获取生产经营资金 1425 万元。截至 2016 年,龙泉市已相继建立了 13 个村级林权贷款担保合作社,累计发放林权反担保贷款 506 笔,总金额达 8557 万元。

与此同时,龙泉市还进一步探索生态公益林林业资产化改革途径,在全国率先试行林地信托抵押贷款制度,破解公益林不能抵押贷款难题。2014 年 7 月 22 日,龙泉市住龙镇政府代表所辖水塔村与万向信托有限公司签下公益林收益权信托计划合同——“万向信托—绿色摇篮 1 号”。其具体操作方式是在农户自愿前提下,水塔村 112 户的 3.85 万亩公益林参与信托设立。信托期限为 5 年,公益林补偿金以 2014 年 23 元/亩为标准,每年可获得信托财产 385 万元,即 100 元/亩的信托财产,平均每户可新增 3.42 万元的信托财产凭证。2015 年 4 月 23 日,以信托受益权出资的水塔村利民担保合作社成立,并发放全国首批公益林信托受益权担保贷款 3 笔 11 万元。截至 2016 年年初,全市已发放生态林贷款 34 笔 246 万元,使生态资源变身金融资产,并实现凭证化、证券化,林农可通过信托收益权凭证交易提前变现,也可质押融资,让公益林资源化和资产化。

2015 年 11 月,龙泉市还出台了《公益林补偿收益权质押贷款管理办法(试行)》,以林农未来 10 年公益林补偿金收益质押贷款,即每亩公益林可质押贷款 300 元。贷款期限最长可达 5 年,并实行不超过贷款基准利率 1.3 倍的优惠利率。而且,简化贷款程序,只要农户申请、乡镇林业工作站提供补偿金发放证明,农信社即可放贷。这相当于又为龙泉市 171.5 万亩公益林盘活了近 5 亿元的生态资产,发挥公益林补偿金的倍数效应。2015 年 12 月 3 日,龙泉市发放了首批公益林补偿收益权质押贷款 3 笔 9 万元。截至 2016 年年初,全市已累计发放贷款 4 笔 23 万元。随着生态公益林补偿价的提高,能够抵押贷款的额度也相应增加。

第三节　生态林区划、流转与产权制度改革

有关部门公布的数据显示,全国生态公益林占林地面积的 30.0% 以上[1],集体

---

[1] 刘璨、黄和亮、刘浩、朱文清:《中国集体林产权制度改革回顾与展望》,《林业经济问题》 2019 年第 2 期。

生态公益林面积占全国生态公益林面积比例为 47.83%[1]，而且实际划定的生态林比例高于此数。正如已有研究注意到的，"三权分置"背景下林权流转过程中存在农户的生态价值实现机制缺位的问题。[2] 在集体林权流转从木质产权交易演化到木质与非木质并重的产权交易，生态价值进一步得以体现。[3] 事实上，在新集体林权制度改革中，林农的承包权包含的追求社会公平的社会产权与追求林地经营效益产出的经济产权的实践价值，属于私人属性的产权权利，这两种产权权能在实践中与国家和社会追求的公共产权权利的生态产权存在冲突，由此可能引发林权改革中的张力，导致林权纠纷。[4]

生态产权实践以追求生态公共物品产出为目标，理应主要由国家和社会投入或者"买单"，因此如何把"绿水青山"真正转为"金山银山"是林地"三权分置"制度下林地承包权实践和农村社会治理面临的一个重要议题。各地往往借助政府的公共权力强制性地侵蚀农户（包括林业企业）的承包经营权，由此产生了社会公共权力侵蚀集体林地的所有权的情形。包括村集体的林地所有权、农民的承包经营权、经营主体的林木所有权都因此被侵蚀。如果农户的"自留山"被划为生态林，意味着连继承权都被侵蚀了。

2016 年笔者在对全国 22 个集体林业综合改革示范区调查中，发现有不少样本示范区围绕生态产权与林地承包经营权改革实践进行了诸多有益的尝试，也探索出了一些改革经验。其主要内容主要围绕两个方面展开：一是探索林地的生态产权改革实践路径，把商品林划为生态公益林。其中以福建省实施的重点生态区位的商品林赎买政策最具特色。二是改革激活生态产权的经济属性，探索"生态产业化"和"产业生态化"的实践路径。各地多是发展森林康养产业。笔者调查的 22 个示范区中，重庆南川区的林地生态"景观权"流转利用以及云南宜良县小哨社区实施的发展林下经济——干巴菌采摘与森林旅游最具特色。

一、生态林赎买制改革实践

福建省为了提升林地生态效益，2010 年专门出台了关于重点生态区位的商品林

① 刘璨、李云、张敏新、冉青松、叶陈育、孙玉军：《新时代中国集体林改及其相关环境因素动态分析》，《林业经济》2020 年第 1 期。

② 周伯煌：《我国"三权分置"改革中林农环境权益保障探究》，《世界林业研究》2021 年第 2 期。

③ 刘璨：《集体林权流转制度改革：历程回顾、核心议题与路径选择》，《改革》2020 年第 4 期。

④ 朱冬亮：《村庄社区产权实践与重构：关于集体林权纠纷的一个分析框架》，《中国社会科学》2013 年第 11 期。

区认定政策,即把高速公路和铁路两边 100 米之内、河两岸 150 米之内等三线林水源的林地、坡度 35 度以上及城市周边的林地都区划为重点生态区位。划入这个区域内的商品林实行类似于生态公益林的管理举措,原则上不允许皆伐。由于此前林权登记条例体现"谁造谁有",新集体林权制度改革发证时也强调要落实林木所有权和处置权,这样林农的承包权就被生态权侵蚀了。如果这些林地已经流转给其他市场主体,就等于市场主体的经营权也一同被侵蚀了,事实上侵犯了经营主体的林木所有权和处置权等,由此给林农和林地经营主体造成了很大的损失。如三明市沙县区的一个经营山场的老板就因此而遭受严重损失:

> 有个老板原来买了 1000 多亩的天然林,后来因为生意经营不善,欠钱跑路,但是债权人就想把他的这片林地拍卖偿债,于是就让我们区林业局去评估一下这片山场能卖多少钱。林业局发现,这些山林全都是天然林,是禁止采伐的,不能买卖。原来这个老板买这片山场花了 400 多万元,如果按照原来价值评估的话,可以卖七八百万元。现在只能择伐,就没价值了,林子也就没有人要了。现在这片山林最多值一二百万元。我知道这个老板不只拥有这一块山场,还有另一块 2000~3000 亩的山场也抵押给别人了,这个老板原来应该是家产一两千万元,现在生态林改革让他一下子财产归零了还欠债,这就是政策变化对他的林地经营造成的影响。①

普通林农承包的小面积的林地也大多不愿意被政府收储:

> 面临的一个最大问题就是老百姓不愿意让我们收储林地。因为前几年新集体林权制度改革时已经把这些林地的承包权落实到农户了,现在再把他们的林地划为重点生态区位,如果没给他们合理的补偿,那他们肯定不愿意。因为划为生态重点区位之后林子就不能砍了,这就有问题了。比如说政府承诺参照生态公园的标准给他一定的补偿,但是远远低于他造林的收益,他们肯定不乐意。即使有补助,标准也不高。我们沙县的林地使用费,目前平均标准超过 50 元,而政府给的补偿一年才 20 多元。如果是农民的"自留山"(沙县区共有"自留山"10 万亩),他们就接受不了。我们林业局也解决不了这个问题。②

---

① 2016 年 2 月 24 日笔者访谈沙县区林业局分管集体林改负责人 L 某。
② 2016 年 2 月 24 日笔者访谈沙县区林业局分管集体林改负责人 L 某。

沙县区也被列入福建省重点生态区位的商品林划定试点县之一。据该区林业局分管林权改革工作的负责人反映①,由于沙县区共有林地面积 193 万亩,而被划入重点生态区位的商品林达 16 万多亩,这些原本属于商品林的林地都不能皆伐,林农和林地经营者意见都很大。为了解决这个矛盾,2015 年 7 月,福建省政府出台了林权收储政策,成为全国率先开展重点生态区位商品林赎买等改革试点的省份。福建省林业厅在全省选取了 7 个县(市)作为试点。为此,省里给每个试点县(市)1000 万元的专项补助资金,用于开展对重点生态区位限制采伐的商品林进行赎买、租赁、改造提升试点工作。截至 2019 年,全省通过各种方式赎买了 27.2 万亩商品林,林农直接受益超过 3.5 亿元。②

在创新生态林试点改革实践过程中,福建省不同试点县、市探索了赎买、置换、补偿等不同的生态公益林置换模式,并取得了较好的成效。其中三明市沙县区在推进林权收储制度改革工作中取得了关键性的突破。作为全国集体林权制度改革试验区和示范区,沙县区成立收储公司是其深化集体林权制度改革的一个重要组成部分。该区的林权收储业务由国有资本投入,运营成本也由政府承担。沙县区森林资源收储有限公司于 2014 年 6 月成立,2016 年配有员工 6 人,属于全资国有企业,注册资金 1000 万元。收储公司提供的收储服务是免费的公共服务,等于是用政府信用担保应对林权收储的风险。收储公司的运作方式主要是为金融部门提供兜底服务。如果出现了不良林权贷款,收储公司有权通过法律渠道对相关不良林权资产进行拍卖。如果拍不出去,则收储公司必须根据第三拍的标底兜底,并将银行的贷款本金和 4 个月的利息由收储公司一次性付给金融部门。

截至 2016 年,沙县区开展林权抵押贷款的主要金融机构包括区农商行和合作社,因此收储公司只跟沙县区农商行签订了一份协议,协议规定双方对于处置不良资产的相关责任。沙县区的林权收储操作程序是由放贷人、收储公司、贷款人、抵押人"四方"签订一个协议,协议规定不良林权资产处置办法有三种:各方协商、法院起诉渠道、收储公司兜底。如果协商好的话,就不走法院起诉渠道。2014—2016 年,共签了 16 笔四方协议,涉及总林权资产 1510 万元,没出现不良贷款。

福建永春县被划入重点生态区位的商品林达 11 万亩,该县主要采取补偿方式推进生态林置换。这个县专门成立直属县林业局的资金为 3000 万元的林权收储公

---

① 2016 年 2 月 24 日笔者访谈沙县区林业局分管集体林改负责人 L 某。
② 《踏浪扬帆新福建》,《福建日报》2019 年 10 月 31 日第 1、2 版。

司——"永绿公司"①,在本县重点生态区位内按照 1 亩补偿 1000 元的方式,把经营者的商品林纳入生态林储备库。该县之所以采取这种方式,是为了降低生态公益林收储成本。其具体操作方式如下:

> 我们永春县只是探索实行新的补偿公益林补偿机制。考虑到买断经营者的商品林要很多钱②,因此我们发现采用补偿的方式最省钱。我们跟林农这样子说,重点区位内一亩给 1000 元的补贴,然后把你家的林子纳入储备公益林范围。如果我们要用了,就把你们的林子变成公益林。福建省的公益林补偿每亩每年是 22 元左右(2016 年标准),划入储备林的也按照同样的标准给予补偿。然后那些木头仍然归林农所有,但就不能像商品林一样砍了。实际上,被划入重点生态区位的商品林本来也不能皆伐了,这就对林农有一个吸引力。我们等于只是购买一些指标,这样子也算是储备库建好了。然后我们去跟林农签合同,这块地要符合重点生态区位,林农要自愿把商品林转化为公益林,我们再去界定、去公示,公示完了签合同。签完合同就由"永绿公司"按照每亩 1000 元支付给林农。以后哪一天我们需要的话,就直接变为公益林。比如我们签了 30 年,在这 30 年里,我们要把你家的林子变成公益林的话,你都要无偿地划给我们。③

截至 2016 年年初,永春县已经划入生态林储备库的林地面积达 1000 多亩。由于按照福建省的政策,公益林面积不能减少,当修建高速公路、高铁等公共基础设施建设需要占用公益林时,该县就利用已经建立的生态林储备库面积,对占用的生态公益林实行增减挂钩运作,这样一方面确保生态公益林面积不减少,同时又保障基础设施对林地利用的需求。全县最终计划收储的生态林储备共计 1.15 万亩。从永春县的角度来看,占用生态林修建高速公路等基础设施,要给予征地补偿。

福建省另一个林权收储试点区域三明永安市则针对重点生态区位商品林限伐与林农要求采伐利用的矛盾问题,成立永安市生态文明建设志愿者协会,发动会员

---

① 不过,永春县收储公司的 3000 万元在 2016 年又被划走用于别的开支,只有省林业厅给予的 1000 万元的林权收储试点经费和征占林地返还的 300 多万元在公司账户中,共 1300 多万元,公司 2016 年有员工 13 人,但基本是由林业局内部员工兼任。

② 按照沙县区林业部门 2016 年测算,杉木林一亩要补偿 4000～5000 元,松木林一亩要补偿 2000 多元。

③ 2016 年 2 月 19 日笔者访谈永春县林业局林改办负责人 Z 某。

募捐,逐步建立财政资金引导、政策性金融支持、社会资本参与的多元化融资模式。截至 2016 年,永安市已筹资 6300 多万元,赎买重点生态区位商品林 1.8 万亩,其赎买的价格远远高于永春县的收储价格。永安市采取的是一种较为市场化的生态林买卖流转交易模式。

二、生态林林木所有权流转改革实践

生态林产权改革实践形成一类特殊的林木使用权流转——"景观权"利用的案例。最典型的是重庆南川区 2008 年探索森林景观资源流转改革实践案例,并总结出"不变权属、发展生态、流转景观、增加收入"的森林景观资源流转的总体改革思路。所谓森林景观资源流转,就是在原林地承包关系和林木权属不变的前提下,林农将森林景观资源作为有价值的商品有偿转让给林业投资业主进行综合开发,包括用于发展森林旅游、餐饮、娱乐、养殖等产业。具体说来,就是在公益林区和商品林区,将分散的"自留山"、承包林、集体林中具有森林观赏价值的森林景观资源,有偿流转给业主进行森林旅游等综合开发利用。这是林地"三权分置"改革的另一种实践模式,其实质是把森林资源的林木所有权的生态产权分置出来进行流转,把林木的生态产权产业化,通过生态产业化途径来实现林地承包权的价值。不过,这种产权改革方式只能在一些具有发展生态旅游、生态康养的特定区域才有市场前景。

南川区森林景观资源流转模式的初始探索是 2008 年上半年,当时重庆中电大宇卫星应用技术研究所(以下简称"大宇")看上了南川乐村林场凉风垭—通灵庙—土地垭一带 16 公里长的 2.2 万亩森林景观资源,想流转来搞森林旅游开发,但是有许多具体问题不好解决。首先,一次性流转费高达 1.98 亿元,大宇一时难以承受。其次,大面积流转国有林地要到重庆市林业局办理手续,且很难办理。最后,国有林场流转了国有森林,如何进行具体操作,职工怎么安排?为此,有关部门联系实际,反复琢磨,于是想出了搞森林景观流转的思路。具体操作是甲乙双方协商后签订如下合同:一是林木林地所有权、使用权属于乐村林场不变,仍由林场管理和经营。二是大宇投资建设景观、景点、非骨干道路、接待设施、房屋等,并出资依法建设和经营旅游服务业。三是经营期 70 年。四是大宇每年支付景观资源租用费 20 万元给乐村林场,租用费每 5 年调整一次,上调幅度不超过 20%。在前 5 年建设期减交 55%,每年只交 9 万元。五是林场负责总体规划,办理建设手续的费用由大宇承担。

其他的例子包括 2008 年林场的退休职工鞠世淑在南川区兴隆镇白净寺附近建农家乐搞乡村旅游,以每年每亩 20 元流转了两片共 18 亩的松林景观资源。2008 年 4 月,另一个业主兰定合在兴隆镇金星村马家坝,投资 1200 万元以每年每亩 25 元的价格流转 300 亩松树林的景观资源,搞综合度假村,发展苗圃、水产养殖和农家乐。

另外,南川区西城永隆山森林公园流转了永隆山居委 7 社,涉及林农户 71 户,林地流转面积 255.22 亩,流转金额 17.901 万元。其中一次性流转农户 23 户、林地面积 8.77 亩、流转金额 8.77 万元、流转单价每年每亩 1 万元,森林景观资源流转农户 48 户、流转林地面积 245.24 亩、流转单价每亩 50 元、流转金额 6.131 万元,每 5 年付一次款,5 年调价一次,上调幅度不超过 20%。

为了规范森林景观流转市场,结合已有的流转案例,南川区林业局有关部门规定:业主每年每亩以 50～100 元的标准补偿给林权所有人,每 5 年调价一次,上调幅度原则上为 20%。流转期限 30～50 年,最长不超过 70 年。投资业主只享受森林景观资源,而且必须先缴费后使用。如果业主未按合同约定缴费,林权所有人有权单方面终止合同。森林景观流转期间,在不影响森林景观资源的前提下,林权所有者与业主协商同意后,经批准可以依法间伐少量木材。投资业主要履行护林防火、病虫防治等保护森林资源的职责。如要对森林景观进行培植、改造,必须与所有权人达成一致意见并报相关部门备案。

截至 2016 年,南川区景观资源流转面积达到 7.5 万亩,林农获得流转费 335.6 万元。森林景观资源流转吸引了一批开发投资商落户南川,如中海外集团、广东新红阳公司、重庆鑫宜居生态农业公司,投资 12 亿元开发森林景观资源,使 1.2 万农民就地务工。重庆中海外公司流转 329 亩森林景观资源,用于建设湿地生态园,流转费高达每年每亩 100 元。通过森林景观资源流转,生态环境得到了保护,林农得到了实惠,投资业主减少了投入,真正实现了"绿水青山就是金山银山"。

三、生态林林下林地使用权流转改革实践

生态林林木使用权利用还包括林业经济作物的利用问题。最有特色的是云南省宜良县狗街镇小哨社区利用独特的区位优势,利用松林地发展林下经济产业,即把当地的天然野生菌采摘权公开流转,用于发展生态旅游村建设的案例。小哨社区(原小哨村委会)位于宜良县城南部 30 公里,海拔 1860 米,全村总面积 22.2 平方公里,森林覆盖率达 80%。2016 年,社区共有 8 个自然村、8 个村民小组、农户 377 户,1428 人。全村总耕地面积 2112 亩,有 28 个山头,种植板栗、核桃等干果 1000 余亩,冬桃等水果 900 余亩。自 2003 年 8 月社区发展乡村生态旅游,于 2010 年建设云南省乡村旅游特色村,2014 年加入云南省旅游协会。通过多年的不懈努力,小哨民族文化示范村已成为云南省内知名的一个"品牌村"等。每年阴历六月二十四日,社区开展传统彝族"火把节"暨"干巴菌节",成为社区对外宣传的一张名片。

小哨社区不仅旅游资源丰富,每年 6 月下旬到 10 月,森林间盛产各类野生菌,主产知名的干巴菌。据统计,每年各种野生菌产量 15 吨,其中干巴菌产量 10 吨左右。

在旅游产业带动下,游客到村内可以拾菌子、摘鲜果、赏野花、观瀑布、探密境,欣赏和参与民族歌舞,体验彝族风情带来的乐趣。社区最具特色的林下经济产业是干巴菌产业。据说干巴菌只能在这个地方生长,经过 10 多年宣传,采摘干巴菌已经形成一个传统。村里的山因为能够生产干巴菌,所以有很高的经济价值。近年来,村里把能够产出干巴菌的山通过招标包出去,获取可观的经济效益。如 2016 年,全村仅出让当年的干巴菌采摘权,就收到承包费 300 多万元,平均每个人可以分红到数千元,另外村委会提成了 7 万多元,以人均 50 元作为村里公益事业开支。据该村的村书记反映:

> 我们的山属于村民小组所有。在山上,干巴菌 90% 的生长点是相对固定的,还有 10% 左右会长在附近。每次干巴菌采摘前,村里组织对每片山场进行公开招投标,出价高的先得承包权。如 2016 年这片山是 14.7 万元(一年)的,那边还有片山 19.5 万元的,14.7 万元的是(全村民小组)40 个人的山,另外一片是 68 个人的山。不同的山的干巴菌产量不一样,这跟气候有关。在早期,干巴菌价格不高。2013 年,同样一片山,承包价才 9000 元,那时候的干巴菌一公斤才 40 元。现在每公斤 800~1400 元。最贵的时候可以卖到 1400 元。如一位村民今年(2016 年)承包了其中的一片山,一年的承包费是 14 万元。到今天(笔者到该村实地调研时)已经采了 300 多公斤,估计后面还可以采收 100 多公斤。这个农户雇了 3 个人,还在林子周边开了一家农家乐餐饮店。他的主要客户就是来此品尝干巴菌的游客。这位农户包山场已经有 15 年的历史,获得了可观的收益。①

在实地调查中,笔者获得了小哨社区经过招投标程序在 2016 年 6 月初签订的一份承包特定片区的山场采摘干巴菌的合同样本。从合同中可以看出,村民李有红以 8.2 万元的招投标承包价获得了 2016 年 6 月 5 日起至 2016 年 10 月 30 日的为期 4 个多月的林下干巴菌采摘权,李有红只获得"乙方承包拾菌的山,产权属甲方集体所有,乙方只有管理拾菌的权利",同时必须承担"承包管理范围内的林木管护责任"。

第四节　建立农村林业经营综合体

集体林地"三权分置"制度改革如何通过林业综合改革探索林业一二三产业融

---

① 2016 年 8 月 15 日笔者在宜良县狗街镇小哨社区访谈社区干部 X 某。

合发展的途径,以提高林地经营的附加值,并且促进小农户和现代林业经营企业有机衔接,是新时期集体林地承包权改革需要突破的主要方向,也是各地推进林地承包权改革实践的主要路径,由此也探索出一些具有创新意义的实践模式。

一、成都都江堰市向峨乡龙竹村林业综合体

近年来,一些工商资本看准农村林业产业发展中出现的新投资机遇,采用产学研一体化等新型要素组织方式到农村流转林地,探索林业一二三产业融合发展的新路子。成都都江堰市向峨乡龙竹村引进的四川千力原生态农业有限公司(以下简称为千力公司)就是属于这类典型例子。龙竹村地处四川成都都江堰市向峨乡,全村地域面积9.8平方公里。1983年林业"三定"改革时期,按照当时的人口,全村林地全部实行均山到户。每户平均分到的山林有数十亩,却分布在七八个不相连的地块,林地经营细碎化现象突出。传统上,龙竹村林农靠山吃山,主要种植猕猴桃,也有林农种植杜仲、黄柏等中草药作物,部分林农种植了银杏林。

2014年,龙竹村引进千力公司发展草珊瑚种植加工业。该公司属民营企业,2016年时有5个股东,还有一些隐形股东。该公司负责人G某原是承包桥梁工程的老板,现在仍然从事这个产业。G某一直在考虑多元化拓展自己的经营领域。经过多方考察,G某最终选择到龙竹村及周边村庄发展草珊瑚种植加工业等相关产业。截至2016年,公司在向峨乡产业基地有固定员工10人,且全是大学毕业生,公司外围研发合作团队有博士近50人。

据G某反映,公司先去广西考察草珊瑚种植业,然后决定把草珊瑚引种到都江堰市。经多方对比,公司发现龙竹村及周边村庄的气候、土壤都非常适合种植草珊瑚。公司的技术合作单位包括四川师范大学、四川农业大学、成都中医药大学等3所大学,由这些高校的科研院所提供技术支撑。另外四川生命科学院、西南林业大学也以技术入股的方式(占总股本的5%)参与合作。按照公司的发展计划,未来几年拟定在都江堰市打造一个10万亩的集林下种植、科学研究、深加工以及森林农家、森林旅游等一二三产业融合发展的多元化林业产业集群。公司的愿景是未来达产后,建立10万亩基地,总投资达七八亿元,年产值超过10亿元。

根据千力公司和龙竹村的约定,双方合作主要是林地流转进行合作,其合作模式有四种:一种是公司自己雇工经营模式。双方约定二八分成或者三七分成,农户以林地出资。公司不直接从林农手中流转林地,但公司自己招工种草珊瑚。除了给雇工工钱,公司还负责供应雇工的务工午餐。双方约定以这种模式经营的林地主要分布在村庄的山顶上,总面积有2000多亩。第二种合作模式是双方约定三七分成,由农户自己种植,散户经营。这种经营模式总面积有400多亩。第三种合作模式是

双方五五分成。公司组织投入种子,劳务费用双方均摊。第四种合作模式是"订单"林业,农户自己领苗回去种,双方不约定分成,公司只负责保底价收购农户种植的产品。这种合作模式总面积有1500多亩。

自2014年进入龙竹村,至2016年年初,千力公司已经累计投入了3000多万元,林下种植草珊瑚面积达8000多亩。公司最终在本村规划种植面积将达1.1万~1.2万亩。春季,公司每天至少要雇工50人上山劳作,每个月投入资金10多万元。由于3年来一直处于投入阶段,截至2016年春季,公司经营还没有产生直接的经营效益。G某反映,自己公司目前投入的资金都是股东自有资金,没有向银行贷款,因为没有抵押物,所以贷不了。为了支持千力公司在都江堰市发展林业产业,当地林业局准备专门针对这家公司所流转投资的林地搞林地经营权流转确权发证试点。如果是非林地,则允许其办理经济林果证。当地林业部门表示,等千力公司获得林地经营权流转证后,再协助其办理林权抵押贷款,帮助其解决市场融资难题。

按照G某设定的发展计划,千力公司还要建厂房,包括规划建设一个农庄和饮料厂。公司依托合作高校的科研力量,正在展开草珊瑚系列产品的有效配方研究,规划开发系列加工产品。千力公司规划形成一个产学研产业链。目前公司正在开发从茶叶、清装桂花油到饲料等产品,也就是草珊瑚秆和叶提取油作为食品添加剂。截至2016年,公司已经拥有10种专利,包括痛风药酒、腰酸背疼药酒等已经研制出来,接下来的问题是看能不能从美容、白内障病治疗等方面继续展开相关系列产品研发。

依托千力公司的投入,龙竹村打算组织专业合作社参与公司的合作。未来村里将和该公司形成"公司+农户+合作社+基地"的合作经营模式。该村的很多村民已经介入千力公司的草珊瑚种植业。如44岁的村民贾某原来常年外出打工,在广东、贵州打了10年左右的工,后来和老婆返回老家发展,并种植了20多亩的草珊瑚。该农户家里原来种植了猕猴桃,但是后来出去打工就荒废了。村里像贾某这种打工返乡的林农有好几十人。这批人大都是50岁左右。他们从年轻时就到外面打工,如今50岁了,发现在外面打工终不是长久之计,于是回家务林,返归乡土。

二、河南光山县诚信实业开发有限责任公司实践

河南光山县诚信实业开发有限责任公司(以下称"诚信公司")在原村办林场基础上扩建,于2008年正式注册成立,是农业产业化市级重点龙头企业。截至2016年8月,该公司已经投入了7000多万元,下面成立了3个农林专业合作社和1个家庭农场,共流转耕地、林地12000亩,涵括了4个乡、镇的13个村,主要集中在文殊乡陈棚等7个村。流转的土地期限最短的是15年,最长的是30年。由于流转的林地质

量有差异,流转的年租金每亩是 80～120 元。

截至 2016 年,诚信公司已经形成以苗木繁育、茶叶、油茶、苗木花卉种植经营为主业的等农林业综合体,还将发展生态旅游等产业。公司有标准化茶园 1500 亩,年产茶叶 5 万斤,2015 年"弦国春"牌白茶获全国优秀奖、有高产油茶园 3000 亩,2013年开始挂果,2015 年销售 70 万元,"司马光"牌纯山茶油获有机产品认证,有苗木花卉 500 多亩,繁育大棚 15 个,多品种、多规格苗木销往全国各地,年销售额 2600万元。

作为光山县最大的农林业田园综合体,诚信公司把林地、耕地流转经营和精准扶贫等项目一起实施,以带动当地村庄的整体发展为经营目标。其中在帮助当地村民和村集体摆脱贫困方面,主要从 5 个方面建立合作关系:

一是企农利益联结帮扶脱贫。诚信公司在文殊乡陈棚村等 7 个村流转荒山荒地 1.2 万亩,对其进行综合开发,农民既收益地租,又就近在公司务工,"地租＋劳务"帮助贫困户实现增收。同时,诚信公司成立了茶叶、油茶合作社 2 个专业合作社,吸收 70 户贫困户 150 余人以土地入股,采用"公司＋基地＋专业合作组织＋农户"的模式,将公司管理和销售优势与社员土地分红增收绑在一起,带动入股贫困户脱贫致富。2014 年公司带动脱贫 28 户 112 人次,2015 年诚信公司带动脱贫 36 户136 人次。

二是提供用工岗位帮扶脱贫。诚信公司属劳动密集型农业企业,用工量大,临时用工多。为此,该公司与当地政府签订协议,需要用工时,贫困户优先。公司对劳动力的要求不高,不管年龄、文化程度或身体有无残疾,只要愿意来,公司就提供岗位。2016 年,诚信公司解决了 300 多名村民就近临时就业问题。2013—2015 年,诚信公司每年为农民支付劳务费达 300 余万元,2015 年支付的当地临时雇工的劳酬就达 366 万元,其中发放给贫困户的劳务酬劳是 60 多万元。诚信公司用工年龄段是 50～70 岁,甚至还有 80 岁的。2015 年有一个老太太 83 岁了,一年在公司挣了 9880 元。[①]

三是提供产业技能服务帮扶脱贫。诚信公司辐射带动周边农民自发利用闲散土地和房前屋后种植茶叶、油茶。诚信公司因势利导,主动作为,为他们免费提供茶苗、油茶苗,免费进行技术培训,并实行茶叶代加工、茶籽回收。截至 2016 年,已带动62 户贫困户种植茶叶、油茶 500 余亩,2015 年户均增收 2000 元。

四是改善帮扶村庄的人居环境,发展村庄公益事业。在诚信公司发展过程中,先后投资 100 多万元,无偿为村、组修建水泥路、砂石道路 15 公里,开挖整修大塘 41

---

① 2016 年 8 月 9 日笔者访谈诚信实业公司老板 C 某。

口等,并进行行道绿化,大大改善了当地群众生产生活环境。不仅如此,2008—2016年,诚信公司还先后出资兴建了1个村级文化广场,整修1个村小学教室,援建1个乡级敬老院,收养孤儿1人,捐资帮助困难学生上学,捐物慰问贫困户累计200多人次。

据诚信公司流转林地较为集中的文殊乡猪山圈村的村干部反映,该村是典型的浅山丘林地带,全村有456户、1600多人,耕地面积1600多亩、林地面积7000多亩。在2012年引入诚信公司之前,村里的林地大都荒掉了,没有经营效益。当年引进流转林地,这种情况才发生了变化。全村流转了5000亩林地给诚信公司,主要种植油茶和茶叶,产生了很好的经济效益,村里的基础设施也大大改善。2016年,全村外出务工的有40多人,在家的劳动力有400多人,其中到诚信公司劳作的则有300人。全村80%以上的农户还参股到诚信公司经营中。在公司劳作,每人每年纯收入在1万~1.5万元,其中经营山地的收入在每人2000元左右。另外,村集体"村财"每年也有10万元,主要是给诚信公司提供产前产后的服务,以及帮公司组织调动劳动力和流转土地的服务费。

从诚信公司参与光山县林业综合体发展的过程中可以看出,虽然新集体林权制度改革确权到户后,由于林地质量差,村民种植传统的杉木松木等商品林价值较低,林地分散承包到户后大多处于抛荒或失管状态。为此,当地村庄通过引入诚信公司,以土地流转的方式把村里的林地流转出去,诚信公司则通过种植油茶和茶叶提升林地经营价值,并把当地的劳动力和村集体一起纳入林业综合体的规划,实现了林农增收和"村财"增收,一些贫困户还因此脱贫,实现多方共赢的目标。不过,和四川都江堰市的千力公司一样,这种经营模式存在的最大风险在于当地村民把大部分的林地、人力等生产要素放入诚信公司一家市场主体的"篮子"里,一旦诚信公司经营出现问题,整个林业综合体经营也将随之陷入困境。

第七章
林地承包权退出改革与实践

　　本章关注的林地承包权退出本质上也属于林地承包经营权流转的一种特殊形式。不过,由于保障农民拥有长期稳定的承包权是林地"三权分置"制度改革的核心要求,林地承包权在法律实践上有趋于"固化"的演变态势。农户的林地承包期从 5～15 年延长至 30 年,再延长至 50 年甚至 70 年。[①] 因此,当前情形下,林地承包权退出仅是少数农村地区的集体林权制度改革中出现的实践形态,还没有较为成功的实践案例。[②] 从法律实践的角度解读,林地承包权退出也包括林地承包经营权整体流转这种形式。[③] 实际上,在"三权分置"制度安排框架下,如果说坚持林地的集体所有权是为了彰显社会主义公有制的制度属性,而搞活林地经营权则是为了实现林地生产资料的市场经济价值属性的话,那么保障农户的林地承包权相对公平配置更多是突显集体林地制度的社会价值属性,并进一步维护社会主义制度追求的地权公平属性。保障农民拥有长期稳定的林地承包权,更多是从社会公平和社会稳定的角度进行考量。一旦林农退出林地承包权,意味着中国进入了一个新的城乡转型发展阶段。

　　农民一旦愿意退出林地的承包权,往往意味着他们已经决定迁移出农村而到城镇落户,并可能放弃耕地承包权、宅基地资格权等依附在农民制度身份的其他产权权利,这点对于乡村发展将产生重大影响。因此,林地承包权退出是农村基本经营制度实践和变革中具有关键性意义的实践环节。在多数"靠山吃山"的偏远山区地点,一个农民或农户一旦退出林地的承包权,就意味着他们放弃了赖以谋生的生产资料,进而可能丧失农民的制度身份,自然也就丧失了农民的资格权。有研究者2019 年在浙江省抽取 3 个县(市)的 225 户农户样本进行调研发现,对林地依赖程度越低的农户退出林地承包权的意愿也更高,反之亦然。林业劳动力占比对农户是否

---

　　① 刘璨、黄和亮、刘浩、朱文清:《中国集体林产权制度改革回顾与展望》,《林业经济问题》2019 年第 2 期。

　　② 刘璨、李云、张敏新、冉青松、叶陈育、孙玉军:《新时代中国集体林改及其相关环境因素动态分析》,《林业经济》2020 年第 1 期。

　　③ 潘登、诸江:《论集体林地承包权与经营权的分离与流转》,《中南林业科技大学学报(社会科学版)》2016 年第 2 期。

愿意退出林地及愿意退出林地的程度产生了显著的负向影响;农户家庭的工资性收入占比对其是否愿意退出林地和愿意退出林地的程度则有显著的正向影响;农户家庭成员能够领取养老金的农户退出承包林地的意愿和程度也比没有领取养老金的家庭更高。由此可以看出,增加农户非农就业的机会、提高农户的工资性收入和提高农民养老保障水平被认为能够更好地营造林地承包权退出的环境。① 而现实生活中,我国目前还不具备这些支撑林农承包权退出的外部条件。

和家庭承包地一样,农村宅基地改革也包括资格权退出和使用权流转的问题。尤其是在山区农村地带,农户的宅基地资格权退出实际上和林地、耕地承包权退出密切相关。农民退出林地承包权可能意味着他们已经迁移或者打算迁出该村而到城镇落户居住,自然宅基地资格权也可能一并退出。

农民作为一个特定的社会阶层,他们的制度身份和农村土地是天然捆绑在一起。在当前快速城镇化、工业化进程中,实施林地承包权退出改革,非常复杂但又具有重大理论和实践意义。2014 年年底,国家确定的第二批 34 个农村综合改革试验区中直接承担土地承包经营权退出试点的试验区包括重庆市梁平区、四川省成都市、四川省内江市市中区等。笔者 2016 年调查的集体林业综合改革示范区样本中,只有成都市明确提出要围绕土地承包权退出进行改革试点②,但笔者 2016 年 3 月在此调研时,该市的试点还处于制作改革实施方案阶段,尚未取得实际进展。具体设计操作方案是由成都市农业统筹委牵头组织承包权退出改革试点,计划农业和林业同步实施,并列入 2016 年试点改革计划。成都市选定了辖属的两个县级市进行试点。具体选定的地点有两个:(1)邛崃市高山上的某村庄,该村村民已经全部通过生态移民搬迁,农民基本不再经营林地;(2)成都市龙泉驿区龙泉山,当地也有一些土地比较贫瘠的村庄的农民拟通过生态移民迁移到成都市城区安家落户,可以实施林

---

① 陈井林、徐秀英:《保障依赖对农户林地承包权退出意愿的影响研究》,《宁夏大学学报(人文社会科学版)》2020 年第 3 期。

② 在 2011 年年底设立的国家首批 24 个农村改革试验区中,虽然没有明确哪个试验区承担土地承包权退出改革试点任务,但有的试验区在上报的具体实验改革实施方案中涵括这方面的试点改革内容。如黑龙江省克山县于 2011 年被列为国家创新现代农业经营体制机制改革试验区,该县在开展试验区建设过程中,重点围绕建立健全农村土地承包经营权流转服务制度和探索创新土地规模经营多样化运作机制等试验内容进行探索。其中包括探索建立农村土地家庭承包经营权流转准入和退出制度。在为期 3 年的试验期间,该县原本计划在北联镇探索实施土地承包经营权准入和退出的措施与途径,但在运作过程中,该县除了出台政策对进城购楼的农户给予补助,退出承包地(退出承包权)的农户还要求县里将他们全部纳入城镇低保,并给予到 2027 年共计 14 年的土地流转费用补偿,而克山县财力不足,无法满足退出承包地的农户提出的要求,故试验只能"叫停"。

地承包权退出改革试点。

实际上,近年来,笔者一直在关注全国各地及抽样调查点中农村耕地或者林地承包权退出的试点案例,但始终收获很少。2018 年,笔者再次到成都市进行跟踪调查,发现该市依托生态移民工程,探索林地承包经营权有偿退出试点改革取得了一定的进展。该市龙泉驿区龙泉山实施的农村林地承包权退出试点是为数极少的已经实施并取得突破的项目之一。同时,邛崃市"川西竹海"景区项目建设过程中也在探索林地承包权退出和使用权流转试点,并取得了一定的进展。

另外,福建省实施的重点生态区位的商品林产权改革也具有某些类似林地承包权退出改革的意义。客观上,该省划定重点生态区位的商品林已经改变了此前约定的林地承包权关系,林农和经营者的承包权和经营权已经被公共属性的生态权侵蚀了。

第一节　土地承包权退出法律阐释及实践形式

根据嵌入性理论视角,在现实生活中,林地承包权退出大多同时涉及宅基地退出的问题,且往往是和农村一二三产业融合发展的田园综合体开发项目实施有关,林地经营的方式也和传统大不一样,涉及的是村庄人地关系的全面调整和重组,其改革内容大大超出了一般意义的集体林地"三权分置"制度改革实践范畴。

林地承包权退出问题也大都适用于 2018 年修正的《农村土地承包法》《土地管理法》等相关法律政策的规定,因此,本章首先必须对土地承包权和宅基地资格权退出等问题一并讨论,才能更好地厘清林地承包权退出实践的法律政策制度。同时,林地承包权退出在具体实践中与土地增减挂钩等政策实施中探索形成的一些实践经验有关,因此也把相关议题一起纳入分析探讨的框架。

一、土地承包权和宅基地资格权退出的法律界定

2016 年 10 月 30 日中共中央办公厅、国务院办公厅印发的《关于完善农村土地所有权承包权经营权分置办法的意见》规定:拥有承包权的农户可"自愿有偿退出承包地"并"积极开展土地承包权有偿退出",但"不得违法调整农户承包地,不得以退出土地承包权作为农民进城落户的条件"。2018 年新修正的《农村土地承包法》则从法律实践高度表达了同样的意思。这就不难看出,国家相关法律法规都对土地承包权退出依然持较为谨慎的态度。

新《农村土地承包法》对土地承包权的流转、继承和退出退回均作出了明确规定(第二十七条、第三十条),并且指出土地承包权"退出"和"退回"有本质上的差异。

除了土地承包权退出和退回两种形式,新《农村土地承包法》还约定了土地承包权退出的另外两种属于承包权流转意义上的特定情形:第一种是土地承包权的"互换"。新《农村土地承包法》第三十三条规定:承包方之间为方便耕种或者各自需要,可以对属于同一集体经济组织的土地的土地承包经营权进行互换,并向发包方备案。在这种情形下,相对于承包方而言,经过互换之后,其特定地块的土地承包权就退出了。第二种土地承包权退出是"转包"。新《农村土地承包法》第三十四条规定:经发包方同意,承包方可以将全部或者部分的土地承包经营权转让给本集体经济组织的其他农户,由该农户同发包方确立新的承包关系,原承包方与发包方在该土地上的承包关系即行终止。这点实际上为土地承包权在本集体经济组织内的"买卖"式流转开了一个口子。不过,如何理解土地承包权"转让","转让"的形式包括什么?新《农村土地承包法》没有进一步作出具体的规定。对这个条款字面意思的解释,可以理解为土地承包权在村集体经济组织内部的"赠予"或者村庄社区内的市场化交易。在此过程中,土地承包权"转让"方农户家庭可以和"受让方"私下约定一个土地承包权的交易价格,而且"受让方"必须是本村集体经济组织的成员或者家庭。如果真的发生这种情形,则等同于土地承包权的私下"买卖"。实际上,笔者前些年在福建晋江、湖南怀化等地调查时,发现已经出现了民间私下的耕地"买卖"现象,只不过,这些地方"买方"不一定是本集体经济成员。

农民之所以为农民,除了拥有土地承包权,还拥有带有福利性质的宅基地资格权和使用权,同时还拥有村集体经济的分配权。现行的农村土地制度安排中,宅基地所有权也属于村集体所有,农户以"一户一宅"带有福利性质获取法定的限量宅基地的几乎免费的使用权,但是宅基地被限定于农户自建住宅居住用途,不能在市场上进行流转交易。因此,对于农民而言,宅基地及附属物农房只有居住价值,而没有资产化价值。因此,在我国农村综合改革中,宅基地所有权、资格权和使用权"三权分置"制度改革和农村集体经济制度改革也被纳入改革重点。

值得一提的是,2019 年修正的《土地管理法》明确强调,要建立以土地公有制为主体且与社会主义市场经济体制相适应的土地管理制度,为此该法明确提出,要完善农村宅基地使用和管理制度,强调户有所居原则,明确不能强制进城农民退出宅基地,这点与新《农村土地承包法》的规定如出一辙,不过,在实践中,国家有关部门通过推进土地征收、集体经营性建设用地入市及宅基地制度改革"三块地"改革试点,以对此进行探索,而且新《土地管理法》正是基于总结归纳试点地区可推广的试点经验而出台的。

新《土地管理法》与其他相关法律法规构成一种新的张力关系。如新法强调要保障农民的居住权,同时明确指出,在一些人均土地少、不能保障一户拥有一处宅基地的地区,可以在充分尊重农民意愿的基础上,采取措施保障农村村民实现户有所居。新法还同时下放农村宅基地的审批权,明确今后农村宅基地建设用地可以由乡镇人民政府审批,并要求各地应通过合理规划农村的宅基地,改善农民的居住条件。由此可以看出,由于新法强调户有所居原则,在实践中可能激励一些多兄弟家庭分家之后提出新的宅基地需求,这样势必对农村原有的宅基地管理制度改革提出新的要求。在新法同步强化对农村永久基本农田管制的前提下,意味着大多数村庄只能通过盘活村庄内部的宅基地存量资源来满足农户的户有所居的需求。例如,在笔者多年跟踪调查的闽西北将乐县安仁乡朱坊村,如果按照一般统计上的理解,该自然村目前分为 4 个村民小组,有 109 户人家,但是如果以计生户计算(即一对夫妻就构成一个家庭),全村则有 160 户左右。这说明有的兄弟多的家庭即使兄弟均已各自婚配成家,仍合家居住。而新法的实施,很可能使得该村不得不按照计生户来规划宅基地建设,从而增加宅基地需求。

新《土地管理法》还大力提高政府征地的行政和博弈成本。其中包括提高征地补偿的标准、严格限制征地的范围和程序,这将大大强化征地过程中农民、村集体与政府的博弈能力。同时,该法首次将 2004 年国务院 28 号文件规定的"保障被征地农民原有生活水平不降低、长远生计有保障"的补偿原则上升到法律层面的规定,同时改变了原《土地管理法》以土地年产值为标准进行补偿的规定,改为实行"按照区片综合地价"进行补偿,并在原来土地补偿费、安置补偿费、地上附着物三项补偿的基础上增加了农民住宅补偿费用和对被征地农民提供社会保障费用的规定,这样使得被征地农民能获得更好的法律保障,却也大大增加农地征用成本。新法明确指出,政府在征地过程中要跟农民进行协商,包括组织听证会,签署协议后才能办理征地审批手续,同时进一步完善政府的土地征收程序,将之前的审批后公告改为审批前公告,这样使被征地农民在整个征地过程中有更多的参与权、监督权和话语权。所有这些规定,都增加了村集体经济组织、农民在征地过程中和政府谈判博弈的能力。

不过,从另一个角度讲,对农村土地加强保护,客观上会导致土地在农户心目中的经济和社会价值提升,改变农户对土地的价值预期和对土地的认知,自然也会直接或者间接影响土地承包权退出实践。虽然提高了征地的补偿标准,不过由于农业经营的比较收益持续下降,村集体和农民对土地的传统情感逐渐消失,两相权衡,村集体和农民都更愿意把耕地转化为非农化用地或者改为林地化利用,对维护农民的土地承包经营权可能会增加新的不确定性。

二、土地承包权和宅基地退出的主要实践形式

1. 土地增减挂钩实践形式

随着我国城镇化、工业化进程加快，一些非常特殊的土地承包权跨区域互换流转模式出现，即耕地和林地增减挂钩实践机制。只不过，到目前为止，以农村土地增减挂钩退出土地承包权的主要集中于耕地领域，对集体林地增减挂钩的实践相对较少。第五章提到的福建省永春县和三明市沙县区在探索生态林指标收储方面的改革涵括了林地增减挂钩，只不过集中于生态林领域，与普通商品林的承包权置换没有关联。本质上看，土地增减挂钩属于政府主导下的土地承包权"买卖"行为。这种实践模式本质上是土地资源的跨区域调剂，其中包括工业用地和农业用地指标的互相交换。即一个地方因为城市工业化、城镇化建设需要占用农用地指标，然后以一定的价格去换取另一个地方的农业用地建设指标，以保持国家耕地面积不减少，实现农业用地占补平衡。如重庆市实施的"地票制"改革就是其中的典型。在探索实施土地增减挂钩政策过程中，重庆市建立了"地票"的公开交易机构，设计了"地票"，以市场化流转的方式推进土地增减挂钩政策实施。

土地跨区域易地流转离不开国家和地方政府的直接引导和支持。换一个角度来看，这种流转模式隐含了多层次的含义：一是凸显保护耕地的重要性，立足于盘活城乡土地资源，强调城市建设用地和农业用地指标的跨区域调剂使用；二是显示农业用地和城市建设用地的带有资产性质的转换，获得工业建设用地置换指标的农村地区得到了城市地区提供的收益，等于农村地区以自己的土地资源分享城市化的增值收益；三是土地跨区域易地流转实际上是人地关系的大调整，属于城镇化的重要配套战略；四是从保持耕地资源总量不变的角度评估，土地增减挂钩政策举措在不少山区实际执行绩效是低效甚至可能是无效的，但它可以理解为经济发达城市地区对经济落后的农村地区实施的一种跨地域帮扶举措，并带有国家财政转移支付性质。

根据土地增减挂钩的政策设计之初衷，其操作路径是在强调统筹城乡发展和促进城乡一体化发展规划的背景下，在保持全国或者特定区域的耕地面积不变的前提下，对城镇工业建设指标和农村农用地指标进行互换置换。其最直观的理解是把城镇建设的新增耕地占用指标与农村宅基地整治出来的新增耕地指标进行商业性的置换，以实现耕地的占补平衡。这项改革探索在 90 年代即开始进行，当时有些城镇为了解决用地指标不足的问题，通过建设用地置换周转或者通过项目整理的方式把城乡存量建设用地盘活利用，引导城镇集中集约利用土地。起初各地都是通过对农村分散的宅基地或者小城镇进行重新规划，集中安置，以达成节约宅基地用地面积，

增加城镇建设用地的目标。

2000 年,国土资源部出台了《关于加强土地管理促进小城镇健康发展的通知》,第一次明确提出可通过"农村居民点向中心村和集镇集中、乡镇企业向工业小区集中和村庄整理等途径",对试点小城镇"给予一定数量的新增建设用地占用耕地的周转指标,用于实施建新拆旧",这是最早的土地增减挂钩政策的解读。2004 年,国务院发布的《关于深化改革严格土地管理的决定》(国发〔2004〕28 号)则进一步明确"鼓励农村建设用地整理,城镇建设用地增加要与农村建设用地减少相挂钩",这是第一次确立和使用"土地增减挂钩"这一政策术语。2006 年,国土资源部正式在山东等 5个省(市)试点实行土地增减挂钩政策,其中山东是实行面积最大的省份。2009 年,国土资源部将土地增减挂钩指标纳入年度土地利用计划进行管理。

一般而言,土地增减挂钩政策实施的范围只能在特定区域内。后来不断拓展实行地域,扩大到省内流转。近年来,为支持精准扶贫政策施行,以更好地开发和发展贫困地区经济,土地增减挂钩政策先后两次拓展实施区域范围,允许集中连片特困地区、国家级贫困县以及省级贫困县的节余指标在省域内流转使用。2018 年 3 月,国务院办公厅印发的《城乡建设用地增减挂钩节余指标跨省域调剂管理办法》再次将土地增减挂钩政策拓展,允许深度贫困地区节余指标进行跨省调剂。后来,有关部门再次调整政策,规定土地增减挂钩的节余指标跨省域调剂调出地区仅仅限定在"三区三州"①及其他深度贫困县区域,而指标调出区域则根据经济承担能力,把北京、上海、天津、江苏、浙江、广东、福建、山东等 8 个省(市)确定为主要帮扶省份。虽然新增的土地增减挂钩节余指标跨省域调剂由国家统一下达调剂任务,并统一确定调剂价格标准,但是随着土地增减挂钩调剂区域的扩大,土地增减挂钩指标的交易价格明显下降。按照 2018 年 3 月《城乡建设用地增减挂钩节余指标跨省域调剂管理办法》的规定,节余指标调出价格根据复垦土地的类型和质量确定,其中复垦为一般耕地或其他农用地的每亩 30 万元,复垦为高标准农田的每亩 40 万元。节余指标调入价格则根据地区差异相应确定,其中北京和上海每亩 70 万元,天津、江苏、浙江、广东等 4 省为每亩 50 万元,而福建和山东等其他省份每亩为 30 万元。②

对于土地增减挂钩政策的实施效力,官方基于政策设计的本意,认为这项政策有利于城乡一体化发展和城乡统筹发展战略实施,可以有效促进城乡资源的融合共

---

① 三区三州的"三区"指西藏自治区和青海、四川、甘肃、云南四省藏区及南疆的和田地区、阿克苏地区、喀什地区、克孜勒苏柯尔克孜自治州四地区;"三州"指四川凉山州、云南怒江州、甘肃临夏州。

② 朱隽:《节余指标跨省助力脱贫攻坚》,《人民日报》2018 年 8 月 13 日第 2 版。

享,最终促进农村的人地等生产要素重组,促进土地适度规模经营和农村集体经济发展,同时也有利于达成土地节约和集约利用的目标,更好地促进乡村振兴战略顺利实施。

不过,学术界基于不同的研究视角,对土地增减挂钩政策实施效果有不同的评估和研究。大多数研究者认为,土地增减挂钩政策实施各有利弊。有研究者指出,包括土地增减挂钩政策在内的国家土地管理政策的演变与地方实践,凸显了中央与地方及国家与农民关系的新变化,由此可以展现出新时期我国城镇化变革所面临的机遇与挑战。[①] 还有研究者以成都市土地增减挂钩政策实践为例,从中央与地方关系建构的视角探讨公共政策执行的结果与政策实施目标之间发生偏差的机制性根源。[②] 另有研究者直接基于地方的政策实践,认为城乡建设用地增减挂钩政策虽然自推出以来广受地方政府支持,但是并没有完全达到政策施行之初衷,即保护国家耕地面积不减少,甚至认为土地增减挂钩政策执行出现严重的偏差和异化,人为地影响到农村的自然终结过程。因此,施行土地增减挂钩政策需要尊重农民的意愿和尊重农村的生产生活方式,并合理分配政策变革带来的收益。[③]

本书认为,要客观评价分析城乡土地增减挂钩政策执行效能,首先要因地制宜地进行客观全面的比较分析,不同区域政策执行的效果可能会有很大的差异。基于不同的立场对这项政策执行机制进行研究,也可能会得出完全不同的评价。总而言之,应该从两个不同的角度对土地增减挂钩政策实施效能进行客观分析和解读。

一是从土地增减挂钩政策自身追求的达成耕地占补平衡的角度来解读。从广义的角度来看,土地增减挂钩政策与城乡二元土地制度设计和安排有关。改革开放40多年来,由于城镇化、工业化快速推进,城镇建设用地量和需求大量增加,而且这种新增建设用地面积只能通过征用城郊的农村土地来满足,而在偏远的农村地区,大量农民外出务工经商甚至购房进城落户,大量宅基地闲置或处于低效利用乃至抛荒状态,存在复垦为耕地的可能性、必要性和紧迫性,再加上长期以来农村宅基地管理失范,乱占多占宅基地的现象较为普遍,急需整顿,这些都是土地增减挂钩政策实施的前提。因此,实施城乡土地增减挂钩,客观上有利于土地的集约化节约化利用。

如重庆市通过"地票"制形式增加城市建设用地,能较好地解决该市建设用地不

---

① 谭明智:《严控与激励并存:土地增减挂钩的政策脉络及地方实施》,《中国社会科学》2014 年第 7 期。

② 李元珍:《央地关系视阈下的软政策执行——基于成都市 L 区土地增减挂钩试点政策的实践分析》,《公共管理学报》2013 年第 3 期。

③ 姜绍静、安菁蔚:《城乡建设用地增减挂钩政策反思》,《农业经济》2015 年第 5 期。

足的问题。不过,从城市自身的角度来看,正如有研究者指出的,包括成都和重庆等地在实行"地票"制度改革也暴露出一些问题。在实践中,"地票"制度与征收范围缩小、集体经营性建设用地入市存在内在矛盾和冲突。建设用地指标交易的本质是将原本用于农村建设用地平面转移到了城市,由此可能造成城市"摊大饼式"发展,导致宝贵的土地资源被浪费。为了避免这种情况,有研究者建议应通过提升"地票"交易的价格,包括探索把平面建设用地指标改为以城市"立体"建筑面积进行交易。①

实际上,土地增减挂钩政策在北方平原地区有更好的实施效力。北方平原地区农民建房的宅基地占用面积较大,往往建一层,且大多数家庭都有庭院等。但在福建、浙江等山区地带耕地资源较为稀缺,传统的农民建房是尽量少占用宝贵的耕地资源,山区地方农民建房占用的宅基地面积相对更少,因此土地增减挂钩实施的效果就不太明显。土地增减挂钩政策实践的本质是把城镇建设用地与农村重新规划多出的拆迁旧宅基地进行用地指标的置换,而实际上在南方山区地带,拆迁的村落大都是地理交通位置不变的偏僻山区,这些村落有不少是依山而建的小村落,周边都是利用条件的山垅田,在不少村庄周边耕地大量抛荒的前提下,即使置换出的宅基地转为耕地,也很快被荒废,除非把这种地视为林业用地反而更说得通。换言之,土地增减挂钩如果从耕地保护的角度来看,已经失去了其政策实施的本意。在城镇置换出的耕地往往属于耕作条件上好的耕地资源,有的甚至是基本农田②,但是在很多山区地带置换出的却是抛荒的耕地,其耕地质量和城镇占用的优质耕地资源不可同日而语,自然也就失去了其政策执行的本意。换言之,偏远山区置换出的土地与其说是耕地,还不如说是林地更合适。

二是跳出土地增减挂钩政策本身,即透过现象看本质。实际上,实施城乡土地增减挂钩政策试图在"城市缺地、农村缺钱"的矛盾之间建构一种平衡机制,等于已经享受现代化发展红利及资产化改革红利的城市以土地增减挂钩这种特殊形式,建立一种利益输送机制,来支持市场化和资产化改革相对滞后的农村地区发展。从这个角度来评价,土地增减挂钩政策执行可能正面的意义就大得多。尤其是对于经济落后地区而言,土地增减挂钩实际上已经成为经济发达地区援助落后地区的最重要的资金来源。因此,2018年3月国家有关部门把土地增减挂钩政策实施范围扩大到全国深度贫困地区。

从客观的角度看,城乡土地增减挂钩政策实施是发达地区支持援助落后地区所

---

① 李泠烨:《集体建设用地指标流转的机制改革研究》,《浙江学刊》2015年第5期。

② 2019年修正的《土地管理法》已经把农村基本农田提升为"永久基本农田",并进一步强化其保护举措。

建立的一种特殊的互助和帮扶机制。笔者于2014—2019年对福建将乐县、浙江龙泉市以及四川成都大邑县与邛崃市等地进行的实地调查发现，在一些相对人口更为稀少而进城农民较多的地区，具有更好的实施土地增减挂钩的条件。这些地方的公共财政支出有相当部分是通过土地增减挂钩来解决。事实上，这些乡镇基本上没有什么工业，自然也没有其他稳定的财政收入，包括村庄的"村财"和转移支付收益也有很大部分来自土地增减挂钩的分成收益。不过，"卖指标"并非长久之计。

如将乐县安仁乡余坑村2014年实施了旧村改造农田项目。项目实施的地点位于该行政村下属的西坑自然村。西坑自然村原有不到20户农户，因为地理位置偏僻，交通不便，村民从90年代起陆续搬迁到交通更好的地方居住，原村落所在地自然也随之荒废。为此，2014年当地政府开始把该村村落所在地纳入耕地复垦项目，并通过土地增减挂钩机制加以推进。西坑村村落旧址实际测量的宅基地面积是15.5亩，每户宅基地的实际测量工作由余坑村村组织执行，然后按照测量出来的面积对住户进行补偿。2014年的补偿标准是木质结构房屋每平方米补偿30元，砖木结构每平方米补偿100元，混凝土结构每平方米补偿150元。不过，截至2014年，整个西坑村保留下来的老宅子只有4栋房子，其他的要不拆掉，要不已经完全倒塌了，按照当时的政策规定，已经拆掉或者倒塌的房屋不纳入补偿范围，但是只要有木头撑着的旧房子都可以纳入补偿范围。按照当时的政策规定，西坑村村落旧址土地增减复垦项目完成后，村"两委"会获得一笔奖励金，每亩9000元。由此来看，2014年的土地增减挂钩政策执行，普通村民和村集体获得的分成补偿收益并不高。

2019年8月28日，笔者到福建将乐县大源乡调查，对土地增减挂钩政策的村级实践效能再次进行了解（见表7-1）。肖坊村的土地增减挂钩政策执行实践可以说明，作为一种特殊的土地互换流转模式，村集体和农户并没有从中分得更多的利益，土地增减挂钩资金大部分为县、乡镇两级政府所得，后者则把这些资金投入土地复垦及其他乡村基础设施建设项目中。

表 7-1 将乐县大源乡肖坊村土地增减挂钩实施概况

项目	内容
基本目的	将废弃闲置宅基地及其他建设用地复垦为农田。
涉及地段	安平：8～9亩，30户左右；横溪坑：10余亩地、10余户。
程序	村委会向乡国土部门申请；国土部门下来复核；村委会与农户商谈赔偿问题；开工复垦废弃闲置宅基地。
标准	该地块总面积需要达到标准，空地和建筑物比例也要达标。

续表

项目	内容
利益分配	政策是补偿 30 万元/亩,县财政得一块,乡财政得约 13 万元/亩,村财得 2 万~3 万元/亩,老百姓赔偿款占小部分。村干部形容:"一头猪杀了,到老百姓这边只分到一点皮。"
农户赔偿	分两块:一是赔偿毛竹。横溪坑村长有毛竹的宅基地,按照 15 元一根补偿。二是赔偿老厝,具体标准不清楚。
后续使用	给农户种两年水稻,5 年之后复垦的土地可以变更其性质。

资料来源:2019 年 8 月 28 日笔者访谈肖坊村村支书 Z 书记、幸福驿站 P 总经理。

另外,有一点也值得重视。2019 年修正《土地管理法》的相关规定势必与国家已有的土地增减挂钩政策、农村宅基地使用政策形成一种张力关系。这就意味着各级政府在推进城乡一体化发展过程中,必须对已有的属于永久基本农田的耕地规划政策进行调整,以形成某种制度变通和规避机制,最终可能抵消这些政策的实施效力。虽然,全国人大等有关部门新修订了《土地管理法实施条例》(2021 年 9 月 1 日实施),并将修订《基本农田保护条例》等相关政策,以进一步细化落实农村土地制度改革的各项制度安排。不过,在实地调查中发现,少数地方的地方政府仍可能"暗箱操作",把一些偏远的山垅田调整为永久基本农田,而把交通便利的优质良田调整为非永久基本农田,以规避国家相关政策规定。如福建省 J 县 D 乡 X 村村干部就反映了基本农田和普通耕地的"互换"使用问题:

X 村近年来通过土地全部调整,先后把村里的 100 多亩基本农田调整为发展设施农业用地。按照国土部门的规定,基本农田只能种植水稻等粮食作物,不能搞设施农业。但是村里可以向国土部门申请,经过一个程序之后可以调整为一般耕地,这样就可以搞设施农业了,比如建大棚、种植花卉、挖鱼塘等,这样避免耕地的非粮化甚至非农化利用。但是申请变更基本农田时,每亩要缴纳2000 元的复垦押金。将来如果把这些耕地再恢复为基本农田,押金可以退还。不过,如果农民私下把土地用于设施农业而没有办理变更手续,国土部门会干预、会展开调查,包括追究责任。私自变更基本农田用途,卫星一拍就能看到,挖一小块鱼塘都能拍得一清二楚,有关部门马上叫你纠正。如果农民把永久基本农田置换出来了,以后搭建大棚,无非就是出 2000 元/亩的复垦费。到期了,只要把土地恢复原样,政府还会把钱退给农民的。①

作为一种特殊的土地流转模式,包括城乡土地增减挂钩在内的土地跨区域流转实际上是一种国家政策主导下的土地互换流转模式。只不过,这种流转模式是通过城市征地途径改变城市周边的耕地属性,而农村的宅基地则通过复垦转为耕地属性,纳入国家建设用地指标,这样两者之间通过土地增减挂钩完成耕地资源的置换,目的是实现土地的占补平衡,保持耕地面积不减少。这一政策实践一方面有利于农村人地关系调整和重组,在促进土地适度规模经营的同时避免耕地资源流失,通过土地增减挂钩政策获得资金,以投入农业基础设施建设,为提高耕地的集约化利用水平创造更好的条件。从产权制度改革的角度来看,土地增减挂钩政策实施可以为进一步探索土地承包权退出改革提供有益的借鉴。未来如果继续探索实行土地承包权退出改革,土地增减挂钩政策实施中形成的一些体制机制可供借鉴。

和别的土地经营权或者承包经营权流转方式不同,如果站在土地产权主体的角度来看,城乡土地增减挂钩实际上属于包括土地所有权、承包经营权在内的土地完全所有权性质的流转。通过城乡土地增减挂钩,地处城郊的原先拥有土地所有权的村集体经济组织和拥有土地承包权的农户个人的土地被政府征用,丧失了土地的所有产权权利,而通过土地指标的置换,转化为农村地区的废旧宅基地复垦为新增的耕地。这样在空间上实现了土地所有权的置换,城郊消失的耕地在偏远的农村再次得以"重生"。

不过,有一个问题很少有研究者注意到,即通过土地增减挂钩"重生"的耕地其产权到底属于谁?是属于被拆迁的宅基地的农户家庭,还是属于其所在的村集体组织?从各地的实践来看,被拆迁的宅基地的原户主大都被安置到其他地方而获得了新的宅基地,同时他们可能还额外得到一笔补偿,因此不能获取其复垦的宅基地耕地的承包经营权。至于经过复垦之后多出的耕地,也往往交给村集体,村集体可能把它转化为集体土地。那么由此"复生"的土地承包经营权仍归村集体经济组织重新分配,土地承包权因此再次转包。

2. 村集体"反租"形式

土地增减挂钩政策实际上是在政府主导下,农民一次性把宅基地资格权或者其他土地的承包权"出让"。不过,站在农民自身的角度看,其林地承包权的退出还有一种特殊的表现形式,就是他们的承包权不是通过某种市场化或者半市场化的流转

---

① 2019 年 8 月 28 日笔者访谈 J 县 D 乡 X 村 Z 干部。

机制退给各类非本村的市场主体,而是被本村的村集体经济组织"反租"回去,由村集体经济组织以某种"再集体化"形式经营。当然,村集体组织也可能通过某种"倒包"形式再次进行流转,加入其他更大的产业链组织。这种林地承包权退出机制往往和林地股份制资产化改革联系在一起。农民的林地承包权因此而转化为集体经济组织建立的市场主体的股份制资产,并获得股份分红等资产化收益。

福建三明市沙县区的西霞村和龙慈村实行的林地股份合作制经营模式都属于这种流转经营类型。表面上看,这种集体股份合作经营模式似乎和人民公社的集体统一经营机制相似,但是细究起来,两者间还是有明显区别的。在人民公社计划经济集体经营时期,村集体经济组织的林地经营的收益权被政府严格管制(林木采伐、销售价格制定都掌握在政府手中,并被严格监管),因此不属于相对完全的市场经营主体。现在很多村集体经济组织则是通过某种"再集体化"机制,使得村集体经济组织尽可能成为一种相对独立的市场主体,并对"反租"的林地进行市场化经营,包括获取上级政府的各类项目资金扶持。最关键的是人民公社时期的集体产权属于村集体组织整体,并没有切割明晰到农户个人,而现在这些村庄搞股份合作经营,农民的林地承包权被改制为股份,明晰到农户个体。

林地经营的属性决定其采取规模化集约化经营机制,可以预见,农民的林地承包权再次集中是林地流转经营的大势所趋。虽然这种经营机制中农民并没有放弃其林地家庭承包权,但相较于由农民自己直接管护经营林地,他们已经失去了林地的地理产权意义上的控制权,其承包的单个地块的林地已经融入村集体组织的统一经营中,因此这种村集体"反租倒包"——"再集体化"形式的林地承包权流转也包含了某种承包权退出的实践意义。

第二节 林地承包权退出改革试点案例分析

了解了农村土地承包权和宅基地资格权退出的相关法律规定,同时对土地增减挂钩等政策实践进行分析,就更有助于讨论林地承包权实践问题。接下来以四川成都市为例,分析林地承包权有偿退出的地方性试点实践机制。从案例中可以看出,林地承包权退出往往是和农民的宅基地资格权退出连在一起的。

一、成都市龙泉驿区龙泉山林地承包经营权有偿退出试点

成都市在2015年试点推进集体林业综合改革过程中,积极推行林地"三权分置"制度改革,探索林地承包经营权退出试点改革。在推进示范区建设时,成都市采取林权证、林地经营权流转证、经济林木(果)权证"三证并行"方式,有序开展"三权

分置"改革。截至 2017 年年底,全市颁发林地经营权流转证 529 本 16.4 万亩,经济林木(果)权证 1657 本 17.8 万亩。在明晰林地产权的基础上,该市积极探索林地承包经营权证有偿退出机制,而龙泉驿区龙泉山依托生态移民开展土地承包经营权有偿退出就是其中的一个案例。

龙泉驿区推进龙泉山生态绿化建设,拟定要退出农户 9716 户,退出承包林地 50507 亩。但是在实施过程中,也面临着不少阻力和障碍。2008 年汶川大地震后,成都市不少原本居住在山区的农户搬迁到新移民村集中居住,生产生活和就业方式均发生了很大变化。农民的生活区距离林业作业区较远,生产作业半径扩大,不利于林业生产发展。越来越多的农户从传统的农业林业转移到城镇从事非农产业。2017 年,成都市农村居民人均可支配收入中,工资收入占 53%,已逐步走出"靠山吃山靠水吃水"的资源依赖式发展路径。受地理条件的影响,成都周边劳动力不断向城镇转移,越来越多的青壮年不愿意再回到山区生活,导致山区人口结构老龄化严重,劳动力严重缺失。与此同时,现代社会更关注生态环境建设,如何解决好生态保护与资源利用之间的矛盾,兼顾林业发展的公益性与经济性,探索出一条更好地把"绿水青山"变成"金山银山"的新道路,成为成都市推进集体林业综合改革面临的首要问题。

2015 年,成都市鸡冠山国家森林公园、国家大熊猫主题公园、李家岩水库等项目获国家批复,李家岩水库是成都市第二水源库,涉及成都崇州市 3 个乡(镇)、9 个村(社区)、41 个村民小组,需搬迁农户 1774 人。成都市按照水库库区、产业园区、特色景区、精品社区"四区联动"的模式,大力实施生态移民工程,扎实推动库区移民,由此面临搬迁后农户的承包林地谁来经营的问题。

龙泉山是成都市城市中央的"绿心",其生态环境建设和生态质量直接影响中心城区和东部城市新区的经济发展,也影响市民的工作和生活,这是成都市政府有关部门下决心实施该项目的主要出发点和落脚点。不过,据成都市农林局负责农业综合改革试验区实施的部门负责人反映,2017 年成都市农林局在给国家林业局汇报深化林业综合改革试点所取得的成效时,有关部门领导对这一试点经验持保留意见,说明他们对成都市试点林地承包权退出改革经验持审慎态度。

成都市政府有关部门对外宣称龙泉山易地搬迁项目工程是实施林地承包权退出的试点,并认为这是本市创造性地运用统筹城乡综合配套改革的思路、探索都市现代林业经营管理模式的一种有益尝试。他们认为,在明晰产权、确权颁证的基础上,成都市依托生态移民工程,探索集体林地承包经营权有偿退出机制,推动了林业资源变资产、资产变资本,初步探索出了都市近郊山区森林资源持续增长和现代化经营之路。在项目实施首期,整个龙泉山土地承包权退出项目实施涵括 3 个乡镇,9000 多户,共 3 万多人。截至 2018 年,该项目实施已经有偿退出农户 9716 户,面积 50507 亩。不过,据成都市农林局负责人反映,截至 2018 年,项目真正取得实质性进展的只有 2 个村,涉及几百户,推进难度比较大。根据测算,把这部分搬迁农民所有的需求都考虑进去,人均安置费大概要 40 万元。因此,龙泉山林地承包权退出试点项目实施的成本较高,必须引入市场运作机制。

成都市政府为推进龙泉驿区项目顺利实施,制定了较为完备的实施计划:

一是强调项目实施是为了维护林农利益,规范林地流转,实现"两保护、两促进"(保护耕地林地、保护生态,促进林业、促进旅游)的目标,龙泉驿区政府制定了《生态移民区域农用地流转管理实施办法(暂行)》,对实施生态移民的范围和流转原则、程序、方式、年限及流转后林地的用途等都进行了明确的规定,确保林地承包权退出项目实施操作规范有序,稳步推进。

二是规范林地承包权退出实施程序。在整个项目实施过程中,强调要充分运用新集体林权制度改革林地确权颁证的成果,在公开、公平和群众自愿的基础上,以村民小组为单元,规范实施退出程序:第一,制订了生态移民实施方案,方案须经村民大会通过并取得 2/3 以上村民同意;第二,农户户主主动提出林地承包权申请,家庭成员签字同意后,经村小组初审、村"两委"审定后,然后交付给本集体经济组织再审;第三,进行项目包装,由集体经济组织对外引进企业,与企业签订协议,确定投资回报率,由企业对实施生态移民所需费用予以全部垫付;第四,解决有偿退出资金来源。最主要的是科学利用城乡建设用地增减挂钩政策,集体经济组织将整理后产生的集体建设用地依法在土地产权交易市场进行公开转让,利用山区和坝区(平原地带)的土地价差获取资金,以完成生态移民企业垫付资金的支付。

三是建立健全林地承包权退出后的林农保障体系。为保障生态移民区农民权益,有关部门经过反复研究,对农民退出林地承包经营权后的住房安置、补偿标准及社保政策等进行了明确设计。规定移民区农民人均享有 35 平方米城镇住房,还可以在自愿缴纳 1.5 万元/人的"兴业金"后,享有人均 10 平方米兴业物业股权,由农民实行股份合作社经营,按期分红。原有的林地按标准享有青苗和林地补偿款,并将符合条件的林农全部纳入城镇职工养老、医疗、失业保险和城镇最低生活保障体系,同时加大移民再就业体系建设,不断拓宽其就业和增收渠道。

四是实施林地规模经营。对移民后的林地,由集体经济组织发包给区农投公司进行统一经营管理,在不改变林地经营性质的前提下,引进企业实施林地的规模化集约化经营。截至 2018 年,结合都市近郊现代林业和龙泉山城市森林公园建设实际,共引进都市农业(林业)项目 5 个,培育区级龙头企业 12 家、专业合作社 63 个,家庭农场(林场)15 个,农业(林业)职业经理人 74 人,这样可以提高林地经营管理水平,促进都市现代林业、观光特色林业的发展。

按照成都市官方资料叙述,龙泉驿区生态移民及推动承包权退出项目实施取得了多方面的成效:其一,提升了森林生态建设功能。龙泉山是成都市城市中央"绿心",其生态建设直接影响中心城区和东部城市新区的经济发展以及市民的工作生活,生态移民及林地承包权退出机制的建立为龙泉山植被恢复及林业发展提供了新的发展空间,极大地提升了森林的自然修复能力,同时也能够有效激励企业加大对林业生产的投入。截至 2018 年,项目移民区已造林 1.77 万亩,生态环境不断优化,全区森林覆盖率由移民前的 35.5% 增长到 2016 年的 41.24%,增长了 5.74 个百分点。其二,实现了农民增收致富。实施林地承包经营权有偿退出后,林农的吃、住、行都发生了根本性的改变,享有在城市规划区住房、经济补偿、再就业及社保等政策,形成了"农民下山、产业上山"的林业可持续发展格局,国家得生态、农民得实惠。以项目区覆盖的万兴乡大兰村为例,2018 年,移民人均可支配收入达 1.62 万元,比未退出前增加 1.8 倍。其三,促进了区域经济快速发展。通过有序推进生态移民后的林地流转,推动了林业资源变资产,资产变资本,打造了"蔚然花海""好农人"等多个现代生态农业典型样板,提高了区域产业竞争力,也解决了部分农民再就业问题。同时实施生态移民后,为城市发展提供了大量的土地资源,促进了区域经济社会的快速发展。

成都市龙泉山项目实施的具体操作层面主要是借助市场力量来推行。先由负责实施这个项目的生态移民公司出资垫资,把农民的住房按照制定的标准建好之后,把从山上搬迁下来的农民安置到位,进而设法解决他们的再就业问题,同时给他们及村集体组织门面房(人均 10 平方米)发展其他产业,还为他们办理社会保障。把这些后顾之忧解决好之后,政府再和开发商结算。如果这些没有做好,政府不和开发公司结算的。据成都市农林局林权改革办公室负责人 L 某反映:

> 政府给搬迁的农民提供的房子是商品房,有 100% 的产权。同时给农民和村集体经营的店面,在城边路边建统一的商铺给他们。这样下山的农民就能够获得一定的也相对稳定的资产性收入。2015 年设定的标准是人均安置费 40 万元,后面安置费还会相应提升。农民山上的房子不值什么钱,但是他们的地皮值钱。就是山上的建设用地指标置换到山下,由此产生巨大的利益差。农民搬迁到城区附近安置之后,以每户平均 100 平方米计算,到 2018 年其市场价也达

到 200 多万元。山上的土地退出来之后,全部用于搞绿化了,准备打造成森林公园。在此之前,龙泉山建有一个垃圾处理厂和一个很大的垃圾填埋场,生态建设较为滞后,生态环境不佳。通过生态移民,山上的农民被置换为城市的居民,退出的林地用于恢复生态环境。①

2018 年 10 月,在成都市调查时了解到,林地承包权退出之所以能够在成都市龙泉山项目区顺利施行,与周边有个汽车城对劳动力需求很大有关。山上的农民退出林地承包权下山之后,可以到汽车城打工解决就业问题。另外,龙泉山林地承包权退出与成都市土地征用指标很紧张也有关联。该项目实施与土地增减挂钩和耕地占补平衡相关。

龙泉山土地承包权退出的试点不仅包括林地、耕地,而且包括农户的宅基地,当地政府对外称土地承包权"有偿退出"。其具体操作程序是村民下山搬到成都城区居住之后,农户就把自家宅基地的资格权(宅基地所有权也属于村集体)、承包的耕地(面积很少)和林地统一交给政府处置,而政府则转给一个专门设立的公司进行统一管理和经营(实际上是国有资本控股的公司)。截至 2018 年,搬迁下来的农民退出的地已经全部种上了树。

退出林地承包权和宅基地资格权的农民从山上搬迁到山下居住,他们实际上已经改变原先的居住和生活方式。因此,必须解决他们的住房、就业以及后面持续的社会保障等三个问题。而能够带来这笔收益的只有建设用地指标置换。实际上,龙泉山上的耕地和林地是不能占用的,只有建设用地指标可以用于置换。而要让山上建设用地增值,唯一途径是把这些指标置换到城区,这样就可以用转换而来的资金解决农民的住房、社保以及就业问题。经过一系列操作,山上的农民把承包地和集体建设用地转换为进城的资产,他们的身份也同时被"置换"为城区的市民了。

由于项目实施所在的山下汽车城建设需要的劳动力很多,龙泉山搬迁下来的农民就业相对较为容易解决,但是保障他们住房和社保的资金则必须通过别的途径来解决。这些搬迁农户退出的土地全部交给国家,农民与土地就此脱离,他们的土地承包权就退出了。不过,在国家林业局有关部门看来,龙泉山项目实施和国家土地"三权分置"制度改革设计的宗旨不完全一致,因此他们对这个改革试点经验持保留态度。但是成都市则认为,龙泉山的项目试点经验在大城市经济发达地区很有价值。不过,成都市农林局负责人 L 某反映,龙泉山生态移民项目实施在林地产权制

① 2018 年 10 月 9 日笔者访谈成都市农林局林改办负责人 L 某。

度设置上还存在一些需要进一步厘清的问题：

> 龙泉山退出的土地从法律性质上讲还是属于林地、耕地……村集体还有店面。龙泉山土地承包权退出试点改革，对下就是在政府层面已经和农民说清楚了，农民搬迁到山下去之后，原来的土地包括房子就和他们没有关系的了。这个由（政府成立的）平台公司来做，退出的土地全部搞绿化了。房子能拆的都拆了，也是基本用于搞绿化。这种操作方式对下很清晰，但对上却不清晰。因为龙泉山的试点经验不是土地征用，国家建设用地指标是很紧张的。对上补办手续，所以土地方面至少在账面上还是属于农民和村集体所有，但是对下已经和村集体和农民都说了，就是和他们没关系的了。这样实际上退出来的土地是掌握在政府手上。①

　　龙泉山的林地承包权退出、宅基地资格权有偿退出的试点经验的确很有价值，这是各方都得利的事情。农民进城了，变成了职业和社会层面的市民（但在制度身份上还没有完全转化为市民），政府和社会得到了生态回报，都市产业发展得到劳动力，农民的宅基地又资产化了，而政府还盘活了非农建设用地指标。成都市农林局的负责人L某认为，通过市场化方式运作，实际上从一定程度上可以测算出城郊地区农村城市化的运作成本。

> 成都市在搞城市开发过程中，政府跟这些公司长期合作，搞征地拆迁。就是公司把农民那边摆平，农民满了政府再跟他结算。具体运作过程，像城市拆迁一样，政府先去问公司，政府这边有一个项目，公司是否愿意做，愿意的话，公司就去报名。如果这个村整村同意实施，公司就去实施，达不到就不实施，这个和城市拆迁是一样的。就是要充分尊重农民的意愿。有些地方有一两户钉子户那种，就不搞了。因为整村搬走以后，中间插几户农民，也不利于土地的置换及森林的打造。但是龙泉山上的农民原来的生活水平还是比较差的。毕竟他们在山上，交通不便，主要靠经济产出率低的林地生存。他们认为生态移民是个好政策，所以（截至2018年）搬迁了一两个乡。农民整体上还是比较支持的，但是也有一些农户不同意，这些地方我们暂时就不搬了。②

---

① 2018年10月9日笔者访谈成都市农林局林改办负责人L某。
② 2018年10月9日笔者访谈成都市农林局林改办负责人L某。

在成都市农林局的负责人L某看来,龙泉山的生态移民中涉及的试点经验不属于农民承包权退出试点改革范畴。因为这种承包权退出仍然没有经过完全法定认可的程序,而且他认为农民的土地承包权实际上是不能退出的。龙泉山的操作方式只是一个长期租赁的形式。搬迁的农户只是把自家的承包林地和耕地一次性地"租"给国有公司管护运营,国有公司只是对村集体退出的集体建设用地进行经营,实际上是一个土地整理项目。他们把农民的建设用地复垦为林地,然后把原来的建设用地和宅基地指标拿到市场去卖。而且,L某还认为,龙泉山项目运营模式也不属于城市开发形式,原因是龙泉山上置换出的建设用地——宅基地主要用于生态建设这一公共目的,并没有搞其他的商业经营性项目开发。

确实,严格来说,龙泉山项目涉及的土地置换不属于土地(包括耕地、林地、宅基地等)承包权退出实践,因为其中还涉及属于村集体所有的土地所有权(包括集体建设用地等)置换问题。由于龙泉山项目实施是整村搬迁性质,土地完全被国有公司"拿去"管理了。在这个过程中,村集体的土地所有权和农民的承包权都一起永久性地失去了,但换来的是农民变为市民的几乎所有的资本,政府等于支付了农民变为市民的主要成本。

龙泉山的土地置换形式也不属于一般意义的租赁流转形式,因为有关部门没有支付租金,也没有明确的流转期限,事实上等于一次性"买断"了土地的所有权,而村集体和农民却和土地完全脱离了关系。总之,成都市政府通过某个特定的国有企业(背后执行的是地方政府的意志)一次性地把所有的土地"租金"付完了。从这个角度来看,龙泉山项目生态移民工程的农民的林地承包经营权被行政化和市场化双重手段"收走"了,一同"收走"的还有村集体的林地所有权,但是林地的集体产权性质并没有从法律层面获得改变。换言之,这些林地成为一种特定的既不属于集体林业用地也不属于国有林地的"悬浮型"土地。

二、成都邛崃市"川西竹海"景区开发项目土地经营权和宅基地使用权退出试点

"川西竹海"旅游区是近年来成都邛崃市依托当地的千年古镇——平乐古镇的历史文化资源,结合当地有名的"竹海"森林景观资源,重点打造的一个文化创意综合旅游景区。该景区距离成都市车程1个多小时,由国有企业邛崃市川西竹海文旅集团主导实施。这家企业是国有企业成都文旅邛州文化产业开发有限责任公司下属的一家国有平台公司,由成都市文旅集团和邛崃市政府于2008年共同出资组建。

公司有员工 100 多人。景区的核心区是 2009 年当地政府与法国投资商合作建设的一个户外运动基地,但是真正的开发升级是 2017 年才开始的。景区项目建设过程中,地方政府负责把景区核心区内的农户搬迁到景区外重新安家落户,并给予相应的政策支持和补偿,由此探索林地承包权退出与宅基地资格权和使用权流转的新途径。

"川西竹海"景区的核心区之前是一个户外运动基地。其中法方提供技术,公司则依托这边的地形地貌,开展了悬崖攀登项目,把这个原始的景区开发成户外运动基地。后来公司在 2016—2017 年转型成发展旅游项目,进行综合开发。该项目也是借助邛崃市推行的土地整理政策,把整个景区重点转型为从事旅游文化产业的开发。2017 年,公司规划实施整体面积达 10 万亩的"川西竹海"旅游综合项目,预计总投资将达 20 亿元左右。项目占地囊括了周边几乎所有的竹林资源,都是搞文化旅游,呈现点状分布。此外,景区还规划了文创产品项目等。景区核心区域也从之前的 2000 亩扩展到 5000 亩。截至 2018 年,景区已经建成 3000 亩,首期 3 年内完成了投资 3 亿元。

"川西竹海"核心景区项目占地面积共涉及近 30 户农户的整体搬迁,景区的沟口地方还有二三十户,加起来 60 多户需要搬迁到景区外面居住。在具体操作过程中,邛崃市文旅集团流转了这 60 多户农民房子的使用权,并承诺"不长高、不长胖",但公司会对房子做一些必要的整治。农民的宅基地则按照 1 平方米每年 80 元进行租赁,租赁期限是 20 年,租金一次性支付。房屋租金按照合法建筑面积计算。20 年租赁到期之后房子还是归属原农户所有,相当于 1 平方米租 20 年是 1600 元。景区负责人表示,公司在租赁农民住房时,还是比较人性化的。例如,有些农户的房子有院子,超出合法建筑面积的部分,公司也给他们算租金。他们本来在山上生活交通也不方便,生活品质较低。当地老百姓很开心,乐意拿了这笔租赁费搬迁到山下去购房居住。"川西竹海"项目运营商专门和搬迁的每户农户签订了林地经营权和住房使用权租赁的合同。

截至 2018 年,"川西竹海"项目景区内的 60 多户农户已搬迁到外面居住后,都在城区买了新房子。他们少的也获得 40 多万元租金,多的则获得了 100 多万元。其中景区里原来还居住着极少数拿了营业执照的"农家乐"经营者。项目运营商把这些人的经营设施租赁下来,约定的租金是四年一付,租金更高,算下来他们还可以另外得到 30 多万元租金。搬迁出去的农户自己去做生意,自己去买房子。至于沟口的 30 多户农户,得到的补偿收益更高,因为他们的院坝多一些。最高的 1 户获得 200 万元补偿,最少的农户也获得 30 多万元。一般而言,仅这个补偿金就能支付他们到城里买新房的费用。

不过，"川西竹海"项目实施过程中村集体组织没有得到分成。据项目运营方反映，村集体用地是和村里、镇上沟通，另外处置。如果是农户的房子，项目运营商租赁过来，其宅基地的使用权和房子的所有权仍然归农户所有。如果涉及征地拆迁，补偿款仍然归农户所有。20 年租期到了以后，按照双方合同的约定，农户还可以回来继续居住，或者继续租给项目运营方使用，双方到时再行商定。

至于景区内"竹海"林地的流转租金，双方约定一年一付。这样农户每年都有固定的林地租金收入。竹林的租金总算下来 1 亩地 20 年租金也要 1000 多元，折算为当年的干谷价格。实际上，山上种植的大面积茨竹过去主要用来造纸①，但是现在强调保护生态环境，竹子禁止砍伐，如果没有项目投资商来租赁用于发展旅游产业，相当于就是"废山"或者"荒山"。如今改造为景区，竹子的附加值大幅度提升。而景区周边的农户，包括周边的一些临时性建筑如"农夫集市"，都依托旅游产业，带动小商品、餐饮从业农户有几百户。平乐古镇核心区范围内两三平方公里，常住人口两三万人，客栈和床位几千个，还有餐饮业，全部带动形成一个综合景区，大家联合带动起来一起谋求从传统农业向现代田园综合体项目转型发展。

景区内的农户迁走之后，作为投资运营商的邛崃市文旅集团就对景区进行整体性规划运作。包括在里面设置一些户外运动旅游设施，进行保护性综合开发。其中作为建在经营核心区域的金鸡谷景区的玻璃栈道于 2018 年 4 月 21 日正式对外开放营业。栈道全长 199 米，还有一个悬崖餐厅和管理用房，也都是玻璃材质建造。景区经过全面升级改造后，游客接待量大幅上升。2009—2016 年，整个景区接待的游客总计只有几十万人，但是，自 2018 年 4 月玻璃栈道建成开放后，仅 4 月 29 日到端午节的 40 多天就接待了 20 多万人次（包括免票的共 30 万人次），整个景区收费标准是每人次收费 40 元，经营效益明显提升。"川西竹海"景区现场项目负责人 Q 某谈到了景区经营状况和未来的规划构想：

> 景区的玻璃栈道建起来之后，来此旅游的游客结构也发生了根本性的变化。以前主要是老年人过来休闲旅游，现在主要是年轻人来体验。年轻人的创意多，来这边玩玩抖音啥的，他还可以在网络上帮你扩散。现在年轻人舍得花钱，老年人不舍得花钱。
> 我们在 2018 年 4 月 21 日把这个项目推出来之前，也有媒体采风。4 月 21

---

① 平乐古镇历史上是有名的传统手工造纸基地。

日到 5 月 3 日,这个项目的浏览量(点击)是 2.1 亿。后续人来得多了,体验感也下降了,有些负面的报道。针对这些反映出来的负面信息,我们充分吸收后,就闭园进行升级改造……6 月份之前我们的景区面积才几百亩,现在我们扩大到 3000 多亩了。我们产品流量太大了,之前最多一天也就接待了 3000 多人,后面达到五六千人。景区的最佳接待量是每天 1 万人左右。节假日会超过这个量。因此高速路都堵车了。这也导致网上反映的游客的体验感一下子就下去了。玻璃栈道项目开放之后,暴露出一些问题。原来的景区不是全封闭的,现在必须改为全封闭景区,因此必须进行升级改造,之后景区就不公开开放,暂时封闭了。

近期规划中,第一,我们还想利用这个空中交通,把这些优质的景点串联在一起,可以进一步拓展景区的容量;第二,增加互动式体验强的东西,比如说"上山容易,下山难",那么下山我们就利用索道让游客滑下去,这样既不破坏生态,又有趣;第三,我们根据市场需求,建设青少年户外拓展运动、科普基地等市场,建这种营地,不断增加这种互动式体验和提升服务设施。从旅游开发的角度来看,竹海景区只是一个工具,必须再植入一些符合现代年轻人消费需求的文创产品进来,才能带来更多的人流量和集体效应。还有如何打破旅游淡季的旅游产品拓展经营的问题。只有有了稳定的旅游流量,公司和农民才能有更好更多的收益。

旅游景区带动的经济效益是一个良性循环的过程。包括林农的经济效益、生态效益。公司在设计、研发的这种文创产品植入自然生态。游客来了之后可以促进旅游服务产业的升级,因为游客的消费需求在不断地升级,然后可以促进客栈的升级、餐饮的升级、文创商品的升级。景区在不断地提升,不再是以前那种最初级的旅游消费了。所以两日游、三日游,以及常在景区度假的人也会增多。而且景区可以和附近的平乐古镇、古文化结合起来一起发展,这样既有自然景观的东西,也有文化的东西。而且游客来了之后,可以带动周边的一些建设,比如旅游新村的产业发展,周边村庄的村民(如关帝村)可以开发很多的民宿,带动这种"文旅体"三者融合发展。[①]

Q 某的意思是景区项目接下来还要进一步扩展产业范围,增加森林和文化旅游项目的互动性和参与性,同时通过开发更多的文创性更强的旅游产品,提升景区的旅游产业价值链,然后带动外围产业和周边地区联动发展。景区项目建设除了继续加快 10 万亩竹海的旅游资源开发,还有配套设施和配套产业的带动,从而促进公司

---

① 2018 年 10 月 11 日笔者访谈川西竹海文旅集团金鸡谷竹海景区项目负责人 Q 某。

综合旅游文化产业产品的升级和更新换代,形成线上线下旅游开发产品产业链。另外,该负责人特别强调,"川西竹海"项目毕竟是国有企业经营的景区,所以门票按照40元/人收取,定的价格较低。他认为,国有企业要有社会责任,门票价格不能过高。公司运营的方针是先把客流量做大,增加景区的知名度和业内的存在感。等客流量增加以后,再对景区建设项目不断地升级,促进游客的消费升级,更好地带动当地旅游产业和经济社会发展。

第三节　林地承包权退出与农村综合改革实践

一、林地承包权退出的相关因素分析

林地承包权退出不是单纯的林地产权制度改革,背后折射出的其实是现代城镇化、工业化发展进程给农村社会发展带来的巨大影响。农村土地产权制度作为小农经济制度的一个核心组成部分,它实际上是嵌入农村整体的社会经济文化结构中的。在传统小农社会中,农民的生计经济主要依赖土地,土地在很大程度上是他们的"命根子",是他们的真正保障依托。只要拥有一定的土地资源,他们就"有饭吃"。因此,如果不出现特殊的情况,农民一般不会放弃土地,这是农民沿袭至今的传统共识。故讨论林地承包权退出问题,还必须从更大的视野呈现其背后的深层影响和意义,尤其是分析其给农村整体发展趋势造成的影响。

立足于林地"三权分置"制度改革实践背景,一方面,这一制度变革设计安排的本质是试图在维护社会主义制度属性——坚持林地集体所有权的前提下,以保障和"固化"林农的林地承包权来践行并彰显国家的制度属性,实现林地地权在村庄社区内的相对公平分配。另一方面,在现代市场化改革的另一重背景下,必须引入现代市场经济机制来激励林地经营产出,为此"三权分置"制度改革的本质是把林地经营权从林地所有权、承包权中分割出来,并以其他相关配置制度改革措施来激活获得林地经营权的市场主体增加对林地经营的投入。这是林地"三权分置"制度改革的初衷。不过,这一改革设想看似十分巧妙合理,但是在具体实践中面临着多方面障碍。这也是近年来在实地调查中很少发现类似林地承包权退出的改革试点的原因之一。

对于地方政府而言,尽管包括成都市在内的集体林业综合改革示范区和农业综合改革示范区被赋予推进林地或者耕地承包权退出试点改革的目标任务,但是地方

政府在实际操作中顾虑重重。① 原因在于这项改革面临的制度障碍和风险太大,改革的行政成本、政治成本也非常高。在国家没有足够的配套政策激励和财力投入的情况下,地方政府不敢轻易去踩这个布满"雷区"的改革领域。其中的原因是多方面的,林地承包权退出往往是和耕地承包权退出一并实施,其中所包含的前提是特定村庄或者地区的农民家庭不再需要依赖土地为生,这意味着他们必须有其他生存途径。一般只有两种情形:一是一些偏远的山区因为实施生态扶贫或者生态移民而整体性迁移,村民永久性人地分离,不得不放弃土地的承包权;二是在城乡接合部地区,由于城镇化的扩张,政府除了直接征用农民的土地,也可能通过与村集体和农民合作开发的形式盘活土地资源,这时候农户可能把土地的承包权交出或者被地方政府、村集体强制性收回。无论是采取哪种情形,都需要盘活和投入大量的资金资源,突破已有的政策制度。尤其是有些领域没有国家或者上级政府的大力支持,地方政府不敢轻易地冒险进行尝试。

首先,从经济补偿和市场交换的角度来看,林地承包权退出并不单涉及林地承包权经济价值的估算,还涉及搬迁安置农民的其他各项成本。成都邛崃市的"川西竹海"项目实施和龙泉山移民项目实施都表明,把农民迁移出原有的村庄社区,必须为他们提供住房安置、就业和社会保障等一揽子的补偿和保障方案,这样才能让他们彻底消除后顾之忧。在缺乏国家政策支持的情况下,地方政府只能引入市场力量来推进项目实施。这就为林地承包权退出增加了很多不确定因素。近年来贫困山区的生态移民项目实施因为有国家和政府的大量资源投入,所以能推进林地承包权退出工作。

其次,受林地产权的复杂性、林木经营的多样性、林分质量的差异性、国家林业经营政策的多变性等因素制约,林地承包权退出的经济价值测算无法可依,也无先例可循,难以操作。例如,在林权抵押贷款中,评估的只是山上林木所有权的价值,但是林地的承包权价值难以测算。对于林地承包权"固化"的情形,林地承包权经济价值测算更是困难重重。况且,林地承包权还附带了林木的生态产权等其他产权权利(如背后的碳汇交易价值),更是不容易估算。事实上,福建省在探索重点生态区位的商品林收储时探索出的一些实践经验,对于推进林地承包权退出试点改革倒是有一定的借鉴意义和参考价值。

上述成都市试点的两个案例中包括林地承包权退出或林地经营权流转、宅基地资格权退出和宅基地使用权流转等多种类型的土地产权制度改革与实践。这两个

---

① 如笔者 2014 年调查的黑龙江克山县在 2011 年被农业部等部门赋予实行耕地承包权退出试点,但未取得进展。

案例背后都有政府引导甚至主导的因素在起作用。不过,直接参与相关项目实施的主体是市场力量。从林地和宅基地"三权分置"制度改革实践的角度来看,两个案例中都涉及关键的林地承包权和宅基地资格权退出的问题,同时也涉及农民进城转化制度身份的问题。项目涉及的农户把林地承包权和宅基地资格权退出之后,相当于获得了资产化改革后的资产性收益,并由此获得了进城落户甚至转化为市民的经济资本。

二、林地承包权退出与农村综合改革:沙县区"三票制"改革实践案例

福建三明市沙县区长期外出经营"小吃"业的农村劳动力约占全区劳动力的2/3,由此造成"人走房空、土地抛荒、林地失管"现象,农村生产要素闲置自然导致农村治理降效甚至失效,这种形势一方面倒逼地方政府不得不推进农村综合改革来应对由此形成的严峻的农村发展问题,另一方面客观上也为当地政府实施农村综合改革、促进农村转型发展创造了前所未有的机遇。近年来,沙县区政府针对村民外出经营"沙县小吃",家里住房闲置、耕地抛荒、宅基地闲置等问题,利用作为国家农村综合改革试验区的机遇以及多年来改革经验的积累,探索实行"房票""地票""林票"等"三票制"农村产权制度改革,以产权制度改革带动农村发展所有要素重组整合,取得了较好的成效,形成了新时代中国农村综合改革的"沙县经验"和"沙县模式"。

在耕地制度改革方面,早在2008年前后,沙县就开始探索实施耕地信托流转制度,鼓励外出经营"小吃"的农民把自家承包地的经营权流转。和一般的耕地流转机制不同的是,沙县区充分发挥政府的引导作用,由政府主导实施耕地信托流转,即村集体经济组织把农民的耕地"反租"过来交给地方政府,政府再统一整治后,进入官方组织的农村产权交易市场进行流转,或者由政府直接进行招商引资,需要流转经营耕地的市场主体并不需要和村集体和村民打交道,只要和乡、镇地方的耕地信托流转平台管理人员协商,就可以获得耕地的经营权。政府在其中充当了重要的中介保障服务作用。近年来,在耕地信托流转的基础上,沙县区又进一步探索实施耕地"地票"制改革。具体操作方式是充分结合国家城乡建设用地增减挂钩、集体经营性用地入市等政策并叠加"农村新型住宅小区集中建设试点"等相关政策,引导村集体经济组织和村民以入股或租赁形式将耕地经营权流转,动员村级组织或村民有偿退出闲置农村集体建设用地,按相应指标兑换"地票"(闲置农村集体建设用地),开展"以地换钱""以地换地""以地换房"等交易。合作双方按一定份额制发"地票",明确股权比例、权能和收益分红办法。截至2020年,沙县区已在下属的夏茂镇成立全省首个乡镇农村产权服务中心,并完成长阜村1.3亩宅基地有偿退出协议签订,发行了全县首张"地票"。

在集体林地经营制度综合改革方面,沙县区也一直居于全国领先位置。近年来,该区一方面大力推广"四共一体"的合作经营模式,鼓励各乡、镇、街道与村集体或村民等同国有林场合作,推广股权共有、经营共管、资本共享、收益共赢的混合所有制林业共享经济模式。截至2020年,沙县区已合作经营林地面积达8万余亩。另一方面,该区还继续探索"林票"制改革。沙县区有关部门专门制定出台《沙县(区)林票登记交易实施细则》《沙县(区)农商行"金林贷"管理办法(试行)》等政策文件,引导国有林场等与村集体经济组织及成员合作,按投资份额制发股权(股金)凭证,即"林票"。将股权形式量化的集体山林资源资产证券化,具有可继承、交易、变现、抵质押融资贷款等金融证券化权能。沙县区农商银行设立绿色金融服务网点,为"林票"试点村推出普惠林业金融服务产品"金林贷"。按照沙县区的改革设计,村集体经济组织成员所持有的"林票"允许在沙县区农村产权交易中心挂牌交易,价格以市场为准,国有林场承诺按年单利3%对林票进行兜底,保障农民的权益。截至2020年,沙县区农商银行已向5个乡镇10个村整村授信"金林贷"4.1亿元。至2020年年初,全区已在8个乡、镇的20个村开展"林票制"改革试点,合作经营面积3.56万亩,发行林票4016.31万元。据沙县区当地林业部门估算,"林票"改革试点村每年可因此增加林业收入7.3万元,每位村民林业收益可增加160元。

沙县区"三票制"改革的另一个重点是实行"房票"制改革。针对大量农村劳动力长期外出经营"沙县小吃",沙县区探索发行"房票",引导村集体或村民将闲置农房以入股、租赁等方式,由专业合作社、企业及村民自行开发建设运营,以盘活农村房产资源,吸引村庄外部的工商资本投资运营,一方面可以增加农民的财产性收入,另一方面也筹集资金,改善农村人居环境,提升乡村治理的效能。目前,全区已初步形成村集体自主开发,乡贤、青年回村创业开发,客商带资开发三种农房利用模式。其中夏茂镇松林村以陈厝888平方米闲置农房作为试点,制发全沙县区的首张"房票"。获得该"房票"的福建省乐水旅游开发有限公司将农房用于开发服务中心、民宿、餐饮等旅游产业,为促进乡村产业振兴提供助力。

沙县区推进"三票制"农村产权制度改革,必须构建公开、规范的农村产权流转交易市场体系,为此,该区把构建区、乡(镇)、街道、村三级产权交易体系作为推进"三票制"改革的重要基础。近年来,沙县区政府在有关部门主导下,成立了全市首家以公益服务为主的农村产权交易中心,在乡镇、街道一级设立农村产权服务中心。如夏茂镇设立的农村产权服务中心统筹承担各类资源资产的产权调查统计、票证设计、票证核发(制发)、产权登记、产权交易、产权评估等具体职能,按照"统一交易平台、统一信息发布、统一交易规则、统一交易鉴证、统一金融服务"等要求,逐步完善功能模块、交易规则、服务方式和监管手段,形成资产评估、产权交易、抵(质)押担保、保险和产权处置等全链条服务体系。在村级层面,则设立了村级农村产权交易服务点。如夏茂镇的俞邦村、长阜村 2 个村已经试点设立农村产权交易村级服务点,其具体职能是促进村级的各类资源资产有效利用。村服务中心通过对农村闲置资源资产信息进行有效采集、整理、录入和比对,以有效解决农村产权交易中双方在信用模式、市场化水平方面的信息不对称问题,为社会资本进入农村产权交易市场提供基础数据和服务保障。

与此同时,沙县区还想方设法创新产权登记办法,由区产权交易中心为不具备产权登记条件的土地承包经营权和农业设施设备办理农村产权鉴证书,使之具有产权权属证明,具备资产抵押担保的功能,这样才能切实有效地把农民的各类资源转换为资产,进而带来资产性收益。沙县区产权交易中心吸引农业、银行、评估、保险等机构入驻,通过"线上+线下"交易模式,为参与产权交易的各类农业新型经营主体和农村集体经济组织等产权主体提供信息发布、产权登记、产权交易、抵押贷款、资产管理等一站式服务。区产权交易中心还采取"政府+保险+银行"模式,由源丰信托公司成立源丰农业发展基金,引入商业保险机构,对通过产权鉴证的经营主体提供担保和先行赔付,以分担和降低其经营风险。截至 2020 年,沙县区农村产权交易中心已完成农村产权交易 176 宗,交易金额达 1.5 亿元,完成经营权、农业设施设备产权鉴证 61 宗以及经营权、农业设施设备产权抵押贷款 96 笔 3672 万元。[1]

正是通过以"三票制"为核心的一系列综合改革举措,沙县区实现对农村的地(包括耕地和林地)、房、宅基地等要素的重组,然后引入外部市场主体和工商资本进行资产化、专业化运营,让土地经营实现规模化集约化,把大部分农村劳动力从土地和村庄中解放出来,这样既有利于保障村集体和农民的土地经营收益,也有利于提高农村要素资源配置和利用效率,最终大大激发了乡村产业振兴、人才振兴、组织振兴的活力,为建立现代农村经营制度和农村治理体系奠定了很好的基础。

沙县区的农村综合改革实践经验证明,林地承包权退出实际上是当前城乡一体化和新型城镇化快速推进的必然产物。在林地"三权制度"改革框架下推进林地承包权退出改革,必须与新型城镇化意义上的耕地制度改革以及农房和宅基地产权制度改革等综合在一起,以土地、宅基地农房资产化股份化为导向,调动政府、市场、村集体和农民个体的参与性与积极性,突破公共财政、金融保险等多种制度设计障碍,进而突破整个城乡二元社会结构制度框架,由此形成一种真正的综合改革机制,才

---

① 关于沙县区的"三票制"改革的资料来自该区融媒体的报道,笔者在 2021 年 6 月上旬对有关镇、村进行了实地调查,获取了部分研究信息。

能达成改革目标。沙县区的改革实践经验充分表明,林地承包权退出是一个涉及多方面因素的系统工程,需要投入大量的行政成本、经济成本,对农村经济、组织、社会要素进行调整和重组,这个系统工程仅靠一个部门很难推动,也难以达到预期的改革目标。事实上,在当前乡村振兴战略全面推进实施的新形势下,今后关于林地承包权退出的实践情形会越来越多。因此,相关的林权制度改革及配套政策制度改革也必须继续加以推进。

第八章
林地承包权改革实践存在的问题及对策建议

前面章节中从城乡社会变迁的角度对林地承包权实践议题进行了纵向梳理和分析,呈现出农村市场化改革持续推进形势下的林地承包权变革路径和实践特征。正如导论所讨论的,从嵌入性和市场转型理论视角来看,人类的经济与社会行为有更为复杂的互动互嵌关系。研究"三权分置"制度安排下的林地承包权改革实践议题,必须立足中国特色社会主义制度和中国式现代化进程中,充分把握并平衡经济理性、政治理性、社会理性和生态理性在林地经营中的价值诉求,才能更好地揭示和阐释林地承包权实践中存在的问题,并在此基础上提出未来集体林权制度变革的设计构想方案。

自 2003 年实施新集体林权制度改革至今,集体林业发展中林业生产关系、农户的林权利益关系已经发生了重大变化,出现了林权结构小型化、林地经营地块分散化细碎化、经营主体多元化、林业管理复杂化等一系列新情况、新问题。2016 年,笔者对全国集体林业综合改革样本示范区样本进行实地调查发现,在林地"三权分置"制度改革试点中,各示范区样本围绕林地承包权变革取得重大突破性进展的并不多见,而反映和暴露出的亟待解决的新问题倒是不少。本章从农村发展转型中面临的新形势的角度,对当前林地承包权变革实践中存在的主要问题进行专门分析和探讨,并在此基础上提出相应的对策建议。

当前我国处于城镇化的关键发展时期,由于在农村从事农业产业和外出从事非农产业带来的比较收益持续扩大,全国大部分地区的青壮年劳动力大量外流甚至流失殆尽,由此形成了日益严峻的以"农民老龄化、村庄空心化、农业粗放化"为主要特征的问题。笔者近年来在田野调查中发现,留守村庄的大部分是"老弱妇幼",大约有 50% 的农户家庭已经难以发挥其土地耕作、林地利用功能。这说明传统的小农经济结构已经趋于解体。这是讨论当下林地承包权变革实践的大势。

林地经营周期长、见效慢、受国家政策影响大,这些经营风险决定了林地比耕地更需要实行规模化集约化经营,这点与历次集体林权制度改革强调的"包山到户"和"分林到户"在很大程度上是相违背的。如何通过土地市场化流转促进林地规模化、集约化经营,显然已经成为促进乡村林业产业振兴的必然趋势,这是分析林地"三权分置"制度背景下林地承包权变革实践的首要前提。2003 年以后推进的新集体林权制度改革,试图从林地确权、放开木材交易市场管制、降低林业税费、实施配套的林业信贷保险等金融财政支持方面营造林地市场化经营的环境。① 2014 年,国家确立林地"三权分置"制度改革路径,目的也是在保障林地的社会主义制度属性(维护林地的集体所有权制度安排)和农户的承包权权益(背后彰显的维护社区公平价值)的前提下,通过给林地经营权主体"松绑",以便为林地市场化流转创造更好的制度环境。②

不过,在促进林地经营朝现代林业产业制度转型过程中,必须在激励林地经营产出增加的同时,保护好农户的承包权权益,同时实现林地经营的经济效益、生态效益、社会效益和政治效益的均衡。这是林地承包权变革实践必须始终坚持的基本原则。而要实现这个目标,仅靠经营能力弱小且村治能力参与低下的在村农民是很难实现的,必须引入外部的工商资本和经营人才,注入现代性的林业经营要素才有可能实现。

由此不难看出,振兴农村林业产业,人才振兴是前提。如何培养一支"懂林业、爱农村、爱农民、善经营、重生态"的农村林业人才队伍,事关乡村林业振兴成败。鉴于当前农村面临的普遍"空心化"景象,越来越多的返乡精英抓住机遇,携带自己在外拼搏获取的优势工商资本、市场信息和人力资本重返家乡创业,由此形成以国家政策为引导、以返乡精英参与的新的乡村发展结构。③ 相比国有资本和其他资本过度追求经济效益可能侵害村庄社区和农户的承包权利益,类似三明市沙县区西霞村实行的由返乡精英主导实施的集体林地"再集体化"流转经营无疑更值得倡导,它能够有效缓冲林地流转中工商资本、村集体及农户利益之间的矛盾和冲突。

正如罗伯特·米歇尔斯曾指出的,在组织管理中,某一群体中少数人当政意味着无论这一组织以何种方式运作,最终均无法摆脱"寡头"管治的结局。④ 返乡精英组织实施林地流转包括实行"再集体化"流转经营,不仅彻底改变了"分林到户"后形成的林地分散化经济结构,也深刻地改变了村庄的发展形势和发展结构。本章接下来将要分析的林地承包权变革实践中存在的主要问题,也是基于这个前提而展开。

---

① 程玥、朱冬亮、蔡惠花:《集体林权制度改革中的金融支持制度实施及绩效评估》,中国社会科学出版社 2016 年版,第 66~73 页。

② 朱冬亮:《农民与土地渐行渐远——土地流转与"三权分置"制度实践》,《中国社会科学》2020 年第 7 期。

③ 刘锐:《富人治村的逻辑与后果》,《华南农业大学学报(社会科学版)》2015 年第 4 期。

④ 罗伯特·米歇尔斯:《寡头统治铁律:现代民主制度中的政党社会学》,任军锋等译,天津人民出版社 2003 年版,第 325~342 页。

第一节 林地承包权改革实践存在的主要问题

一、林地经营细碎化与林地确权落实难

1. 林地经营细碎化

20 世纪 80 年代至今的历次集体林业制度或林权制度改革,明晰林地产权,实行"包山到户"和"分林到户"始终是主旋律。据国家林业局 2003 年统计,"分林到户"率高的省份,如云南省达到了 92.84％,低的省份,如江西省也超过了 54％。[①] 即使有部分省份、部分地区的林地在"三定"改革时没有承包到户,也多在新集体林权制度改革中重新确权到户。[②] 截至 2017 年年底,全国 77.70％的集体林地已确权到户。[③] 到了 2018 年年底,全国集体林地面积中家庭承包经营面积占总面积的 66.27％,不过也仍有 18.03％的林地维持村集体统一经营。[④] 这说明林地经营呈现多样化特征。

和耕地承包制实施情况类似,"分林到户"后,林地经营呈现出明显的分散化细碎化经营情形。实际上,如果现在回过头来看,无论是林业"三定"改革还是 2003 年试点实施的新集体林权制度改革,很多地方都把集体林地产权明晰到户片面理解为"分山到户"或者"分林到户",这其实是大大曲解了林地确权的本意。实践证明,林地经营本质上必须采取规模化集约化经营方式,但这种经营方式和产权明晰本身并不冲突。相反,过于细碎化的林地承包权制度并不利于林地的可持续经营,这就凸显了林地流转的重要性。不过,到了 2018 年,全国流转的林地也只有 10％左右[⑤],大大低于同期耕地的流转率[⑥]。而且,在林地流转中也出现了不少的问题。

---

① 刘璨:《再论中国集体林制度与林业发展》,中国财政经济出版社 2014 年版,第 39 页。

② 如福建省到 1987 年林业"三定"工作停止时,全省林地分配到户率仅为 32.00％,其中 90％的用材林仍旧归集体所有(《中国林业年鉴 1949—1986》,中国林业出版社 1987 年版,第 479~481 页)。

③ 转引自刘璨、黄和亮、刘浩、朱文清:《中国集体林产权制度改革回顾与展望》,《林业经济问题》2019 年第 2 期。

④ 参见刘璨:《集体林权流转制度改革:历程回顾、核心议题与路径选择》,《改革》2020 年第 4 期。

⑤ 刘璨:《集体林权流转制度改革:历程回顾、核心议题与路径选择》,《改革》2020 年第 4 期。

⑥ 2017 年全国流转耕地面积达 5.12 亿亩,流转率达 37％(参见中国农业年鉴编辑委员会编:《中国农业年鉴 2017》,中国农业出版社 2018 年版,第 365 页)。

2. 林地承包经营权落实难

笔者在 2016 年对集体林业改革示范区样本进行实地调查时发现,有些示范区在具体落实农户的林地承包权方面还存在不少难度。如第六章提到的"一地两用"的林地产权属性界定问题,最典型的是四川成都市大邑县斜源镇江源村以及内蒙古达拉特旗大纳林村农户刘姓老汉面临的难题。尽管刘姓老汉在过去 30 多年花费了近 10 万元投资造林 608 亩,这些林地在办理林木所有权证时却面临难题。虽然 2015 年 6 月,国家有关部门专门下发了政策文件,准许达拉特旗在办理林权证时,对于森林、林木四至清楚、权属明晰的,可以按照由所有权人提出申请,森林、林木相邻人签字,村委会、镇人民政府、旗(县)人民政府分别加注单位意见并盖章,并公示 7 天后,发放森林林木所有权证的程序进行办理,但是在具体操作中,达拉特旗林业局试图突破规避开村民组织法规定的需要 2/3 的村民代表同意的规定,仍然还需要村委会审核,不少村庄的村干部还是拒绝审核。类似这种情形在一些林地承包权纠纷村庄也存在。

重庆永川区在 2003 年国家大力倡导发展各种非公有制林业时期,该区有林业局工作人员响应号召投资林业,现在却因他们的公职人员身份,当地政府严令他们要退出林地经营,否则追究党纪政纪责任。该区林业局 2003 年前后有一个 R 姓工作人员和另外 4 个股东承包经营了 4000 多亩林地(其中大部分是退耕还林),后来他不得不因此而"提前退休"。即便如此,还迫使他不得不亏本让出这片林地。类似 R 姓工作人员投资林业后因政策变动而遭遇的困境,在江西、福建等省的示范区调查时也有发现。

二、林业经营效益难以提升

和从事农田耕作相比,从事林业对从业者的体力要求更高,因此林业经营中存在的"老龄化"问题更加突显。实际上,从 1978 年到 2017 年,我国乡村就业劳动力占全国劳动力的比重呈持续下降态势。1978 年,在乡村就业的劳动力占全国劳动力总数的比例为 75.31%,到了 2017 年,下降到 43.60%[1]。不仅如此,当前,我国已经形成了以代际分工为基础的半工半耕的农户生计模式[2]。随着劳动力年龄的增长,劳动力转移比例呈现增长趋势,20～30 岁的劳动力转移比例较 50 岁以上的劳动力转移比例高 44.73 个百分点[3]。这说明农村林业劳动力供给将越来越紧张。与此相对

---

[1] 国家统计局:《中国统计年鉴》,中国统计出版社 2018 年版。

[2] 贺雪峰:《中国农村社会转型及其困境》,《东岳论丛》2006 年第 2 期。

[3] 参见刘璨、李云、张敏新、冉青松、叶陈育、孙玉军:《新时代中国集体林改及其相关环境因素动态分析》,《林业经济》2020 年第 1 期。

应的则是劳动力价格不断上涨。有研究数据显示,从 1979 年至 2016 年,农村劳动力价格增长了 15.90 倍。[①] 这也进一步刺激农村劳动力从林业中转移出来,增大了农户流(退)出承包经营林地的可能性。[②]

从农村基层来看,现在从事林业第一产业生产经营的林农年龄基本上是 50 岁以上,很多是 60 多岁甚至是 70 多岁。这个年龄段的劳动者只能从事一些简单的森林抚育工作,伐木等重体力工作基本难以胜任。事实上,很多示范区原本地处山区,经济相对落后,交通也相对更加封闭,因此 50 岁以下的青壮年劳动力基本在外面打工经商,从事非农非林产业,导致林业劳动力大幅度减少。这样一方面导致林区林业劳动力严重短缺,另一方面导致劳动力价格快速提升,无形中使得林农营林成本大幅增加,进而导致林地经营效益下降。

相比之下,木材价格从 1979 年的 72.93 元/立方米提高到 2016 年的 123.82 元/立方米,仅仅增长了 69.78%[③]。2016 年笔者对全国集体林业示范区样本开展的实地调查表明,当时各示范区林业生产中,仅木材每立方米采伐成本平均达 250~300元,木材价格南方松木在 600~700 元/立方米,杉木价格在 1000 元/立方米左右,这样测算下来,木材采伐成本占销售价的比例达到 30%~50%。而毛竹价格平均在500 元/吨,其中采伐成本超过一半。如果算上租金支出成本,很多地方承包毛竹林基本上无利可图。福建霞浦县的毛竹林大面积弃管或者失管,原因是采伐成本过高,严重侵蚀了毛竹生产的利润。

与此同时,新集体林权制度改革实施后,林地的流转价格却呈现快速上涨的趋势,这就进一步侵蚀了林地经营的利润。国家林业局统计的数据显示,林地流转年租金价格已经从 2011 年的每公顷(15 亩)174.15 元上涨至 2014 年 435.75 元[④]。这说明,目前集体林地经营中存在劳动力和土地等生产要素价格上涨以及木材价格上涨空间有限等因素制约,导致农户投资倾向不高,对集体林依赖程度下降,加之农户自身社会保障能力不足,故有可能促进林权流转。另外,政府扶持和减税空间有限,生态公益林政策调整频繁和补贴标准不高侵蚀了包括林农在内的林地经营主体的发展权。与此同时,木材加工、木材采伐限额、林区基础设施薄弱、森林保险赔付率

① 国家发展和改革委员会价格司:《全国农产品成本收益资料汇编(1999—2018)》,中国统计出版社 1999—2018 年版。

② 刘璨:《集体林权流转制度改革:历程回顾、核心议题与路径选择》,《改革》2020 年第 4 期。

③ 《中国林业年鉴 1949—1986》,中国林业出版社 1987 年版;国家林业局:《中国林业统计年鉴》(1987—2018),中国林业出版社 1988—2018 年版。

④ 张建龙:《中国集体林权制度改革》,中国林业出版社 2017 年版。

低和林权抵押融资难、融资贵等因素也直接影响林业经营的收益①。

三、林地经济产权和生态产权实践冲突日益突显

林地"三权分置"改革制度设计追求的目标是进一步明晰产权,明晰林地经营中的责、权、利关系,但实际操作中由于相关配套政策没有跟上,出现"三权分离"甚至"三权分立"的新情况新问题,林地的不同产权权能之间在实践中相互侵蚀,并引发了不少的林权纠纷。

和耕地相比,林地"三权分置"制度场域中的产权实践形态更为复杂多样。林地利用具有重要的公共物品性质的生态属性,这种外部性本质上和林地的市场经济属性存在明显的冲突。林地的"三权"的实践主体主要是追求林地的经济价值,而国家和社会更加关注林地经营的生态产出。尤其是在保护"绿水青山"成为国家与社会共识,但是在把"绿水青山"转化为"金山银山"的途径非常有限的前提下,生态保护主义抬头带来的必然是对农村林地经营的市场化空间的明显挤压,进而降低林地经济价值。对于林地经营而言,最重要的是如何在"绿色青山"与"金山银山"之间达成平衡。各地近年来围绕这方面进行了可贵的探索。如重庆南川区的森林"景观权"流转就是其中的一个典型。示范区在改革实践中反映出的问题是集体林地公共属性的生态产权实践侵蚀了私人属性的经济产权实践。中央和地方政府以追求公共属性的生态效益为出发点,并借助公共权力强制性地侵蚀私人(包括林业企业)的经济产权。双方不对等博弈的结果往往是带有政府强制力的社会公共权力侵蚀集体林地的私有产权权利,包括集体的林地承包权、农民的林地承包经营权、经营者的林木所有权都会被侵蚀。如果涉及"自留山",则连继承权都被侵蚀。

事实上,2015 年至今,工商资本参与林地流转和林地投资已经出现了下降趋势,其中很重要的一个原因就是包括限制采伐等政策影响了市场主体投资林业的积极性。② 如福建省林地经营者反映强烈的生态林变更及商品林采伐期限延长的问题。该省 2012 年提出建设"生态文明示范省",2014 年该省有关部门以一纸政策文件就把杉木的采伐年限从原来的 20 年提升到 26 年,松木采伐年限从 21 年延长到 31 年,并对重点生态区位的商品林实行限伐甚至是禁伐政策。这样全省有 977 万亩被界定为处于重点生态区位的商品林被限伐。这一政策给此前投资林业的经营者造成了重大损失。尽管该省出台了重点生态区位的商品林收储政策,试图对林地经营者

① 刘璨、李云、张敏新、冉青松、叶陈育、孙玉军:《新时代中国集体林改及其相关环境因素动态分析》,《林业经济》2020 年第 1 期。

② 刘璨、李云、张敏新、冉青松、叶陈育、孙玉军:《新时代中国集体林改及其相关环境因素动态分析》,《林业经济》2020 年第 1 期。

进行补偿,但这种有限的补偿远不能抵消经营者的投入损失。据福建三明市沙县区林业局一位负责人反映,沙县区因重点生态区位的商品林政策实施,全区出现了2000万元左右的不良林权抵押贷款。据称,整个三明市仅仅因为高速公路、高速铁路建设而从商品林划为生态林的面积总计达10万亩。如果以每亩平均3000元计算的话,这意味着至少3亿元的山林资产几乎在一夜之间"蒸发"(有的连生态公益林都不算),由此引起的连锁金融"坏账"效应则更是无法估量。①

以福建三明市将乐县为例,当初工商资本投资林地经营,是以获取经济效益为主来制订林业经营投资计划,但自从2014年福建省改变森林经营方式,包括延长采伐年限后,由此引起的连锁反应使得整个林地经营和林地管理不得不重新组合,并可能导致原本投资林地的一些市场主体资金链断裂,由此产生经营亏损甚至"血本无归"。由此进一步引发银行金融部门林权抵押贷款不良率大幅度提升,林业收储部门的资金链也可能随之断裂。该县的林业部门负责人曾经谈到了这个问题:

> 我们县这几年的木材价格降了很多,特别是受到采伐(延长采伐年限及限伐)政策的影响,毛竹天然林禁止采伐,这个政策改变使得整个价格就下跌得一塌糊涂。在我们将乐县,针叶林和毛竹不受限伐政策影响的时候,每亩交易价格可以达到300多元,但是政策调整之后,马尾松就跌到100元左右,丧失了大半的价格。对于经营者来说,不能采伐就没有经济价值了。再加上这几年马尾松价格确实一直不高,原来的评估价格和现在市场价相比变化太大,对于马尾松和天然林的影响确实太大了。这样一来,导致林业经营主体抵押的山林资产大幅度缩水,进而危及整个林业金融资产的安全。②

类似的问题不少赣州市民营林场主也有反映。江西省很多地方实行商品林3年禁伐政策,这种做法关系到民营林场的生死存亡。因为他们就是靠采伐林木来维持林场的正常运转,一旦被禁伐,他们将陷入资金链断裂甚至破产的境地:

---

① 2016年6月发布的福建省人民政府办公厅《关于持续深化集体林权制度改革六条措施的通知》(闽政办〔2016〕94号)似乎有所调整,明确提出要"加强重点区位森林资源管护",并要求,一方面继续推进重点生态区位商品林置换、赎买、收储、合作等改革试点,同时"推进重点生态区位商品林改造提升,在与林权所有者协商一致的前提下,允许重点生态区位商品林(铁路、公路干线两侧和大江大河及其主要支流两岸规定范围内的重点'三线林'除外)中个私所有的桉树、马尾松等人工林有计划地参照一般商品林的规定进行改造提升,伐后及时组织营造珍贵乡土阔叶树种,通过生态公益林布局调整,逐步纳入生态公益林管理"。

② 笔者2016年7月28日访谈将乐县林业局林改办负责人H某。

（2016 年前后）江西省很多地方搞了 3 年禁伐，如果我们自己的林场禁伐了，让我们林场吃什么？国有林场禁伐了可以通过财政转移支付给予专门的补助，我们什么补助都没有，现在还在禁伐，他们国有的有一些补助，我们什么都没有。这样区别对待很不公平。①

由此可以看出，不同地方的生态林管理和划定政策变更带来了多方面的前后政策衔接的问题。江西赣州市于都县有一个经营商品林面积达 4 万亩的民营林场业主也强烈反映了生态林划定的问题。该业主宣称：

其实当时江西省厅答应给我的林场划出一部分公益林，但是我不敢划。省厅提出给划 2 万亩生态林。我当时想了一下，如果划了生态林，我以后就得死，看你有补助，人家（老百姓）眼红，就会来闹。一个政策执行，要考虑均衡的问题。②

此外，江西省 2003 年出台政策文件，鼓励民营林场发展，规定林场经营面积达 2 万亩以上，符合相关条件的就列入省级民营示范林场进行管理，并可享受类似国家林场待遇的特殊政策扶持，但这些政策承诺至 2016 年笔者在此开展田野调查时都没有兑现。

四、林地承包经营权流转问题

由于大部分农户所承包的林地处于自然生长或者失管状态，"三权分置"制度变革实践中，如何通过林权流转形式搞活林地的经营权，这是实现林地承包权和林地所有权价值最大化的最有效途径。在林权流转过程中，也面临不少问题。主要表现在以下几个方面：

1. 新型林业经营主体资格认定和注册难

在林业市场化改革持续深化的情况下，各地出现了一些组织更为完善、管理经营更规范的现代新型集体林业经济组织合作形式，但是这类新型林业经营主体在现有的工商注册制度规定中面临注册和管理上的难题。

如类似福建三明市沙县区西霞村组织成立的"再集体化"的林业经营实体首先

---

① 笔者 2016 年 3 月 5 日访谈于都县某民营林场主 Y 某。
② 笔者 2016 年 3 月 5 日访谈于都县某民营林场主 Y 某。

面临的障碍就是注册难。如果注册为有限公司,显然不符合村集体林场经营实际情况:一则是因为农民的法律观念和法律意识不强,二则是有限公司组织形式对财务制度和税务制度要求非常严格。村集体林场平常没有什么经营活动,主要是管护山林,自然也没有建立严格的公司制财务流水账。如果注册为林业专业合作社,和沙县目前发展的"再集体化"林场不是同一种组织形式,后者实际上属于一个独立的集体经济经营体。这种新型林场的组织方式和过去的村集体林场直接经营集体林地的模式也不相同,其具体运营是把整个村的林地流转来由村集体统一经营(类似于浙江出现的耕地反租倒包形式),并成立独立于村集体之外的经营管理机构进行统一造林并经营林地。如果注册为家庭林场,这种新型村集体林业经营组织的产权经营主体属于村集体组织,并不是一个独立的个体法人。如此一来,沙县区在培育这类新型林场时就发现,现有工商部门注册的经营管理形式中难以"对号入座"找到相应的组织形式,因此就面临着注册难问题。

在沙县区林业局负责人看来,如果把西霞村的新型集体林场注册为家庭林场,虽然形式简单,却只是得到一个法律认可的经营执照。这点和沙县区培育发展新型林场的本意并不相符。2004年沙县区开始实施新集体林权制度改革时,当地工商部门给沙县区注册了一个集体林场。不过,当时集体林场在工商法规商业组织栏目中没有这种经济组织形式。为了适应新集体林权制度改革的形势,当地工商管理部门才勉为其难特别批准注册。实际上,集体林业改革要走上规范化道路,各个部门要出台一些相配套的改革措施。既然林业生产有别于农业,林业专业合作社的管理制度就不能完全套用农村合作社法的相关规定,工商部门应该给予变通。

2. 集体成员权股份认定难

农户的林地承包权本质上是人民公社时期集体成员权的"财产化"的具体变革实践形式。在"分林到户"或者林业股份合作化改制过程中,如果集体成员权认定规则难以达成共识,就直接影响林地承包权的落实,也容易引发各种林权纠纷。虽然2016年10月30日中共中央办公厅、国务院办公厅印发的《关于完善农村土地所有权承包权经营权分置办法的意见》首次对"三权分置"中的集体土地所有权、承包权和经营权的具体权利与权能进行了明确规定,这种认定机制在2018年新修正的《农村土地承包法》中上升到法律层面的实践规则,但是在具体实践中,由于林地产权实践相对于耕地产权实践要复杂得多,面临的集体产权实践中的集体成员权股份认定也尤其复杂。

福建三明市沙县区林业局负责人就认为,在实行集体林地股份制改革中,由于林地经营的长期性,不宜把新型集体林场的股份明确到具体的村民个体。村民会因个体的生老病死、婚丧嫁娶等而出现社会流动变动,同时村集体股份是因为承包经营权明晰到户而获得收益,其中还涉及成员股份继承等其他问题,这些因素都会影响村集体林场的管理和运营。因此,沙县区西霞村林场在推进新型林场股份制改革的时候,就把享有股东身份的村民设定在 2014 年 12 月 24 日前在册的人口,此后出生的村民不再享有股东身份。不过,即便如此,新型股份制林场今后仍然会面临股份继承及股东表决权让渡等问题。未来有关部门在对村集体股份林场进行监管的时候,应尊重村民意愿,并结合《村民委员会组织法》及当地的传统村规民约来进行处理。事实上,新修正的《农村土地承包法》规定农户内的家庭成员依法平等享有承包土地的各项权益,从而对土地承包权的主体进行了明确约定。不过,实际操作中,由于有一套约定俗成的集体成员权认定规则,国家层面的正式制度约定和村庄社区层面的非正式制度仍然存在博弈的空间。

3. 林权二次流转手续过于烦琐

在实地调查中发现,很多新型林业经营主体都反映了林权流转的程序过于烦琐。如按照《福建省森林资源流转条例》的规定,获得林地经营权的经营主体在二次流转包括林权收储抵押时,都要经过村集体组织盖章。对于这条规定,林地经营主体普遍觉得没有必要。当初福建省设定这个条件,是因为很多林地的所有权属于村集体组织,80 年代实施林业"三定"改革时,该省大部分集体林地并没有确权到户,加上福建省规定,林地流转过程中村集体可收取林地使用费。因此,林地流转中添加这道程序,就是为了体现村集体组织作为所有权甚至承包权主体的地位。

江西赣州市一些民营林场主也反映了林地二次流转中存在不规范的现象:一是有关部门对林地流转手续办理的时间期限没有设定要求。有的林场主反映自己流转林地时,有关部门办理手续需耗时几个月甚至半年乃至一年都还办不下来。二是和福建省相似,《江西省森林资源转让条例》也规定,林地二次流转要让承包权出让方——村集体知晓并同意。实际操作中林地二次流转就是要让村组和其他农户签字同意,也要进行公示。这样无形中增加了很多的林权流转交易的摩擦成本。有的村组和其他农户往往在这个时候就以各种理由拒绝签字,无非是想从中捞点好处——"雁过拔毛"而已。

针对这个问题,很多林地投资经营者建议,在初次流转合同上要加上一条约定,将来林地经营业主再次流转抵押,不再需要经原流转方——村集体同意,并在第一次流转约定中就写明林地再次流转抵押不需要原流转方同意。赣州市兴国县就是如此操作的。这说明赣州市各县的林地流转实施细则有明显差别。从林权实践的角度来看,林地二次流转必须经由村集体组织甚至农户集体同意的规定,使得林地

"三权分置"中构成了一种新的"三权"权利主体相互牵制相互侵蚀的实践机制。林地规模经营主体市场主体的地位被林地所有权主体(村集体组织)和林地承包权所有者(农户)牵制。

林权二次流转问题还包括退耕还林地流转难。成都市林业局反映,按国家林业局的规定,退耕还林地的证书只能发给退耕承包户不能发给流转户,因此流转经营后的退耕还林地只能合同约定不能发林权证,而获得经营权的业主如果没有林权证,就不能申请林权抵押贷款。考虑到成都市有大量退耕还林地用于发展经济林苗木花卉种植业,而投入这个产业大都是一些新型林业经营主体,他们的投资权益保障大受影响。这也是各地普遍以探索发放林木所有权证为探索实施林地"三权分置"改革突破口的重要原因。

4. 林权流转的配套基础设施用地政策限制

促进林业一三产业融合发展,建设林业综合体是提升林权流转和林地经营效益的重要途径,但是相关的配套政策并不完善,最突出的一个表现是工商资本下乡流转林地时,往往对配套基础设施建设用地有相应的要求,而这点目前尚未有明显突破。

如重庆北碚区等地有不少林地经营者就反映了这个问题。该区三圣镇茅庵村第一村民小组因地理位置偏僻、交通不便,全小组的农民基本上"下山"迁移到城里定居了,所以他们承包的林地和耕地也就流转给其他经营主体经营。截至 2016 年,全村只有 5 个人留守,其中 2 个还是老人,全村抛荒的耕地达八九百亩。2009 年,重庆市有一位投资商瞄准"现在农民都跑到城里去,富人从城里跑到乡村来"所蕴含的商机,到该村投资建立休闲农庄,这位商人所在家族的产业包括担保公司,同时经营液化气和马来西亚的生意,资金比较充裕。这家休闲山庄计划在茅庵村小组流转部分林地和耕地,建设一个包括林果园、休闲园和庭内园三位一体的农业综合体项目——农业公园。其中,农业公园计划建设成为观光旅游休闲设施,同时生产销售特色农副产品,建立加工、工艺流通配送中心,为加入会员制的 2000 户"高端消费"的重庆城区家庭定点供应无公害蔬菜。休闲山庄最终将发展成为一家集生产经营、旅游、观光、接待、生产、加工于一体的农林一二三产业融合发展的田园综合体。换用投资商自己的话说:"我投入的是夕阳红产业,但做的是朝阳产业。"①

截至 2016 年 3 月,该投资商在茅庵村小组共流转荒山及部分"自留山"近 300 亩,流转的林地期限为 50 年时间,且 50 年租金一次性全部支付给农户。至笔者

① 2016 年 3 月 5 日笔者访谈茅庵村林业产业投资商 M 某。

2016 年 9 月在此调研时，这位经营者总共投入了超过 1000 万元资金，种植香樟、桂花及各种果树和盆景、花卉之类，总数达 6 万多株。与此同时，休闲山庄还整理了 200 多亩耕地，修建了 3 公里公路，还修建旅游步行道，建设生产配套专供的电力设施，投资建设用于全程云端监控电讯网的专线光纤等。休闲山庄还先后委托专业规划设计机构设计产业发展可行性报告，包括农业公园的可行性报告以及山庄发展的总体规划和长期规划。预计后续 3 年，山庄还需要投资 1000 万至 5000 万元，包括建设 200 亩无公害蔬菜基地。蔬菜基地定点为会员制家庭定制种植蔬菜并统一配送。

就是这样一家农林一二三产融合发展的休闲山庄，投资商到 2016 年一直在投入，山庄经营尚未盈利。这位投资商认为，自己目前所面临的最大问题就是配套建设用地指标缺乏，因此他强烈要求，当务之急是要建设一些接待用房和旅游娱乐设施等，才能吸引城里的游客在此住宿消费，这是目前最快产生效益的途径，却苦于没有足够的用地指标。对此，北碚区林权改革办公室负责人 L 表示，为保护生态环境，重庆市出台了一个名为"四山管制政策"（就是四大山脉，海拔 350 米以上的都不能搞建设），凡是"四山管制"之内的林地都不能建设房屋设施。但是 L 表示，有"内部消息"称如果流转的林地超过 300 亩，可以申请少量比例的林地用于林业生产服务设施。即便如此，以 300 亩林地测算，能够申请到的最多用地也不能超过 500 平方米。问题是国土和规划部门也不一定能审批。① 与此同时，L 又表示，如果是修建"移动板房"，则作为临时建筑不受此限，政府规划、国土部门不会干涉。但这位山庄投资商表示，移动板房不能满足自身的需求，毕竟他们要为游客打造的是高端的旅游休闲度假设施。

需要特别指出的是，国家顶层设计层面已经试图在这方面进行突破，并带来相应的政策利好。2016 年 11 月 29 日国务院印发的《关于支持返乡下乡人员创业创新促进农村一二三产业融合发展的意见》指出：在符合土地利用总体规划的前提下，通过调整存量土地资源，缓解返乡下乡人员创业创新用地难问题……要落实大众创业万众创新、现代农业、农产品加工业、休闲农业和乡村旅游等用地政策，鼓励返乡下乡人员依法以入股、合作、租赁等形式使用农村集体土地发展农业产业。同时明确鼓励利用"四荒地"（荒山、荒沟、荒丘、荒滩）、村庄空闲地等用于返乡下乡人员创业创新。2023 年 7 月 28 日农业农村部、国家发展改革委、教育部、民政部、人力资源和社会保障部等九部门联合印发《"我的家乡我建设"活动实施方案》，明确提出鼓励引导有能力且有志回乡的各类专业人才、经济能手、文化名人、社会名流及退休干部、

---

① 重庆永川区林业部门 2015 年曾提出，允许流转入森林景观的经营者在公益林内修建不超过流转总面积 3％ 且不超过 15 亩的管理性用房，但这一想法已经被上级部门否决。

退休教师、退休医生、退休技术人员、退役军人等回乡定居,并发挥自身才能参与家乡建设。不过,类似这样的最新顶层设计改革政策举措何时落地、如何落地,还有待进一步观察。

5. 市场经营主体面临诸多经营风险

在林地"三权分置"制度实践中,林地经营必须以吸引和培养真正"懂林业、爱农村、爱农民、善经营、重生态"的新型经营主体参与林权的流转经营,才能建立可持续的现代林业经营制度,并有效防范工商资本过度追求短期市场经济利益行为,以切实保障村集体和林农的权益。实践证明,在"三权分置"制度框架下,如果通过林权流转持有林地经营权的市场主体没有林地经营能力或者经营能力不足,不能持续有效地经营林地并产生经济效益,就不可避免地会导致农户、村集体组织、市场主体自身、金融机构和地方政府"多输"局面,甚至会酿成群体性事件,影响农村社会秩序和社会稳定,引发林地的区域性生态危机。实地调查显示,工商资本参与集体林权流转,往往面临多方面的弊端,其转手率远高于其他林业经营主体。[①] 这说明经营林地面临的不确定性比原本想象的要高。

实际上,本章前文所述的这些问题都可能给参与村级林权流转的市场主体带来诸多风险,进而把风险扩大化和分散化。因此,一些有长期从事林业经营经验、有林业科技开发和承载能力的林地经营大户、国有林业企业、大型的民营林场主具有这个实力。国家的利林惠林强林政策应该重点向他们倾斜,并避免工商资本炒作山林。同时,在林地"三权分置"制度框架下,有关部门一方面贯彻新《农村土地承包法》的相关规定,尤其是县级政府应建立工商企业等社会资本通过流转取得土地经营权的资格审查、项目审核和风险防范制度,尽量从源头上防止可能出现的林地流转和经营的风险,避免林农的林地承包权和村集体的所有权被侵害。

第二节　建立健全林地承包权实践体制机制的对策建议

面对当前工业化、城镇化快速发展,乡村人口大量外流的新形势,林农的林地承包权实践也已经进入了一个新的发展阶段。在"三权分置"制度实践中,以往相对独立的农户的林地承包权实践如今却因林地流转而"嵌入"林地经营权的实践中,农户的承包权实践主体地位事实上在很大程度上被掌握林地经营权的市场主体所"控

---

① 刘璨:《集体林权流转制度改革:历程回顾、核心议题与路径选择》,《改革》2020 年第4 期。

制"了。很显然,以往实行的由个体小农承包经营林地的做法已经不能适应现代林业经营制度发展要求,难以"做大林业蛋糕",而在林地"三权分置"制度设计框架内,促进林地规模化集约化流转是提高林地经营效益的最重要途径。未来,通过林地流转途径,农户的林地承包权将更多转化为一种股份权而获取资产化的收益,因此,在这个时期,如何建立一种能够激发获得林地经营权的市场主体增加投入的机制,以达到延长林业产业链、提升林业价值链的目标,就显得尤为重要。只有达到这个目标,才能为实现"三权"权利主体共赢创造条件。新集体林权制度改革的贡献在于使得全国大多数农村地区的林权已经确权到户,明晰了原本模糊的集体林权。在此前提下,再通过促进林地规模化集约化经营,引入现代林业市场经营机制,则能够"做大林业蛋糕",以有效地保障农户的林地承包权和村集体的集体所有权权益。当然,后续必须确保建立可持续的林业经营利益链分配机制,使得农户、村集体和市场主体能够公平地共享林业经营收益。围绕这个目标,结合前面分析的林地经营中面临的问题,提出以下政策建议。

一、建立健全"反哺型"林业管理治理体制机制

进入新时代,国家全面推进乡村振兴战略实施,但是和农业领域惠农政策不断强化相比,林业的相关政策设计似乎要滞后不少,惠林利农政策实施强度也要相对弱得多。在当前生态文明建设和建设"美丽中国"的新形势下,林业政策变革的主导方向应尽快实现从"汲取型管理模式"向"反哺型治理模式"转变。实际上,林地经营不仅具有重要的促进农民增收保障林农生计的民生职能,更承载着维护国家生态安全的职能。从笔者 2016 年对集体林业综合改革样本示范区中期建设的调查情况看,很多地方的整体林业工作思路依然停留在"管理"的思维上,对林业生产和林地经营依然采取的是管控型甚至是"汲取型管理模式",尚未从根本上向"反哺型治理"思维和体制转型。

具体表现在有的地方仍然存在林业管理"乱收费"或者变相收费等增加经营者负担的现象(如江西赣州),有的地方则设置了各种体制机制障碍,使得林业金融支持制度改革、林业社会化服务体制改革举步维艰,还有的地方对林业公共财政支持力度薄弱,林业生产经营基础设施建设滞后……有的地方随意调整改变林业政策,最典型的是福建、江西等省在重新划定重点生态区位的商品林并采取限制或者禁伐措施,却没有对经营者此前的大量投入进行相应的合理补偿,没有遵循林业发展的客观规律,也没有充分发挥林业企业、林业合作社等新型林经营主体及广大林农在林业生产经营中的主体性作用,致使损害经营者利益的现象广泛存在。这些问题的存在,追本溯源,还在于各级政府没有从思想上真正重视林业、发展林业,也反映出

很多地方政府没有精准定位林业发展的基本目标,并缺乏一个长远的能够促进林业可持续发展的战略规划措施。

针对这些问题,国家有关部门和各级地方政府部门应以贯彻落实新《农村土地承包法》《森林法》等相关法律法规为契机,同时紧密贯彻落实 2023 年中共中央办公厅、国务院办公厅出台的《深化集体林权制度改革方案》,围绕新时期深化集体林权制度改革的八个重点目标任务,切实转变观念,精准林业发展定位,尽快转变职能,建立与现代林业制度相适应的管理和治理体制机制,尤其要认真梳理、清理各类国家和地方林业政策法规,建立治理型和服务型林业工作体制机制。由于林地经营周期长、见效慢,且有重要的生态效益,各级政府更应加大对林业发展的扶持力度,建立长效性的扶持体制机制,应该给予特殊的政策激励和扶持。

具体建议包括:一是尽可能减少甚至取消不必要的林业行政审批程序,简政放权,为林业经营主体"松绑",同时坚决清理林业管理中的不合理收费甚至乱收费现象。二是加强基层林业管理部门的服务职能。尤其是县、乡镇和村级林业主管部门应尽快向服务型职能转变。三是加大林业公共扶持力度。特别是在国家取消育林基金及当前总体宏观经济下行、林业产业发展面临严峻形势的情况下,各级政府应加大财政转移支付力度,把林业工作人员包括国有林场改革分流的人员纳入财政供养体制,从根源上杜绝林业收费"养人"的问题。

二、持续推进集体林业产权综合改革

党的十九大报告指出,要"建立健全城乡融合发展体制机制和政策体系",巩固和完善农村基本经营制度,深化农村土地制度改革,完善土地"三权"分置制度。针对当前集体林业经营面临的很多体制机制问题,应重点围绕以下几个方面展开改革试点和探索:(1)如何探索坚持集体林地所有权、稳定林农承包权、放活经营者的林地经营权的林地产权实践机制?特别是在林地承包权总体上不能超越村庄边界的情况下,如何通过探索和放活林地经营权的流转机制以达到激活林地经营权的目的?(2)在城镇化日益加快推进的背景下,如何探索"土地承包权有偿退出"的可行的长效机制?(3)如何为进入林业生产经营的工商资本提供充分的产权保障,同时又能公平维护拥有承包权的林农的权益机制?

重庆南川区、四川成都市等示范区都在大力发展乡村休闲旅游,并在创新生态林森林"景观权"流转等方面进行了有效的试点,却深受设施林业用地指标短缺问题的困扰。对此,2017 年中央一号文件《中共中央、国务院关于深入推进农业供给侧结构性改革加快培育农业农村发展新动能的若干意见》已经明确对此进行政策"松绑":在当前休闲农业、乡村旅游、乡村养老等新产业新业态用地需求旺盛的新形势下,允许通过村庄整治、宅基地整理等节约的建设用地采取入股、联营等方式,重点支持乡村休闲旅游养老等产业和农村三产融合发展。由此可以看出,重庆南川区等各示范区完全可以在实践中对此进行大胆试点和改革探索。针对当前林地市场化改革中林权管理中存在的问题,可以采取以下几种举措加以化解和应对。

1. 建立健全全国统一规范联网的林权登记制度

明晰产权是推动集体林业综合改革的基础,包括推进林权流转,探索林业金融支持制度改革,实现林地林木资源资产化等,首先都有赖于明晰集体林权,而现实中各地都宣称已经完成了新集体林权制度改革主体阶段即确权到户的改革,但林权登记管理中仍然存在这样那样的问题。事实上,全国有不少县(市)曾经都发生过个别业主违法利用林权证监管漏洞多头骗取金融机构贷款现象(如福建三明将乐县、云南鹤庆县都发生过类似案例)。笔者建议以国家推进的不动产登记管理为契机,严格按照2023年中共中央办公厅、国务院办公厅出台的《深化集体林权制度改革方案》提出的要求,基于第三次全国国土调查统一底图,加快推进林权登记存量数据整合移交,纳入不动产登记信息平台管理,并妥善解决集体林地类重叠、权属交叉等历史遗留问题,逐步建立我国统一的林权登记制度。在此基础上建立全面的林权信息化登记管理制度,为林地林木资源资产化管理和现代林业制度建设奠定准确科学的基础数据信息库,更好地实现林权审批、交易和登记信息实时互通共享。

2. 探索多种形式的林地经营权流转经营制度

针对"三权分置"制度实施背景下林权流转中存在的诸多问题,如何建立健康有序的林地经营权流转机制,以提高林地集约化、专业化、组织化和市场化经营水平成为当务之急。为防止林地流转过程中出现农户承包权权益受损的情况,应探索建立可持续的林地经营利益共享的体制机制,建立村集体、农户和市场主体利益共享的林地流转和经营机制。如四川成都崇州市探索形成的"林地共营制"及福建三明沙县区西霞村实行的林地"再集体化"流转经营都是值得鼓励和肯定的实践经验。对于这类较为成功的地方性实践案例可以总结其经验,然后因地制宜地加以推广,使其产生更大的示范带动效应。

建议结合2014年中央《关于引导农村土地经营权有序流转发展农业适度规模经营的意见》政策精神,修订整合已有的关于集体林地流转的相关政策文本,出台更为规范的促进集体林地经营权健康有序流转的实施意见,以对全国集体林地经营权流转进行规范化引导。通过对不同地方发生的各类林权纠纷矛盾案例的分析,笔者认为,在当前城镇化快速推进的新形势下,最合适的集体林地经营机制是以现代股份制明晰集体林地的承包权(精确明晰产权)、以"再集体化"性质的社区"共营制"确立集体林地的管理经营权(如福建三明沙县区西霞村和龙慈村的新型集体合作林场或林业股份制企业)、以专业化管理团队具体负责林地经营(借鉴国有林场的管理机制),鼓励各示范区采取林地信托流转、股份制流转等多种方式因地制宜地建立现代集体林业经营制度。

从国家层面来看,虽然新《农村土地承包法》的大部分规定同样适用于农村集体林权流转,但林权流转毕竟和耕地流转有明显的差异,而全国性林权流转事项法律法规的缺失是当前流转制度建设面临的最大问题。福建、江西等省都制定了地方性的林权流转条例,说明这项工作有必要推进。尽管 2016 年国家林业局发布了《关于规范集体林权流转市场运行的意见》,2018 年国家林业和草原局也出台的《关于进一步放活集体林经营权的意见》,但这些政策不够完善。建议国家层面根据森林资源特性及林业产业规律,制定详细的、符合具体工作实际的林权流转专门性法规,从林权流转范围、流转方式、流转程序、流转收益分配、流转合同范式、流转后的监督与管理等层面加以规定,以达到规范流转行为、规避流转风险、保护交易双方权益、激发林业生产活力的目的。同时,要尽快健全和完善地方性法规,建立起包括流转申请审核、流转合同审核、林权证变更登记等严格的林权流转审核制度;要充分发挥地方林业主管部门的服务职能与行政作用,加强林权流转监管体系建设,加大林权流转市场的动态监测。另外,在调处林权纠纷、增加林权地籍管理、实施林权登记等方面也要充分发挥政府职能部门的优势,规范林权流转市场秩序,保障林权流转的公平、公开与公正。

3. 鼓励发展林地适度规模经营

要提高林地流转经营效益,更好地实现林地承包权价值,必须促进林地适度规模经营。2023 年国家发布实施《深化集体林权制度改革方案》,明确从"切实加强森林经营""保障林木所有权权能"等多个方面就简化集体林地经营进行政策性"松绑"。方案提出的政策支持包括:对流转期限 5 年以上的林地经营权可以向不动产登记机构申请登记发证,可以作为林权抵押贷款、申报林业项目、申请林木采伐及其他有关行政管理事项的凭证;探索多种形式的林权流转机制,引导国有林场与农村集体经济组织和农户联合经营,促进集体林规模经营水平提升;明确提出对林业经营者实行林木采伐限额 5 年总额控制政策,明确提出要取消人工商品林主伐年龄限制;支持和引导规模经营主体单独编制森林经营方案;发挥各类社会化服务组织带动小农户作用,完善小农户利益联结机制,促进小农户和现代林业发展有机衔接。所有这些政策性突破举措,为促进林地承包经营权流转、提升林地适度规模经营水平营造了更好的条件。

4. 鼓励林业综合改革示范区开展林地承包权退出改革试点

在当前城镇化、工业化快速推进的情况下,原本居住在山区村庄的农户开始大量搬迁到城镇安家落户,这样一来,农户经营林地的成本大幅度提升,有不少农户甚至放弃了林地经营,原有的"分山到户""分林到户"的经营形式自然面临新的产权重组和转型机遇。因此,探索实施林地承包权退出机制对于推进林地经营权市场化极为重要。虽然四川成都市等少数地方围绕林地承包权退出问题进行了初步的探索,但其他地方几乎没有取得实质性进展,这就凸显了政策激励的不足。

建议在福建三明、四川成都等具备开展这项改革的示范区继续开展林地承包权退出试点,并以此作为深化集体林业综合改革试点的主要内容。福建三明沙县区已经在推进"三票制"改革方面为探索林地承包权流转和退出奠定了一定的基础。后续的林地承包权退出改革试点,可以围绕探索农户退出林地承包权的普适性机制,建立农户退出林地承包权后的居住、就学和社会保障等方面进行深化。①

三、大力促进生态林业发展

促进集体承包权实践和林地经营朝生态化、绿色化方向发展是大势所趋,也是国家深化集体林权制度改革的重要指导原则之一。中共中央办公厅、国务院办公厅颁发的《深化集体林权制度改革方案》明确要求把"探索完善生态产品价值实现机制"作为当前深化集体林权制度改革的八个重点任务之一,强调要探索实施林业碳票制度,制定林业碳汇管理办法,并进一步健全森林生态效益补偿机制,统一天然林管护和国家级公益林补偿政策。同时明确鼓励各地方通过租赁、赎买、合作等方式妥善处置重要生态区位内的集体林。

为了更好地平衡林地经营的生态效益与经济效益的博弈张力,《深化集体林权制度改革方案》在生态公益林管理等方面作出了新的政策性调整。包括强调要合理优化公益林中集体林的比例,适当考虑将森林生态区位不重要或者生态状况不脆弱的集体林地依法调出公益林范围。方案明确提出,在保护森林资源和生态的前提下,可依法利用公益林的林下资源、林间空地、林缘林地等经营条件,适度发展林下经济、生态旅游、森林康养等绿色富民产业。

四、加大对集体林区的公共财政支持力度

建立"反哺型"林业治理体制机制,除了完善顶层制度设计,关键还在于如何落实,切实把"墙上的制度""政策文件里的制度"转化为促进农村林业发展的行动力和

---

① 刘璨:《集体林权流转制度改革:历程回顾、核心议题与路径选择》,《改革》2020 年第 4 期。

执行力,转化为林地"三权"实践主体的获得感。为此,要强化政策落实,结合前面探讨的问题,具体包括以下两点。

1. 提升利林惠林强林政策实施效能

虽然截至目前,国家有关部门已经出台了一系列旨在利林强林惠林的政策文件,包括实行林业项目贷款贴息政策、实施政策性森林保险、鼓励经营者造林并给予财政营林补助等,但这些政策在贯彻执行过程中面临"最后一公里"的执行难问题,致使基层农村尤其是广大农户没有直接享受或者充分享受到国家新集体林权制度改革的政策红利,改革政策也未能完全达成既定的实施效能。因此,要贯彻落实中共中央办公厅、国务院办公厅出台的《深化集体林权制度改革方案》,强化考核评价,国家林草局和省级林草主管部门要建立客观反映深化集体林权制度改革成效的评价指标体系,将评价结果纳入林长制督查考核范围,切实加大新集体林权制度改革及林业综合改革政策的执行力度,更好地提升深化集体林权制度改革动能。

2. 加大林业公共基础设施投入

林地确权到户后,林业基础设施建设出现了"真空"地带,单个农户不愿承担也无法承担林业基础设施建设投入成本。特别是近年来全国各地工业化、城镇化呈加速发展态势,山区农村农户开始规模性搬迁到城镇落户居住,建议国家把林业基础设施项目建设纳入国家大农业盘子里,结合农村公益性基础设施建设项目,支持林业产业路、旅游路、资源路等基础设施建设,同时加大对农村林业发展的财政支持力度,鼓励地方政府加大对林业基础设施建设的投入力度。当务之急,是积极探索以项目制为主的支持方式,重点加大对农村林区道路、林区水源、林区灌溉等基础设施建设的支持力度,以大力改善林区和林农的生产生活条件。例如,2016 年笔者对集体林业综合改革示范区样本进行的实地调查显示,在南方毛竹产区,林农雇人砍伐搬运毛竹的成本已经占到毛竹销售价的 50% 甚至更高。如果修建林区道路,则林农可节省占毛竹销售价 1/4 的成本,由此增加的利润空间非常可观。实际上,这也是浙江龙泉市、福建三明将乐县有的林区村集体和农户宁愿采取"林权换路权"方式流转林地的原因。

实践证明,集体林业均衡发展的林区,往往是公共财政支持力度较大的地区。如重庆南川区林业部门和基层干部就强烈建议各级政府加大对林区公共财政投入力度。包括林区道路交通和水利设施等,都要纳入政府统一规划,同时乡镇、村级林业工作经费也要通过政府财政转移支付解决。南川区基层林业部门还建议,既然重庆市政府对森林管护要求严格,对森林防火等提出高标准要求,这就意味着森林防火等管理支出成本也会大幅提高,那么相应的森林防火设施建设(如防火通道)和相关力量的配置就要由政府统一规划建设和投入,而现实的情况是,当地的防火通道是由地方交通部门管控,交通部门明显力不从心。为此要建设专门的森林防火通道,并由国家统一规划建设和实施专项管理。

五、深化林业金融支持制度改革

1. 完善财政支持森林保险政策体系

林地经营风险大,因此配套的森林保险对于保障农户和工商资本进行投入,也是一项很重要的工作。森林保险总体上属于政策性保险范畴,带有很强的公益性和公共物品属性。因此,如何建立健全绿色金融支持制度,充分发挥其引领作用,将林权抵押贷款和林业经营主体贷款纳入金融机构服务乡村振兴考核评估范畴,强化相关政策的激励约束,以更有效地调动保险公司、林地经营业主各方共同投保参保的积极性,必须进一步完善森林保险政策,并采取多方面的举措:

(1)免除普通农户的森林保险保费,降低林农森林保险成本,提高赔付额度。针对目前林农普遍反映的山林保费偏低而赔偿额度也较低的问题,建议在提高保费的同时提高赔付额度,对普通农户实施保费全额补贴制度。实际上,目前林农缴纳的年保费每亩多在 1 元以上。按照农业人口统计,户均林地面积在 15~20 亩,以此计算,如果农户以家庭为单位投保,其每年缴纳的保费平均 20 元。考虑到办理和收取保费还需要支付不少成本,建议免除一般小户农户家庭承包林地的保费,或者鼓励村集体统一承担林农个人缴纳的保费比例。

(2)建立森林保险风险补偿机制。为避免林业巨灾风险造成毁灭性打击[①],提高承办森林保险的保险公司防范重大林业灾害的能力,当出现承保公司收不抵支的情况,建议开展建立森林保险巨灾风险准备金试点工作。一旦发生大灾导致大的亏损,则启动森林保险巨灾风险基金予以补偿,以保障林农在发生大灾损失后能及时得到经济补偿,取信于民。另外,加大税收优惠力度。参照国际上的通行做法,政府应对森林保险实行一定的税收优惠政策。实际上,森林保险属于涉农险,建议国家对商业公司经营的森林保险给予免征所得税的优惠,以降低保险公司承办森林保险的经营成本。实践证明,如果对保险公司的森林保险业务实行税收优惠,效果跟直接运用资金补贴是相同的,都能够提高其开展政策性森林保险的积极性。

(3)落实《深化集体林权制度改革方案》政策要求,探索多元化多样化林业信贷产品。包括探索实行基于碳汇权益的绿色信贷产品,符合条件的可纳入碳减排支持工具范围;支持符合条件的发行人发行乡村振兴票据或以林权作为担保发行债券;

---

① 如 2010 年的南方冰冻灾害对林地经营造成了惨重的损失。

支持保险机构创新开发各类林业保险产品,鼓励地方政府将林业保险产品纳入地方优势特色农产品保险奖补政策范围。

2. 建立灵活便捷的林权抵押贷款机制

当前林权抵押贷款政策执行中,林地经营业主尤其是个体农户普遍反映存在"评估难、担保难、收储难、流转难、贷款难"等五大难题,主要表现为贷款利息偏高、周期偏短、程序烦琐,金融部门规定只能以林木资源抵押贷款而限制以林地经营权、幼林担保贷款等,同时林权收储工作的程序过于烦琐。针对这些问题,建议进一步简化林权抵押贷款和林权收储的程序,延长林地贷款期限,同时加大国家财政对林权抵押贷款和林权收储的财政贴息力度,建立灵活便捷优惠的林权抵押贷款和林权收储机制。

例如,对于贷款额度在 30 万元以下的林权抵押贷款需求,可以建立更加便捷的服务机制,包括免评估、免担保或者仅以农村信用体系为担保等。在这方面,一些地方改革的经验值得借鉴。如福建武平县财政专门拿出 1500 万元作为收储担保资本金,成立了县林权抵押贷款服务中心,下设森林资源资产评估中心、林权收储担保中心和林权流转交易中心,构建了评估、收储、担保、流转、贷款"五位一体"的林业金融服务体系,为普通农户提供便捷的一站式服务。而浙江庆元县则允许多个农户或者亲友间一同使用林权证进行抵押,以一次性获取林权抵押贷款,这样可以在林权抵押方面达到规模效益。实践证明,这种做法有效盘活了一般农户林地承包权的资产化价值,大大降低了普通农户的林权抵押贷款的办理成本。

六、大力培育扶持新型林业经营主体

针对当前林地经营日益突显的"老龄化"、基层林业科技工作人才缺乏、基层林业管理部门年轻男职工比例降低等问题,如何培养一支"懂林业、爱农村、爱农民、善经营、重生态"的林业专业工作队伍,也是开展林业综合改革中值得探索的议题。2015 年 11 月 2 日中共中央办公厅、国务院办公厅发布的《深化农村改革综合性实施方案》明确指出:今后惠农利农补贴资金应向新型农业经营主体倾斜,并要求在保持与现有政策的衔接前提下,调整部分存量资金和新增补贴资金向各类适度规模经营的新型农业经营主体倾斜。这种政策转向同样应该覆盖到农村林业工作领域。对于流入集体林权的各类经营主体,借助职业教育扩招的时机,优先对这些主体的主要负责人和技术人员开展职业技术与管理培训,提高其经营林地的能力与水平。①

---

① 刘璨:《集体林权流转制度改革:历程回顾、核心议题与路径选择》,《改革》2020 年第4 期。

1. 培育新型林业专业经营组织

林地承包到户后,农户家庭构成最基本的林业经营主体。不过,由于林业的生产周期长,加上林区的基础设施差,单个农户家庭在管护、抚育、营造林方面存在诸多困难,如何培育一支真正扎根农村的新型林业经营主体,就成为当务之急。目前农村务林的群体绝大部分在 50 岁以上,而年青一代认为从事林业生产是一项苦、累的活,因此普遍对从事林业生产不感兴趣。为了应对这种局面,一些地方自发组织了专业的伐木队、造林管护山林队伍等自愿性的专业务林组织和人群,并流动服务于四里八乡。① 这些合作组织的主体是农民,建议对这些新型林业合作组织从融资、技术培训和技术装备等方面进行引导和扶持,帮助其提高经营管理水平,使其转型为现代性的林业专业化职业化的社会服务与经营组织。

2. 扶持新型林业经营主体

按照林业第一产业优先的原则,鼓励各地精心培育扶持一批从事林业一二三产业融合发展的专业合作社、家庭林场、林业龙头企业、林地经营大户等新型林业经营主体示范户、示范点。重点培育培养新型林业经营能人,为他们量身打造良好的外部经营环境,像培育树木一样培育他们,让他们真正得到实惠。政府要通过典型示范带动,带动农户和社会重视林业、发展林业。具体扶持举措包括:一是优先给予林业项目公共财政扶持。二是给予森林保险、林权抵押贷款林业金融扶持和政策优惠。三是给予林业管理公共服务扶持。包括简化行政审批手续,为他们"松绑",建立林业产权交易、商品交易、电子交易平台,允许达到一定规模的符合条件的林地经营主体获得更大的经营自主权等。四是给予林业科技支持。配备专业林业技术人员,及时为他们解决林地经营中遇到的各种技术难题。五是各级政府加强综合政策扶持。如把林业产业发展与农业产业发展结合在一起,包括把农林产业发展与乡村振兴项目扶持结合在一起等,多渠道增加对林业发展投入等。

2008 年十七届三中全会以后,国家提出要把培育农村新型经营主体作为推进土地适度规模经营和构建新型经营体系的主要政策举措②,各级政府因此持续加大对

---

① 如 2016—2020 年笔者实地调查发现,福建将乐县安仁乡的蜈蚣鼻村、上际村砍伐毛竹,都是雇请重庆和贵州的专业队伍来实施,江西赣州市崇义县砍伐木材,是附近其他县市的专业队伍来承担。

② 2015 年和 2016 年国务院办公厅连续两年分别出台了《关于支持农民工等人员返乡创业的意见》《关于推进农村一二三产业融合发展的指导意见》《关于支持返乡下乡人员创业创新促进农村一二三产业融合发展的意见》等文件。2019 年中央一号文件《关于坚持农业农村优先发展做好"三农"工作的若干意见》再次明确提出要"突出抓好家庭农场和农民合作社两类新型农业经营主体"。

土地规模化集约化经营的政策激励和引导力度。虽然国家和地方政府对林地规模集约化流转的财政补助支持力度远没有农业大，但也在陆续强化支林政策实施力度。如江西省在全国率先实施了林地适度规模经营的财政奖补政策①，浙江安吉县则规定，对村集体组织成立林业专业合作社，每个给予 5 万元无偿资金扶持。福建省有关部门则在 2016 年 6 月发布《关于持续深化集体林权制度改革六条措施的通知》明确提出把"着力培育新型林业经营主体"作为全省深化农村集体林业改革六条重要措施的首要措施，并制定了切实的支持政策。② 福建省在 2015 年省财政安排中专门拨出 2000 万元资金用于扶持林业专业合作社的基础上③，进一步加大了对新型林业经营主体的扶持力度。国家和地方政府对林地流转的支持，明显激发了包括返乡精英在内的各类新型林业经营主体参与林地规模集约化流转林地的积极性。

特别需要指出的是，在当前公共财政强林惠林资金有限的情况下，政府应该把有限的公共财政资金用在"刀刃"上，精准选取一些资金实力雄厚、能够真正能够带动农户增收致富、真正有意愿对林业进行长期可持续投资经营、真正能够提高林地经营经济效益和生态效益的经营主体进行重点的精准扶持、精准培育。切忌"撒胡椒面"，切忌被一些不法经营者巧立名目套取林业专项扶持资金。政府应大力精准扶持这些新型林业经营主体，尤其是能够带动农户增收的经营项目，鼓励扶持其通过流转林地提高林地的规模化和集约化经营水平，并精准地为他们及时解决林地经营中面临的各类问题。然后再选取一些成功的经营主体作为典型示范，带动更多的社会资本投资发展林业。

3. 重视林业科技投入，大力促进林业科技创新

普通的农户甚至人多数林业合作社、家庭林农大都没有专业的林业经营能力，因此需要外部的林业科技力量予以扶持。而林业科技人才短缺及林业技术服务体制机制落后是当前农村集体林业发展日益显露的一个重要问题。在当前城镇化快速推进的背景下，要提升林业集约化经营水平，提高林业的产出，应该鼓励各示范区

---

① 刘璨、李云、张敏新、冉青松、叶陈育、孙玉军：《新时代中国集体林改及其相关环境因素动态分析》，《林业经济》2020 年第 1 期。

② 福建省《关于持续深化集体林权制度改革六条措施的通知》明确指出：鼓励农户流转承包林地，积极指导新型林业经营主体享受多项优惠政策；编制并实施森林经营方案，培育的短轮伐期用材林主伐年龄自主确定，采伐指标优先安排；优先享受造林和森林抚育补贴、贷款贴息、森林保险保费补贴、林下经济发展补助等扶持政策；每年评选一批具有一定规模、管理规范、依法经营的新型林业经营主体，省级财政给予一定的资金补助，2016—2020 年，全省每年培育新增林业专业合作社 200 个、家庭（股份）林场 100 个以上。

③ 这笔资金主要投向新型林业经营主体的产业项目扶持。

加大林业科技创新改革力度,改变既有的林业科技创新体制。为此,要大力推进林业科技"下乡",大力发展林业产学研体制机制。鼓励林业高校科研部门与企业合作联合进行林业科技攻关。如四川成都都江堰市向峨乡龙竹村引进的四川千力原生态农业有限公司就是一个值得培育推广的典型案例。

实际上,我国传统的林业发展模式如今面临很严峻的发展瓶颈,从林业第一产业多年来面临的困境以及林木价格持续低迷可见一斑。当务之急,除了对传统的集体林业产权进行重组,还要加大对林业科技投入力度,大力鼓励林业科技创新,以促进传统林业产业转型升级。2023年国家发布的《深化集体林权制度改革方案》已经明确提出要将一批用于林业生产的先进适用机械按程序列入农机购置与应用补贴机具种类范围,类似这样的政策要尽快落实到位。

第三节　乡村振兴背景下林地承包权变革路径思考

回首新中国成立至今70多年的集体林地制度变革和实践历程,可以发现,农村林业发展必须始终要遵循生产力与生产关系相互适应的客观规律,制度供给与制度需求之间也要相互契合,才能实现林地利用的社会效益、经济效益和生态效益的均衡,各种林业生产要素才能更好地进行均衡配置。现行的林地承包制并不是一种封闭的制度设计,它必须与时俱进,必须不断根据城乡社会经济发展变化尤其是城乡人地关系结构变化进行调整,对社会经济变革中新的制度需求做出回应。只有这样,这一制度才有更好的适配力。这也是促进林地经营制度不断变革创新的根本原因。在乡村振兴背景下和推进农业农村现代化背景下深化集体林权制度改革,必须以贯彻党的二十大"深化集体林权制度改革"精神和落实2023年中央《深化集体林权制度改革方案》为指导,以促进农村和林业现代化及乡村振兴为目标,统筹现代工业化、城镇化带来的农村人地关系和城乡关系变化,从城乡融合和城乡一体化发展的战略高度来全面系统地推进集体林权制度变革实施及设计其未来变革路径。

自20世纪80年代至今,经过多轮改革,集体林权制度改革逐渐从以追求社会公平目标为主渐次过渡到以追求经济效率优先为目标[①],集体林权制度变革也总体上经历了新中国成立初期"林改"后的"私有私营"(农户私人所有,私人经营),到人民公社时期的"公有公营"(集体所有,集体统一经营),再到家庭承包制后的"公有私

---

① 刘璨:《集体林权流转制度改革:历程回顾、核心议题与路径选择》,《改革》2020年第4期。

营"(集体所有,农户承包经营)三个阶段①,不同阶段的林权制度设计安排有不同的目标。从现代林业经营制度角度来看,森林资源不经过市场机制流动,就难以与劳动力、资本和企业家等生产要素相组合,难以增加林地经营产出。② 由于林权属植根于农村复杂的社会关系和自然生态等系统内③,同时市场、技术等其他因素亦影响到集体林权改革成功的可能性④,简单地授权或分权的林权变革往往不一定能达成预期目标⑤。林地"三权分置"制度安排的初衷是在坚持和落实林地的集体所有权、稳定和保障农户的承包权的前提下,通过大力搞活放活林地经营权来实现林地经营产出的最大化,其本意是继续秉持国家意识形态上的林地最终所有权和村集体层面上的林地集体所有权,而将维护乡村社区伦理与公平的农户身份形态上的承包经营权分解为承包权与经营权。尽管在"三权分置"框架下,林地承包权是"两权分离"产权结构中承包经营权的一种延续,但它依然是一种集体成员权的实践形式,在承包期内承包权的获得依然受村庄社区伦理的支配,而其最终目标是建立搞活林地经营权的市场化运行机制。

林地"三权分置"制度设计必须通过林权的市场流转才能发挥制度实施效力。作为从农户的林地承包经营权中分置出来的一项相对独立的市场权能,林地经营权具有物权属性的权能。它可以以入股、抵押以及担保融资等方式进入市场化操作,遵从市场理性并以契约形式进行交易。因此,应当通过"三权分置"的林权流转来搞活放活林地经营权,同时彰显农户的承包权和村集体的林地所有权价值,进而建立现代林业经营制度和增加林业产出,形成村集体、农户、市场主体、社会多方共赢的利益共享机制。"三权分置"制度设计的本质是试图平衡林地利用的社会主义公有制的制度属性同现代市场经济属性之间的复杂张力和博弈关系。

不过,在林权流转的实践场景中,村集体组织、个体农户、市场经营主体分别拥有林地的集体所有权、承包权和经营权,因此三者之间形成了一种既相互合作又相互竞争相互博弈的关系。从林地流转经营实践场域来看,"三权分置"下的林地经营

① 王廷勇、杨遂全:《承包经营权再分离的继承问题研究》,《农村经济》2017 年第1期。

② 刘璨:《集体林权流转制度改革:历程回顾、核心议题与路径选择》,《改革》2020 年第4 期。

③ K. Verdery, *The Vanishing Hectare*: *Property and Value in Postsocialist Transylvania*, Cornell University Press,2003.

④ J. C. Ribot, N. L. Peluso, A Theory of Access, *Rural Sociology*,2003,Vol.68,No. 2,pp.153-181.

⑤ F. Berkes, Community-based Conservation in a Globalized World, *Proceedings of the National Academy of Sciences*,2007,Vol.104,No.39,pp.15188-15193.

权实践在很大程度上会削弱农户的承包权的"身份属性",将之前纯粹以农民身份为资格的成员权转变为可以通过市场交易的契约权。经营权的相对独立进一步实现了林地作为一项生产要素的资产化的内在属性,为林地资源的优化重组提供了市场化运作空间,但这种制度变革设计大概率会弱化农户的林地承包权实践主体地位。相比之下,村集体组织的林地所有权实践主体地位趋于增强,市场经营主体的经营权实践主体也同样趋于强化。和耕地流转相比,林地流转的期限往往长达30年甚至70年,意味着流转期限内林地的经营权被市场主体掌控的时间更长,也意味着市场主体的实践地位进一步增强。事实上,由于林地流转增多,家庭承包经营和集体统一经营所占比重明显下降。近年来,林地流转主要集中在各类林地规模经营主体,流转给农户的面积所占比例极少,说明工商资本对林地经营权流转市场的控制力逐步增强,而这点也从反过来表明农户对林地经营权流转市场的控制力趋于弱化①。

以往的实践经验表明,集体林权制度改革中如果仅是单纯地明晰并稳定林地产权不一定会激励经营者增加投入,国家还要配套提供其他公共财政、金融支持等其他政策支持,让林地经营有利可图。② 虽然早在1984年福建三明市就开始探索实行"分股不分山、分利不分林"的集体股份制经营改革模式,并取得了一定的成效,不过,从90年代到2000年前后,由于林业税费高企、林业外部市场化改革明显滞后、经营林地无利可图,加之集体股份组织产权不明晰,三明市大多数村林业股份合作组织分红逐年减少,有的多年未实行分红③,股份合作制经营陷于低谷阶段④。2003年之后,由于新集体林权制度改革过程中大力推进以大幅减免林业税费、开放木材交易市场等配套市场化改革机制,林地经营效益大幅上升,林地经营价值快速显现,集

---

① 截至2018年年底,全国集体林地面积中,其中家庭承包经营、集体统一经营、工商资本经营、新型经营主体经营的林地面积占集体林面积的比重分别为66.27%、18.03%、4.87%和10.81%。据国家林业和草原局经济发展研究中心对9省区的18个县(市、区)162个行政村的跟踪调查结果,近年来农户之间流转的林地面积仅占集体林流转总面积的1.30%;村民小组和村民委员会流转给林业企业的比重分别为80.88%和81.23%,流转给其他新型经营主体的占比分别为11.82%和15.97%(参见刘璨:《集体林权流转制度改革:历程回顾、核心议题与路径选择》,《改革》2020年第4期)。

② 朱冬亮、贺东航:《新集体林权制度改革与耕地承包制改革的对比分析及启示》,《马克思主义与现实》2009年第2期。

③ 江红、刘平康:《关于集体林权明晰和收益分配的调查研究》,福建省林业厅、福建省林业经济学会编:《福建林业改革与发展论文集》,中国林业出版社1998年版,第281~295页。

④ 王幼臣、张晓静:《在市场经济条件下中国集体林区经营模式的评价》,国家林业局经济发展研究中心编:《中国林业市场化改革理论与实践》,中国大地出版社2004年版,第25~26页。

体股份合作制重新焕发出生机。① 在这种情形下,集体合作经营和"分林到户"林地经营效益对比就呈现出来。这说明,对于集体林权制度改革,需要更多的配套改革机制推行,才能真正激发改革的原动力。

在林业治理从以往的"汲取型"治理体制向"反哺型"治理体制转型的过程中,国家实施林业税费减免、放开林木交易市场、提升林业金融服务等举措,这些惠林利林政策以补贴制和项目制来执行实施②,但是这些政策"红利"往往以激励林地的规模化集约化经营为目标,由此形成的政策排斥、信息排斥、资本排斥等因素使得普通农户难以享受到相应的改革"红利"、政策"红利",真正能够享受到国家政策扶持的大多是拥有林地经营权的各类市场经营主体,普通农民的林地承包权实践主体地位甚至因之受到削弱。③ 因此,如何建立现代林业经营制度与小农林业经营机制相衔接的产业链组织体系和合理的利益链分配体系,是当前林地流转中迫切需要注意的一个问题。④ 这个问题如果处置不当,很可能会引发林权纠纷,进而侵蚀集体林权制度改革的政策红利,"三权"主体的权益也将因此而大受影响,导致林地经营出现"多输"的局面。

毋庸置疑,林地规模集约化经营是大势所趋。明晰农户林地承包权并确权到户之后,促进林地有效利用的最佳方式是探索建立新型的林地股份制经营机制。在"三权分置"制度安排框架下,农户"分置"出林地的经营权后,其林地承包权的经营价值必须通过股份合作组织的经营来实现,因此农户的承包权实践即嵌入集体所有权和经营权实践中。如何激励获得林地实际经营权的经营主体更好地经营林地,则是股份制经营的关键环节。尽管福建三明沙县区的村级股份林场、将乐县的林业托管经营制、四川崇州市的林业"共营制"都试图探索一种能够激励林地"三权"主体共同增加投入,彼此实现良性合作进而达成多元共赢目标的经营体制。然而,时至今日,村级林地制度实践中依然没有明确如何才能建构一种真正具有自觉行动意识的

① 朱冬亮、贺东航:《集体林权制度改革中的林权升值因素分析:对福建林改的思考》,《东南学术》2007 年第 3 期。

② 渠敬东:《项目制:一种新的国家治理体制》,《中国社会科学》2012 年第 5 期。

③ 朱冬亮:《集体林权制度改革中的社会排斥机制分析》,《厦门大学学报(哲学社会科学版)》2007 年第 3 期。

④ 2019 年 2 月 21 日中办和国办联合印发《关于促进小农户和现代农业发展有机衔接的意见》,目的是调和小农户生产和现代农业发展的矛盾。该政策文件明确要求加快构建扶持小农户发展的政策体系,提升小农户组织化程度,改善小农户生产设施条件,维护小农户合法权益,促进传统小农户向现代小农户转变,让小农户共享改革发展成果。同时提出了促进小农与现代农业发展紧密衔接的具体举措。

集体产权实践主体。有研究者提出构建一种新型的"村庄社区产权"实践机制,这种村庄社区产权制度安排一方面能够把农村传统的一些共享的社区土地利用价值和理念继承包容进来,同时也要与现代农业发展要素相衔接。① 在这方面,沙县区实践中探索的村级林业股份合作制似乎获得了初步的成功,由此形成的实践经验在全国具有可推广的价值。不过,沙县区的集体林业股份制是以"沙县小吃"业和超前的"三票制"农村综合改革实践为前提的,其他地方并不具备这样的外在环境和条件。

林地经营事关国家生态安全,具有极强的外部性的公共物品属性。农户的林地承包权实践主体弱化还表现为遭到公共属性的生态产权的"侵蚀"。虽然"绿水青山"的生态效益可以转化为"金山银山"的经济效益,但是在特定时间段内,对于特定的经营主体而言,林地经营的生态效益和经济效益之间仍存在冲突和矛盾。党的十八大至今,由于国家对生态建设日益重视,生态产权实践权能作为一种重要的变量也被纳入林地制度实践中,国家和地方的政府力量借助强力性的公共权力介入林地管理经营过程。政府强力介入林地经营管理,除了想增加林地经营产出,还有两个目的:一是获取林业税费等公共财政收益;二是获取生态公共物品及生态效能。这两种目标追求都会直接影响林地经营的市场经济价值实现,并对"三权分置"下的林地承包权变革实践造成重要影响。为了追求生态效益,村集体、农户和经营主体"三权"主体的经济利益可能被部分甚至完全侵蚀。为此,各地围绕化解生态产权和经济产权实践的矛盾而探索出不同的做法。如福建省试图通过探索商品林收储政策机制,以化解林地经营的经济产权、社会产权和生态产权三者间的矛盾。福建永春县探索生态林储备和指标补偿机制,使得生态林资源在特定的空间内进行"流动",而重庆南川区则试图通过把生态林的林木经营权转化为森林的"景观权",并通过流转森林"景观权"的方式,以发展森林康养旅游产业,探索"生态产业化"的实践路径。这些试点做法经验有待于总结上升到国家的统一制度设计。

讨论"三权分置"下的林地承包权实践问题,还有一个关键点要明确,即小农户经营少量的承包林地,集林地承包权和经营权于一体,主要是基于小农经济制度下的经营逻辑思维。一般农户多是以"理性小农"方式计算林地经营的投入产出效益。和耕地不同,农户即使没有对林地进行投入,也能获得林木自然生长的少量经济价值回报(此外,有的农村地区的林地还附加上了"丧葬权""祖宗山"的传统社会产权和象征产权实践因素)。这点对农户的林地承包权和经营权认知有较大影响。虽然

---

① 朱冬亮:《村庄社区产权实践与重构:关于集体林权纠纷的一个分析框架》,《中国社会科学》2013 年第 11 期。

截至 2017 年年底,全国家庭式经营面积占集体林总面积的 72.22%[1],但也有实地调查研究结果表明,农户表示"不愿意加大林业投资"的比例从 2010 年的 45.20% 上升到 2014 年的 62.93%。而且农户对林业投资以自有资金为主,包括林权抵押贷款在内的融资贷款投入的农户仅为 1%,说明农户对林地经营投资意愿明显偏低。[2] 对于那些已经进城落户不再打算从事耕地耕作和林地经营的农民而言,长期的林地经营权流转可能使他们的林地承包权逐渐演变为一种"象征产权"。

相比之下,工商资本和市场主体经营林地,只是单纯地按照市场理性并以市场化方式来组织和计算林地经营的效益,这点和普通小农秉持的"小农理性"完全不同。不仅如此,市场主体投入林地经营,希望能够尽快获得市场回报,这点与林地经营本身投入周期长、见效慢、风险大存在很大的张力和矛盾[3]。普通农户对林地市场回报没有那么急切,在自家的小块承包地上反而可以维持相对长效的投入。这凸显了林地流转经营中国家、市场、村集体如何协调配合,以探索构建一种长效多赢的林地经营政策制度和体制机制问题的重要性。事实上,那些长期经营林地的经营主体在林地经营尤其是商品林经营中往往没有得到其所预期的回报。福建省重点生态区位的商品林划定、内蒙古达拉特旗"谁造谁有"政策实践都证实了这点。

明确了上述两个前提,再来讨论"三权分置"制度背景下农户的林地承包权变革实践才有更强的理论和实践意义。"三权分置"制度设计使得林地经营的收益必须在村集体、农户和市场主体之间进行均衡分配,由此形成了"三马分肥"的局面。因此,如何调动"三权"主体的经营积极性,事关林地经营成败。尤其是如何调动拥有林地经营权的市场主体的生产积极性就显得至关重要。总体而言,农户作为拥有林地承包权的实践主体地位将趋于弱化,并在林地流转经营中受到村集体组织和市场主体的双重挤压。一方面,农户在让渡出林地经营权之后,难以直接参与林地的管护经营,等于把林地经营的剩余索取权也让渡出去了。他们拥有的承包权将逐渐演变为一种"身份产权"甚至是"象征产权"。另一方面,即使在股份合作制经营组织中,农户的承包权也转化为股份权,带来的只是一种资产性收益。由于林地往往长达几十年,如果合同约定机制不完善(包括难以充分预判国家政策制度的"善变"、市

---

① 参见国家林业和草原局:《2018 年度中国林业和草原发展报告》,中国林业出版社 2019 年版,第 198 页。

② 刘璨、李云、张敏新、冉青松、叶陈育、孙玉军:《新时代中国集体林改及其相关环境因素动态分析》,《林业经济》2020 年第 1 期。

③ 如 2008 年冰冻灾害发生以后,江西省崇义县市场主体流入集体林权的意愿下降了 55%(刘璨:《集体林权流转制度改革:历程回顾、核心议题与路径选择》,《改革》2020 年第 4 期)。

场经营的波动、市场信息不对称等因素),农户难以获得其他政策性的让利或者林木市场的增值收益。况且,由于和从事非农产业相比,林地经营(包括耕地经营)比较收益持续下降,林农承包林地带来的经济效益(主要是林地租金)对于大多数家庭都是极少甚至是"微不足道"的,林地经营在他们心目中的价值自然也就显得越来越低甚至无足轻重。这种认知心态很容易为村集体组织和市场主体形成"共谋"关系,进而损害农户的承包权实践主体地位,形成外部社会条件。

对于当前集体林权制度变革设计和实践中存在的问题,学术界仍有广泛的争议。实际上,林地权属转型成功与否取决于当地人是否认识到其目标而采取集体行动①,面对当前林地承包权变革实践面临的新形势,国家和地方政府力量必须充分发挥政策引导、调节和监督作用,并借鉴国内外的较为成功的林权改革和林地经营实践经验,建构一种可持续的社区集体林业经营体制。放眼全球,虽然目前大多数国家的森林资源主要是由政府掌控,但自1985年以来,不少国家的森林资源经营却呈现日益分权化经营趋势。这种林地权属转型的主要目的是通过明晰林地产权,降低林地经营成本,提高林业收入②,其主要实践机制是向当地人或社区组织赋权③,这些国家的林业经营社区化改革实践都给我国的新集体林权制度改革提供了某种重要的启示。④

集体林地制度总的变革趋势是朝市场化改革方向推进和深化,集体林权的不同权能的实践主体越来越呈现出清晰化、多元化、长期化、制度化的发展特征。林地"三权分置"制度安排及实践,使得更多的力量参与到林地经营利益分享格局中。对于农民而言,他们只掌握了林地承包权权能,这意味着他们不得不与林地所有权拥有者(村集体经济组织)和林地经营权获得者(各类市场主体)分享林地经营收益。一块蛋糕多人切割分享的结果自然是导致林地的经济和社会价值大为下降。和普

---

① A. Agrawal, E. Ostrom, Collective action, Property Rights, and Devolution of Forest and Protected Area Management, *CAPRi International Workshop on Devolution*, *Property Rights*, *and Collective Action*, 1999.

② A. M., Lawson, Democratic Decentralization in the Forest Sector: Lessons Learned from Africa, Asia and Latin America, *The Political of Decentralization*: *Forests*, *Power and People*, Earthscan, London and Sterling, VA, 2005.

③ A. Larson, J. Ribot, The Poverty of Forestry Policy: Double Standards on an Uneven Playing Field, *Sustainability Science*, 2007, Vol.2, No.2, pp.189-204.

④ 如印度的联合森林管理、尼泊尔的社区森林管理、墨西哥的社会林业、尼日尔和坦桑尼亚的改善分权农村林木权属、巴西促进土著居民和当地人从事森林资源经营行动等多种"社会林业"或"社区林业"经营模式,非国有主体经营的森林面积在不断增加(参见 FAO. Global Forest Resource Assessment 2010-Main Report, *Forestry Paper*, 2010, No.163.)。

通小农及普通的市场主体尤其是私人经营主体相比,国有林业经营主体有掌握资本、市场信息及林业经营技术的优势,能够更好地平衡和应对生态考量和经济效益考量之间的张力,因此在条件适合的地区,引入有实力的国有林业企业流转经营林地,或许也是未来林地经营转型的一条可行之路①,前提是他们能更加公平合理地与村集体、普通农户分享林地经营收益。

总而言之,未来的林业经营制度必须在延长林业产业链、提升林业价值链和完善林业利益链分配中达成均衡。从国家层面来说,关键是营造经营林地有利可图的一整套的顶层设计和政策支持制度,其目标是建构真正意义的市场集体经济体制。这种体制包括三个层面的设计:一是建构清晰的村庄社区产权实践主体。不同于人民公社时期的林地集体产权实践主体,村庄社区产权实践主体强调要能够真正实现村庄社区的自觉性、主体性和能动性,使之成为能够包容农村传统共享的林地利用价值和现代性农业生产要素的实践主体。二是引入现代性的市场运行机制,对传统的农村集体经济体制进行改造,使其成为相对完整意义上的市场经济法人。它能够真正代表所有的集体成员对整个村庄所有的人、地、物生产要素进行市场化的配置。三是构建现代市场集体经济体制。在充分吸收传统林地经营共享的社区产权实践的合理成分要素基础上,以建立现代林业经营制度、促进乡村全面振兴为目标,打破城乡二元社会经济结构,让城乡的人地要素按照市场规则自由交换和流动,建立公平合理的城乡经济市场运行机制。

---

① 张文明、张孝德:《生态资源资本化:一个框架性阐述》,《改革》2019 年第 1 期。

参考文献

道格拉斯 C. 诺思:《经济史中的结构与变迁》,陈郁、罗华平等译,上海人民出版社 1994 年版。

E. R. 沃尔夫:《乡民社会》,张恭启译,台北巨流图书公司 1983 年版。

杜赞奇:《文化、权力与国家——1900—1942 年的华北农村》,王福明译,江苏人民出版社 1994 年版。

栗本慎一郎:《经济人类学》,王名等译,商务印书馆 1997 年版。

罗伯特·米歇尔斯:《寡头统治铁律:现代民主制度中的政党社会学》,任军锋等译,天津人民出版社 2003 年版。

《将乐县志》,方志出版社 1998 年版。

《中共中央 国务院关于"三农"工作的一号文件汇编(1982—2014)》,人民出版社 2014 年版。

《中国林业年鉴 1949—1986》,中国林业出版社 1987 年版。

薄一波:《若干重大决策与事件的回顾》(上卷),中共中央党校出版社 1991 年版。

陈翰笙:《解放前的地主与农民》,冯峰译,中国社会科学出版社 1984 年版。

陈吉元、胡必亮主编:《当代中国的村庄经济与村落文化》,山西经济出版社 1996 年版。

程玥、朱冬亮、蔡惠花:《集体林权制度改革中的金融支持制度实施及绩效评估》,中国社会科学出版社 2016 年版。

崔建远:《物权:规范与学说——以中国物权法的解释论为中心》(下册),清华大学出版社 2011 年版。

费孝通:《乡土中国 生育制度》,北京大学出版社 1998 年版。

费孝通:《乡土中国》,生活·读书·新知三联书店 1985 年版。

费孝通:《江村经济——中国农民的生活》,商务印书馆 2002 年版。

冯尔康、常建华:《中国历史上的农民》,台北馨园文教基金会 1998 年版。

福建省地方志编纂委员会:《福建省志·林业志》,方志出版社 1996 年版。

福建省林业厅、福建省林业经济学会编:《福建林业改革与发展论文集》,中国林业出版社 1998 年版。

耿卓主编：《土地法制科学》第1卷，法律出版社2017年版。

国家发展和改革委员会价格司：《全国农产品成本收益资料汇编（1999—2018）》，中国统计出版社1999—2018年版。

国家粮食和物资储备局：《2018年中国粮食年鉴》，经济管理出版社2018年版。

国家林业和草原局：《2018年度中国林业和草原发展报告》，中国林业出版社2019年版。

国家林业和草原局：《2017年度中国林业和草原发展报告》，中国林业出版社2018年版。

国家林业局：《中国林业统计年鉴》（1986—2018），中国林业出版社1986—2018年版。

国家统计局：《中国统计年鉴2018》，中国统计出版社2018年版。

何·皮特：《谁是中国土地的拥有者？——制度变迁、产权和社会冲突》，林韵然译，社会科学文献出版社2008年版。

黄宗智：《华北的小农经济与社会变迁》，中华书局2000年版。

黄宗智：《长江三角洲的小农家庭与乡村发展》，中华书局2000年版。

林诗旦、王守经、陈文培编：《公产调查》，《将乐地政试验丛书》第五种，风行印刷社1941年版。

林诗旦、屠剑臣编：《土地经济调查》，《将乐地政实验丛书》第二种，风行印刷社1941年版。

林毅夫：《制度、技术与中国农业发展》，三联书店上海分店1992年版。

刘璨：《再论中国集体林制度与林业发展》，中国财政经济出版社2014年版。

罗必良等：《产权强度、土地流转与农民权益保护》，经济科学出版社2013年版。

毛科军：《中国农村产权制度研究》，山西经济出版社1993年版。

中国农业年鉴编辑委员会编：《中国农业年鉴2017》，中国农业出版社2018年版。

钱杭、谢维扬：《传统与转型：江西泰和农村宗族形态——一项社会人类学的研究》，上海社会科学院出版社1995年版。

宋志红：《中国农村土地制度改革研究：思路、难点和制度建设》，中国人民大学出版社2017年版。

王沪宁：《当代中国村落家族文化——对中国社会现代化的一项探索》，上海人民出版社1991年版。

王利明：《物权法研究》（下卷），中国人民大学出版社2013年版。

王铭铭：《村落视野中的文化与权力——闽台三村五论》，生活·读书·新知三联书店 1997 年版。

王晓毅:《血缘与地缘》,浙江人民出版社 1993 年版。

王颖:《新集体主义:乡村社会的再组织》,经济管理出版社 1996 年版。

徐扬杰:《中国家族制度史》,人民出版社 1992 年版。

有林、郑新立、王瑞璞主编:《中华人民共和国国史通鉴》(第一卷 1949—1956),当代中国出版社 1996 年版。

张厚安、徐勇等:《中国农村政治稳定与发展》,武汉出版社 1995 年版。

张建龙:《中国集体林权制度改革》,中国林业出版社 2017 年版。

张乐天:《告别理想——人民公社制度研究》,东方出版中心 1998 年版。

张佩国:《地权分配·农家经济·村落社区——1900—1945 年的山东农村》,齐鲁书社 2000 年版。

郑钦仁主编:《中国文化新论:制度篇》,台湾联经出版事业公司 1982 年版。

郑振满:《明清福建家族组织与社会变迁》,湖南教育出版社 1992 年版。

《中国集体林产权制度改革相关政策问题研究》课题组:《中国集体林产权制度改革相关政策问题研究调研报告》,经济科学出版社 2012 年版。

周伯煌:《森林资源物权价值饱和研究》,法律出版社 2016 年版。

周其仁:《产权与制度变迁:中国改革的经验研究》,社会科学文献出版社 2002 年版。

朱冬亮、贺东航:《新集体林权制度改革与农民利益表达——福建将乐县调查》,上海人民出版社 2010 年版。

朱冬亮:《社会变迁中的村级土地制度——闽西北将乐县安仁乡个案研究》,厦门大学出版社 2003 年版。

陈锋:《从"祖业观"到"物权观":土地观念的演变与冲突——基于广东省 Y 村地权之争的社会学分析》,《中国农村观察》2014 年第 6 期。

陈井林、徐秀英:《保障依赖对农户林地承包权退出意愿的影响研究》,《宁夏大学学报(人文社会科学版)》2020 年第 3 期。

陈乐群、谢志忠:《林地产权制度研究综述》,《安徽农学通报》2007 年第 10 期。

陈锡文:《陈锡文谈"中国农村改革历程四件大事"(二):确立农村基本经营制度》,《农村工作通讯》2017 年第 13 期。

陈锡文:《当前中国的粮食供求与价格问题》,《中国农村经济》1995 年第 1 期。

陈小君:《土地改革之"三权分置"入法及其实现障碍的解除——评〈农村土地承包法修正案〉》,《学术月刊》2019 年第 1 期。

陈永源、谢德海:《福建省南平市集体林权制度改革的实践与建议》,《林业经济问题》2005年第5期。

程玥:《新集体林权制度改革对村财收入影响分析——以福建省L县为例》,《林业经济》2010年第2期。

春华:《醒来的大山——福建省林权制度改革纪实》,《今日国土》2007年第7期。

戴炜:《"三权分置"视阈下集体土地所有权的二元构造》,《南京农业大学学报(社会科学版)》2016年第6期。

丁关良:《农民的土地承包权与农户的土地承包经营权辨析》,《宁波职业技术学院学报》2004年第5期。

董国礼、李里、任纪萍:《产权代理分析下的土地流转模式及经济绩效》,《社会学研究》2009年第1期。

符平:《"嵌入性":两种取向及其分歧》,《社会学研究》2009年第5期。

傅衣凌:《明清时代阶级关系的新探索》,《中国史研究》1979年第4期。

高飞:《农村土地"三权分置"的法理阐释与制度意蕴》,《法学研究》2016年第3期。

高鹏芳:《"三权分置"背景下林地经营权法律适用问题研究》,《北京林业大学学报(社会科学版)》2019年第4期。

巩固:《林木所有权的"虚化"与"落实"》,《浙江社会科学》2016年第11期。

郭熠、李富忠、张云华:《对我国土地承包经营权"永佃权化"的几点思考》,《生产力研究》2009年第4期。

国鲁来:《农村基本经营制度的演进轨迹与发展评价》,《改革》2013年第2期。

韩国康:《集体林区林业两金制度改革探讨——关于浙江的调查》,《林业经济》2009年第6期。

韩俊:《中国农村经济改革与发展的新阶段与新思路》,《中国农村经济》1999年第5期。

贺东航、朱冬亮等:《集体林权制度改革2013年监测观察报告》,《林业经济》2014年第4期。

贺东航、朱冬亮等:《集体林权制度改革实施及绩效评估——集体林权制度改革2014年监测观察报告》,《林业经济》2015年第2期。

贺雪峰:《中国农村社会转型及其困境》,《东岳论丛》2006年第2期。

胡亮、汪滴:《回归"嵌入性"——三重视角看农地流转困境》,《山西农业科学》2017年第2期。

胡小君:《从维持型运作到振兴型建设:乡村振兴战略下农村党组织转型提升研

究》,《河南社会科学》2020 年第 1 期。

黄昭明、李建明:《林权抵押贷款的回顾与展望》,《绿色财会》2006 年第 5 期。

贾治邦:《中国农村经营制度的又一重大变革——对集体林权制度改革的几点认识》,《求是》2007 年第 17 期。

江怡:《我国农村土地流转机制的实践意义及其反思》,《江汉论坛》2012 年第 12 期。

姜红利:《农地三权分置之下土地所有权的法律表达》,《法学家》2017 年第 5 期。

姜绍静、安菁蔚:《城乡建设用地增减挂钩政策反思》,《农业经济》2015 年第 5 期。

靳相木:《土地承包经营权的法律性质及其发展趋势》,《中国农村经济》2001 年第 2 期。

孔明、刘璨:《福建省三明市林业股份合作制发展研究》,《林业经济》2000 年第 1 期。

雷加富:《集体林权制度改革是建设社会主义新农村的重要举措——福建、江西集体林权制度改革透视与深化》,《东北林业大学学报》2006 年第 3 期。

李广德:《农地流转纠纷的类型构造与司法治理——基于承包经营权纠纷案件的实证展开》,《山东社会科学》2017 年第 4 期。

李国强:《论农地流转中"三权分置"的法律关系》,《法律科学(西北政法大学学报)》2015 年第 6 期。

李立清、李燕凌:《从新制度经济学角度看我国非公有制林业发展的必然性》,《林业经济》2003 年第 1 期。

李泠烨:《集体建设用地指标流转的机制改革研究》,《浙江学刊》2015 年第 5 期。

李维长:《社区林业在国际林业界和扶贫领域的地位日益提升——第十二届世界林业大会综述》,《林业与社会》2004 年第 1 期。

李伟伟:《"三权分置"中土地经营权的性质及权能》,《中国党政干部论坛》2016 年第 5 期。

李先东、李录堂、米巧:《中国土地制度的历史追溯与反思》,《农业经济问题》2018 年第 4 期。

李元珍:《央地关系视阈下的软政策执行——基于成都市 L 区土地增减挂钩试点政策的实践分析》,《公共管理学报》2013 年第 3 期。

林卿:《农村土地承包期再延长三十年政策的实证分析与理论思考》,《中国农村经济》1999 年第 3 期。

刘璨、黄和亮、刘浩、朱文清:《中国集体林产权制度改革回顾与展望》,《林业经济问题》2019 年第 2 期。

刘璨、李云、张敏新、冉青松、叶陈育、孙玉军:《新时代中国集体林改及其相关环境因素动态分析》，《林业经济》2020 年第 1 期。

刘璨：《集体林权流转制度改革：历程回顾、核心议题与路径选择》，《改革》2020
年第 4 期。

刘丰华：《新中国成立 70 年来的乡村治理：历程、困境与展望》，《甘肃理论学刊》
2019 年第 5 期。

刘锐：《富人治村的逻辑与后果》，《华南农业大学学报（社会科学版）》2015 年第 4 期。

刘守英、高圣平、王瑞民：《农地三权分置下的土地权利体系重构》，《北京大学学
报（哲学社会科学版）》2017 年第 5 期。

龙登高：《从平均地权到鼓励流转》，《河北学刊》2018 年第 3 期。

马池春、马华：《农村集体产权制度改革的三重维度与秩序均衡——一个政治经
济学的分析框架》，《农业经济问题》2018 年第 2 期。

米运生、罗必良、徐俊丽：《坚持、落实、完善：中国农地集体所有权的变革逻
辑——演变、现状与展望》，《经济学家》2020 年第 1 期。

潘登、诸江：《论集体林地承包权与经营权的分离与流转》，《中南林业科技大学
学报（社会科学版）》2016 年第 2 期。

潘啸：《农村土地流转的动因分析与对策选择》，《山东社会科学》2008 年第 6 期。

裴丽萍、张启彬：《林权的法律结构——以〈森林法〉的修改为中心》，《武汉大学
学报（哲学社会科学版）》2017 年第 6 期。

齐春宇：《农村改革：创新农村土地管理制度——〈中共中央关于推进农村改革
发展若干重大问题的决定〉之土地制度评析》，《调研世界》2009 年第 1 期。

乔永平、聂影、曾华锋：《集体林权制度改革研究综述》，《安徽农学通报》2007 年
第 8 期。

裘菊、孙妍、李凌、徐晋涛：《林权改革对林地经营模式影响分析——福建林权改
革调查报告》，《林业经济》2007 年第 1 期。

渠敬东：《项目制：一种新的国家治理体制》，《中国社会科学》2012 年第 5 期。

商春荣、王冰：《农村集体土地产权制度与土地流转》，《华南农业大学学报（社会
科学版）》2004 年第 2 期。

上官增前：《浅谈我国林地制度的改革》，《林业经济》1994 年第 5 期。

申静、王汉生：《集体产权在中国乡村生活中的实践逻辑——社会学视角下的产
权建构过程》，《社会学研究》2005 年第 1 期。

申始占：《农地三权"分置"的困境辨析与理论建构》，《农业经济问题》2018 年第 7 期。

孙宪忠：《推进农地三权分置经营模式的立法研究》，《中国社会科学》2016 年第 7 期。

唐忠:《改革开放以来我国农村基本经营制度的变迁》,《中国人民大学学报》2018 年第 3 期。

王国敏:《中国农村经济制度的变迁与创新》,《四川大学学报(哲学社会科学版)》1999 年第 3 期。

王克强、刘红梅、顾海英:《农村集体土地市场系统分析和上海市农村地产市场建设》,《上海行政学院学报》2002 年第 2 期。

王廷勇、杨遂全:《承包经营权再分离的继承问题研究》,《农村经济》2017 年第 1 期。

谭明智:《严控与激励并存:土地增减挂钩的政策脉络及地方实施》,《中国社会科学》2014 年第 7 期。

王新清:《集体林权制度改革绩效与配套改革问题》,《林业经济》2006 年第 6 期。

威廉·A. 刘易斯:《劳动无限供给条件下的经济发展》,外国经济学说研究会编:《现代国外经济学论文选》第 8 辑,商务印书馆 1984 年版。

吴全胜:《林地承包经营权继承若干问题研究》,《绿色科技》2020 年第 15 期。

吴义爽、汪玲:《论经济行为和社会结构的互嵌性——兼评格兰诺维特的嵌入性理论》,《社会科学战线》2010 年第 12 期。

夏柱智:《再集体化:发达地区农村地权变革的逻辑》,《南京农业大学学报(社会科学版)》2020 年第 1 期。

肖鹏:《承包期届满的自动续期制度研究——"第二轮土地承包到期后再延长 30 年"的法律表达》,《中国农业大学学报(社会科学版)》2018 年第 6 期。

熊万胜:《小农地权的不稳定性:从地权规则确定性的视角——关于 1867—2008 年间栗村的地权纠纷史的素描》,《社会学研究》2009 年第 1 期。

胥鉴霖、王泗通:《人地关系视角下的农村土地制度改革》,《山西农业科学》2014 年第 11 期。

徐秀英、石道金:《集体林地产权制度变革的农户心态调查》,《林业经济问题》2004 年第 2 期。

杨璐璐:《"三权分置"与"长久不变"政策协同的保障机制:自稳定承包权观察》,《改革》2017 年第 10 期。

杨英:《林业税费改革的思考》,《湖南林业科技》2006 年第 5 期。

杨永军:《关于培育和发展农村林业经济合作组织的思考》,《辽宁林业科技》2006 年第 5 期。

展洪德:《农村林地承包经营权初探》,《北京林业大学学报(社会科学版)》2009 年第 3 期。

张安录：《可转移发展权与农地城市流转控制》，《中国农村观察》2000 年第 2 期。

张广辉、方达：《农村土地"三权分置"与新型农业经营主体培育》，《经济学家》2018 年第 2 期。

张红霄、张敏新、刘金龙：《集体林权制度改革中均山制的制度机理与效应分析——基于上坪村的案例研究》，《林业经济问题》2007 年第 4 期。

张红宇：《农村土地制度需要大的改革和创新》，《农村工作通讯》2013 年第 18 期。

张建刚：《农村土地"三权分置"改革将促进农业"第二个飞跃"的实现》，《经济纵横》2018 年第 4 期。

张建国、章静：《关于南方集体林区林地问题的研究》，《林业经济问题》1995 年第 1 期。

张静：《土地使用规则的不确定：一个解释框架》，《中国社会科学》2003 年第 1 期。

张康之：《论参与治理、社会自治与合作治理》，《行政论坛》2008 年第 6 期。

张丽萍：《浅谈林业投融资体制改革》，《辽宁林业科技》2007 年第 2 期。

张路雄、朱麦林、刘雪生、刘福：《双层经营是农业联产承包制的发展方向——河北省玉田县农村双层经营体制调查》，《中国社会科学》1989 年第 1 期。

张佩国：《公产与私产之间——公社解体之际的村队成员权及其制度逻辑》，《社会学研究》2006 年第 5 期。

张文明、张孝德：《生态资源资本化：一个框架性阐述》，《改革》2019 年第 1 期。

张小军：《复合产权：一个实质论和资本体系的视角——山西介休洪山泉的历史水权个案研究》，《社会学研究》2007 年第 4 期。

张晓静、熊小平：《推进林业税费制度改革 实现增加林农收益的目标》，《中国林业》2004 年第 5 期。

张晓山：《创新农业基本经营制度 发展现代农业》，《经济纵横》2007 年第 2 期。

张毅、张红、毕宝德：《农地的"三权分置"及改革问题：政策轨迹、文本分析与产权重构》，《中国软科学》2016 年第 3 期。

张跃进：《快速推进农村土地使用权资本化——南京市率先基本实现现代化的根本途径》，《南京社会科学》2004 年第 S1 期。

张照新：《中国农村土地流转市场发展及其方式》，《中国农村经济》2002 年第 2 期。

赵翠萍：《农村土地制度改革与农民土地权益的保护》，《求实》2009 年第 6 期。

赵光元、张文兵、张德元：《中国农村基本经营制度的历史与逻辑——从家庭经营制、合作制、人民公社制到统分结合双层经营制的变迁轨迹与转换关联》，《学术界》2011 年第 4 期。

折晓叶、陈婴婴:《产权怎样界定———一份集体产权私化的社会文本》,《社会学研究》2005 年第 4 期。

周伯煌、金贝李:《农地"三权分置"背景下林农财产权益的法律保障》,《林业资源管理》2020 年第 5 期。

周伯煌:《我国"三权分置"改革中林农环境权益保障探究》,《世界林业研究》2021 年第 2 期。

周其仁:《中国农村改革:国家和所有权关系的变化(上)———一个经济制度变迁史的回顾》,《管理世界》1995 年第 3 期。

周雪光:《"关系产权":产权制度的一个社会学解释》,《社会学研究》2005 年第 2 期。

朱冬亮、程玥:《村级群体性决策失误:"新集体林改"的一个解释框架》,《探索与争鸣》2009 年第 1 期。

朱冬亮、程玥:《福建集体林权制度改革中的农民抗争及对策分析》,《中共福建省委党校学报》2008 年第 6 期。

朱冬亮、程玥:《集体林权纠纷现状及纠纷调处中的地方政府角色扮演》,《东南学术》2009 年第 5 期。

朱冬亮、高杨:《城镇化背景下失地农民的适应问题及对策分析》,《中共福建省委党校学报》2015 年第 4 期。

朱冬亮、贺东航:《新集体林权制度改革与耕地承包制改革的对比分析及启示》,《马克思主义与现实》2009 年第 2 期。

朱冬亮、肖佳:《集体林权制度改革:制度实施与成效反思———以福建为例》,《中国农业大学学报(社会科学版)》2007 年第 3 期。

朱冬亮:《集体林权制度改革中的社会排斥机制分析》,《厦门大学学报(哲学社会科学版)》2007 年第 3 期。

朱冬亮:《农民与土地渐行渐远———土地流转与"三权分置"制度实践》,《中国社会科学》2020 年第 7 期。

朱冬亮:《土地调整:农村社会保障与农村社会控制》,《中国农村观察》2002 年第 3 期。

朱冬亮:《扎根理论视角下的农村家庭加工业契约治理》,《华中师范大学学报(人文社会科学版)》2012 年第 5 期。

朱文清、张永亮、刘浩、魏建:《新一轮集体林产权制度改革新动态及其完善深化改革的政策建议》,《林业经济》2018 年第 11 期。

A. A. Schmid, *Conflict and Cooperation*: *Institutional and Behavioral*

Economics，Blackwell Publishing Ltd，2004.

D. North，M. Blyth，M. Castells，*Understanding the Process of Economic Change*，Princeton University Press，2005.

E. Judd，*Gender and Power in Rural North China*，Stanford University Press，1994.

J. C. Oi，*State and Peasant in Contemporary China*：*The Political Economy of Village Government*，University of California Press，1989.

K. Polanyi，*The Great Transformation*：*The Political and Economic Origins of Our Time*，Beacon Press，1944.

K. Verdery，*The Vanishing Hectare*：*Property and Value in Postsocialist Transylvania*，Cornell University Press，2003.

M.P. Todaro，*Economic Development in the Third World*，Longman，1981.

R. J. Holton，*Economy and Society*，Routledge，1992.

S. H. Potter，J. M. Potter，*China's Peasants*：*The Anthropology of A Revolution*，Cambridge University Press，1990.

A. Agrawal，E. Ostrom，Collective Action，Property Rights，and Devolution of Forest and Protected Area Management，*CAPRi International Workshop on Devolution*，*Property Rights*，*and Collective Action*，1999.

A. Larson，J. Ribot，The Poverty of Forestry Policy：Double Standards on an Uneven Playing Field，*Sustainability Science*，2007，Vol.2，No.2.

A. M. Lawson，Democratic Decentralization in the Forest Sector：Lessons Learned from Africa，Asia and Latin America.*The Political of Decentralization*：*Forests*，*Power and People*，*Earthscan*，London and Sterling，VA，2005.

B. G. Carruthers，L. L. Ariovich，The Sociology of Property Rights，*Annual Review of Sociology*，2004，Vol.30，No.1.

C. C. Krusekopf，Diversity in Land-Tenure Arrangements Under the Household Responsibility System in China，*China Economic Review*，2002，Vol.13，No.2-3.

D. Janvry，Alain，et al.，Delinking Land Rights from Land Use：Certification and Migration in Mexico，*American Economic Review*，2015，Vol.105.

D. Klooster，Institutional Choice，Community，and Struggle：A Case Study of Forest Co-management in Mexico，*World Development*，2000，Vol.28，No.1.

E. Chernina，P.C.，Dower，A. Markevich，Property Rights，Land Liquidity， and Internal Migration, *Journal of Development Economics*, 2014, Vol.110, No.S1.

F. Berkes, Community-based Conservation in a Globalized World, *Proceedings of the National Academy of Sciences*, 2007, Vol.104, No.39.

FAO. Global Forest Resource Assessment 2010-Main Report, Forestry Paper, 2010, No.163.

G. Gereffi, R. Kaplinsky, *The Value of Value Chains: Spreading the Gains from Globalisation*, Institute of Development Studies, 2001.

G.Hardin, The Tragedy of the Commons, *Science*, 1968, Vol.162, No.3859.

G. A. Akerlof, The Missing Motivation in Macroeconomics, *American Economic Review*, 2007, Vol. 97, No.1.

G.W. Skinner, Marketing and Social Structure in Rural China, *The Journal of Asian Studies*, Vol XXIV: (1964—1965).

J.C. Ribot, N. L. Peluso, A Theory of Access, *Rural Sociology*, 2003, Vol.68, No. 2.

J. Carney, Converting the Wetlands, Engendering the Environment: The Intersection of Gender with Agrarian Change in the Gambia, *Economic Geography*, 1993, Vol.69, No.48.

J.Humphrey, H. Schmitz, Governance in Global Value Chains, *IDS Bulletin*, 2010, Vol.32, No.3.

J. Umbeck, Might Makes Rights: A Theory of the Formation and Initial Distribution of Property-Rights, *Economic Inquiry*, 1981, Vol.19, No.1.

K. Deininger, S. Jin, Securing Property Rights in Transition, *Journal of Economic Behavior & Organization*, 2009, Vol.70.

M. Granovetter, Economic-Action and Social Structure: The Problem of Embeddedness, *American Journal of Sociology*, 1985, Vol.91, No.3.

M. R. Carter, Y. Yao, Specialization without Regret: Transfer Rights, Agricultural Productivity, and Investment in An Industrializing Economy, *World Bank Policy Research Paper*, 1999, Vol.2202.

R.L. Prosterman, T. Hanstad, L. Ping, Can China Feed Itself? *Scientific American*, 1996, Vol.275, No.5.

M.T. Dacin, M.J. Ventresca, B.D. Beal, The Embeddedness of Organizations: Dialogue&Directions, *Journal of Management*, 1999, Vol.25, No.3.

N. Fligstein, Market as Politics: A Political-Cultural Approach to Market Institutions, *American Sociological Review*, 1996, Vol.61, No.4.

P. Bardhan, M. Luca, D. Mookherjee, et al., Evolution of Land Distribution in West Bengal 1967—2004: Role of Land Reform and Demographic Changes, *Development Economics*, 2014, Vol.110, No.2.

P. Seabright, Managing Local Commons: Theoretical Issues in Incentive Design, *Journal of Economic Perspectives*, 1993, Vol.7, No.4.

R. Abrahams, The Postsocialist Agrarian Question: Property Relations and the Rural Condition, *Journal of The Royal Anthropological Institute*, 2004, Vol.10, No.4.

V.A. Zelizer, Beyond the Polemics on the Market: Establishing a Theoretical and Empirical Agenda, *Sociological Forum*, 1988, Vol.3, No.4.

Y. Song, J. W. Burch, G. Geballe, et al., New Organizational Strategy for Managing the Forests of Southeast China The Share-holding Integrated Forestry Tenure (SHIFT) System, *Forest Ecology and Management*, 1997, Vol.91, No.2-3.

L. Zhao, P. Develtere, New Co-operatives in China: Why They Break away from Orthodox Co-operatives? *Social Enterprise Journal*, 2010, Vol.6, No.1.